中央财经大学博士生专业前沿文献导读（2017）建设项目
北京市教委高精尖学科"战略经济与军民融合"交叉学科支持项目

国防经济学系列丛书

核心教材

国防经济学系列丛书

国防经济学系列丛书·核心教材

国防经济学研究进展

郝朝艳　陈　波　主编

中国财经出版传媒集团

经济科学出版社

Economic Science Press

图书在版编目（CIP）数据

国防经济学研究进展/郝朝艳，陈波主编．—北京：
经济科学出版社，2020.4

（国防经济学系列丛书．核心教材）
ISBN 978 - 7 - 5218 - 1433 - 0

Ⅰ．①国…　Ⅱ．①郝…②陈…　Ⅲ．①国防经济学 -
教材　Ⅳ．①E0 - 054

中国版本图书馆 CIP 数据核字（2020）第 050962 号

责任编辑：侯晓霞
责任校对：靳玉环
责任印制：李　鹏　范　艳

国防经济学研究进展

郝朝艳　陈　波　主编

经济科学出版社出版、发行　新华书店经销

社址：北京市海淀区阜成路甲 28 号　邮编：100142

教材分社电话：010 - 88191345　发行部电话：010 - 88191522

网址：www. esp. com. cn

电子邮箱：houxiaoxia@ esp. com. cn

天猫网店：经济科学出版社旗舰店

网址：http://jjkxcbs. tmall. com

北京密兴印刷有限公司印装

710 × 1000　16 开　19 印张　335000 字

2020 年 11 月第 1 版　2020 年 11 月第 1 次印刷

ISBN 978 - 7 - 5218 - 1433 - 0　定价：68.00 元

（图书出现印装问题，本社负责调换。电话：010 - 88191510）

（版权所有　侵权必究　打击盗版　举报热线：010 - 88191661

QQ：2242791300　营销中心电话：010 - 88191537

电子邮箱：dbts@ esp. com. cn）

总　序

　　兵者，国之大事，死生之地，存亡之道，不可不察也！国防经济学起于战争实践，又与人类的和平与发展息息相关，这些年取得了飞速发展。为全面、系统反映国防经济学发展全貌与演进，总结挖掘国防经济实践成果，展示现代国防经济学发展方向，我们组织编写了这套《国防经济学系列丛书》。

　　《国防经济学系列丛书》包括四个子系列：（1）国防经济学核心教材；（2）国防经济学学术文库；（3）国防经济学精品译库；（4）国防经济学博士文库。重点展示国防经济学领域学者在一般性基础理论和方法研究、国家战略层面的对策研究，以及面向现实的重大应用研究等方面的研究成果。丛书选题涵盖经济与安全、战略与政治、国防与和平经济、国防财政、国防工业、国防采办、国民经济动员等相关领域，既包括国防经济学领域的基本理论和方法介绍，如《国防经济学》《国防经济思想史》等；也包括对一些国家或领域国防经济情况的专门介绍，如《美国国防预算》《国防财政学》等；还包括对国际国防经济学领域研究最新发展情况的介绍，如《国防经济学前沿专题》《冲突经济学原理》等。

　　《国防经济学系列丛书》瞄准本领域前沿研究，秉承兼容并蓄之态度，建立开放性运行机制，不断补充新的选题，努力推出中国一流国防经济学者在本领域的教学、科研成果，并希望通过借鉴、学习国际国防经济学发展的先进经验和优秀成果，进一步推动我国国防经济学研究的现代化和规范化，力争在一个不太长的时间内，在研究范围、研究内容、研究方法、分析技术等方面使中国国防经济学在研究的"广度"和"深度"上都能有一个大的提升。

在"十二五"国家重点图书出版规划项目支持下，本套丛书由中央财经大学国防经济与管理研究院发起筹备并组织编辑出版，该院组成了由国内外相关高校、科研机构和实际工作部门的一流专家学者组成的编辑委员会，参与编审、写作和翻译工作的除来自中央财经大学国防经济与管理研究院、中国金融发展研究院、中国经济与管理研究院、政府管理学院、经济学院、财政学院等教学科研单位的一批优秀中青年学者外，还有来自清华大学、北京大学、中国人民大学、复旦大学、南开大学、北京理工大学、军事科学院、国防大学、国防科技大学、后勤学院、军事经济学院、海军工程大学、中国国防科技信息中心等国内国防经济与相关领域教学与研究重镇的一批优秀学者。经济科学出版社积极支持丛书的编辑出版工作，剑桥大学出版社等也积极支持并参与了部分图书的出版工作。

海纳百川，有容乃大。让我们携起手来，为推动中国与国际国防经济学界的交流、对话，为推进中国国防经济学教育与研究的大发展而贡献我们的智慧、才华与不懈的努力！

是为序。

翟　钢　陈　波
2010 年 6 月于北京

前　言

　　国防经济学是运用经济学的概念、理论和方法研究国防以及国防相关问题的学科。同经济学的所有分支学科一样，它以资源稀缺性为基本前提，以资源配置效率和使用效率为研究的核心内容。尽管国防经济学思想源远流长，但一般认为，现代国防经济学作为一门独立学科诞生于 20 世纪 60 年代。查尔斯·希奇和罗兰·麦基恩的《核时代的国防经济学》、刘易斯·查理森的《军备与不安全》及托马斯·谢林的《冲突的战略》被视为国防经济系统理论的奠基之作。国防经济学的传统研究内容大致可以归纳为三个方面。一是国防费理论，包括国防预算、国防支出的需求与供给、国防开支的规模、结构与经济增长、军事联盟、防务负担分摊、军备竞赛等研究议题。二是国防工业与国防采办理论，包括国防工业结构、绩效与竞争、国防工业转型与整合、国防研究与发展的激励机制与经济影响、国防研发与生产的国际合作、国防工业政策、国防采办的激励机制、国防合同与军品定价、军火贸易模型、军火贸易的影响因素、武器贸易政策和制度等研究议题。三是和平与冲突经济理论，包括裁军、维和、军转民、军事人力、战争和低烈度冲突的风险因素及经济影响、经济全球化对和平与冲突的影响等研究议题。

　　在现代国防经济学问世以来的几十年间，世界政治、经济格局在不断改变，技术进步给世界和平带来了新威胁和新挑战，国防早已突破了国家防务的传统含义，世界安全问题的根源、结构和多样性发生着重大变化，这些均直接推动了国防经济学研究主题的不断拓展与深化。目前，国防经济学已成为一门具有庞大研究体系、全新研究视角、缜密数理分析、多维理论基础的交叉学科。由著名国防经济学家基斯·哈特利和托德·桑德勒主编的《国防经济学手册》（第一卷和第

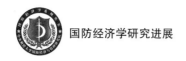

二卷）对国防经济学主要研究议题和经典研究成果进行了系统介绍与全面综述，是国防经济学成熟的标志。

现实问题的变化与发展不仅拓宽了国防经济学的研究范围，也使国防经济学的传统研究议题需要在新的现实背景下进行重新分析与解读。经济全球化的深刻发展，2008 年世界性金融危机后全球经济增长低迷，后冷战时期冲突性质的变化，特别是"9·11"事件后恐怖主义的兴起，技术发展与国家安全密切交织，共同形成了当前国防经济学研究的重要背景。紧缩时代下国防开支的规模和结构怎样调整，进而对经济、社会与安全造成什么影响？面对国防支出下降的压力，原本由政府提供的安全与防务可否由私人部门提供？私人部门提供安全与防务的边界、制度安排是什么？如何对其进行成本—收益分析和绩效评估？经济和技术全球化带给各国国防工业的生存挑战是什么？国防工业结构的变化如何影响着武器研发生产和采办效率？什么样的合同设计和采办制度可以提高采办效率？国防生产供应链全球化如何影响着各国在经济效率与安全考量之间的权衡？如何融合利用国防与民用部门的研发创新资源与成果，更有效地推动技术进步，同时也提高军事技术水平？经济和技术的发展是否为缓解冲突、维护和平提供更多途径，效果如何？……这些都构成了目前国防经济学的前沿研究议题。

同时，作为一门应用经济学科，国防经济学的研究广泛借鉴、融合了理论经济学和其他应用经济学的研究成果，经济增长理论、公共选择理论、产业组织理论、契约理论、创新经济理论、国际贸易理论、制度经济学、博弈论、计量经济学等均在国防经济学研究中得到了很好的运用。这些理论的前沿与国防问题的结合也构成了国防经济学研究的前沿领域，深化了国防经济学研究的理论基础。例如，以内生增长理论为基础分析国防支出与经济增长的关系，可以细化国防开支影响经济增长的不同途径与机制；以不完全契约理论为基础研究国防采办过程，突出了国防采办长期性、不确定性对采办效率的影响；创新理论为探讨国防创新激励，军、民技术转移，军事技术扩散等问题提供了理论支撑；以产品异质性为基本假设的新新贸易理论，使军火贸易的理论基础突破了简单的供给—需求模型和比较优势理论。而近些年来一些新的研究方法，如社会网络分析、反事实分析、田野调查、实验经济学等方法也出现在国防经济学，特别是对于军火贸易和冲突的分析中。值得一提的是，冲突经济理论的发展尤为迅速。据不完全统计，自 2010 年以来，在《美国经济评论》（*American Economics Review*）、《政治经济学杂志》（*Journal of Political Economy*）、《经济学季刊》（ *The Quarterly Journal of Economics*）、《经济研究评论》（*Review of Economic Studies*）、《经济学理论杂志》（*Journal of Economic Theory*）等顶级经济学学术刊物上，已出现了数十篇对冲突的理论和实证分析。这些研究构建了微观动机与宏观行为之间的联系，深化了人们对冲突这一复杂现象背后的规律与机制的认识，进而也为解决冲突、避免冲突提供了更为深刻的见解。

然而，自《国防经济学手册》（第二卷）出版以来，国内外国防经济学界还没有权威著作全面梳理和介绍国防经济学近十几年来的最新发展和前沿议题。为使国防经济学专业研究生充分了解本领域国内外研究动态，提高学生对理论的理解、掌握并运用理论解读、分析现实问题的能力，在 2017 年"中央财经大学博士生专业前沿文献导读"建设项目和北京市教委高精尖学科"战略经济与军民融合"交叉学科项目的资助下，我们编写了这本《国防经济学研究进展》，以为国防经济学专业研究生的课程教学及论文选题等学术研究提供主要参考。

当然，一本教材还不可能涵盖国防经济学的所有研究领域，因此在选择研究主题，以及在既定主题下选择并介绍文献时，我们遵循以下原则：第一，选择具有现实意义的研究主题。国防经济学本质上是一门应用经济学，这种性质决定了为国家防务经济提供有价值、有针对性的研究是该学科的首要任务。在军民融合上升为国家战略、国防领域改革提速的大背景下，许多现实问题亟待针对性、科学性和规范性的理论分析。因此，本书以重大国防经济现实问题和前沿理论为导向，选择具有较为系统、成熟研究成果的研究主题。第二，选择具有较高理论价值的学术文献。国防经济学"应用"学科的性质，使它具有强烈的政策导向性。在现有国内外研究中，除学理性研究外，也不乏大量的政策型研究、个案分析、各国经验介绍等。我们以国内外国防经济学专业学术期刊、高水平经济学期刊中已发表文献，以及知名经济学家工作论文和学术著作为文献来源，从中选择具有理论创新的学理性研究，以提高研究生的理论理解和理论思维能力。第三，选择最新文献。作为研究生专业前沿课程教学和学术研究的主要参考资料，这本教材的定位是研究生基础专业课和教材的深化，因此将重点放在理论前沿的介绍与分析上。但为了完整呈现理论发展脉络，本书也会对相关研究议题的早期经典文献和理论发展进行综述。每个章节内容尽可能全面体现相关议题的基本概念、理论发展、分析框架、模型设定、方法选择、跨研究比较等，同时也关注了新的研究方法、分析技术的运用。

本教材共包含 11 章，大致可分为四个部分。第一部分是对国防经济学研究内容和研究进展的全面概述（第 1 章）。第二部分涵盖了国防经济学教学和研究的基础内容和基本议题（第 2 章至第 6 章）。第三部分以我国当前重大现实问题为导向，围绕军民融合相关议题展开（第 7 章至第 9 章）。第四部分则聚焦于经济与安全研究的前沿问题（第 10 章至第 11 章）。教材的编写工作主要由中央财经大学国防经济与管理研究院的教师承担，是大家在长期教学和科研过程中逐步积累的成果，这 11 章的具体分工为：第 1 章，陈波、梅阳；第 2 章，侯娜；第 3 章，郝朝艳；第 4 章，郝朝艳；第 5 章，余冬平；第 6 章，郝朝艳；第 7 章，余冬平；第 8 章，王萍萍；第 9 章，郝朝艳；第 10 章，刘建伟；第 11 章，池志培。

自 20 世纪 80 年代起，中国国防经济学学者不断学习和借鉴国际国防经济学的发展成果，结合中国具体国情和军情的特殊要求，对国防财政、国防费、国防工业改革、国防采办改革、军民融合、军事物流、国民经济与国防经济发展、国防与国家安全经济理论等方面进行了系统研究，理论性和规范化程度显著提升。然而，目前中国国防经济学研究仍然主要以现实问题为导向，对普适性的原理、规律、方式、方法等理论层面的探索还尚显不足，对某些研究领域（如和平与冲突经济理论研究）关注得也还不够。尽管编写这本教材的初衷是为服务于国防经济学专业研究生的学习与科研，但我们也希望它能够对致力于国防经济、国家安全等领域研究的学者有所助益，帮助他们快速了解国防经济学的经典成果及最新发展，加强对这些领域的认知，为开展深入研究提供基础和支撑。

感谢中央财经大学研究生院的全力支持与帮助，感谢北京市高精尖学科"战略经济与军民融合"交叉学科的宝贵资助，感谢经济科学出版社的高质量编辑与出版工作，感谢中央财经大学国防经济与管理研究院的老师们在教材编写和出版过程中的辛苦联系与协调，感谢国防经济与管理研究院的同学们，教学互长，与他们的互动教学、讨论使我们不断丰富、完善教材内容。

郝朝艳

2019 年 12 月

目　录

第1章　国防经济学：一个世纪的成长 …………………………………（ 1 ）

1.1　引言 ………………………………………………………………（ 1 ）

1.2　战争、危机与国防经济学滥觞 …………………………………（ 3 ）

1.3　冷战、发展与国防经济学演化 …………………………………（ 6 ）

1.4　全球化、冲突与国防经济学拓展 ………………………………（ 8 ）

1.5　本章小结 …………………………………………………………（ 19 ）

第2章　国防支出研究综述 ……………………………………………（ 21 ）

2.1　引言 ………………………………………………………………（ 21 ）

2.2　确定国防支出需求的理论模型 …………………………………（ 22 ）

2.3　国防支出影响经济增长的理论机制 ……………………………（ 28 ）

2.4　本章小结 …………………………………………………………（ 41 ）

第3章　国防工业的结构、行为与绩效研究 …………………………（ 42 ）

3.1　引言 ………………………………………………………………（ 42 ）

3.2　国防工业并购 ……………………………………………………（ 43 ）

3.3　国防工业的国际合作 ……………………………………………（ 49 ）

3.4　国防工业的赢利性 ………………………………………………（ 53 ）

3.5　本章小结 …………………………………………………………（ 61 ）

第 4 章　国防研发影响经济增长的理论机制与实证研究 ……………（63）

　　4.1　引言 …………………………………………………………（63）

　　4.2　国防研发影响经济增长的观点综述 ………………………（64）

　　4.3　国防研发影响经济增长的机制 ……………………………（66）

　　4.4　国防研发影响经济增长的实证研究 ………………………（68）

　　4.5　本章小结 ……………………………………………………（79）

第 5 章　国防采办的激励理论 …………………………………………（81）

　　5.1　引言 …………………………………………………………（81）

　　5.2　国防采办的简单激励模型 …………………………………（82）

　　5.3　国防采办的动态激励模型 …………………………………（92）

　　5.4　国防采办的竞争模型 ………………………………………（97）

　　5.5　国防采办的成本分摊模型 …………………………………（110）

　　5.6　本章小结 ……………………………………………………（119）

第 6 章　军火贸易的经济理论与研究进展 …………………………（120）

　　6.1　引言 …………………………………………………………（120）

　　6.2　早期军火贸易模型 …………………………………………（121）

　　6.3　基于新贸易理论的军火贸易研究 …………………………（130）

　　6.4　军火贸易的社会网络分析 …………………………………（135）

　　6.5　本章小结 ……………………………………………………（138）

第 7 章　军民融合相关议题研究综述 ………………………………（140）

　　7.1　引言 …………………………………………………………（140）

　　7.2　军民融合的概念 ……………………………………………（141）

　　7.3　军民融合的国际经验研究 …………………………………（144）

　　7.4　军民融合的政策制度体系研究 ……………………………（148）

　　7.5　军民融合的关键领域研究 …………………………………（152）

　　7.6　军民融合的绩效评估研究 …………………………………（164）

　　7.7　本章小结 ……………………………………………………（174）

第8章 军民融合创新体系的研究议题与研究进展 ┄┄┄┄┄ （176）

8.1 引言 ┄┄┄┄┄┄┄┄┄┄┄┄┄┄┄┄┄┄┄┄┄┄┄┄ （176）

8.2 军民融合创新体系研究概述 ┄┄┄┄┄┄┄┄┄┄┄ （177）

8.3 军民融合创新体系理论源起 ┄┄┄┄┄┄┄┄┄┄┄ （183）

8.4 军民融合创新体系的治理结构 ┄┄┄┄┄┄┄┄┄ （185）

8.5 军民融合创新体系的定量研究 ┄┄┄┄┄┄┄┄┄ （190）

8.6 本章小结 ┄┄┄┄┄┄┄┄┄┄┄┄┄┄┄┄┄┄┄┄┄ （196）

第9章 军事技术扩散的机制与测度研究 ┄┄┄┄┄┄┄┄ （197）

9.1 引言 ┄┄┄┄┄┄┄┄┄┄┄┄┄┄┄┄┄┄┄┄┄┄┄┄ （197）

9.2 "两用技术" ┄┄┄┄┄┄┄┄┄┄┄┄┄┄┄┄┄┄┄┄ （198）

9.3 军事技术的扩散机制 ┄┄┄┄┄┄┄┄┄┄┄┄┄┄┄ （204）

9.4 军事技术扩散的测度方法 ┄┄┄┄┄┄┄┄┄┄┄┄ （208）

9.5 本章小结 ┄┄┄┄┄┄┄┄┄┄┄┄┄┄┄┄┄┄┄┄┄ （215）

第10章 经济制裁的研究脉络与当代议题 ┄┄┄┄┄┄┄┄ （217）

10.1 引言 ┄┄┄┄┄┄┄┄┄┄┄┄┄┄┄┄┄┄┄┄┄┄┄ （217）

10.2 经济制裁的概念 ┄┄┄┄┄┄┄┄┄┄┄┄┄┄┄┄┄ （218）

10.3 经济制裁研究的历史脉络 ┄┄┄┄┄┄┄┄┄┄┄ （222）

10.4 经济制裁研究的当代议题 ┄┄┄┄┄┄┄┄┄┄┄ （228）

10.5 本章小结 ┄┄┄┄┄┄┄┄┄┄┄┄┄┄┄┄┄┄┄┄ （231）

第11章 经济全球化影响冲突的理论与研究进展 ┄┄┄┄ （232）

11.1 引言 ┄┄┄┄┄┄┄┄┄┄┄┄┄┄┄┄┄┄┄┄┄┄┄ （232）

11.2 经济全球化与冲突的理论逻辑 ┄┄┄┄┄┄┄┄ （234）

11.3 经济全球化影响冲突的实证研究方法 ┄┄┄┄ （242）

11.4 本章小结 ┄┄┄┄┄┄┄┄┄┄┄┄┄┄┄┄┄┄┄┄ （249）

参考文献 ┄┄┄┄┄┄┄┄┄┄┄┄┄┄┄┄┄┄┄┄┄┄┄┄┄┄ （251）

第 *1* 章

国防经济学：一个世纪的成长

1.1　引　　言

　　国防经济学是 20 世纪的重要遗产。如果从第一次世界大战期间一系列国防经济学文献的出现和形成的小的研究热潮来看，国防经济学大致走过了百年左右的时光，在这一个世纪的成长发展中，战争经济学、军事经济学、安全经济学、和平经济学、冲突经济学等都与国防经济学有着千丝万缕的联系，与其说它们是国防经济学的孪生姐妹，似乎还不如说它们反映了国防经济学的不同层面，或者说随着国防经济学内涵和外延的不断拓展，它们或多或少反映了国防经济学发展的不同阶段特征或不同侧重点。

　　尽管对国防经济学的学科属性等问题一直存在较多的争论，但学术界一个较为普遍的看法是：国防经济学是一门以经济学为工具，研究与国防相关的资源配置问题的学科。国际国防经济学学界代表性人物，两卷本《国防经济学手册》主编哈特利和桑特勒（Hartley & Sandler，1995）认为：“国防经济学是一门以经济学为工具，研究国防与裁军、和平等有关国防问题的学科。当使用这些经济学工具时，国防经济学家必须运用经济学方法，即理论和经验的方法，对国防及其政策问题进行研究，同时必须考虑国防部门的制度性特征。”哈特利还长期担任国际唯一一本以国防经济学命名的 SSCI 学术期刊《国防与和平经济学》（*Defense and Peace Economics*）的主编。

　　学科研究对象是学科独立的前提，也是区分不同学科的主要标志。关于国防经济学研究对象,国际著名数理与国防经济学家、《经济学手册》总主编之一英特利盖特（Intriligator,1990）认为："国防经济学关注经济中与国防相关的问题,包括国防支出水平（总量及占国民经济的比重）、国防支出（对国内产出、就业及其他国家）的影响、国防部门存在及其规模的依据、国防支出与技术变迁的关系,以及国防支出及国防部门对国际稳定的影响。"强调国防经济学在分析军事联盟、敌对国和其他国防部门时,要考虑战略性互动因素。英特利盖特注意到如环境等非传统安全的潜在威胁,但他认为国防经济学研究对象还是应主要聚焦于军备竞赛和国防经济学传统资源配置等问题。对此,偌蓓（Reppy,1991）提出了不同意见,他认为国防经济学不仅应包括英特利盖特所主张的研究对象,还应广泛关注所分析国防部门特有的制度性特征,认为国防经济学在考虑安全问题时也应将环境、国防工业和源自国际关系的冲突解决等一并纳入。在回应偌蓓的观点时,英特利盖特（1991）部分同意偌蓓进一步扩展国防经济学研究范围的主张,但仍然认为在从经济学角度对国家安全问题进行扩展研究时应非常慎重,因为如果走到另一个极端,就会失去这个学科领域的内在规定性。两位学者的观点其实反映了每个学科都会遇到的在学科核心问题与学科界限之间需要把握的平衡。哈特利和桑特勒（1995）进一步解释道："国防经济学是研究与国防有关的资源配置、收入分配、经济增长和稳定性等问题的学科。因此,国防经济学包括如国防支出对就业、产出、增长等国内、国际范围内宏观经济变量影响的研究;也包含如国防工业基础、合作计划和补偿问题,军品合同定价与赢利性问题研究,以及对承包商管理规则等微观问题的研究。"

与动辄千年的其他学科或数百年的经济学发展史相比,国防经济学显然还非常年轻。作为一门新兴交叉且正在成长中的学科,我们现在要完全给国防经济学界定一条明晰的边界仍还比较困难,但有一点是清楚的,即国防经济学是研究与国防相关的资源配置问题的学科。即从研究方法上看,国防经济学是用经济学方法来研究国防及相关问题,而非社会学、政治学、历史学、哲学等方法;从研究主题看,国防经济学研究的主要是与国防相关的资源配置问题,这里既包括资源在生产性用途与斗争性用途之间的配置问题,也包括资源在国防部门和相关部门内部的配置问题。国防经济学自产生之日起,就伴随经济学、军事学和其他相关学科的发展、交叉、融合而不断成长壮大,随着战争形态演化和经济发展,国防技术越来越复杂。战争规模不断扩大,经济对战争的制约作用越来越强,经济和军事两大部门的关系会越来越紧密。站在 21 世纪的桅杆上眺望远方,国防经济学的研究、发展之路会越来越广阔。

1.2 战争、危机与国防经济学滥觞

尽管国防经济学成为完整学科是近一个世纪的事，但用经济学的理论、方法研究国防或军事理论却可以追溯至亚当·斯密这位当代经济学的奠基人。他在那部不朽的《国富论》中，对战争、冲突与和平等一系列国防经济研究的核心命题进行了至今看来仍深具洞察力的分析。他专辟一章来讨论战争和军队问题，对国防支出、国防工业与贸易、战费筹集与税收、军事人力与军队规模进行了研究。斯密关注战争的经济含义，对国防的有用性、战争与冲突的因素、和平与发展的关系进行了开创性研究，强调确保一国的国防安全是首要目标，因为"国防比国富更重要"，认为人们对财富的追求不应有损于国家安全。斯密之后，李嘉图对战争财政与经济、战争成本与收益、自由市场经济下的战争与和平进行了多角度分析。马尔萨斯、萨伊等则继续对人口与战争、战争与贸易等国防经济命题进行研究。这样看来，对战争与国防问题的经济思考从来没有脱离过古典经济学的视野，但这些思想的碎片虽然深邃但显然还无法形成一个独立的学科（陈波，2010）。

在历史上的绝大部分时间里，经济学都不是脱离一般社会思想的独立体系，经济学如此，国防经济学亦如此。第一次世界大战的惨烈促使人们对战争经济问题进行深入的总结和反思，在战火的余烬中，以赫斯特《战争的政治经济学》（Hirst，1915）和庇古《战争经济学》（Pigou，1921）的出现为标志，作为横跨经济与军事两大边缘领域的战争经济学应运而生，也形成了早期国防经济学的基本框架。赫斯特的《战争的政治经济学》奠定了他在国防经济学发展史上难以撼动的地位。赫斯特的研究认为，首先，战争给经济带来的繁荣只是短暂的。战争对经济资源的需求，可以在一段时期内刺激经济的一定增长，但这种增长是短暂的、虚假的。一旦战争需求的刺激消失，劳动力就将大量过剩，投资就会大量减少。市场上过剩的劳动力同过少的资本相对立，就会给经济带来破坏。其次，战争带来的债务，是一种非生产性债务，从经济学的意义上对生产而言属于一种浪费。赫斯特还认为，在全世界普遍的、永恒的和平确立之前，为实现这样的和平而支出一些费用，是绝对必要的。他认为军事开支的数量，只限于保卫国家安全，使之免受侵略。赫斯特通过对欧洲各国军备与工业发展关系的考察指出，随着工业的发展，以往军队所使用的弓箭和石弩，已经被火药和步枪所取代。现代工业创造了新式武器，随着武器装备的发展变化，军队的组织结构也发生了变化。而武器装备的变化和军队组织体制的变化，必将使现代战争出现新情况。

也许是因为在福利经济学方面的杰出贡献，庇古在国防经济学研究上的贡献却常常被忽视。但正是这位经济学家在 20 世纪连续出版了《战争的经济和金融》(1916)、《资本杠杆和战争福利杠杆》(1920)、《战争的政治经济学》(1921) 三本极具影响的专著，奠定了他在国防经济学发展史上无可争夺的地位。庇古(1921) 认为，第一次世界大战赋予经济学家研究战时经济的责任，而战时经济与平时经济完全不同。庇古并不认同战争因不断增加的成本而逐渐消失的观点：在他看来，战争部分由非理性原因引发，特别是控制其他国家的欲望。因此，国防应予以优先考虑，军事开支应被认为是有益于经济的，因为它是对财富的"保险"。庇古并不相信自由市场经济会自动带来最优的结果，他主张在战争期间，经济学家的目标应该是最大化战争资金，而非经济繁荣。庇古区分了战争经济成本和战争总成本，认为在和平时期，经济繁荣不能代表整体繁荣，而只能代表可以用货币衡量的部分。而在战争时期，总成本远远大于其货币估值，因为部分战争成本是道德领域的。在《战争的政治经济学》中，庇古指出，战争期间政府必须取代市场以控制关键商品和服务的供给：政府因此直接干预关键经济部门并运营企业，企业主应在议价的基础上得到政府补偿。这种干预产生重要的经济效益，并把价格维持在相当低的水平上，以防止生产者过度提价而导致的信用和货币供给增加，以及国债的增加。政府也可以采取其他形式的干预措施，如许可证制度、债券以及购物券，以防止政府和个人对这些商品的需求竞争。庇古认为战费开支单纯依靠税收是不够的，因此必须从其他渠道融资。政府间贷款必不可少，因为增加税收会拖垮经济。为了吸引贷款者，政府必须采取多样化可行的投资组合选择。冻结个人其他的投资渠道，限制资本外流都是重要的。但他主张政府应尽量避免向银行借款，因为这样做会导致通货膨胀。

两次世界大战相对削弱了自由主义经济理论。这是因为这些理论把冲突问题排除在政治经济学之外，因此不能解释这些战争。而相反，当时的马克思主义理论，特别是帝国主义论能够很好地解释新的政治、经济危机。这也促使当时那些非马克思主义经济学家开始研究战争与和平问题，他们研究的主题是如何改进战时与平时的市场体系功能，以确保其能维持下去。第二次世界大战前后确实出现了大量与正统新古典研究有所区别的非正统色彩的战争经济研究。桑巴特、维布伦和熊彼特等经济学家就另辟蹊径，试图从资本主义的社会、组织特征中寻找战争的原因，这是经济学家在历史上首次分析战时和战后的经济管理。他们研究的主题是如何通过尽力组织战时经济来拯救市场经济，为战争胜利提供物质保障并避免战后经济危机（库仑、陈波，2010）。

　　制度经济学派由于把一般经济学排除在外的制度纳入研究领域，所以包含大量的与国防经济有关的研究。战争、和平和国防问题在凡勃伦的著作中占有重要的位置，凡勃伦所著的《德意志帝国和产业革命》（1915）和《对和平本质及其长期存在条件的调查》（1917）都与此有关。凡勃伦以制度方法证明了经济民族主义在现代社会中的决定性作用，强调了在维系世界和平方面封建王朝国家和现代国家之间的重大差别。凡勃伦的研究综合了经济、政治、社会和法律等领域的思想，具有跨学科特征。尽管他没有建立一般化的理论体系，但他的制度主义分析提供了正统经济学之外研究战争与和平问题的另一种选择。凡勃伦认为，战争经常成为社会经济发展的关键因素，因为政府在国家安全的名义下可以采取各种经济、政治措施并无碍于国际贸易。事实上，战争与贸易互相影响。另外，贸易关系的发展并没有保证国际和平，也没有责任去保证。今天我们来追寻贸易战的动因、逻辑等，其实好些问题都能在这些古老的国防经济思想中找到答案。

　　宏观经济学的代表性人物凯恩斯对两次世界大战起因、结果的经济研究推动了经济理论的创新，也推动了关于战争、和平与国防经济研究的创新。在凯恩斯的政治经济思想中，战争和安全问题占有重要的地位。经济危机使他意识到，一些经济政策可以消除市场短期过剩的负面影响，从而改变历史的进程。除了这些理论观点，凯恩斯还详述了政府的实际责任，从而超越了"和平—自由主义"和"战争—保护主义"的简单争论。在国家经济利益与国际团结之间，凯恩斯从创新视角研究了安全与经济的紧密联系，驳斥了经济自由主义可以实现国际和平的观点。当第二次世界大战不可避免时，凯恩斯开始研究在不损害英国经济的前提下寻求战时融资的最佳方式。在 1940 年出版的《如何筹措战费》中，他运用其 1936 年所出《通论》中的原理来表述这一主题。凯恩斯认为，在冲突带来了经济重建的背景下，政府有必要采取公共措施抑制通货膨胀。凯恩斯建议在社会各阶级之间平等分配战费负担，以维护正义和社会稳定。他主张对经济重建活动产生的大量个人储蓄，一半应通过税收杠杆集中起来，以用于战争。他认为战时政府和企业联合组织（辛迪加）应达成协议，通过出台延期支付等政策措施及限制购买力等来抑制战时通货膨胀。凯恩斯放弃了"看不见的手"这一传统认识，在这种情况下，他拓展了国防和安全的含义，认为国防和安全不仅关乎战争与战备，而且关乎经济安全。在他的笔下，国防部门只不过是特殊的生产部门，而国防部门也可变成政府实现其经济政策目标的工具。因此，国防与经济的等级关系有时可至少部分地颠倒过来。他也认为，经济亦可变为国防的工具：尽管凯恩斯反对"贸易战"，但他支持经济制裁，尤其是当经济制裁作为威慑手段来使用时。

在 20 世纪前半叶，还有一些经济学家也关注战争与和平的经济学。如克拉克的《战争经济学读物》（Clark，1918）、鲁登道夫的《总体战争论》（Ludendorff，1936）、莎维兹基的《战争经济学》（1935）、森武夫的《战时统制经济论》（1935）以及我国学者董问樵的《国防经济论》（1939）等，这些文献就战争对经济的影响、战时经济准备、战争资源筹集、战时经济统制、战争经济动员、战时经济运行等进行了探讨。由于直接面对两次世界大战的考验，因此早期国防经济研究主要关注点就是战争，研究所应用的经济学分析色彩也并不明显，对策研究多于理论分析，研究也缺乏相对完整的研究体系，因而还称不上严格和规范意义上的国防经济学。

1.3 冷战、发展与国防经济学演化

国防经济学的发展从来都与国际社会安全与经济发展密不可分，20 世纪是人类历史上非常特殊的一个时段，这个时段有近半个世纪处于冷战时代。随着冷战中两个超级大国国家安全问题的尖锐化，大国的政策从研究如何赢得一场"热战"转向如何在长期冲突中取得优势。在这种环境下，冷战初期的国防经济学的研究重点集中在以下一些方面：战争的成本—效率分析和成本—收益分析、威慑的作用和由此带来的悖论、可以作为提高国家安全手段的其他政策工具尤其是经济手段作为安全工具的使用、核打击后的复苏与管理问题、战略互动与军备竞赛及对宏观经济的影响、国防投资对经济增长的影响、军事人力、国防研究与发展及武器采购问题。

在国防经济学的发展史上，20 世纪 60 年代一定是不能忘却的一个时段，这个时段一批杰出的学者走向前台，一些经典论著为国防经济学打下了理论基础，其中最为杰出的三本著作分别是希奇和麦基恩的《核时代的国防经济学》（Hitch & Mckean，1960）、理查森的《军备与不安全》（Richardson，1960）、谢林的《冲突的战略》（Schelling，1960）。希奇和麦基恩所完成的开创性之作，运用经济学方法对国防部门资源配置的效率进行了研究，提出了国防经济研究的基本框架，认为一切国防问题都离不开资源的有效分配和使用，主张国防经济学应对战略、技术和经济三个要素进行综合研究；理查森创立军备竞赛模型，在冷战期间采用经济分析方法研究军备竞赛及其稳定性问题，推动了人们对这一问题的理解和认识；而谢林的研究则在对冲突和国防问题的研究中引入博弈论分析方法，不但在非合作博弈方面大大推进了现代博弈论的研究，更由于其把博弈论分析方法引入对战争与冲突问题的深入研究，对现代国防经济学发展亦做出了开创性贡献。2005 年，瑞典皇家科学院把该年度诺贝尔经济学奖授予谢林和以色列希伯来大学的经济学家罗伯特·奥曼（Robert J. Aumann），应当说这不但是对这位伟大的经济学家的肯定，也是对国防经济学这一年轻学科的肯定。基于这些严格的学术性贡献，哈特利和桑德勒（1995）认为，20 世纪 60 年代，以这三本著作的问世为标志，国防经济学正式创立，这基本上受到大多数国防经济学者的赞同。

如果说这三本书着重从宏观方面研究国防经济问题，那么，20 世纪 60 年代还有三部里程碑式的文献从微观方面开拓了国防经济学的研究。第一本是佩克和谢勒的《武器采办过程》（Peck & Scherer，1962），该文献中作者以美国为例，分析了武器采办的非市场特征、军品合同的竞争性以及武器装备规划的最终结果，开创了武器采办规范分析的先河。以此为基础，由谢勒完成的《武器采办过程：经济激励》（Scherer，1964）作为前一本书的姊妹篇，进一步探讨了武器装备规划中的竞争与合同激励问题，其中对各种不同类型军品合同（如固定价格合同、成本加价合同等）所进行的理论和经验分析，成为这一领域的经典文献。第三本书是奥尔森和泽克豪泽所著的《联盟的经济理论》（Olson & Zeckhauser，1966），该文献运用公共品理论对军事联盟防务负担分摊、配置效率等问题进行了深入研究，深化了国防经济学界对军事联盟问题的认识。

冷战时期，军备竞赛理论研究方面，一些研究（Intriligator，1975；Intriligator & Brito，1976，1978，1984；Isard & Anderton，1988）试图扩展理查森军备竞赛模型，一些实证研究则试图对大国（McGuire，1977）、中东国家（Lebovic & Ishaq，1987；Ward & Mintz，1987）的军备竞赛进行经验性研究。国防支出方

面，20 世纪 70 年代开始，一些研究试图分析国防支出对经济增长与发展的影响。贝努瓦（Benoit，1973）的研究为国防支出促进经济增长提供了证据，但也掀起该领域研究的轩然大波：国防支出是促进还是阻碍经济发展？这种争论一直延续至今。国防采办方面，研究者进一步试图运用委托—代理分析及其他与激励合同有关的现代工具研究国防采办实践（Cummins，1977；Tirole，1986；McAfee & McMillan，1986），而博弈论的应用也激发了国防采办研究的深入发展及人们对这一问题的深入研究兴趣。国防工业方面，学术界关注供给国防采办的国防工业基础，对武器市场的特性，国防工业的结构、运作、绩效进行了多方位研究，这方面的文献还研究了利润、补贴、竞争在国防工业中的作用。在国防人力方面，国防经济学开始关注义务兵役制与志愿兵役制等不同征兵制的经济效益（Altman，1969；Ash，Uids & McNown，1983；Greene & Newlon，1973；Hansen & Weisbrod，1967），分析了征兵制、服役期、军事训练及其他问题。

冷战后期，经济学家称之为安全的一系列问题也不断增多。除了前面的研究议题外，下列议题在国防经济学研究中得到明显加强：军事联盟、防务负担分摊，维持国防的长期能力，经济战与经济制裁，征兵制度及经济后果，国防工业分析、采办与合同制定及管理等。这个时期国防经济学的研究主题不断扩展，在国防支出、军事联盟、军备竞赛、核扩散、起义、国防支出与经济增长、军火贸易、裁军等方面都取得了一大批非常优秀的研究成果。国防经济学使用的经济学分析工具则涉及公共经济、公共选择、微观经济、宏观经济、区域经济、博弈论以及国际经济等经济学各个分支。

值得指出的是，这一时期国防经济学研究也主要是采用规范方法。但随着将经济手段作为国家安全工具的观念越来越为人们所广泛接受，实证方法在分析国际安全体系中的作用引起了人们越来越浓的兴趣。

1.4　全球化、冲突与国防经济学拓展

冷战的结束没有带来世界的普遍和平，却使国防经济学不得不面对"冷战遗产"所带来的一系列挑战，而全球化所带来的资本、人员等的全球性流动，又使恐怖主义、冲突、非传统安全的经济问题在国防经济学议题中开始凸显，而

且越来越重要。与此相适应，一批高水平的国防经济学综合性文献开始出现，这之中有三本代表性的手册必须受到重视。其中的前两本分别是北荷兰出版公司1995年出版的《国防经济学手册》（第1卷）和2007年出版的《国防经济学手册》（第2卷）。这两卷本手册对国防经济学近半个世纪的最新文献进行了最高水平的总结，对国防经济学新的研究领域进行了详细介绍，该手册的作者群集中了当代世界一流的国防经济学家，其中许多人是对国防经济学学科和各研究领域做出开创性研究成果的学科、学术带头人。他们分别是史密斯（Smith）、默多克（Murdoch）、布里托（Brito）、英特利盖特、恩德斯（Enders）、桑特勒、拉姆（Ram）、德格（Deger）和森（Sen）、罗杰森（Rogerson）、沃纳（Warner）、阿施（Asch）、利希腾贝格（Lichtenberg）、哈特利、安德顿（Anderton）、麦圭尔（McGuire）、布若斯卡（Brzoska）、赫什利弗（Hirshleifer）、格罗斯曼（Grossman）、邓恩（Dunne）、布拉登（Braddon）、丰塔内尔（Fontanel）等。该手册强调直观，重视为人们提供本学科领域关键性的研究工具和研究方法，并特别注重理论分析、数理分析、计量经济方法和对政策问题的规范研究。同时，由于该手册大量的文献索引，以及对国防经济学前沿问题的涉及，又为后继国防经济研究者提供了一幅"地图"，循此可对冷战后乃至冷战时代的国防经济学进行全方位的了解和追寻。

第三本是牛津大学出版社出版的《牛津和平与冲突经济学手册》（Garfinkel，2012）。这本手册与世界银行关于冲突与发展主题的《世界发展报告》同年度发布，本身就是这个时代的一个标志。一方是冲突与和平，另一方是经济，编者认为，无论从经验研究还是理论研究的角度看，这个主题显然都是非常重要的。确实，目前学者们以及政策制定者对于这一领域的兴趣高涨，至少近期都是如此。该手册以和平与冲突的经济学视角，分五大部分对现代国防经济学与和平、冲突经济学的诸多领域进行了深入梳理：和平与冲突的相关因素部分，重点研究了冲突的信息层面，承诺问题和权力转移如何造成冲突的起因，不完全信息条件下的讨价还价与冲突，霍布斯陷阱，宗教、冲突与合作，比较极化的测度方法，不平等、极化与冲突，内战的原因等；在冲突的结果与成本部分，重点研究了冲突总成本的测度方法，关于冲突经济成本的估算，估算战争成本，估算战争的人力成本，恐怖主义经济成本度量，军事支出对增长的影响评估，冲突的经济福利成本等；在冲突的机制部分，重点研究了冲突的技术，冲突中联盟的内生形成，多战场冲突，冲突的实验室实验等；在经济背景下的冲突与和平部分，重点研究了战争、贸易与自然资源，国家力量阴影下的贸易，一般均衡下的冲突与政策，社会中强制力，战争与贫困等；在通往和平之路部分，重点研究了全球化与国际冲突，国家边界、冲突与和平，政治制度和战争肇始，集体行动、可信承诺与冲突，抑制冲突的规范等。

后冷战时代，在传统研究方法的基础上，随着建模技术、统计学和计量经济学的发展与应用，学者们运用这些数学工具对军备竞赛、军费开支、国防工业、裁军、经济战等问题进行了广泛而有开创性的研究，国防经济学得到突飞猛进的发展。这至少体现出以下进展，从这些进展中大致也能看出国防经济学未来的一些发展趋势。

一是以军备竞赛模型为基础，经济、政治和战略互动的研究大量涌现。军备竞赛是动态的相互作用过程，是两个或多个国家源于目标冲突或相互畏惧的武器质量、数量竞争的升级。理查森创建的第一个军备竞赛模型，运用两个简单的方程式描述了两个国家的军备竞赛过程。其中，根据参数值的不同，军备竞赛有可能或无可能发展为公开的冲突。该模型之所以得到不断进化发展，在于该模型的解释能力值得重视，因为它同时包括了国家在决定国防预算时的政治、战略和经济约束。在理查森模型的基础上，英特利盖特（1975）用四个象限的图表来说明了军备竞赛模型方程，通过该图可以同时看出卷入军备竞赛的国家所面临的战略和经济问题。最优化方法的使用也使人们开始把军备竞赛视为国家理性行为的结果。既然相同的结果可以通过其他"低成本"方法获得，在多种选择中，国家为什么并在何种条件下会选择冲突呢？解决该问题意味着对国家行为的战略考虑，因此通过垄断理论和博弈论等方法就有可能预知国家行为。

后冷战时代，布里托和英特利盖特（Brito & Intriligator, 1995）进一步研究了军备竞赛导致战争的条件，将不对称信息理论、离散时间理论的一些要素引入模型，研究了广受关注的核扩散问题。两位研究者的目标是创建一个模型，以确定核军备竞赛引发战争的条件，或是相反，如何通过核威慑实现和平。因此，他们主要关注两个核大国军备竞赛时保持战略均衡的条件。20世纪90年代，非线性分析的发展描述了国际政治新的不稳定性以及两极体系结束带来的不确定性。新的数学理论工具，特别是突变理论，特别适合解释这种不确定性。例如，沃尔夫森等（Wolfson et al., 1992）提出了一个国际冲突的非线性动态模型，军备竞赛形式的复杂性在这里也达到了新的高度。这一模型考虑了军备竞赛的"混沌"模式，作者预期非线性动态方法在这方面的研究中有着光明的未来。在这方面，一系列有关经济、政治和战略互动的研究大量涌现，尽管一些研究对此曾持怀疑态度，并认为这些模型的高度复杂性明显限制了其优势发挥，但国家间的互动和经济、政治和战略间的互动无疑会是各国非常关注的焦点问题，也可能成为经济与安全交织研究的基础支撑。

二是国防支出方面的研究经久不衰，计量经济研究不断深入。源于国防支出是一国国家支出的重要组成部分，也因为国防支出数据的可获得性和完整性，国防支出相关的经验研究成为国防经济学计量分析最活跃的领域。这方面一个重要的研究方向是关于国防支出与增长、发展的研究，近些年来，这方面不断有新的经验性研究出现。科利亚斯和帕莱奥洛格（Kollias & Paleologou，2010）分析了欧盟 15 个国家的军费对于投资的积极效应，但是从整体来说这一效应并不稳定。雅科夫列夫（Yakovlev，2007）研究了 1965～2000 年 28 个国家的数据，发现军费支出与武器净出口均会导致经济增长放缓，而当一个国家是武器净出口国时，军费对经济增长的负效应较小。邓恩和乌耶（Dunne & Uye，2009）的代表性综述认为受制于理论的多样性、实证方法的不同和数据样本（国别、时间序列）的选择差异乃至数据质量的不稳定，都使军费的增长效应十分复杂，难以得出定论。但是他们认为，现有的实证检验结果总体上表明，军费对经济增长并没有明显的正效应，并很可能具有负效用，因此减少军费至少能推动经济增长。阿普特金和莱文（Alptekin & Levine，2012）发现军费的增长效应在不同时期、不同类型的国家均有所不同，呈现不一致性。马利扎德（Malizard，2016）研究了欧盟15 国经济增长的财政后果，将军事支出和政府民用支出区分开来，认为政府财政支出对经济增长有害，但是军费对经济增长的危害要小于政府民用支出。在军费呈现正、负混同的增长效应，难以得出一致性结论的研究上，康普顿和帕特森（Compton & Paterson，2016）认为军费对于经济增长不存在或是存在负效应，但其强调制度在军费与增长关系中发挥重要作用，好的制度可以部分抵消军费的负面作用，因此军费的综合增长效应并不显著。

从广义上看，军费对经济发展的作用也是福利效应。科利亚斯和古洛古（2010）利用 1980～2010 年 31 个经济合作与发展组织（OECD）的比较数据，发现没有证据表明国防支出挤占了公共卫生支出，无论以长期水平还是短期变化来衡量，人均国防和卫生支出都具有积极和显著的相关性。马利扎德（2014）以 1975～2008 年法国的数据检验军费对失业率的影响，结果表明，国防支出和非国防支出对失业率均有负影响，国防支出对失业率的负向影响更大。张和刘

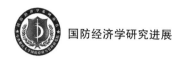

（Zhang & Liu，2016）比较了"金砖国家"和 G7 国家的军费与福利效应，发现发达国家的军费增长能够促进社会福利，然而新兴发展中国家的军费的福利效应并不明。阿里（Ali，2015）以中东和北非地区国家 1987～2015 年的数据，实证发现军费对收入差距有着明显的负效应，与传统观念不同，这些国家的军费增长反而可以减轻收入差距。但是，另一些研究则指出军费的上涨会降低社会福利。埃尔韦伦（Elveren，2012）考察了土耳其 1963～2007 年国防支出与收入不平等之间的关系，文章以泰尔指数作为整体收入分配差距的指标，证明国防支出对土耳其的收入不平等有负面影响。孟、卢西辛和李（Meng，Lucyshyn & Li，2015）提出军费与收入不平等之间存在着矛盾关系：军费的挤出效应会占据民用建设资源，但是也可能会通过提升社会总需求来提升低收入者水平。其基于中国 1989～2012 年的数据发现，中国军费的增长与收入差距的扩大同步。

　　三是国防工业研究仍是重点，国防采办与国防研发研究越来越重要。国防工业一直是国防经济的研究重点，这是因为国防工业所生产的武器装备既是军队作战的支撑，其生产的产品也进入社会供应链。近年来，哈特利（2008）专注于欧洲国防工业研究，对其实力和政策进行了系统性评估。海沃德（Hayward，2005）对英美两国的国防工业进行了对比，研究了两国在国防工业方面组成跨大西洋合作关系的可能性。梅耶（Maye，2017）比较了美国与欧洲的国防工业采办，认为在国防工业领域，政治与安全的考虑往往优先于经济逻辑，这一原因使得美国的国防工业并未能采用最为效率的供应链，相对的，欧洲各国之间的国防采办则更加灵活透明。贝林和吉尔（Belin & Guille，2018）以法国企业调查数据为样本，考察了法国企业对国防订单的依赖程度与企业融资结构之间的关系，发现国防企业与非国防企业呈现较大差异。詹姆斯（James，2008）从欧洲的视角看待美国应当如何进行国防工业改组，并支持与欧洲的合作，他首先考察了美国的国防工业改组政策对国防工业的影响，然后对 NATO 框架下的欧洲国防工业所面临的挑战以及欧洲的应对政策进行了分析，提出美国应当与欧洲在国防工业方面进行合作，提供欧洲国防工业发展的技术支持。关于国防采办的分析，如何进行跨国联合采办是这一领域近年关注的热点，不管是跨国合作，还是集中在美国与欧洲的跨大西洋合作框架以及欧洲内部的区域合作。特里布斯（Trybus，2014）系统研究了欧洲国家的军事采购如何支撑国家安全需求。针对特定地区，福斯贝格（Forsberg，2013）研究了近年来北欧国家之间的防务合作，认为这不仅是技术问题，也是一个政治进程，并认为北欧的身份认同也具有诸多优势，一是能够促进各级防务人员之间的非正式合作，二是在防务合作时更能够获得国内支持。莱顿等（Lehtonen et al.，2015）对北欧的联合采办合作却并不乐观，其分析了北欧国家开展武器联合采办所可能节省的费用，认为由于北欧各国除了地面战车方面，其武器需求差异较大，联合采购的规模效应较小，费用节省的潜力有限。

在国防研发方面，学界关注了国防科技领域创新的溢出效应。莫拉莱斯－拉莫斯（Morales-Ramos，2002）系统研究了国防科技研发的溢出效应，并以拉丁美洲和亚洲为案例进行了实证分析。歌尔、佩恩和拉姆（Goel，Payne & Ram，2008）根据美国1953～2000年的数据，发现政府部门的研发投入（R&D）对经济的增长效应要优于非政府部门，而国防R&D的经济增长效应要优于民用部门。但是对科技研发的增长效应，对美国、欧洲等发达国家的研究要多于对发展中国家。袁、刘、杨（Yuan，Liu & Yang，2014）利用中国1990～2002年的数据考察了国防工业的创新对经济增长的贡献。他们采取了两种分析方法，一是基于柯布·道格拉斯生产函数分析了国防科技创新对经济增长的效应，二是运用投入产出分析方法分析了国防采办对经济增长的效应，结果发现国防科技创新的经济增长效应明显比国防采办的增长效应有限，这就说明中国国防工业对经济的增长效应主要归功于技术创新的溢出效应。

中国国防工业研究一直是海外中国安全研究的重要分支，也是我国国防经济研究的主流领域。由于政策实用性较强，且往往要提供决策支持，对中国国防工业的发展现状和未来趋势的评估成为主要研究导向，研究方法论主要采取文本和案例分析的方法，注重对历史和现实素材的搜集、整理。针对中国国防工业的发展，张（Cheung，2008，2009，2011）连续系统地评估了中国国防科技工业创新模式、发展政策与未来趋势，即便在规范研究方面对我国的研究也极具参考价值。而梅德罗斯和格利夫（Medeiros & Gliff，2005）的著名报告，在21世纪初对中国国防科技工业的管理体制演变的历史变迁进行了梳理，并按照航天、船舶、常规武器等行业划分进行了类别分析，至今仍是评估中国国防科技工业的代表作。作者认为，领导集体的决心、对国防工业的资金投入以及先进技术的获取将成为决定国防工业未来发展的关键因素。也有一些文献，利用上市公司数据对中国军工企业进行了研究。张、许和翟（Zhang，Xu & Zhai，2018）以2005～2016年的数据，分析了中国的上市军工企业是否存在资产泡沫，实证结果表明上市军工企业在过去10年的扩张速度明显，相较于股票总体波动程度，上市军

工企业的泡沫数量波动幅度更大。2006～2014年的泡沫增长主要是由国防工业扩张和国防工业改革红利的释放，他们据此建议政府应当平稳增长军费，稳妥推进国防工业改革。王等（Wang et al.，2019）分析了有效市场假说是否在中国的国防工业中能够得到验证，认为由于国防改革、股票市场的摩擦以及投资者的非理性，国防工业市场并不有效。

四是随着战争成本等问题从概念走向测度，计算国防经济有望在未来有所突破。国防经济学走向具体应用，一个非常现实的问题是战争成本或更广义的冲突成本到底能否实现精确度量。国家到底在战争中花了多少钱？这既是国家决策的必然需要，也是学科精细化发展的必然要求。长期以来，战争成本、战争收益等还停留在概念层次，但近些年来，一系列学术研究正逐渐推动其实现测度。成本核算方法可能是最简单且最直接的估算方法，它将直接成本和间接成本的货币价值进行加总。直接成本估算基于公共账目和统计记录的实际数据。间接成本的估计值包括由于资本毁坏导致的生产损失，以及冲突结束后时期中生产的后续损失的复利值。在这方面，已经有一些很好的研究。阿鲁纳蒂拉克、贾亚苏里耶和凯莱加马（Arunatilake，Jayasuriya & Kelegama，2001）估算了1984～1996年斯里兰卡内战的成本。他们通过比较实际数据与无冲突情况下成本大小的有依据推测值，得到了对于给定大小直接成本的估算值。根据他们的估算，斯里兰卡战争的直接成本是斯里兰卡1996年国内生产总值的61.9%，也就是以当时通行的汇率计算超过了60亿美元。直接成本和间接成本总计达到了斯里兰卡1996年国内生产总值的168%。

成本核算方法也适用于评估参与战争的经济成本。戴维斯、墨菲和托皮尔（Davis，Murphy & Topel，2009）估计了美国在入侵伊拉克前的伊拉克战争成本的现值。这些成本包括军事资源、美国士兵死亡和持久伤痛的价值，以及治疗受伤士兵的终生医疗费用、人道主义援助和战后重建的成本。他们估计了不同情景下的年度战争成本，然后使用各种贴现方案计算现值，最终估计伊拉克战争对美国造成的损失以2003年价格表示为1000亿～8700亿美元。比尔米斯和斯蒂格利茨（Bilmes & Stiglitz，2006）应用类似方法，估计美国在伊拉克战争的总经济成本在1万亿～3万亿美元。成本核算方法提供的成本估算，在计算上易于操作，并可在多种情景中进行计算。不足方面是成本核算方法需要专业知识列出所有类型的成本，否则成本列表可能不详尽，一些成本可能会被忽略或被重复计算。尽管对大多数国防经济学概念实现测度不是一件容易的事，但我们欣喜地看到，国际学术界正在这些方面正在积极探索，我们相信在未来，计算国防经济仍是一个可以期待的领域。

五是国防经济学内涵外延不断拓展，冲突经济等更广义的研究受到重视。 近年来国防经济研究的最大突破之一是把冲突研究纳入经济研究的视角，事实上传统国防经济所研究的战争等只是冲突的一种极端情况，而冲突是更具广义的一般可描述状态。赫什利弗（Hirshleifer，1995）研究认为，对冲突和贸易的经济研究应该同等对待。与赫什利弗类似，麦圭尔（McGuire，1995）认为，研究"生产与侵略"和"进攻与防御"之间选择这一有潜力的方法论角度仍然是经济研究中的薄弱环节。这些深化了冲突问题经济研究的不同主张表明，大量的当代经济学者介入了对和平与冲突等广义的国防经济学研究。冲突经济学主要研究国家间和国家内军事冲突的缘起、方式、影响等，按照国家间关系的划分，跨国军事冲突主要为国家间战争与恐怖主义活动，而国内军事冲突主要指内战。在这方面，西方国家一直有一种说法，认为"民主国家之间很少发生军事冲突"。黑格尔（Hegre，2014）的综述性文献对民主政体与冲突关系的文献发展进行了介绍，实证研究支持民主国家之间发生冲突的概率要小于非民主国家、民主制度稳固的国家之间发生冲突的概率要小于半民主国家。但目前针对这一实证结论的最有力反驳是，民主制度以及和平都取决于先前的社会经济条件，难以对民主与和平之间的关系进行因果推断。新近一些文献，继续探索了民主与冲突之间的关系。

内战作为国内军事冲突，伴随着局部地区的不稳定，特别是中东、北非地区的"颜色革命"和动荡，正受到学界越来越多的关注，不少研究认为内战是国家发展失败的结果（Murshed，2010）。埃斯库拉（Ezcurra，2018）研究了区域不平等与内战之间的关系，其基于 125 个国家 1993～2013 年的数据实证发现，区域收入差距较大的国家更有可能爆发内战，减少贫富差距有利于降低内战的可能性。此外，内战也会造成一系列的经济社会损失。哈桑和穆尔希德（Hasan & Murshed，2015）采用 66 个发展中国家 1985～2010 年的数据，研究了内战与金融发展的关系，他们以 M2 货币发行量以及私人企业贷款占国内生产总值的比例来表示金融发展，发现内战会明显地阻碍金融发展，但是政府的治理水平能够部分提升金融发展。乔杜里和穆尔谢德（Chowdhury & Murshed，2016）研究了冲突与国家财政能力（税收占国内生产总值的比例）之间的关系，基于 79 个发展中国家 1980～2010 年的数据，发现冲突，特别是内战，会削弱国家财政，并伴随

着对民主制度、政治体系、政府治理以及宏观调控的损害。

六是对恐怖主义的关注持续提升，恐怖主义经济研究得到加强。自"9·11"事件后，学术界对恐怖主义的关注持续提升，从经济学方面对恐怖主义的研究得到加强。阿卜杜卡迪罗夫（Abdukadirov，2010）对恐怖主义团体给予了经济学定义，称恐怖分子为"社会企业家"，一般企业追求经济回报，恐怖分子运营恐怖主义组织意在追求社会回报。阿塞和桑德勒（Arce & Sandler，2007）开发了一个模型，指出政府将恐怖分子认定为军事或是政治两种类型，恐怖活动是一种显示信号，政府试图按照第一轮恐怖袭击的规模来判断恐怖团体的类别。以恐怖主义活动的规模作为判别恐怖主义团体性质的信号，那么恐怖主义团体可能采取伪装的手段来躲避政府对其的打击。亨德尔（Hendel，2015）研究了恐怖主义团体的行动策略，认为其可能会通过模仿更小规模的恐怖团体的行为来进行伪装，以降低政府对其打击的力度，因此建议政府应当加强对恐怖主义集团的第二轮打击。

针对国家政体与遭受恐怖袭击的关系，部分研究者认为民主政体更容易遭受恐怖袭击，而一些实证研究则表明民主政体遭受恐怖袭击的概率更小。针对这一分歧，萨文和菲利普（Savun & Phillips，2009）的研究认为并非国家类型，而是国家外交政策的不同，造成了民主国家与非民主国家遭受恐怖袭击的概率不同。诺伊迈尔和普林佩（Neumayer & Plümper，2011）延续这一思路，分析了恐怖分子从事恐怖活动的原因可能是为了在国内造成政治影响，并以美国为实证研究对象，发现美国对某国的军事援助以及军火贸易会使美国公民受到恐怖袭击的概率增大。伯尔斯和贝茨（Bois & Buts，2016）研究了一国对外军事援助与该国受恐怖主义袭击之间的关系，结果发现：当 X 国对 Y 国进行军事输出，或是提供武器出口，会提升 X 国公民在 Y 国被当地恐怖主义集团袭击的概率。贝茨和伯尔斯（Buts & Bois，2017）继续深入研究后发现，一国向亚洲和非洲地区进行军事输出更容易提高该国公民遭受恐怖袭击的概率，而且以联合国以及北大西洋公约组织名义下的军事活动，并没有提高恐怖袭击的概率。

七是经济战、贸易战研究受到重视，非传统安全的经济学研究也愈来愈重要。在国防经济学发展史上，经济、贸易等经常是作为外生变量而存在，随着安全概念的演进，更进一步地，由于经济在安全中的位次越来越重，经济、贸易越来越成为一个内生变量。有关经济战的想法有着不同的含义，按照目前最普遍的理解，它是指政府运用以邻为壑之类的不公平政策措施所带来的日益恶化的国际经济竞争。国家的目的是提高其在世界经济等级中的相对地位，目的不是发动战争摧毁敌人，而是在国际经济冲突的背景下实施有利于本国经济的政府干预。政府干预力量来源于其在国际组织中的影响，或者实施恰当的贸易与产业政策。贸易战、贸易制裁当然会给目标国带来巨大的经济损失，但发起国也会承受沉重的代价，这是一个负和博弈，因此把它叫"战"似乎也不为过。

如何使用"经济战"来描述激烈的经济竞争仍有待商榷，包括用它来表示国家采取的、旨在破坏对方经济的措施是否合理，无论为了经济、政治还是军事目的。第二次世界大战结束以来，已经有一些研究开始从经济方面关注国家的策略。它们从战略角度研究所有的国际经济关系，而这种关系是大国均势博弈的结果。不过，很少有研究考虑到"经济武器"，尽管国家经常使用这一武器。在多边制裁中，整个世界经济都会处于"次优"状态。若干战略手段的使用并非意在国家的繁荣与发展，只是为了削弱对方的经济，或使其臣服。经济制裁的效率可以通过比较双方的损失进行评估，因此也遵循了一些战争原则。但进入21世纪第三个十年时，我们明显看到贸易战等问题此起彼伏，美国在这之中明显充当了"破坏者"的角色，因此对经济战、贸易战的研究会越来越加强。然而，我们也要清楚，该概念并不能包括当代世界经济的所有特征。此外，这个概念如果使用不当，"战争"的破坏和毁灭含义，也不符合贸易的逻辑。

八是博弈论受到普遍重视，成为冲突与安全研究不可或缺的工具。对冲突问题的忽视招致了对新古典主义理论脱离现实的批判。不过，博弈论的发展解决了这一问题。原因是人们可以通过分析博弈者的行为得到博弈的结果，而这些行为可以通过一些假设得以确定。双头垄断和寡头垄断分析中使用的大量概念直接应用于国家间战略关系的研究。博弈论在国防经济学中的应用并不限于军备竞赛和国际冲突研究，还被用于分析裁军、国际合作和国际组织的作用等问题。在博弈论框架下，信息开始成为国际冲突的核心问题。这是因为一国在决定是否进行国际合作之前，都要对合作和背叛的相对成本和收益进行主观评估。因此，本国拥有的其他国家行为的信息是其决策的关键因素。信息不完全有时可以解释冲突的发生，即使多数情况下国家能从合作中得到更多的利益。博弈论显示，在不完全信息和缺少交流的情况下，冲突可以由代理人的理性行为产生（新古典主义并没有认识到这一事实）。纳什均衡概念被运用来表示各种博弈结果的特征。它定义了这样的策略组合：在给定其他行为者的选择时，没有一方能够采取其他策略以提高自身收益。在两国间的军备竞赛中，两国反应曲线交叉处的均衡点就是纳

什均衡：在给定对手选择的情况下，这是双方的最佳可能选择。

博弈论学者还认为，如果博弈参与者的互动长期进行，那么囚徒困境模型就不再适用。因此，需要引入"重复博弈"思想，博弈可以被表示为"扩展式"形式。当同一个博弈被重复数次或无限次时，重复博弈便出现了。重复博弈的优势体现在展示了非合作态度的行为是怎样产生合作的结果的（假设博弈结果未知），而这种结果通常是利益最大化的结果。因此，重复博弈的结果与囚徒困境博弈大不相同，后者的结果并不是最优的。在重复博弈中，策略选择是有条件的：对方未来背叛的威胁鼓励国家进行合作。在完全信息条件下，一个重复博弈会产生几个纳什均衡。研究认为为决定一个独特的均衡点，必须通过考虑不完全或不对称信息等情形来精炼纳什均衡假设。哈格里夫斯－希普和瓦鲁法克斯通过分析北约和华约在冷战时期的策略，展现了将子博弈运用于军备竞赛的优势。北约对华约的策略基于 MAD（相互确保摧毁）战略。在一个"普通"的博弈中，双方的战略互动可能带来两种可能的均衡。根据子博弈的扩展式，单一均衡得以保留，而这并不意味着相互确保摧毁策略的应用。这一选择基于以下事实：北约发动相互确保摧毁策略的威胁是不可置信的。就子博弈完美均衡的推理而言，我们可以排除包含过度威胁的策略。因此，北约一改其相互确保摧毁策略，并实行分级报复战略。

九是数据库建设进一步深入，定量方法的基础支撑建设有所加强。在经济学研究上，一个持续困扰研究者的问题是数据可得性和测度方法的问题。对待公开发行的、特别是不同国家的数据时，需要非常慎重，因为在进行相关数据如军费数据的国别比较或区域加总研究时，需要关注各国军费数据的定义、涵盖类目以及准确性。各国的定义不完全一样，一些国家还往往采用附加预算、模糊开支类别、军事援助和外汇操纵等形式掩盖其真实的军费数据，发达国家经常指责发展中国家在这方面做得不够好，而事实上，发达国家如美国在这方面做得也不够好。即便从世界上现有的几套军费数据库看，瑞典斯德哥尔摩国际和平研究所（SIPRI）、美国军备控制和裁军署（ACDA）、伦敦国际战略研究所（IISS）、国际货币基金组织（IMF）和世界银行给出的军费数据也存在较大差异。如果说军费还是比较好量化和比较数据的话，那么其他数据的可获得性和挑战性则肯定更大。

学术研究的持续性、智库建设等一系列因素等共同推动也呼唤国防经济数据建设的进一步发展，定量方法的大量运用也进一步催生了本领域数据库的发展。

近些年来，弗雷泽和狄克逊（Frazier & Dixon，2006）开发出了国家间军事争端数据库（MIDS），里根、弗兰克和艾丁（Regan，Frank & Aydin，2009）在 MIDS 的基础上继续拓展，建立了涵盖 1945～1999 年的 153 个国家间冲突数据以及 438 个外交干涉行为的数据库。梅兰德、莫勒和奥伯格（Melander，Moller & Oberg，2009）则在乌普萨拉冲突数据库（UCDP）的基础上，建立了管理低烈度国内冲突（MILC）数据库，该数据库虽然覆盖的国家和年份范围不大，但是对低强度的冲突事件进行了较为全面的记录。此外，彼得森和艾克（Pettersson & Eck，2018）则继续在乌普萨拉冲突数据库的基础上更新了 1989～2016 年的有组织暴力冲突数据。对长线研究来说，加强数据建设无疑是一个必须的方面，而我国在此方面还非常薄弱。

1.5　本章小结

国防与经济息息相关，纵观近一个世纪特别是 20 世纪 60 年代以来国防经济学的长足发展，可以发现，国防经济学的进步无不与国防经济现实发展和需求紧密相关，也无不与经济学发展和经济学研究方法的创新紧密相关。国防经济学之所以成为现代经济学的一门分支学科，在于国防经济资源的稀缺性和国防资源配置的效率是国防经济研究最重要的主题，而由稀缺性导致的对效率的关注正是当代经济学存在的基础。一方面，国防经济资源来自国防主体总体可支配资源。一国如果将一定数量的资源用于国防用途，就无法再将其用于民用生产性用途。另一方面，当一定数量的某种资源被用于国防部门后，这些资源如何配置于国防经济和其相关部门内部各部门，又成为一个突出问题。冷战结束后，各国国防投入普遍相对减少，而购置武器装备和军事人力的成本则不断攀升，于是，如何更有效、合理地配置和使用这些稀缺性资源以保证国家安全的问题就更为突出。

由于学术史太过漫长，所以我们不可能面面俱到，但从学科的角度对一个世纪以来国防经济学发展的文献进行梳理后，我们能够看到国防经济学的研究主题不断拓展。从重点对国家国防经济问题的关注，到关注全球国防经济问题，从对传统安全的经济视角研究到对非传统安全问题的经济学研究……国防经济学一直保持一个开放的姿态。20 世纪 80 年代开始，以前研究的一些国防经济问题依然受到学术界的关注，同时又拓展出一些新课题。近年来，国防经济学在国防工

业、国防研发、军火贸易、裁军和"军转民"等传统研究领域也持续深入。另外，国防经济学的研究方法也日趋多样化。冷战结束后，用实证方法研究各国如何把国防作为一种追求生存的经济手段的研究方向在国防经济领域兴起，当代国防经济学大量应用了计量经济学最新的研究方法。如时间序列分析法在新时期的国防经济学中扮演着举足轻重的角色，研究多重时间序列相关关系的向量自回归分析，被用于恐怖主义问题和国防支出对经济增长与就业影响的研究。其他时间序列分析技术，诸如因果性检验、干预分析、协整检验等，也广泛应用于国防经济学的研究。在军事人力研究中，对新兵征募、超期服役、军事劳动力供给和需求等问题的分析都运用了最新的回归分析技术，研究方法的突破为国防经济学带来了新的生机和活力，使以前难以突破的一些领域有望取得突破。

国防经济学的建立和发展从来就不缺挑战，这其中一个较大的质疑是：经济学是市场科学，而国防显然是非市场行为，无疑应在它的研究之外。有人怀疑经济学工具对国防研究的可能性和有效性。但所有这些善意或不善意的批评都未能阻碍国防经济学循着它合理的轨迹长足发展。面对国防经济学研究背景的深刻变化，作为全球第二大经济体的中国，经济高速发展，国防和军事在世界上地位突出，中国的独特发展道路也引起了国际社会极大兴趣，然而与火热的现实相比，中国的国防经济学在国际上仍然与大国地位极为不符，构建适应新时期一流的国防经济学既面临广阔的机遇，也面临深刻的挑战。中国国防经济学本土研究仍然极为缺乏，大量的应用研究还不够深入，中国国防经济学呼唤正常的学术环境，也呼唤着大变革。

第**2**章

国防支出研究综述

2.1 引　言

　　国防支出是国家用于国防建设和战争的专项经费，是国家军事战略的货币化体现，在国家公共支出中占有十分重要的地位。国防支出需求决定和国防支出对经济增长的影响一直是国防经济学研究的核心和热点问题。国家要保持一支随时能够保证国家利益不受侵害的军事力量，就需要支付一定的资金，而国防支出便成为国防发展和军队建设的重要因素。许多学者针对国防支出的需求进行了各种研究，一些是基于跨国的回归模型，而另一些则是单一国家的时间序列分析。确定和分析国防支出需求是一个非常复杂的过程，其不仅包括安全问题，更涉及各种国际国内的经济、政治、地理和社会因素。因此，使用简单的理论模型、有限的数据和计量技术来量化分析现实国防支出需求，仍存在不少挑战。国家财政每年会将一定数量的经济资源配置到国防用途，配置的国防支出会对经济增长产生什么样的影响是国防经济学研究的核心和热点问题。贝努瓦（Benoit，1978）研究发现国防支出对发展中国家的经济增长具有促进作用，引起了国防经济学界方兴未艾的激烈争论，40多年来出现了大量的研究文献，然而不同学者采用的理论基础、理论观点、研究方法、研究变量、样本国家与经济发展水平的诸多差异，导致得到的结论各不相同。

　　本章将分别对国防支出需求决定和国防支出影响经济增长的理论机制和实证研究进行梳理和分析。本章分为四节，2.1节是引言。2.2节讨论确定国防支出需求的研究，对相关理论模型进行梳理和对比分析，指出其中存在的问题和局限

性，并对不同模型相应的实证研究进行总结。2.3 节首先讨论国防支出影响经济增长的理论机制，并从四个方面梳理了该议题的相关实证结果。2.4 节是本章小结。

2.2 确定国防支出需求的理论模型

研究国防支出需求决定具有重要的政策含义：首先，了解影响国防支出的因素有助于节约国防预算的数额和分配；其次，这对于控制军备和裁军政策至关重要；最后，如果国防开支表现出一些负面的经济影响，那么将其减少应该是政治和经济的优先事项，知道决定因素将有助于决策者最优地减少军费开支（Sakiru et al.，2017）。多年来，众多学者以多样化的方法和途径广泛地研究了国防支出需求决定的问题。他们分析并确定各种影响单一国家和多个国家国防支出需求变化的因素，如战略、经济、政治等因素。总体而言，关于国防支出需求决定因素的研究模型可分为三类：机构政治模型、军备竞赛模型和新古典主义模型。机构政治模型只关注决定国防支出需要的官僚和政治因素；军备竞赛模型则认为影响一国国防支出需求的因素是敌对国家的国防支出；而新古典主义模型则综合分析了安全、经济、政治等多种因素。因此，本章对前两类模型只作简单综述，重点分析新古典主义模型所包括的各种因素及其优缺点。

2.2.1 机构政治模型

一些模型聚焦于国防预算过程，在此过程中不同的利益集团（如官僚、政客和军工企业）不断地争权夺利以实现各自的利益最大化。国防预算的水平就是这样的斗争、竞争和利益最大化的结果。故这类模型被称为"机构政治"模型，其决定了短期的国防支出水平以及武器装备的种类和范围（Isard & Anderton，1988）。最基本的机构政治模型认为当年国防支出是上年度国防支出和调整系数的乘积，调整系数则由武器标准化操作程序变更、引起军备变化的重要事件的发生和决策者改变决定（Lucier，1979）。在此基础上，一些研究考虑了国防预算决策程序中，不同的决策群体（如美国的国防服务机构、总统、国会和国防部）的相互作用决定国防支出水平（Majeski，1983），而另外一些研究发现官僚惯性也影响国防支出水平（Ostrom & Marra，1986）。

　　总之，尽管机构政治模型仅仅考虑官僚、政治等因素，其对于分析短期，特别是下一年的国防支出有着显著的作用，但是长期结果是一系列短期因素和状况的积累，故短期的机构政治因素在分析国防支出需求中的作用是不容忽视的。

2.2.2　军备竞赛模型

　　军备竞赛是指两个国家或联盟之间互动地获取和储备武器装备，并具有竞争性和资源约束性特征的一个动态过程（Brito & Intriligator，1995）。军备竞赛模型常被用来分析处于冲突和对抗的国家之间，其国防支出相互决定的例子，如美国和苏联，希腊和土耳其，印度和巴基斯坦，以色列和其周边国家。军备竞赛模型中，最常用的是经典的理查德森军备竞赛模型（Richardson，1960）。理查德森模型利用两个微分方程去解释两个潜在的敌对国家国防支出。总的来讲，一国武器储备量的增加正向地受到敌对国家武器储备量的影响，而一国武器储备量的增加负向地受到其本国武器储备量的影响，即显示了一国在经济制约下和折旧补充，限制了对军备的资源分配。此外，理查德森模型使用抱怨项系数来衡量其他的各种影响因素，如历史、机构和文化等因素对一国国防支出的影响。

　　尽管理查德森军备竞赛模型被广泛应用，但是其理论基础存在一些问题：第一，理查德森模型是描述性模型的一种，既没有明确的目标方程，也没有最优化行为的假设；第二，它由一个线性的动态系统构成，非线性特征的存在将会很大程度地改变分析的准确性和可行性；第三，关于经济约束的分析十分有限（仅仅体现在本国武器储备量的影响上）；第四，模型中缺少了对战略因素（如地理和政治因素）的考虑和分析；第五，忽略了军备竞赛和战争爆发的关系；第六，此模型中的系数是静态的，即忽略了系数可能随时间和经验积累而产生变化；第七，军事联盟的影响和相互作用亦在模型分析之外。一些研究对理查德森军备竞赛模型进行了扩展和改进，考虑到包括竞争性（Wolfson，1968）、对抗（Wolfson，1990）、服从（Isard & Anderton，1988）、异质性（Dunne，Sam & Smith，2009）、官僚政治（Rattinger，1975）、公众观点（Hartley & Russett，1992）以及社会福利最大化（McGuire，1965）等模型。这些模型大多没有明确的理论框架，并没

有解决经典理查德森模型所存在的问题。

大量的实证研究使用军备竞赛模型去分析处于对抗的国家之间国防支出相互决定的现象（Deger & Sen，1990；Dunne et al.，1999；Yildirim & Öcal，2006；Dunne & Smith，2007；Abu-Qarn & Abu-Bader，2009）。然而，正如哈特利和桑德勒（Hartley & Sandler，1995）所言，军备竞赛的实证结果往往不尽如人意。总的来说，即使不考虑理论上的问题，由于实证检验对军备的度量（国防支出或军备存量、变化量等）、误差项的设定、理论解释和计量估计方法等问题，在应用军备竞赛模型分析一国国防支出需求时，问题重重。

2.2.3 新古典主义模型

从新古典主义的方法论出发，正规的国防支出需求模型建立了一个国家选择它的安全及其他的需求以实现社会福利最大化的理论框架。其假设社会福利是民用产出和安全的函数，并且国防支出是决定安全的因素之一。政府的职能就是平衡增加国防支出带来的安全效用和国防支出的机会成本（民用产出的减少）以实现社会福利最大化（Smith，1980，1995）。新古典主义国防支出需求模型指出国防支出是收入、价格、偏好、战略和其他国家国防支出的函数。其模型综合分析了决定国防支出需求的经济、政治和安全的因素，因而被广泛地使用。但是这类模型存在着一系列的理论问题。如国家选择安全及其他的需求以实现社会福利的最大化的过程受到诸多因素的影响，模型中简单的函数关系无法实现对政府选择的描述和解释。理性决策的假设同样也受到了质疑，如史密斯（Smith，1978）和哈特利（Hartley，1995）的研究发现，不同阶级间，其他官僚以及利益集团之间，存在着讨价还价和相互投赞同票的现象，而这些都不符合理性决策的假设。

国防支出需求模型存在着一些局限性和问题，但是在简单的理论模型上，针对具体的实际问题，可以构建包含更多现实因素的模型和回归方程，去分析影响国防支出的复杂因素。不同学者针对国防支出的需求进行了各种研究，包括基于跨国的回归模型和基于单一国家的时间序列分析。总的来讲，如表 2 - 2 - 1 所示，决定国防支出需求的因素可以被分为以下几个范畴：安全因素、经济因素、政治因素和其他因素。

表 2 - 2 - 1　　　　　　　　　国防支出需求的决定因素

安全因素	经济因素	政治因素	其他因素
➤外来威胁： 　国家间战争（＋） 　敌人或潜在敌人 （＋） ➤安全网（＋） ➤军事联盟（＋/－） ➤内部威胁（＋）	➤GDP 或 GNP（＋） ➤人均收入（＋） ➤中央政府支出 （＋） ➤非国防政府支出 （－） ➤外汇储备（＋） ➤国际贸易（＋）	➤政体的类型： 　民主（－） 　军事政府（＋） ➤国内官僚和政治的相 互作用（＋） ➤政治稳定性（－） ➤政策的变化（＋/－）	➤人口（＋/－） ➤地区因素（＋） ➤军事人员参与率 （＋） ➤国防支出的时滞 变量（＋）

注：（＋）表示对国防支出的积极作用；（－）表示对国防支出的消极作用。

（1）安全因素。影响一国安全的因素有很多，主要包括：第一，国家间战争会导致国防支出开支的增长（Maizels & Nissanke，1986；Hewitt，1992；Sandler & Hartley，1995；Dunne et al.，1995；Batchelor et al.，2002；Wang，2013；Dunne & Perlo-Freeman，2003）。第二，敌人或潜在敌人的国防支出对一国国防支出有积极的影响（Sun & Yu，1999；Tambudzai，2005；赵黎明、陈炳福，2006）。第三，"安全网"（Security Web），即某个国家的安全网是指所有能对此国家的安全产生显著影响的国家，安全网的平均国防支出负担可以用来衡量该国所面对的威胁（Dunne et al.，2008）。第四，军事联盟也将影响一国的国防支出需求（Odehnal，2015）。第五，内部的威胁如内战对国防支出有着非常显著的积极影响（Collier & Hoeffler，2002；Dunne & Perlo-Freeman，2003，2008）。

（2）经济因素。经济因素对一国国防支出需求也起着相当重要的作用，例如一些研究应用国内生产总值（GDP）或国民生产总值（GNP）的总量或增长率、人均收入来衡量收入对国防支出的资源制约（Looney，1989；Batchelor et al. 2002；Tambudzai，2007；Wang，2013；Kollias，2016）。中央政府支出主要用来衡量政府预算的制约，而非国防政府支出考虑的是国防支出相对其他政府支出的机会成本（Yildirim & Sezgin，2005）。就国际经济影响因素而言，外汇储备的增加对国防支出需求有正向影响；总贸易额（出口和进口的总和）可以衡量经济开放程度对国防支出需求的影响。一般来说，一个国家越开放，它与其他国家的关系就越和平，因此贸易总额高的国家更倾向于减少军事开支（André

Jordaan，2014），也有研究表明总贸易额高的国家倾向于更高的国防支出（Maizels & Nissanke，1986；Dunne & Mohammed，1995；Dunne & Perlo Freeman，2003；Dunne et al.，2008）。

（3）政治因素。一些研究发现，政治因素也应该囊括在国防支出需求的方程中。例如，相对于独裁及实施军事统治等非民主的政府，民主政府往往支出更少的国防费用（Dunne & Perlo Freeman，2003，2008；Bove & Brauner，2016；Braune，2015）；国内官僚和政治的相互作用以及军事集团的相对的能力和势力范围都将影响国防支出（Harris，2002）；政治稳定性和政策，特别是国防政策的变化也会很大程度地影响国防支出（Hartley，1997；Harris，2002；Erdogdu，2008；陈炳福，2010）。

（4）其他因素。还有一些重要的因素决定一国的国防支出。例如，人口变量可以反映尺度效应，即人口变量可以被视为给定的内在安全因素，减少国防支出开支的需求，或通过依赖大规模的军队来减少对高科技设备的需求（Collier & Hoeffler，2002；Yildirim & Sezgin，2002；Dunne et al.，2007）。另外，公共产品理论认为，国防支出（国防）作为纯粹的公共产品，具有非竞争性。因此，给更多的人口提供安全利益，可以使国防支出更加有效率（Dunne & Perlo-Freeman，2003）；地区因素作为一个虚拟变量，在研究中东国家的国防支出需求时被用来反映"不良的邻居关系"及"传染"效用（Dunne & Perlo-Freeman，2003）；上一年的国防支出是当年国防支出的最好的指示器。一些实证计量分析在国防支出需求的解释变量中加入了国防支出的时滞变量，并得到了预期结果（Yu，2002；Batchelor et al.，2002；赵黎明和陈炳福，2010）。

2.2.4　基于新古典主义模型的经验证据

研究国防支出需求所要用到的模型有机构政治模型、军备竞赛模型和新古典主义模型，这些模型虽然在不同方面都得到了改进和应用，但是不管总体分析还是特例分析，都存在着一定的局限性。由于新古典主义模型可以综合分析国防支出的经济、政治和军事等因素，所以现在被研究国防支出需求的文献广泛使用并扩展。

进出口武器会影响国防支出，国防支出是创造军事能力的手段，而军事能力又会影响一国的外部安全。潘普和瑟纳（Pamp & Thurner，2017）分别考察了武器进口和出口对国家军事支出的不同影响程度。他们使用了斯德哥尔摩国际和平研究所（以下简称为 SIPRI）1949～2013 年 156 个国家武器贸易和国防开支面板数据，发现武器进口与国防支出之间总体存在正相关关系，但具体到不同地区和时段可能会出现不一样的结果，例如：在冷战时期，除欧洲与中东地区外，这一关系在其余地区都不显著；而在 1990 年之后，除南美和中东地区外，这一关系在其余地区是成立的。而武器出口的影响，潘普和瑟纳（2017）发现，武器出口会减少"民主国家"的军事预算，而对于"非民主国家"的国防支出并没有显著影响。

布劳尔（Brauer，2015）研究了不同类型"专制政权"的国防支出之间是否存在系统性的差异问题，他使用了 66 个国家 1960～1987 年来自战争相关项目（COW）数据库，1988～2000 年来自 SIPRI 数据库的国防支出数据，并将这些国家政权区分为"军事政权国家""单一政党国家""个人独裁政权"。实证结果表明，"军事政权国家"在军事上的花费比"单一政党国家"多，而"单一政党国家"又比"个人独裁政权"花费更多，并且这种差异是显著的，这可能是因为"单一政党国家"和"个人独裁政权"有其他的方式来影响军队，不需要像"军事政权国家"那样需要购买军队的支持。而民主化程度变量的影响并不显著，这表明，在解释军事开支方面，政权的体制分析是重要的。

在众多关于国防支出决定因素的学术论文中，全球化是一个总被忽略的重要变量。萨吉鲁等（Sakiru et al.，2017）采用了与邓恩和皮尔罗 - 弗里曼（Dunne & Perlo-Freeman，2003），邓恩、皮尔罗 - 弗里曼和史密斯（Dunne，Perlo-Freeman & Smith，2008，2011）一致的新古典军费模型，重点考察了全球化对国防支出决定的影响。他们使用了 1989～2012 年 82 个国家的数据，发现全球化会产生和平红利，即国防支出会随着全球化程度的提高而减少。因此，在其他条件相同的情况下，诸如降低或消除贸易壁垒和加强市场一体化等对外政策可能会减少政府对军事部门的支出，从而为生产效率更高的民用部门腾出资源。此外，开放当地的国际贸易市场是可以与鼓励民主实践和促进制度质量的政策同时进行的。

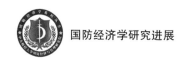

2.3 国防支出影响经济增长的理论机制

一般而言，一方面，国防支出通过需求、供给和安全三个渠道来影响经济。在需求方面，国防支出可以在有剩余产能的情况下，通过增加总需求和资源利用以及减少失业对经济产生凯恩斯乘数效应，促进经济增长。而同时，国防支出也具有机会成本、挤出物质资本和人力资本投资。在供给方面，使用在国防部门的生产要素减少了民用部门的生产要素供给，从而对经济产生负向作用。另一方面，国防部门也可以通过外部性（如军事训练和技术外溢）对经济产生正向作用。在安全方面，国防支出通过增加安全—激励资本积累和创新的必要条件，刺激经济增长。因此，国防支出通过不同的渠道对经济发展有着或促进或阻碍的作用，只有通过具体的实证研究，才能够进一步确定对研究对象和样本而言，其国防支出对经济发展（增长）的实际作用。

从不同的理论基础出发，经济学家使用了多种模型来研究国防与经济增长之间的联系，但并未得到一致结论。总的来说，国防与经济增长关系研究的理论模型及相应的实证研究可以分为以下五类：供给侧模型（菲德尔－拉姆模型）、需求侧模型、需求和供给混合模型（德戈式模型）、经济增长模型（如索洛模型）以及运用格兰杰因果关系检验的模型。

2.3.1 供给侧模型

1. 理论模型

建立在新古典主义理论和费德尔（Feder，1983）提出的出口影响经济增长模型的基础上，比斯瓦斯和拉姆（Biswas & Ram，1986）通过分析军事部门和民用部门的总生产函数，来说明军事部门产生的规模效应和外部性。具体而言，规模效应是指如果军事部门相对于民用部门有较高的生产率，那么资源从民用部门转向军事部门就会促进经济增长；外部性则指军事部门的现代化、有利于民用部门的新产品、新技术的发展等对整个经济的积极影响。

基本的两部门模型假设经济由两个部门组成：国防产出（M）和民事产出

（C）。劳动（L）和资本（K）是该两部门经济中的投入要素且是同质的。国防产出对民事产出有外部影响。两部门产出函数的形式为：

$$M = M(L_M, K_M), C = C(L_c, K_c, M) \qquad (2.3.1)$$

要素禀赋约束可以写为：

$$L = L_M + L_C, K = K_M + K_C \qquad (2.3.2)$$

总产出是 M 和 C 的总和：

$$Y = M + C \qquad (2.3.3)$$

进一步地，M 和 C 部门之间的边际生产率的差异可以表示为：

$$\frac{M_K}{C_K} = \frac{M_L}{C_L} = 1 + \delta \qquad (2.3.4)$$

其中：带下标的 M 和 C 分别表示 M 和 C 对要素投入 K 和 L 的偏导数。

在该模型中，军事产出通过两个渠道影响总产出。首先，$C_M(\partial C/\partial M)$ 是第一个渠道，这代表军事产出对民事产出的外部效应。其次，第二个渠道是 δ，这代表两部门间相对的要素生产率差异。如果 $\delta > 0$，国防部门的生产率会更高，因此会要素投入更有效率的国防部门，总产出因此会增加。

在式（2.3.1）和式（2.3.2）中对时间求偏导，并使用式（2.3.3）和式（2.3.4）中的信息，可以得到如下总产出增长方程：

$$\dot{Y} = \alpha \frac{I}{Y} + \beta \dot{L} + \left(\frac{\delta}{1+\delta} + C_M \right) \dot{M} \frac{M}{Y} \qquad (2.3.5)$$

$$\beta = C_L \frac{L}{Y}, \alpha = C_K \qquad (2.3.6)$$

其中：变量上的点表示该变量的增长率（例如，$\dot{Y} = [(dY/dt)/Y]$）。I 代表总投资。

假设外部性参数是 $C_M(M/C)$，且在下式中以 θ 表示：

$$C = M^\theta H(K_c, L_c) \qquad (2.3.7)$$

那么式（2.3.5）可以改写为：

$$\dot{Y} = \alpha \frac{I}{Y} + \beta \dot{L} + \left(\frac{\delta}{1+\delta} - \theta \right) \dot{M} \frac{M}{Y} + \theta \dot{M} \qquad (2.3.8)$$

式（2.3.8）使外部性影响和要素生产率差异影响得以分别确认。

基本的两部门模型可以通过加入更多部门，如出口部门和政府部门，进行扩展。但是拉姆（Ram，1995）表示，在应用类似的多部门模型得到各相关部门分开的外部效应和要素生产率差异时存在很多问题和风险。尽管菲德尔－拉姆模型以新古典主义理论为根据，但该模型还存在一些理论问题：首先，菲德尔－拉姆模型忽略了需求方面因素的影响（故被称为"供给侧"模型）。其次，它存在基本的解释缺陷。其生产函数假设部门内的组织效率为一个给定的不变水平，无法解释部门内部的组织低效率。因此假设军事部门和民用部门之间的生产率不同是与其理论基础矛盾的。

2. 实 证 分 析

比斯瓦斯和拉姆（1986）首先运用菲德尔形式的两部门模型来分析军事支出对经济增长的影响。他们认为菲德尔模型是基于新古典经济学的生产函数框架，且能够导出如下的传统线性回归方程：

$$\dot{Y} = \beta_1 \frac{I}{Y} + \beta_2 \dot{L} + \beta_3 \dot{M}\frac{M}{Y} + \mu \tag{2.3.9}$$

$$\dot{Y} = \beta_1 \frac{I}{Y} + \beta_2 \dot{L} + \beta_3 \dot{M}\frac{M}{Y} + \beta_4 \dot{M} + \mu \tag{2.3.10}$$

其中：$\dot{Y}$ 是总产出（GDP）年增长率，I/Y 是投资—产出率，$\dot{L}$ 和 $\dot{M}$ 分别是劳动力和军事支出年增长率，μ 是误差项。

式（2.3.9）可以估计总效应（外部效应和相对部门要素生产率差别），但是式（2.3.10）可以分别地估计这两种效应。比斯瓦斯和拉姆（1986）使用了58 个国家的全样本和两个子样本（17 个低收入欠发达国家和41 个中等收入欠发达国家）在 1960～1970 年和 1970～1977 年的变量平均值。其估计结果显示，对于两个子组和两个时期，大多数 M'（M/Y）和 $\dot{M}$ 的估计系数都是不显著的。因此，军事支出对增长没有显著影响，相关部门要素生产率差异在统计上也不显著。由于菲德尔－拉姆模型具有可以使用一个单一方程的模型进行回归的优点，吸引了大量的研究使用其模型来分析国防支出对经济增长的作用。实证研究可以按照研究对象分为：多个国家的横截面或面板数据分析（Biswas & Ram，1986；Mintz & Stevenson，1995；Murdoch，Pi & Sandler，1997；Yildirim et al.，2005；韩景偰和罗春香，2010）和单一国家研究（Ward et al.，1992，Sezgin，1997；

Batchelor et al. , 2000；李双杰和陈渤, 2002；刘涛雄和胡鞍钢, 2005；连玮佳和李健, 2008；张五六, 2012)。就实证研究结果而言，尽管使用了不同的样本、不同的时期和不同的估计技术，结果大多显示国防支出对经济增长没有显著影响或国防支出对经济增长有积极的影响。

中国显示出巨大的经济竞争力和潜力，国防开支保持了较高的增长速度。了解中国的经济对于研究国防支出与经济增长之间的关系十分有用。奥吉尔等 (Augier et al. , 2017) 采用菲德尔-拉姆模型和增广索洛经济增长模型考察了中国国防支出是否有助于中国经济增长。菲德尔-拉姆模型的回归结果显示，国防支出对经济增长并没有显著影响，而人口增长是中国经济增长的主要决定因素。尽管增广索洛模型的结果与菲德尔-拉姆模型大致相同，但一些解释变量在统计上变得显著，特别是实际国防开支取对数后和经济增长的关系具有统计意义上的显著性，这表明军事支出与经济增长之间存在正相关关系。

值得注意的是，对菲德尔-拉姆模型的实证检验中也有一些内在的问题：第一，回归模型中劳动要素以劳动力的增长率作为变量，而资本要素却以投资所占 GDP 的份额作为变量。对于两种要素的分析是不应该不对称的。第二，如果军事支出的比重不变，产出的改变将决定军事支出的变动或增长，那么如果等式右边包含军事支出增长率，则会产生严重的同时性偏误。第三，回归方程中的变量之间可能存在高度的多重共线性，这会使对外部性或要素生产率差异参数的估计不够准确。第四，这是一个静态模型，没有考虑滞后的自变量，这会导致时间序列分析的调整缓慢，并会在横截面中忽略掉重要的变量（如初始收入）。因此，邓恩、史密斯和威伦博克尔 (Dunne, Smith & Willenbockel, 2005) 认为"有足够的理论和计量原因不使用菲德尔-拉姆模型"。

2.3.2　需求侧模型

1. 理论模型

需求侧模型以凯恩斯理论为基础研究国防支出对经济增长的影响。国防支出影响经济的渠道有两个：第一，积极的乘数效应。初期的研究主要关注凯恩斯的有效需求理论，并指出与所有具有乘数效应的公共支出一样，国防支出在总需求不足的时候会刺激经济增长。这一观点也被称为"军事凯恩斯主义"（Mosley，1995）。第二，消极的挤出效应。第二次世界大战之后，学者更多地关注国防开支对公共和私人投资的挤出效应，以及对经济增长的负向影响。

需求模型基于凯恩斯理论，该理论把军事支出看作总需求的一部分。国民核算恒等式中指出了该需求侧模型可以表示为：

$$Y = Q - W = C + I + M + B \qquad (2.3.11)$$

其中：Y 是实际产出，Q 是潜在产出，W 是实际产出和潜在产出之间的产出缺口，C 是总消费，I 是投资（包括公共部门投资和私人部门投资），M 是实际军事支出，B 是贸易盈余。

如果将各变量以占潜在产出的比重表示，式（2.3.11）又可以写为：

$$i = 1 - w - c - m - b \qquad (2.3.12)$$

史密斯（1980）提出消费占潜在产出的比重可以表示为：

$$c = \alpha_0 - \alpha_1 u - \alpha_2 g \qquad (2.3.13)$$

其中：u 是失业率，g 是实际产出增长率。

u 和 g 的增加会使消费占潜在产出的比重下降。因此，

$$i = (1 - \alpha_0) + \alpha_1 u + \alpha_2 g - m - (w + b) \qquad (2.3.14)$$

$(w + b)$ 反映了国内需求和潜在供给二者间的平衡，假设 $(w + b)$ 与 u 即失业率相关，$(w + b)$ 可以表示为：

$$(w + b) = \beta u \qquad (2.3.15)$$

因此，

$$i = (1 - \alpha_0) - (\beta - \alpha_1) u + \alpha_2 g - m \qquad (2.3.16)$$

式（2.3.16）可以检验挤出效应的可能性。军事负担倾向于对投资有负面影响，由此产生的对投资的挤出效应会对经济增长有负影响。

2. 实证分析

史密斯（1980）的模型分析了国防开支对投资的挤出效应，并指出投资是失业率、总产出增长率和国防支出的函数。此后，大量的研究应用其模型来研究

挤出效应，这些研究的结果显示，国防支出倾向于对投资有负面影响，由此产生的对投资的挤出效应会对经济增长有负影响。例如，马利扎德（Malizard，2013）在史密斯（1980）工作的基础上分析了 1980～2010 年法国国防支出对私人投资的影响。与以往研究不同之处在于，该研究采用了分类数据，将国防负担分为了装备开支和非装备开支两类，并分别分析了两类支出对私人投资的影响。首先，他对史密斯（1980）模型进行了分析，研究结果表明，无论估算方法如何，国防支出均对投资有着"挤出"效应，符合过去的文献研究和传统理论。然后文章采用了分类数据，把国防负担的影响分成了装备预算和非装备预算的影响，结果显示装备预算对私人投资是种"挤入"效应，而非装备预算对私人投资会产生"挤出"效应。装备预算会对私人投资产生积极影响，主要是因为军事装备是高度资本化的，国防研发有助于提高私营部门的生产力。法国的非装备预算对私人投资会产生挤出效应，主要是因为生产率提高并不会立即带动工资提高，而非装备支出主要是由工资组成的。

对需求侧模型的批判主要是其模型没有考虑到供给侧的相关因素，从而易于把国防支出和对经济增长的负面影响相联系。桑德勒和哈特利（Sandler & Hartley，1995）认为应该在一个模型中考虑到需求和供给两方面的影响，从而对国防—增长关系进行更精确的分析。

2.3.3　需求和供给混合模型

1. 理论模型

德格和史密斯（Deger & Smith，1983），德格和森（Deger & Sen，1983，1995），以及德格（1986）设立了联立方程模型（SEM），试图同时捕捉到由于凯恩斯需求刺激造成的正向直接影响及由于储蓄或投资减少造成的负向间接影响。需求和供给混合模型考虑到以下四点：（1）军事支出通过溢出效应对增长产生的直接影响（现代化和资源动员）；（2）通过储蓄率造成的间接影响；（3）直接明确地将开放经济事宜加入模型；（4）国防支出的内生性。

例如，德格和森（1995）的模型由 4 个方程组成，包括增长方程、储蓄方程、贸易盈余方程和国防方程。这个 4 个方程的联立方程组模型如下所示：

$$g = a_0 + a_1 s + a_2 m + a_3 B + a_4 Z_1$$
$$s = b_0 + b_1 m + b_2 g + b_3 B + b_4 Z_2$$
$$B = c_0 + c_1 m + c_2 g + c_3 Z_3 \qquad (2.3.17)$$
$$m = d_0 + d_1 Z_4$$

其中：g 是 GDP 增长率，s 是储蓄率，m 是军事支出占 GDP 比重，B 是贸易盈余占 GDP 比重，Z_i 是一系列通过具体设定选中的外生变量，a_i，b_i，c_i，d_i 是一系列参数。

因此联立方程组模型可以检验增长、储蓄、贸易和军事支出的互相影响。军事对民事增长的直接派生影响倾向于正面。然而，军事负担对储蓄和贸易盈余的影响倾向于负面。当将直接和间接影响一起考虑从而检验军事负担对经济增长的影响时，可以得到：

$$\frac{dg}{dm} = \frac{a_2 + a_1(b_1 + b_3 c_1) + a_3 c_1}{1 - (a_1 b_2 + a_1 b_3 c_2 + a_3 c_2)} \qquad (2.3.18)$$

2. 实证分析

正是因为德格式（Deger-type）模型考虑到需求和供给两方面的影响，在分析国防—增长的研究中被广泛地使用。例如，德格和森（1983）、德格和史密斯（1983）以及德格（1986）、加尔文（Galvin，2003）等横截面分析的实证结果都显示国防支出对增长的净效应是负的。另外一些研究关注于某一个国家的案例研究，如邓恩等（2000）、塞兹金（Sezgin，2001）、拉莫斯（Ramos，2004）和克莱恩（Klein，2004）。单一国家的研究可以分析增长、储蓄、贸易和国防的具体情况，从而可能得到国防支出对增长的净效应或正或负的不同结果。

一些学者批判德格式模型是基于特定的理论规范，并且对估计方程的推导并不是完全基于理论。其增长方程虽然是由理论框架得出，但没有包括人力资本对增长的影响。尽管存在这些缺点，联立方程组模型克服了在分析单一方程时可能产生的外生性、同时性和因果关系的问题，从而避免了对国防—增长关系的估计产生偏误。并且对单一国家的研究能够包含精心组织的变量和明确定义的回归方程，因此能够为研究国防对经济增长的影响提供更加全面的分析。

2.3.4　扩展的索洛模型

1. 理论模型

曼昆、罗莫和维尔（Mankiw，Romer & Weil，1992）将人力资本加入了索洛（Solow，1956）的新古典增长模型。相关生产函数为：

$$Y(t) = K(t)^{\alpha} H(t)^{\beta} [A(t)L(t)]^{1-\alpha-\beta}, 0 < \alpha + \beta < 1 \qquad (2.3.19)$$

其中：$Y(t)$ 代表收入，K 是物质资本，L 是劳动，α 和 β 分别是物质资本和人力资本的收入弹性。$A(t)L(t)$ 是劳动的有效单位数，该数以 $n+g$ 的外生增长率增长。

令 $y = Y/AL$，$k = K/AL$，$h = H/AL$，即每有效单位劳动的数量。s_k 和 s_h 分别是投资于物质资本和人力资本的收入部分。转换方程如下：

$$\dot{k(t)} = s_k y(t) - (n+g+\delta)k(t) \qquad (2.3.20)$$
$$\dot{h(t)} = s_h y(t) - (n+g+\delta)h(t)$$

该生产函数和转换方程都遵循标准的新古典假设，如规模报酬不变、单个变量的边际生产率递减、满足 Inada 条件、物力资本与人力资本折旧率相同均为 δ。当经济处于稳态时，$\dot{k} = \dot{h} = 0$，k^* 和 h^* 的稳态值为：

$$k^* = \left(\frac{s_k^{1-\beta} s_h^{\beta}}{n+g+\delta} \right)^{1/(1-\alpha-\beta)}$$

$$h^* = \left(\frac{s_k^{\alpha} s_h^{1-\alpha}}{n+g+\delta} \right)^{1/(1-\alpha-\beta)} \qquad (2.3.21)$$

索洛模型给出了趋向于稳态的收敛速度：

$$\frac{d\ln(y(t))}{dt} = \lambda \left[\ln(y^*) - \ln(y(t)) \right] \qquad (2.3.22)$$

其中，

$$\lambda = (n+g+\delta)(1-\alpha-\beta) \qquad (2.3.23)$$

结合 k^* 和 h^* 的值，及稳态时的转换方程和生产函数，可以得到稳态时人均收入长期增长率的代表式：

$$\ln(y(t)) - \ln(y(0)) = (1 - e^{-\lambda t})\frac{\alpha}{1 - \alpha - \beta}\ln(s_k) + (1 - e^{-\lambda t})\frac{\beta}{1 - \alpha - \beta}\ln(s_h)$$

$$- (1 - e^{-\lambda t})\frac{\alpha + \beta}{1 - \alpha - \beta}\ln(n + g + \delta)$$

$$- (1 - e^{-\lambda t})\ln(y(0)) \tag{2.3.24}$$

因此，在扩展的索洛模型中，收入的增长取决于收入的初始水平和最终稳态的决定要素。

奈特等（Knight et al.，1996）进一步扩展了索洛增长模型，在模型中加入了国防支出对增长的影响，得到的理论模型可以表示为：

$$growth = a_0 + a_1 \ln y_0 + a_2 \ln k + a_3 \ln h + a_4 \ln(n + g + \delta) + a_5 \ln m \tag{2.3.25}$$

其中：$growth$ 是样本观察期内的人均收入增长率；y_0 是人均收入的初始水平；k 和 h 分别是投资和人力资本的替代变量；$n + g + \delta$ 是有效劳动增长率减去折旧；m 是国防负担，即国防支出占 GDP 的比重。

2. 实证分析

近年来，越来越多的学者开始运用于一般增长文献中的索洛模型、扩展的索洛增长模型等来研究国防—增长关系。如奈特等（1996）研究的实证结果显示，作为解释变量的国防支出对经济增长有显著的负效应。通过比较包含国防支出和不包含国防支出的估计结果，他们发现，加入国防支出减少了增长方程中有形资本、人力资本和贸易限制的估计系数的绝对值。因此，国防支出挤出了两种类型的投资并增加了贸易限制的强度。此后，雅科夫列夫（Yakovlev，2007）、侯和陈（Hou & Chen，2013）都应用索洛增长模型或扩展的索洛增长模型研究国防支出与经济增长的关系，结果都显示出国防支出对经济增长有着显著的负向影响。王万珺和陈晓（2011）在索洛模型的基础上，考量了国防支出与经济增长的非线性关系。

而邓恩和田（Dunne & Tian，2015）基于哈罗德中性技术进步的增广索洛增长模型，利用 1998~2010 年 104 个国家数据，对国防支出对经济增长的影响进行了更为精细的分析。邓恩和田（2015）使用的外生增长模型假设国防支出 = M/Y 的变化不会影响长期稳态增长率，但可能影响稳态增长路径上的人均收入和瞬时增长率。邓恩和田（2015）在研究方法上的独特之处是考虑了样本可能的异质性和非线性，分别根据可能影响国防支出与经济增长关系的样本特征，如发达国家和非发达国家、收入水平、是否经历冲突、自然资源丰富程度以及是否获得国际援助将样本进行了细分，实证结果发现，第一，在非发达国家集合中，短期和长期的军费开支与经济增长之间存在负相关关系，而发达国家则存在短期负效应，但没有长期影响。第二，对于收入水平不同的国家来说国防支出的影响是非常不同的，这表明了非线性关系的存在。在短期内，三个收入层次国家的国防支出对经济增长的影响是负面显著的；但是在长期，中等收入层次国家系数并不显著，仅低收入国家和高收入国家的国防支出对经济增长是负面的。第三，无论短期还是长期，国家是否经历过冲突，军事支出都会对经济增长产生显著的负面影响。此外，经历过内战的国家的估计结果与整体样本的估计结果一致，在短期和长期内军费支出对经济增长有着显著的负面影响。第四，在短期和长期，无论自然资源丰富程度高低，军事开支对经济增长都有着显著的负面影响。系数估计结果表明，自然资源丰富的国家比自然资源较为贫乏的国家在军事上花费更多；燃料资源丰富的国家与之前其他组别一致，军费开支对经济增长在长短期都有着负面影响；然而燃料资源贫乏国家的系数估计值不显著，证明军费开支对经济增长没有影响。第五，考虑援助导致的异质性，研究将样本分为接受援助国、未接受援助国并按照接受援助的强度分为低、中、高受援国，估计结果显示，无论一个国家是否接受援助，在短期和长期，该国的军费开支会对该国的经济增长产生负面影响。

经济增长模型也有着其固有的缺陷：如索洛模型或扩展的索洛模型中决定经济增长的变量的范围过窄且对系数的大小有一定的限制。然而，相比上面陈述的且只在国防经济学中使用的供给侧、需求侧和需求供给混合模型而言，在经济增长理论中被广泛使用的模型，如索洛模型或扩展的索洛模型中加入国防支出变量，来分析国防支出与经济增长的关系，一方面可以融汇经济增长理论丰富的成果，更科学地分析国防—增长的关系；另一方面也可以与增长模型中的其他变量进行比较，从而确定国防支出对经济增长作用的相对规模。

2.3.5　内生增长模型

内生增长理论是当前主流经济学界研究经济增长问题的主要理论基础。在对国防支出与经济增长关系问题的考察上，也有学者开始采用内生增长模型。例如，戴迪等（Daddi et al.，2014）在巴罗（Barro，1990）、德瓦拉扬等（Devarajan et al.，1996）以及达戈斯蒂诺等（d'Agostino et al.，2011）提出模型的基础上进行了扩展，使用内生增长模型来探究国防开支（军事负担）与经济增长之间的关系。

假设代表性家庭、政府组成的经济体中，生产单一商品，可以用作资本积累、消费、支付税收。政府提供所有公共支出（G_t），可以分为军费开支（G_{1t}）和民用支出（G_{2t}）：

$$G_t = G_{1t} + G_{2t} \tag{2.3.26}$$

政府在预算约束下为每个部门分配公共资源，家庭有安全需求（取决于家庭对该国面临威胁水平的看法），因此在家庭追求效用最大化的过程中，需要一定的军费开支以保证家庭的安全需求。假设国家内部威胁是不变的，通过海外维和费用和军费开支反向推导可以确定外部威胁，家庭安全与外部威胁成反比。可以采用常数替代弹性（CES）方程形式，代表性家庭的效用：

$$U = \int_0^\infty \frac{\left[c_t g_{1t}^\eta - 1 \right]}{1 - \sigma} \mathrm{e}^{-\rho t} \mathrm{d}t \tag{2.3.27}$$

其中：每个工人的消费率为 $c_t = C_t / L_t$，ρ 是主观贴现率，η 是对政府服务对每个家庭福利的影响测度，σ 描述了私人消费与军费开支之间的跨期替代弹性的倒数。

代表性家庭受到私人资本积累约束：

$$\dot{k} = (1 - \tau) A k_t^{1 - \alpha - \beta} g_{1t}^\alpha g_{2t}^\beta - c \tag{2.3.28}$$

其中：k_t 为人均私人资本，g_{1t} 为人均军费开支，g_{2t} 为人均平民支出，τ 为税率。

生产力函数为科布道格拉斯函数：

$$y_t = A k_t^{1 - \alpha - \beta} g_{1t}^\alpha g_{2t}^\beta \tag{2.3.29}$$

其中：y_t 每个工人的产出。

在这样的框架下，假定政府收取税收 τy_t，并支付总支出 G_t，并将其按照 θ 和 $1 - \theta$ 分配给军事部门和民用部门作为军费开支。因此有：

$$G_t = \tau y_t = g_{1t} + g_{2t} \tag{2.3.30}$$

$$\frac{\dot{g_1}}{g_1} = \theta G_t = \theta \tau \frac{y_t}{g_{1t}} \tag{2.3.31}$$

$$\frac{\dot{g}_2}{g_2} = (1-\theta)G_t = (1-\theta)\tau\frac{y_t}{g_{2t}} \tag{2.3.32}$$

与巴罗（1990）模型的不同之处在于，戴迪等（2014）假设所有开支必须在每个时期结束时使用完毕，不能累积到下一时期。

$$\frac{g_{1t}}{g_{2t}} = \frac{\theta}{1-\theta} \tag{2.3.33}$$

增长方程描述了军事支出和军事支出与经济增长之间的线性关系，

$$\gamma = \frac{\dot{c}}{c} = \frac{1}{\sigma}\Big[(1-\sigma)\eta g_{1t} + (1-\tau)(1-\alpha-\beta)\frac{y_t}{k_t} - \rho\Big] \tag{2.3.34}$$

当假设外部威胁不随时间变化时，代表性家庭会在军事开支和私人消费中进行无差别消费，

$$\gamma = \frac{\dot{c}}{c} = \frac{1}{\sigma}\Big[(1-\tau)(1-\alpha-\beta)\frac{y_t}{k_t} - \rho\Big] \tag{2.3.35}$$

最后限制政府开支在公共部门中进行最优分配。当政府开支使 GDP 增长率最优时，所有的资源在军事和民用部门中进行分配：

$$\gamma = \frac{\dot{c}}{c} = \frac{1}{\sigma}\Big[(1-\tau)\alpha\Big(\frac{G_t}{k_t}\Big)^{\alpha} - \rho\Big] \tag{2.3.36}$$

在理论设定的基础上，戴迪等（2014）根据政府支出非线性和平稳的假设，设置了一个包含连续过度变量 s_t 的平滑转移自回归模型（STAR）以估计政府开支对经济增长的影响作用：

$$y_t = \phi'z_t + \theta'z_t G(\eta,c,s_t) + u_t \ with u_t \sim iid(0,\sigma^2) \tag{2.3.37}$$

其中：z_t 为解释变量向量，$\phi = (\phi_0, \phi_1, \cdots, \phi_m)$ 和 $\theta = (\theta_0, \theta_1, \cdots, \theta_m)$ 分别为模型线性和非线性部分参数向量，$G(\ )$ 为连续转移变量 s_t 的有界函数，斜率参数 η 是位置参数向量。

戴迪等（2014）使用了意大利的时间序列数据对式（2.3.37）进行了回归，结果显示，国防开支对经济增长率有着积极影响，但在某个时间段（1986～2009 年）内影响减小了（系数估计值不显著）。综上，对意大利的研究表明军费开支可以通过与私人投资的互补性以及满足消费者追求更高的安全感影响消费者的消费倾向，进而对增长率产生影响。

2.3.6　因果关系模型

国防支出和经济增长能够相互影响。因此，需要进行因果分析实证确定国防支出和经济增长的因果关系的存在与方向（Sandler & Hartley，1995）。国防和增长有四种不同类型的因果关系：国防支出到经济增长有单向的因果关系，这意味着国防影响经济增长；经济增长到国防支出有单向因果关系，这意味着更高的经济增长或高水平的收入能够决定国防支出；国防和经济增长之间双向因果关系；没有因果关系。

横截面研究和单个国家研究广泛地讨论了这些因果关系。如乔杜里（Chowdhury，1991）、库斯（Kusi，1994）、达库拉等（Dakurah et al.，2001）、李和陈（Lee & Chen，2007）利用横截面或面板数据研究了多个国家国防支出与经济增长的因果关系；而科利亚斯、纳萨斯和扎拉加斯（Kollias，Naxakis & Zarangas，2004），赖、黄和杨（Lai，Huang & Yang，2005），卡拉吉安尼和彭派特格鲁（Karagianni & Pempetzoglu，2009），牛晓健、陶川和钱科（2009），黄栋、童光荣和张怀强（2010）关注了单个国家的情况。

可见，学者们运用不同的方法研究了不同国家、不同时期国防和增长的因果关系，然而国防和增长的因果关系不能一概而论。因此，尽管格兰杰因果检验和其他相关因果检验在探究国防—增长关系是否存在及方向时被广泛使用，但是仍有一些值得注意的问题。类似的因果检验对包括样本期间、观察值数量、数据频率、滞后期选择、样本期间结构变化、变量的平稳性、变量的协整在内的多种因素十分敏感。并且，格兰杰因果关系并不能代表经济因果关系。

总的来说，供给方面（菲德尔式）模型揭示出国防支出对增长没有显著影响或者有（相对较小的）正面影响。与之相反，需求方面的模型则显示国防支出对经济增长有负面影响。在大多数研究中，德格式（需求和供给）模型倾向于显示出国防支出对经济增长的净影响为负。格兰杰因果检验和其他相关因果检验的结果容易受计量方法中多种因素的影响，并且其因果关系并不能代表经济因果关系。正如邓恩、史密斯和威伦博克尔（2005）反驳说国防文献中广泛运用的增长模型并不是增长研究中的主流模型。学者们应该在国防—增长关系研究中整合利用流行的增长模型——如广泛运用于一般增长文献的模型，如索洛模型和扩展的索洛增长模型。

2.4　本章小结

国防经济学研究关于国防支出需求决定和国防支出影响经济增长的议题已经形成了较为成熟的理论模型。然而不同的理论模型基于不同视角，考虑了不同因素，使学界对这两个议题的讨论并未形成一致性结论。

确定国防支出需求的决定因素是一个非常复杂的过程，会涉及涵盖国际国内的诸多因素。总的来讲，决定国防支出需求的因素可以被分为以下几个范畴：军事活动、经济因素、政治环境和其他相关因素。由此衍生出包括机构模型、军备竞赛模型和新古典主义模型，这些模型作为研究国防支出需求决定因素的理论模型而被广泛使用，但都存在着一定的局限性，例如，机构政治模型适合分析短期状况而不适合分析长期的作用，军费竞赛模型更适合用于分析处于冲突状态的国家，而新古典模型则集中分析决定国防支出需求的经济、政治和军事因素。

国防支出可以通过需求、供给和安全三个不同的渠道影响经济发展，由此衍生出了供给侧模型、需求侧模型和需求和供给混合模型等在国防经济学领域被广泛应用的理论模型。但是学术界的争论一直存在，对于国防支出与经济增长的话题并不能一概而论，应当区分不同主体的不同特质以确认国防支出对经济增长的影响。关于降低国防支出获得和平红利的理论还有待证实，要营造和平与发展的和平环境，各国应当有效配置国防资源，在保障国家、国际安全的同时应当考虑国防开支对经济发展的影响。

第 **3** 章

国防工业的结构、行为与绩效研究

3.1 引　　言

　　"国防工业"并不是一个明确界定、具有统一定义的产业部门，不是一个独立的国民经济行业，但如果从提供国防的产业基础的角度来看，国防经济学往往将其视作一个整体。当然，这个产业基础的产品范围广泛，对于形成一国防务能力的重要性与专用性的差异非常大，产品之间的替代性并不强。因此，关于国防工业，学术研究往往关注那些对形成防务能力至关重要的行业、领域、技术及相关企业。本章尝试以产业组织理论中的"结构—行为—绩效"模式为框架，介绍现有对于国防工业的经济学分析。

　　由"市场结构—市场行为—市场绩效"构成的（structure-conduct-performance, SCP）分析范式是主流产业组织理论的基本理论和分析方法之一。20世纪30年代，以梅森（Mason）和贝恩（Bain）为主要代表的哈佛学派认为在市场的结构、行为与绩效之间存在着因果关系，即市场结构决定企业行为，企业行为决定市场运行的经济绩效，为了获得理想的市场绩效，最重要的是通过公共政策来调整不合理的市场结构。市场结构主要包括集中度、产品差异、规模经济、进入障碍和政府管制；企业行为主要涉及合谋和策略性行为、广告和研究开发等方面；市场绩效包括资源配置效率、利润率、生产率等。由于哈佛学派十分重视市场结构对市场行为和市场绩效的决定性作用，因此又称为结构主义学派。

　　以施蒂格勒（Stigler）、德姆塞兹（Demsetz）和波斯纳（Posner）等为代表的芝加哥学派特别注重市场结构和效率之间的关系，认为结构、行为、绩效间的因果关系主要体现为绩效—行为—结构。一些企业在剧烈的市场竞争中能取得更高的生产效率，所以才能获得高额利润，并进而促进企业规模的扩大和市场集中度的提高，形成以大企业和高集中为特征的市场结构。斯蒂格勒还认为，除了政府的进入规制外，由于真正的进入壁垒在实际中几乎不存在，因此市场上的现存企业都面临着潜在进入者的竞争压力。鲍莫尔（Baumol）等发展了斯蒂格勒的思想，在此基础上提出了"可竞争市场"理论，认为现实的市场结构并不代表着真正的竞争程度，潜在进入者造成的竞争压力是真正影响在位企业行为的因素。

而 SCP 分析范式的另外一个发展方向逐渐形成了"新产业组织学"。它在研究方向上不再强调市场结构，而是突出市场行为，将市场的初始条件及企业行为看作是一种外生力量，而市场结构则被看作内生变量，并且不存在反向因果关系，从重视市场结构的研究转向了重视市场行为的研究。

需要说明的是，从产业组织理论的发展脉络中可以看到，无论如何考虑结构、行为和绩效之间的因果关系，这三者都是产业理论研究的主要议题。本章借鉴"结构—行为—绩效"模式，主要是从结构、行为和绩效三个方面总结现有关于国防工业的学术研究，并非要探究理论对于三者因果关系的假说。本章内容分为五节：3.1 节是引言，介绍本章的写作思路和主要内容。并购是直接引起国防工业结构发生巨大变化的最重要的原因，因此 3.2 节介绍关于国防工业并购的研究。国防工业中的国际合作是国防研发与生产方面的重要现象之一，也是影响全球国防工业格局与市场竞争的一个方面，作为国防工业的一种"行为"，3.3 节将介绍有关国防工业国际合作的相关研究。3.4 节围绕国防工业的"绩效"展开，介绍与国防工业利润有关的超额利润、定价、市场回报等研究。3.5 节是本章小结，对已有研究及未来研究方向进行讨论。

3.2　国防工业并购

国防工业领域的企业收购与合并是导致国防工业结构调整的最直接因素之一。冷战时期，在军事力量仅仅通过武器数量体现的理念下，对军事开支的需求一直保持高位。武器销售容易、国防订单利润丰厚、研发支出水平高、强调高技术武器的性能，而忽视成本等经济因素、政府承担武器研发生产风险、军事工业复合体极具影响力、国防市场的进入退出壁垒导致了主承包商构成稳定，这些都成为冷战时期国防工业的典型特征。冷战结束后，面对需求的大幅下降，维持本国国防工业全面的生产能力在经济上变得不可行了。于是出现了一系列由政府主导的国防工业企业并购和重组活动。如 1993 年美国国防部副部长威廉·佩里（William Perry）在一次晚宴上告诉国防工业界的管理者，希望他们能够开始行业合并。在这次"最后的晚餐"的鼓励下，美国国防工业部门开启了并购浪潮（Gansler，2011）。直到 1997 年初，五角大楼意识到并购已经严重削弱了市场竞争，并开始阻止洛克希德·马丁和诺斯罗普·格罗斯曼之间的合并，政府推动的这次合并浪潮至此结束。企业合并形成了规模更大的防务企业，导致国际武器工业的市场结构、产权结构和地区结构方面发生了深刻变化。

由于 20 世纪末 21 世纪初是国防工业结构调整的重要时期，这段时间内涌现出众多研究军工企业并购行为的文献，重点研究了国防工业的并购的特点（动因）及其影响。

3.2.1 国防工业并购的动因

对于国防工业并购动因的解释学界主要有两种观点：一个是"政府中心论"，另一个是"市场中心论"。由于国防工业在很大程度上处于政府的规制和影响之下（Gansler，2011），大多数学者认为 20 世纪 90 年代的国防工业并购潮主要受到政府决策影响（Augustine，1997；Gholz & Sapolsky，2000；Markusen & Costigan，1999；U. S. General Accounting Office，1995）。

需求即军费开支的变化，是造成国防工业结构调整的重要原因之一。例如，威廉姆·E. 科瓦西奇（William E. Kovacic，1994）认为，美国军事工业面临第二次世界大战以来最大的结构性动荡。军事部门的武器采购预算将会下降 65%以上，从而导致决定了行业的需求收缩，带来军事工业的合并和重组；罗恩·史密斯（Ron Smith，2013）认为，在全球军事开支削减的大背景下，即使美国政府的预算没有争议，财政需要减少赤字的压力和从阿富汗撤军也会限制美国未来的军费开支，从而减少军费开支。在这种情形下，政府逐渐减少军费将对很多产业的结构产生影响，其中军事工业重组压力巨大，可能会导致行业更加集中。

还有学者认为，国防部政策的变化以及企业对政策变化的反应导致了防务企业并购。楚和维克斯曼（Chu & Waxman, 1998）指出，国防部政策的变化是许多防务企业合并与收购的主要原因，他们特别提出了洛克希德·马丁和波音的并购案例，表明了政府政策对于航空工业结构调整的重要影响。奥登（Oden, 1998）认为在这一时期的国防并购是被"纵向收购"所影响，企业间并购是为了扩大产品线。这是与以前的横向合并完全相反的，横向合并是合并一些和企业本身生产相同或者相似产品的公司来降低成本和消化过量生产。换句话说，这种"纵向合并"是为了应对国防部的政策而采取的措施，这也是一种"政策中心论"，但与之前的完全不同。

"市场中心论"认为 20 世纪 90 年代的国防工业并购现象和其他的经济行业合并一样是由市场作用导致的。这种市场作用包括资本市场、技术创新、放松管制等具体因素（Holmstrom & Kaplan, 2004）。例如，亨塞尔（Hensel, 2007）给出了 20 世纪 90 年代美国国民经济其他部门和防务领域内企业并购的总数量和总金额，并计算了两者之间的相关系数分别为 0.65 和 0.94。她认为这种相关程度支持国防工业并购的动因主要来自更广阔的市场力量。唐智（2009）对我国国防产业的纵向并购行为从经济学的角度进行了分析，认为我国国防工业进行纵向并购的主要原因是节约交易成本和实现范围经济。布雷迪和格林菲尔德（Brady & Greenfield, 2010）详细比较了军事工业与其他部门和总体经济的结构性变化过程和消费数据，认为经济因素比军事部政策更有效地推进了军事工业的整合，指出单凭国防部采取政策的行动不能有效地促进竞争和激励创新，从而来改变军事工业的形态。布雷迪和格林菲尔德（2010）使用的研究方法比较独特，采用拜和佩伦（Bai & Perron, 1998）中的方法，识别防务领域和整体经济多个变量时间序列中的结构断点个数及出现的年份，根据两类断点出现的频率和重合度判断防务企业并购是否与整体经济中的产业结构调整相一致。他们考察了防务企业市场集中率（前 4 大和前 100 大企业所占市场份额）、（前 4 大和前 100 大企业）子公司数量、（前 4 大和前 100 大企业）赫芬达尔－赫希曼指数、（前 4 大和前 100 大企业）获得防务合同金额、国防预算授权金额、联邦政府防务消费支出金额、联邦政府总防务投资金额等防务领域数据，以及政府预算授权总金额、整体经济中全部企业并购数量和并购金额等经济数据（计算结果见表 3 - 2 - 1）。最后得出结论，即 20 世纪 90 年代的结构性突变与国防工业相关的数据几乎与美国经济上的变化相一致，也就是说，即使没有国防部政策的明确支持，防务企业的合并也会在市场因素的推动下进行。

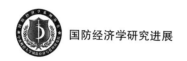

表 3 - 2 - 1　　　　　20 世纪 80 年代和 90 年代国防工业市场结构
及主要经济数据断点汇总

数据名称	20 世纪 80 年代	20 世纪 90 年代
前 4 大防务企业市场集中率	1983 年	1992 年、1995 年
前 100 大防务企业市场集中率	—	1990 年
前 4 大防务企业子公司数量	1984 年	1995 年
前 100 大防务企业子公司数量	—	—
前 4 大防务企业 HHI 指数	1983 年	1992 年、1995 年
前 100 大防务企业 HHI 指数	—	1995 年
前 4 大防务企业合同金额	—	—
前 100 大防务企业合同金额	1985 年	1999 年
所有企业防务合同金额	1985 年	1999 年
国防预算授权金额	1984 年	1996 年、1998 年
联邦政府防务消费支出金额	1986 年	1997 年
联邦政府总防务投资金额	—	—
美国预算授权总金额	—	—
并购案总数		1995 年
并购金额总量	1980 年、1987 年	—

注：—表示未识别出断点。

资料来源：Brady R. and Victoria A. Greenfield. Competing Explanations of U. S. Defense Industry Consolidation in the 1990s and Their Policy Implications [J]. *Contemporary Economic Policy*, 2010, Vol. 28, No. 2, pp. 288 - 306.

3.2.2　国防工业并购的影响

国防工业并购必然导致防务领域企业数量减少，主要企业规模扩张。经济学理论认为，企业并购可以提升企业效率，例如，企业之间的技术是互补的，合并之后带来范围经济和新产品并开拓新市场，或者通过合并减少固定成本重复支出，那么企业合并之后是可以提升效率的（Healy，Palepu & Ruback，1990）。霍尔（Hall，1988）及其他一些研究发现，在企业合并之后，企业的研发支出和资本性支出减少了。斯蒂尔曼（Stillman，1983）、埃克博（Eckbo，1983）和高根

(Gaughan，1999) 都认为，几乎没有证据显著表明企业通过并购提高了它们的垄断力量。当然，也存在着相反的观点。企业并购确实可能会减少市场竞争而导致价格升高（Barton & Sherman，1984)，而企业通过并购活动实现的效率改进并没有人们预期的那样高（Roll，1986)，甚至可能降低了赢利能力（Mueller，1980)。

国内外关于国防工业整合对效率影响的量化分析仍然比价少，但也未形成一致结论。高兹和萨波尔斯基（Gholz & Sapolsky，2000) 认为，在美国军工复合体的影响下，由于企业员工与地方官员并不希望企业合并之后关闭某些生产设施，他们会展开游说活动，致使本应关闭的工厂保留下来，而无法实现效率提升。美国国防部也持有类似看法（DOD，2001)。那么防务领域企业并购与整合是降低了成本和价格，还是导致了更高成本、更少的产品选择呢？这既是一个重要的实证问题，也是一个重要的反垄断和国防工业政策问题。

大卫·J. 马祖尔（David J. Mazur，2006) 分析了国防工业并购对武器项目成本的影响，将国防部每年发布的国防采办报告（SAR）与英国简氏工业中的资料相结合，首次建立了包含国防部主要国防采办项目的历史财务数据库，并对企业并购与武器系统成本之间的关系进行了相关分析。亨塞尔（2007) 分析了美国 1990～2005 年国防工业并购造成的影响，通过建立面板数据模型分析得出：在美国国防部采办的武器项目中，有 54%～64% 的武器系统其成本受到了并购的影响，其中 39%～43% 的系统，成本出现了显著降低，而 14%～21% 的系统，成本显著增加了。并且不同的武器系统类型，成本受并购的影响也是有差异的。总之，他认为尽管并购提高了行业集中度，但在并购之后某些武器系统的成本往往会降低。拉塞尔（Russell，2007) 也认为冷战后国防工业并购的主要原因是为了削减过剩的国防工业生产能力，通过使用亨塞尔（2007) 中的计量模型以及美国国防采办报告中的成本数据，得出并购对国防项目总成本的影响不明显，但是各具体领域影响有所差异，如果并购产生了明显的成本变化，那么成本降低的可能性要高于增加的可能性。

亨塞尔（2010) 再次更新了企业并购对于成本影响的分析。亨塞尔首先从 1981 年 3 月至 2006 年 7 月美国采办报告确定了 304 个武器系统共计 6840 个观测，然后从中筛选出武器系统承包商在这段时间内发生过并购的系统，在控制了武器系统生产数量、时间调整、工程变化的影响后，重点考察武器系统总成本和单位成本在并购发生前后的变化。通过简单的计量回归，亨塞尔（2010) 发现近44%的武器系统的总成本和单位成本并未受到企业并购的影响，18%左右的武器系统在并购发生后总成本和单位成本出现了显著增加，而其余武器系统在并购后总成本和单位成本都有显著降低。此外，她还发现，陆军和海军武器系统在企业并购后会成本往往会降低，而空军武器系统则呈现出一种不确定性。由此，亨塞尔得出结论：防务领域企业之间的收购与整合，并没有必然导致市场竞争程度降低，进而提高武器系统价格①，然而通过结构调整提升国防工业效率确实还有很大空间。

并购也会对企业的创新行为产生影响。布朗（Brown，1999）将纵向并购与一般并购活动区分开来，单独分析了冷战之后美国军工企业的纵向并购行为和国防部采购项目之间的关系。布朗预先对军工企业纵向并购的原因进行分类，以调查问卷的形式收集了政府、企业家、军工企业战略决策者的相应观点，整理之后总结出，政府和军工企业认为纵向并购的主要原因是为了获取高新技术。对于纵向并购的创新效应，布朗从市场竞争的角度分析，认为纵向并购削弱了市场竞争程度，从而降低了企业的创新动力。对于军工企业纵向并购高新技术民营企业的现象来看，布朗认为民营企业经营管理效率较高，该行为有助于军工企业提高其最终产品的质量。泽沃斯（Zervos，2009）分析了国防系统集成商对于水平和垂直创新的影响。水平型创新即为开发出新的产品，垂直型创新指的是产品功能的改进，军工企业从武器平台制造商到系统集成商的过程需要进行一系列的水平与垂直整合，泽沃斯应用计算机模拟仿真的方法，分析出系统集成商对于水平型创新有负面影响，而对于垂直型创新有正面影响。国内文献对此的研究很少，郭剑文（2007）从国防工业资产专用性角度分析了国防工业纵向并购的原因和影响，建立了基于范里安的要素市场上下游垄断模型分析了纵向并购，他认为：纵向并购会提高并购企业的竞争力，避免了双重加价行为，降低了最终产品价格；但是也有负效应，纵向一体化限制了市场竞争，对竞争对手形成圈定效应，对于产品成本和创新有负面影响。

国防工业整合除了会影响经济绩效之外，还会对政府的国防采办决策产生影响。克鲁斯（Kluth，2017）以欧洲（主要是西欧）国家国防工业整合为对象，对比分析了20世纪八九十年代与进入21世纪以来国防工业的并购特点，并考察了泛欧洲防务企业的形成对欧洲国家国防采办本国偏向性的影响。基于安德鲁·莫劳夫奇克（Andrew Moravcsk）的自由政府间主义理论，即认为，尽管国家是

---

① 这与亨特尔、桑德斯和惠廷克（Hunter，Sanders & Huitink，2018）的发现一致。

中心行为体，但经济利益，特别是商业利益对于欧洲一体化进程发挥了最重要的作用，地缘政治利益和意识观念也经常发挥重要影响，但其作用只能排在第二位，因此，在国防采办的问题上，欧洲国家并没有根深蒂固的购买本国武器装备的倾向。而大型防务公司可以影响政府的采办偏好。当欧洲企业并购从 20 世纪 80 年代的国内并购发展至 21 世纪的跨国并购时，大型国内企业加入了泛欧集团，因此，国防采办中的国内偏向性会降低。克鲁斯（2017）使用导弹制造和防务电子领域的并购案例，对比分析了法国、英国、德国和意大利的国防采办偏好变化。他的研究表明，采办的国内偏向性确实随着欧洲国防工业的跨国整合而下降。这些泛欧洲公司并不热衷于进行国家项目，而是倾向于精简产品组合，以确保更长的生产周期、更大的生产规模和更具全球竞争力的产品供应。同时，尽管纯国家冠军企业消亡，国内游说减少，这为美国生产商创造了有利的环境，但从实际数据看，欧盟主要国家并未从美国购买更多武器装备。

　　总体上看，国防工业并购、整合相关的学术研究还是相当有限的。从研究对象看，现有研究仍然是以 20 世纪 90 年代国防工业大规模调整为对象，且主要集中在美国国防工业内部整合的研究上。从研究程度看，大部分研究国防工业并购的文献没有对并购类型进行区分，而是将其作为一个整体来进行考虑。然而我们知道，横向并购和纵向并购的原因、产生影响的机制和途径均不相同，需要具体深入考察。从研究方法看，虽然现有研究注重量化方法的使用，但运用得非常简单、初步，甚至比较粗糙。

　　事实上，虽然在由政府主导的防务企业并购潮似乎在 1997 年结束了，但防务领域的结构调整并没有结束，而且出现了新特点：随着国防开支的变动，武器技术升级以及武器成本的攀升，出现了很多纵向并购与跨国的并购整合。这些并购活动的动因是什么？会为全球武器生产格局带来哪些深远影响？各国政府对防务领域企业并购，特别是跨国并购的态度和政策发生了什么样的变化？这些问题都是值得关注和研究的。

3.3　国防工业的国际合作

　　随着国防开支的减少、国际市场竞争加剧，武器研发生产成本的不断攀升，越来越多的武器生产国发现，国防生产的全球化或许是维持本国国防工业在经济

和技术上具有竞争力的唯一方式。除国防工业的并购和重组外，围绕某一大型项目在多个国家间展开的合作研发与合作生产，是国防生产全球化的另一种形式。那么，哪些国家可能在武器研发生产方面进行国际合作？它们在合作中如何分配研发和生产工作，如何分担成本、分享收益？有哪些因素影响着国际合作项目的成本与收益？已进行的武器国际合作项目的效率如何评估？这些都是重要且有趣的问题。

3.3.1　影响国际合作的因素

武器研发生产的国家间合作在欧洲表现得最为明显，在欧盟防务一体化动议下，它已经成为欧盟重要的国防工业政策之一（Hartley，2018）。例如，"龙卷风"战斗机是法国、德国与意大利合作的产物，随后的欧洲战斗机"台风"还将西班牙带入了飞机生产项目，而A400M军用运输机则网罗了法国、德国、意大利、西班牙、英国、土耳其、比利时和卢森堡多个国家参加。此外，美国的F-35联合攻击战斗机也是国防工业国际合作的典型例子。作为美国下一代战斗机项目，F-35得到了来自美国盟友的前所未有的参与，英国、意大利、荷兰、土耳其、加拿大、澳大利亚、丹麦和挪威八个国家签署协议，以不同水平的资金投资于该型战斗机的研发。作为回报，这些国家的工业部门得到了竞争合同的权利。结果是，英国宇航防务系统公司被指定为项目的主要分包商，意大利的艾维欧公司负责涡轮机配件、默克图技术公司负责发动机防冻系统、比亚乔航空工业公司负责发动机部件，荷兰的斯托克航空公司制造所有的飞行可移动门并为飞机初始低速生产提供机翼部件，土耳其的土耳其航宇工业公司负责局部组件和一些发动机配件（毕辛格，2014）。由此可见，国防工业的国际合作首先是战略合作，发生在盟友之间，并且各国要在国防安全战略、技术创新需求、国防工业利益考虑方面较为一致，才有可能进行合作（Guffarh & Barber，2013）。

3.3.2　国际合作的收益与成本

从经济学理论上看，国际合作似乎很有吸引力。虽然侧重点不同，结论也不完全相近，但是大部分理论分析认为军备合作会带来经济和军事方面的好处（Vandevanter，1964；Hartley & Martin，1993；Hartley，1995），主要原因有三点。第一，与单一国家独自研发生产相比，无论研发合作还是生产合作都可以节约成本。与合作伙伴共同分摊成本和风险，可以降低各国在研发新武器上的沉没成本（Hartley，1995），并且通过把各国的订单汇总起来集中生产供应，获得规模效益（Simon，1993）和学习经济（Asher，1956），从而得到长期经济利益并降低武器价格。如果各部分零件的生产国具有明显的比较优势，其最终的产品就比各国独自生产的好（Devore，2013）。第二，每个合作的成员国的国防工业基础都仍然保持了生产高技术武器装备的能力。同时，国际合作也使小国能够联合起来与大国相竞争。如航空与航天方面的合作产生了较大的欧洲集团，使其具备了与美国竞争的实力（Hartley，2006）。第三，武器合作生产，要求武器需求方面的标准化，这也促进了盟国之间的军事合作（Vandevanter，1964；Hartley，1995）。

但在现实中，国际合作的效率与成本节约远远没有实现。每一个伙伴国都要求自己在项目上的"公平"份额，往往根据各参与国在项目中的投资量来分配工作，而不是根据它们在研发和生产方面的比较优势。这种基于公平标准的工作分担方式没有经济效率（Hayward，1994）。例如，在合作的航空航天项目上，每个国家都需要参与飞机、发动机和航空电子设备的高科技工作。如果一个伙伴国缺乏相关技术，并利用合作来获取新知识提供资金，这种低效率就会更加突出（Hartley，2017）。除此之外，各参与国在协商决策武器规格标准、选择承包商、监督和评估项目等方面存在着大量的交易成本，毫无疑问，这也降低了国际合作项目的效率。

为了提升武器国际合作项目的效率，有些学者提议，在采办初期建立一种机制或机构以促使形成统一的标准；在项目进行的整个过程中，通过这个机制来确认并协调技术问题以及对员工的要求，同时还可以监控各参与国行为（James，2003；Mawdsley，2003）。也有学者提议，国际合作项目应该以一种更为商业化的方式来运作（NAO，1995；Hartley & Martin，1993；Hartley，1995）。也就是，通过竞争性投标方式选择主承包商是必不可少的条件。理论上来说，竞争性的投标方式使企业承担技术风险，并会减少其边际利润。对于复杂的产品，竞争有助于选择出最好的承包商。除了竞争外，还要有一个主承包商来监督项目的进程。当主承包商有责任来保障最终产品的成本收益，并有权利选择并规范子承包商时，项目分工自然会体现出企业的比较优势，从而提升效率，降低成本。

但也有学者通过经验分析，提出了不同观点。德沃雷（Devore，2013）选择了 5 个欧洲战斗机国际合作项目进行了详细的案例分析，从项目组织和实施的机制设计和过程入手，分析了各种因素对项目效率的影响。这些项目从参与企业的技术能力、实施程序、机构设置、企业与政府关系、竞争程度以及项目结果来看都是明显不同的。德沃雷（2013）的研究发现，国际合作的理论收益似乎并没有实现太多，只有节约研发成本和提高各国武器互操作性方面体现得较为明显。用竞争方式选择承包商最有利于提高工作分配效率，但主承包商模式组织项目实施却会导致企业之间敌对状况严重，甚至可能导致企业之间合作破裂。因此，理论上有效的主承包商和竞争性模式似乎在现实中是不可取的，它会造成项目内最无效的企业间关系。对于不同的武器国际合作项目而言，没有完美的项目安排能够完全实现理论上的全部好处，成本与收益是同时存在的，因此应当依照项目性质和侧重点的不同，采取不同的项目组织机构和实施方式。

3.3.3 国际合作项目效率评估

国际合作项目效率评估与比较需要一些体现绩效的指标，通常人们关注的是成本、时间和国际竞争力方面的情况。通过这些指标评估国际合作项目效率时主要会遇到一些困难（Hartley，2018）。一是很多数据无法公开获得，特别是成本数据。二是一些指标难以明确定义，如开发时间长度会因项目起始时间的认定而异：用第一次飞行的时间可能反映的是飞机处于一个不同的发展阶段，用开始服役的时间可能反映的是飞机尚未做好战斗准备。三是一些指标会受到其他因素影响，如果用出口来反映国际竞争力，但出口价格中也包含着对进口国的补贴与财政援助等因素，武器贸易往往伴随着各种各样的补偿贸易条款。四是武器装备之间差异很大，每个国家都拥有多种飞机型号、不同的合作伙伴、不同的承包商以及不同的采办管理体系，很难简单通过对比绩效指标对国际合作项目做出客观的效率评价。

合作的交易成本是导致国际合作项目效率低下的一个原因，合作伙伴国数量和项目开发成本之间的关系可以体现出来这种影响，并且在国际合作项目参与国数量和开发成本之间还存在着一定的数量规律，即平方根规则，也就是合作项目的开发大约是单个国家的开发成本乘以伙伴国数量的平方根来估计。例如，对于 4 个平等的参与国，则该合作项目的总开发成本是单个国家开发成本的两倍。如果一个国际合作项目中参与国地位不对等，那么主要参与国可算作 1 个，而次要参与国可算作 0.5 （Hartley & Martin，1993；Hartley & Braddon，2014）。哈特利和布罗登（Hartley & Braddon，2014）还考察了参与国数量和开发时间之间的关系，发现了立方根法则，即国际合作项目通常会有延误，合作项目的时间大约是单个国家项目时间乘以参与国数量的立方根，比如 2 个国家合作会使项目时间延长 20%，4 个国家合作会延长 60%……由此可见，国际合作项目的开发成本和开发时间随着伙伴国数量的增加而增加，这体现了交易成本导致的无效率，然而每个国家所承担的成本确实比自己独自开发要低。

3.4　国防工业的赢利性

3.4.1　超额利润

获利能力是衡量产业绩效的标准指标。由于国防工业的特殊性质，人们通常认为国防合同的利润率要远远高于一般商业合同的利润率。这种看法是否一直与历史数据相吻合呢？事实上，无论在学术界还是政府部门对于这个问题的看法存在很多争议。

美国航空航天工业联盟（Aerospace Industries Association，AIA）是美国航空和防务企业的代表，它一直认为国防工业利润明显落后于其他产业（AIA，2010）。甘斯勒在《经济有效的国防建设》提道，"若是将国防企业的平均利润与民用部门中类似的制造企业（集中度高且产品种类相同）所获得的利润作一比较，则国防工业的销售利润率大约是商界中'从事国防'生产之公司的一半，为纯民用企业的 1/3，还不到耐用品制造企业（通常可与国防企业相比的企业）的 25%"。当然，也存在完全相反的观点，认为国防承包商的利润相当高（GAO，1986；DOD，1985），根据这些研究结果，美国国防部在 1987 年甚至将协商确定的合同利润边际从 12.3% 降为 11.3%，这使国防工业的利润一年之内减少了 60 亿美元。

对于这一问题，学术研究应该给出更具体和科学的证据，得出独立且客观中立的结论。然而，同国防工业其他方面的研究类似，学术界对军事工业的关注不足，现有这方面的研究还较为有限。并且，现有研究基本都停留在 20 世纪 90 年代，且结论并不一致。大多数研究认为国防工业的利润率要高于非国防工业（Weidenbaum，1968；Carrington，1986）。例如，斯蒂格勒和弗里德兰（Stigler & Friedland，1971）的实证结果表明，排名前几位的国防承包商的利润率总体上要高于其他非国防承包商。利希滕贝格（Lichtenberg，1992）发现，国防承包商的资产收益率整体上为68%~82%，这高于其他行业的水平，且获得了大型政府合同的公司其利润水平大约是基准水平的3倍。成本转移假说解释了国防承包商存在超额利润的主要原因（Rogerson，1992；Thomas & Tung，1992）。国防合同的承包商通常同时生产军品和民品，但两类产品的定价方式不同：军品价格往往基于成本的成本加成定价法，因此对成本很敏感；民品基于竞争的市场定价法，对成本不敏感。这使承包商有动力将成本从民品转向军品，而且军品价格由承包商与政府协商确定，使这种成本转移策略导致国防承包商更高的利润（Rogerson，1992）。罗杰森（Rogerson，1992）不仅发现国防承包商有超额利润，而且指出提供防务产品的部门相对于生产民品的部门会使用更多的劳动力，因此资本密集度较低。因为固定成本和运营成本等无法明确分割的成本通常是按照劳动力数量在军品和民品部门之间分摊的，这导致防务产品部门使用过量劳动力代替资本，以实现成本转移。但麦高文和万德兹克（McGowan & Vendrzyk，2002）质疑成本转移假说的有效性。他们将所考察的防务企业的收入分解为三类：完全来自商业合同的收入；绝大部分（90%以上）来自政府合同的收入；"混合型"收入，即既有来自商业合同的收入，也有来自政府合同的收入，且政府合同收入小于90%。如果成本转移假说成立，那么最后一类中，承包商的利润率应当最高。然而麦高文和万德兹克（2002）却发现，根据所考察的时期不同，要么政府型合同利润远远高于其他两种，要么三种合同的利润率没有太大差别，无法支持成本转移导致了非正常超额利润的假说。

对这个问题的研究，王和米盖尔（Wang & Miguel，2012）以及王（2013）进行了更新。特别是王和米盖尔（2012）综合运用多个数据来源并创新了超额利润的测度方法。他们首先根据"fedspending.org"中的数据找出2008年承担国防合同的前500家公司，由于只有上市公司才能从标准普尔公司会计数据库（COMPUSTAT）中获得公司的财务数据，因此，最后的样本确定为112家上市公司。他们发现，大部分的样本公司是在纽约证券交易所和纳斯达克证券交易所上市的。这表明，国防合同重要承包商都是一些大型的成熟企业。另外，国防合同所覆盖的行业范围非常广，根据国际产业标准分类代码的两位数字大行业分类，这 112 个样本公司涵盖了 24 个行业，如果用四位数字小行业分类来看，则涵盖 56 个行业。

要判断国防合同是否获得了超额利润，最关键的前提是确定正常利润标准。现有研究往往使用市场回报率作为比较基准，如贝尔托（Berteau，2011）比较了 1990 年到 2010 年防务企业的运营利润率和标准普尔 500 指数、标准普尔 1500 工业指数。他发现，防务企业的运营利润率在这 20 年中是有所增加，但它普遍低于商业指标。经济学研究发现，不同行业的利润率差异很大（McGahan & Porter，2002），因为不同的行业面临不同的风险、竞争程度、进入壁垒、市场规模等影响回报率的重要因素。对于 112 家样本公司中每一家，王和米盖尔（2012）在每个年份同一行业中为其匹配一家非防务公司，以这家公司的赢利水平作为比较基准，在特定年份，该公司与匹配公司利润率的差值就被定义为"超额利润"。匹配标准是公司规模，即总资产或收入水平最为接近。用这种方法，王和米盖尔（2012）控制了行业差异、公司规模差异对利润率的影响。他们的研究发现，国防承包商相比非防务企业确实存在超额利润，而且国防承包商的超额利润是从 1992 年后体现得更明显，这正好与防务企业并购潮的时间相吻合，因此企业并购后国防承包商具有更强的议价能力可能是超额利润的一个原因。此外，他们还发现薄弱的企业管理（用"董事会主席兼任 CEO"来判断）也会导致国防承包商的超额利润。

3.4.2　非竞争性合同定价

国防合同的利润率之所以重要，还因为它是一个重要的政策问题，是构成武器装备采办价格的关键要素之一。防务市场由于高进入成本、巨大的风险和不确定性等特征，其供给侧往往是垄断或寡头垄断的，而政府是唯一购买者。这种双边垄断的市场结构意味着价格和利润由讨价还价决定。买卖双方之间的信息不对称导致采购活动和防务合同都存在逆向选择、道德风险问题，并涉及双方之间的风险分担的划分。承包商在技术和生产方面具有比较优势。政府不能有效监督承包商的努力程度，只能通过观察事后成本和利润来判断。而政府等作为垄断性买主也有其独特的权利，如取消项目，收取超额利润税等，因此在议价中具有一定的比较优势。

讨价还价的最终结果反映在防务授予合同中，该合同会对非竞争性防务合同的价格和利润率做出规定。合同可能是成本加成、固定价格或是目标成本激励合同，每个合同在风险分担以及激励措施方面都有着不同的设定。合同在有限理性的前提下详细规定谈判、协商和监督合同的实质性交易成本。但是很多合同都不能对其进行详尽的规定，特别是涉及不确定性高的高科技项目时。在这种情况下，承包商会设法将大部分的风险都转嫁给政府。

通常情况下，单一来源或垄断防务合同是基于成本进行定价的，即 $P = TC + \pi$。但是其成本定义各不相同。其中，P 是基于成本估算的单位价格或总价格，P 通常用于固定价格合同或是基于成本计算的成本加成合同。TC 是估计成本或是基于会计数据核算的实际成本（或平均成本）。开发合同和生产合同需要进一步区分。开发合同具有不确定性，该合同的定价更可能是基于实际成本的，且政府承担了大部分或是全部风险。相比之下，生产合同具有确定性，通常对于确定的产品项目授予合同进行生产，该合同的定价通常基于估计成本，使用固定价格合同。π 为利润率，通常基于"公平合理"原则制定的资本回报率。

政府采购机构与承包商将针对合同进行讨价还价，双方都旨在影响产品需求、价格和盈利能力。采购方的目标是提高效率、节约成本，并在两目标之间进行权衡。固定价格合同激励了国防工业企业进行成本节约，节约成本产生的利润由企业获取。而成本加成合同不提供效率激励。在出现"超额利润"的情况下，确定是由于缺乏激励还是由于采购机构的监管不力或是由于承包商提供的误导性信息等原因是重要的（Bos，1996；Fonfria & Correa-Burrows，2010）。

经济理论为确定非竞争性防务合同的价格和盈利能力提供了政策指导。如拉丰和泰勒尔（Laffont & Tirole，1993）、泰勒尔（1988）、提斯德尔和哈特利（Tisdell & Hartley，2008）等提供了有效定价策略的经济学分析，包括边际成本定价模型、平均成本定价模型、自然垄断竞标、拍卖和拍卖设计、动态规制模型等。佩克和谢勒（Peck & Scherer，1962）以及谢勒（1964）提供了对国防合同定价和激励措施的开创性贡献。然而，将理论转化为政策解决方案仍然存在困难和问题。政策制定需要考虑各种利润规则的公平、效率和简单原则，旨在实现物有所值的"公平合理价格"。

哈特利（2017）介绍、分析了英国自第一次世界大战以来不断对国防合同的利润率进行调整的实践和政策变化，以及导致政策变化的关键案例，为理解英国当前国防采办中非竞争性合同定价原则提供了基础，并为应对类似定价问题的其他国家提供了经验借鉴。由于国防合同定价数据往往难以获得，因此哈特利

（2017）的研究显得非常难得和具有价值。

1980 ~ 2015 年，非竞争性防务合同占英国防务合同总价值的 35% ~ 65%。非竞争性防务合同主要有三种类型：一是根据估算成本在合同开始时执行的固定价格合同；二是根据实际成本定价并带有成本激励的目标成本合同；三是根据实际成本加一个固定百分比的成本加成合同。通常来说，固定价格合同被使用于短期且风险不高的项目。成本加成合同对效率的激励程度较低，往往导致成本攀升、新装备计划延迟等问题。成本加成合同在 20 世纪六七十年代被广泛使用，但 1980 年以后，其使用率下降了，这反映了国防部对有效采购更加重视（Hartley，2016）。对于长期合同而言，国防部倾向于选择有最高限价的目标成本激励合同，无论是成本节约还是成本超支部分，均按照事先商定的比例在国防部和承包商之间分摊。英国国防部认为这类合同在降低成本和最终价格的同时提供了合理的利润率（MoD，2011）。

通过梳理历史数据和案例，哈特利（2017）发现，英国政府在过去近 100 年的时间里一直在不断调整合同定价和利润率的设计，尽量设定一个达成共识的公平合理的利润率。在 1968 年以前，典型的非竞争性合同是以"公平合理的价格"为基础进行谈判和商定的。在战争期间（包括第一次世界大战和第二次世界大战），为了防止军工企业牟取暴利下压利润率，在战后为了保持或增强本国工业能力提高利润率；一些项目在初期其利润率很高，但会逐渐调整至一个比较合理的水平。而两起超额利润案导致英国采购非竞争性防务合同政策发生了重大变化。两起案例都是对成本进行了错误估计。一起在估计直接人工成本时出现错误，将相当大比例的运营成本分摊至防务合同中导致过高的利润；另一起是错误估计了工时和直接劳动成本造成重复收费，导致超额利润。由此，英国政府在 1968 年修改了利润率规则，成立了审查委员会，对合同定价议价过程中的信息对称性、利润率基础、利润率调整、超额利润和超额损失定义、参照组设计等诸多方面给出了官方定义。1968 ~ 1971 年的初始利润公式以历史成本为基础将资本的利润率定为 14%。资本利得率超过 27.5% 的被定义为超额利润，而资本损失率超过 15% 的被定义为过度损失。但根据该委员会每年收到承包商提供的机密数据，委员会确定一些承包商在某些时期未能实现利润公式目标。例如，1987 ~ 1992 年，承包商的实际回报率通常比目标回报率低约 5%（Review Board，1996）；1991 ~ 1993 年，英国工业的平均收益率为 18.5%，而非竞争性政府合同的平均收益率为 17.5%（Review Board，1996）；2012 年，非竞争性合同的目标

回报率为生产成本的8.6%，但承包商的实际回报成本为12.7%（Review Board，2014）。

2006~2011年，英国单一来源合同价值约每年87亿英镑，2013~2014年度非竞争性合同占国防部新合同价值的55%。它们涉及复杂和长期项目，如航空母舰、核潜艇、高速喷气式飞机和直升飞机，这些项目往往都存在着成本超支和交付延迟（Hartley，2016）。对单一来源定价和盈利能力的持续关注导致在2011年对1968年确定的利润公式进行了重新评估（Currie，2011），结果发现这个利润公式存在着严重缺陷。首先，它关注的是利润率，而非成本效率，但成本占合同价值的90%以上，只有有效降低成本，才可能提升采办效率。其次，合同的任何变化都需要国防部和工业界同意，在国防部没有成本信息的情况下不足以确保国防部支付公平的价格（Currie，2011）。此后，英国政府用单一来源办公室取代了审查委员会来负责单一来源合同，同时设定了一系列的会计要求并加强事后审查以尽量避免企业出现超额利润；引入了考虑风险溢价的资本资产定价模型来估计企业的合理利润率。然而，直到目前为止对于利润率的确定仍没有一个非常合理、各方都可以接受的数值，政府、企业、单一来源合同办公室各自都有自己的打算，合同的价格、利润率仍主要基于多方的博弈。

总之，武器装备采办中，缺乏竞争导致的单一来源给采办的成本效率带来了很大的挑战。这不仅是一个在理论上尚未有答案的学术问题，而且从各国武器采办的实践来看，也尚未有令人满意的经验可以借鉴。哈特利（2017）梳理分析了英国的情况，至少得到这样两点结论：第一，实现成本效率与避免承包商的超额利润之间可能是存在矛盾的，但在单一来源合同定价中，政府的目标不应该是简单地以利润率为目标，而应是以效率为目标；第二，合同的设定要充分考虑对承包商行为的激励，如成本超支、成本节约的门槛和分摊比例、对风险的量化、对可比较标准的设定等，都可能造成不同程度的委托代理问题和道德风险问题。

3.4.3 事件研究方法的运用

一家公司在金融市场中的回报及其波动往往直接反映着该公司财务健康状况以及发展前景，是投资者决策的重要考量指标。国防工业是与国家安全面密切相关的行业，因此国防工业的利润率或投资回报率会对一些事件比较敏感，尤其是战争、冲突、国防开支变化，以及某些政治关联事件对国防工业赢利能力的冲击和影响都会引起防务企业在金融市场中股票价格的变化和波动。金融经济学中的这类经典研究也为我们分析国防工业赢利能力提供了一种视角和方法。

地缘政治风险往往带给投资者、银行、金融机构以更大风险和不确定性，甚至被一些央行和金融媒体视为干扰经济周期和金融市场的重要风险因素（Caldara & Iacoviello，2016）。因此，一些地缘政治类型的事件或新闻，如战争、恐怖袭击等通常都会引起股票市场的波动，且是负面冲击（Barros & Gil-Alana，2009；Chuliá et al.，2009；Gul et al.，2010；Kollias，Papadamou & Stagiannis，2010，2011，2013；Chesney，Reshetar & Karaman，2011；Aslam & Kang，2015；Apergis & Apergis，2016），而且这些事件产生的影响不仅局限在一国之内，还有可能溢出到世界主要金融市场（Balcilar et al.，2018）。

但这些地缘政治风险事件对防务领域企业的影响可能是不同的。简单讲，一方面，地缘政治事件造成整体市场环境更加不稳定，也加大了防务企业外在的环境风险；另一方面，安全风险可能会导致对防务产品的需求增加，这对国防工业又似乎是一个利好信号。阿佩吉斯等（Apergis et al.，2018）使用非参数检验方法分析了1985年1月至2016年6月24家防务公司股票月度回报率及回报率波动同全球地缘政治风险指数之间的关系，发现地缘政治风险与防务公司股票回报率之间并不存在显著的因果关系，但会影响50%样本企业股票回报率的波动情况。因此，从一段时间看，地缘政治风险无法很好地预测防务公司股票的回报高低，但这种风险集中体现在防务公司未来风险构成的变化中。从研究方法上看，他们认为非参数方法对变量之间因果关系的判断是更加准确和可信的。

与阿佩吉斯等（2018）的研究方法不同，现有文献更多的是采用事件分析方法考察特殊事件对国防工业或防务企业收益的冲击及长期影响。有的研究考察了一段时期内多个事件对国防工业的影响，如奇科内和凯恩（Ciccone & Kaen，2016）为了分析第二次世界大战期间美国飞机制造商的财务绩效，详细梳理了1933年1月30日至1950年6月之间的与战争、和平相关的重要事件，分别考察每个事件发生前后飞机制造商股票超额回报率是否变化以及如何变化。超额回报率的计算基于多种利润测度指标，包括营业收入/总资产、净营业收入/总资产、营业收入/销售额、股权回报率、净收入/销售额等财务利润指标，也包括根据French-Fama四因子模型计算得到的反映市场表现的超额回报率。研究结果发现，飞机制造企业的财务表现在第二次世界大战期间要好于战前和战后的表现。在战争迹象显露直至1945年第二次世界大战结束，飞机制造企业的财务表现比普通民用公司要好，这主要是由于政府为防务企业提供资助、无息贷款和现金预付款安排提高了公司的财务杠杆。然而，飞机制造企业较高的股权回报率并没有转化为较好的股票市场表现：在整个美国参战期间（即珍珠港事件爆发后），飞机制造公司股票组合的回报率仅为 65.88%，低于市场组合回报率 90.34%。奇科内和凯恩（2016）认为，这可能是因为人们预期较高的股权回报率只是暂时的，会随着战争结束而消失，事件研究表明，一个政治军事事件对股市的影响基本不超过一个月。但随着对战争爆发、战事升级或战争持续的预测，投资者的表现多是积极的，如德国入侵莱茵地区、吞并奥地利、丘吉尔演讲、罗斯福飞机订单发布、德国入侵波兰、珍珠港事件等，都在短期内导致股价的显著上升。随着对战争胜利、战事结束的预测，股东们的表现多是消极的，如张伯伦与希特勒的会见（慕尼黑会议）、《苏德互不侵犯条约》签订、法国沦陷、珊瑚海战役的胜利、欧战胜利日和第二次世界大战胜利日等，都使股票价格在短期下跌。

除了这些安全风险事件会引起防务公司股票波动之外，由于国防工业的特殊性质，某些政治事件也会造成防务公司股票的波动。例如，美国的"军事工业复合体"具有强大影响力，在政府、军事机构与私营部门的军工企业之间形成特殊的利益集团，通过游说政府以影响合同的回报和武器采购过程中的竞争程序，以有利于成员利益。而政府官员、防务企业高管和军事部门之间人员流动的"旋转门"是保持这种利益关联的重要途径。因此，政治任命（防务企业的管理人员进入政府部门就职）或公司任命（某家企业雇用了前政府官员）可能会成为这家公司的一个利好消息。

现有研究一般性地讨论了政治关联对于公司的价值。在政治制度较为薄弱的国家，政治关联对于企业来说十分重要，因为通过这种政治关系有助于制定出有利于企业的政策，例如，菲斯曼（Fisman，2001）研究了总统健康的负面消息对印度尼西亚股票收益的影响，发现在印度尼西亚总统苏哈托执政期间，政治关联对于苏哈托家族来说十分重要。弗格森和沃思（Ferguson & Voth，2008）的研究表明，与德国国家社会主义工人党有着密切联系的企业在 1932～1933 年希特勒执政期间获得了可观的超额回报。而在政治制度较为完善的国家，关于政治关联尤其"旋转门"导致利益冲突尚缺乏一致、确凿的证据。例如，高德曼等（Goldman et al.，2009）发现，在美国如果公司任命了前公职人员，该公司股票在市场上会有积极的反应。菲斯曼（2012）发现切尼出任副总统后，他曾担任

CEO 的哈里伯顿公司在股票市场上并没有明显反应；阿西莫格鲁等（Acemoglu et al.，2013）发现盖特纳（Geithner）出任财政部部长后，他担任高管的纽约联邦储备银行、纽约金融机构以及与他有私人联系的其他公司的股票市场价格发生了重大反应。

卢钦格和莫瑟（Luechinger & Moser，2014）专门考察了政治关联背景下与国防部有关的政治任命和公司任命对美国防务公司股票价格的影响。他们在从布什政府到奥巴马政府 20 多年的 6 个任期中识别出与国防部任命有关的 383 人，其中，与政治任命（即公司雇员在国防部就职）有关的 59 人，涉及 72 家公司；与公司任命（即公司雇佣前国防部人员）有关的 58 人，涉及 76 家公司。卢钦格和莫瑟（2014）分别使用经典的资本资产定价模型和事件研究方法计算相关公司在宣布任命当天和次日的异常回报。实证结果发现，对于政治任命，在公告日当天异常回报为 0.77%，当日和次日总异常回报为 0.78%，且都是显著的。进一步考察还会发现，前独立董事的政治任命比其他公司管理人员对股票价格的冲击更强烈；被任命为国防部的最高职位，要比其他职位对公司股票的异常回报影响更大；在宣布任命的当天，公司股票对民主党提名的政治任命比共和党政府提名的政治任命反应更为强烈；"高预期"政治任命（后来被任命的人员是之前人们预期到的候选人）自然没有"低预期"政治任命带给市场那么大的冲击，即意料之外的政治任命会导致更高的异常回报。而在"旋转门"的另一边——公司任命，结果表明，它对股票价格的影响并不像政治任命那样显著和稳健。

3.5　本章小结

与国防工业有关的研究议题的内容是十分广泛的，除作为一个产业部门，可以从产业经济学的角度进行考察之外，由于国防工业的特殊性质，它的国家安全意义、技术复杂性以及与政治风险和冲突事件的联系也是非常值得深入研究的方面。另外，从防务提供的角度看，国防工业与国防支出、国防采办、军火贸易都具有直接、紧密的关联，这也为扩展国防工业研究提供了一个维度。

本章仅是从产业组织理论所关注的结构、行为、绩效三个方面，对现有关于国防工业的学术研究进行了初步梳理。事实上，即使是限定在这三个方面，仍然还有一些重要且有趣的研究议题尚未充分展开或涵盖进来。比如，"军事—工业

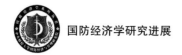

复合体"影响机制、政府的国防工业政策（竞争政策与支持政策）、从区域经济的角度分析军事基地和防务产业的经济影响，国防工业的"绩效"除利润指标外，还可以从企业的出口表现、国际竞争力、创新能力、成本控制等方面来体现。相对而言，围绕国防工业所进行的学术研究数量并不少，然而这些研究广泛分布在多个研究议题上，对每个议题的讨论尚不够丰富和深入。随着国防工业相关数据和资料的不断丰富和完善，使用规范的经济学研究方法，对国防工业基本规律进行深入探究，也是国防工业研究领域需要在研究方法和研究范式上特别需要提升的地方。

第 **4** 章

国防研发影响经济增长的
理论机制与实证研究

4.1 引   言

无论理论研究还是实证研究都表明技术进步对于长期经济增长有着决定性作用。创新和技术进步源于研究与试验发展（research and development，R&D）活动，大量的经济学实证研究结果支持了 R&D 对实际产出和全要素生产率具有积极的促进作用（Griliches，1979）。研发和创新活动具有巨大的正外部性以及高度的不确定性，是政府干预的重要领域。

国防研究与发展是主要由政府公共支出支持的任务导向型研发活动，其目的是推进军事前沿技术，提升武器装备的技术和能力。然而，国防研发的巨大溢出作用，使国防研发的经济影响成为国防经济学中一个重要的学术议题。一方面，国防研发对技术进步产生重要影响。军事技术往往代表着一个国家最先进的技术，因此国防研发在提升军事技术的同时也在推动着技术创新，进而国防研发对于民用部门的创新以及经济增长具有重要溢出作用。喷气式飞机、计算机、雷达、半导体、全球定位系统、互联网以及核能等，都是国防研发应用于整个国民经济部门的成功案例（Lichteberg，1984；Ruttan，2006）。军事技术的领先也能够转化为民用产业部门的技术竞争优势，布莱顿（Braddon，1999）认为冷战时期五角大楼对技术创新的慷慨资助，以及由此带来的军事技术优势，使美国的私人企业获得了长期竞争优势，并使美国制造业在 20 世纪后半叶处于优势地位。另一方面，相比政府激励研发活动的其他政策，如直接研发补贴、奖励、税收减免

等，政府的国防研发支出规模要大得多。政府国防研发支出占全部政府研发支出的比例却很高，1987～2009 年，美国国防研发支出年平均值为 520 亿美元，占全部政府研发支出的 57.2%；英国和法国的这一比例低于美国，分别为 35% 和 29%，不过国防研发支出依然在政府研发支出中占据了首位（Moretti et al.，2016）。因此，政府的国防研发支出是能够影响一国创新和技术进步方向与速度的重要政策工具。

国防研发的外溢效应会直接或间接地影响到经济增长，本章围绕国防研发与经济增长的关系，综述国防研发影响经济增长的理论基础、机制、途径以及实证研究方面的文献。本章分为五节：4.1 节是引言；4.2 节简单介绍关于国防研发影响经济增长的已有学术观点；4.3 节通过一个理论模型分析国防研发影响经济增长的机制与途径；4.4 节考察国防研发影响经济增长的三种途径及其相关实证研究；4.5 节是本章小结，在梳理文献的基础上指出未来可能的研究方向。

4.2　国防研发影响经济增长的观点综述

军事活动对工业经济领域的创新和技术变革有着普遍和重要的影响，但影响机制发生了很大变化。大部分研究军事活动对经济影响的文献集中于分析 20 世纪 50 年代以后的情况：冷战时期规模庞大的国防支出、冷战结束后的"和平红利"以及全球化背景下新技术、新威胁与政府国防预算压力的矛盾，促使人们越来越关注军事活动，特别是国防支出对于经济增长的影响。但相对于对国防支出经济影响的长期、广泛和多样化的理论和实证分析，对国防研发经济影响的分析则显得范围狭窄和不连续。

从原理上看，要研究国防研发对经济增长的影响，最直观的做法就是直接考察国防研发投资数据与经济增长数据之间的关系。但这样的理论分析却很少见。原因之一是国防研发数据可获得性较差，特别是几乎没有公开的企业国防研发投资统计数据。大部分文献采用政府的国防研发支出代替了全部国防研发投资，也因此，主要依托国防支出影响经济增长的模型，分析国防研发对经济增长的作用。国防支出与经济增长关系的理论模型主要有"供给侧模型""需求侧模型""供给—需求混合模型"，不同模型设定了国防支出影响经济增长的机理。使用不同的模型，则暗含地假设了国防研发影响经济增长的方式不同，但它们的共同问题是突出了国防研发支出作为"政府支出"影响经济的特点，低估了国防研发对民用技术的溢出效应，更加忽视了全部国防研发投资中企业投资部分的经济效应。

例如，利希滕贝格（Lichtenberg，1995）发现国防研发对于经济增长具有正负两方面的作用，而净效应是不明确的。莫拉莱斯·拉莫斯（Morales Ramos，2002）使用英国1966～1996年的数据分别对需求侧模型、供给侧模型和需求—供给模型进行了估计，结果发现在每一个模型中，国防研发对于经济增长的影响都不显著。邓恩和布莱顿（Dunne & Braddon，2008）在文献综述的基础上，"很有信心地得出结论，国防研发对于经济增长的作用非常小"。顾桐菲（2010）运用费德尔－拉姆模型（供给侧模型）分析了我国国防科研投资经济效应，发现国防科研投资对总产出水平有所贡献，但降低了经济增长率。

大部分实证结果显示了国防研发对于经济增长的影响不显著或不明确，这可能是因为：第一，国防研发投资相对整个国民经济总量而言，其规模是非常小的，用政府国防研发支出作为替代，进一步低估了国防研发投资水平。因此，从国家层面的宏观数据上很难体现出二者之间的相关关系。第二，国防研发影响经济增长的途径有多种，且作用方向相反，由此形成的综合影响是不确定的。第三，没有充分考虑国防研发影响经济增长的时滞效应。

因此，有些学者在数据和计量方法方面进行了改进。戈尔、佩恩和拉姆（Goel，Payne & Ram，2008）首先在数据方面进行了努力。他们从政府支出中分离了政府的国防研发支出，并且从各种公开数据中估算了企业的国防研发数据。在研究方法上，戈尔、佩恩和拉姆（2008）没有借助于任何经济增长模型，而是通过时间序列分析方法考察了美国国防研发投资同经济增长的关系，发现国防研发投资对于经济增长有显著的促进作用。鹿庚和钟乐（2011）对我国国防科研投资与经济增长进行了协整分析，发现我国国防科研投资与GDP增长之间存在着长期均衡关系和短期误差修正，也即从长期看，国防研发投资对经济增长具有较大促进作用；但在短期，对经济增长的促进作用不是很明显。戈尔、佩恩和拉姆（2008）对改进数据质量的努力和方法是有意义并值得借鉴的。但单纯分析国防研发和经济增长数据之间的关系，并不能代表实际经济中的因果关系，实证分析需要建立在坚实的微观理论基础之上。

袁超英等（Yuan et al.，2016）应用投入—产出模型，分析了中国的国防创新对中国经济增长的贡献。但由于无法获得国防研发支出数据，他们使用武器装备的采办支出数据来代替。增加的采办支出形成了对"装备制造业"的新需求，从而通过投入—产出表中国民经济各部门之间的关系，对经济增长作出了贡献。该研究支持了国防研发促进经济增长，但也因为变量替代的问题，减弱了结论的针对性和现实意义。

现有研究对国防研发是否促进经济增长并未取得一致结论。针对这一研究缺陷，需要将国防研发影响经济增长的各种机制分离，进行单独考察。

4.3 国防研发影响经济增长的机制

通常认为，国防研发通过"溢出效应"和对民用研发活动的"挤出效应"对经济增长产生积极和消极作用。由于国防研发对经济增长和社会福利水平的影响并不是单向的，理论上，应当存在着国防研发支出的最优水平。详细考察国防研发影响经济增长的各种可能，可以将影响机制细分并具体化为以下五种（Chu & Lai，2012）。

（1）溢出效应，是指国防研发活动通过技术转移、专利等途径提高民用研发活动的投入—产出效率，由此对经济增长产生正面影响。例如，国防部门对新兴的科学或工程技术进行资助，这些新兴的科学或工程技术对民用和军用都有帮助。这种资助还可能会投向大学等国家创新机构，培养大量科学家和工程师。

（2）附属效应，是指在研发军事技术的过程中，国防研发活动有时会同时创造出具有民用价值的通用技术（general purpose technologies，GPTs），从而直接提高全要素生产率并促进经济增长。

（3）挤出效应，是指增加国防研发会相应减少对民用投资或民用研发活动的资金和科研人员投入，从而减缓民用技术进步和创新，由此可能对经济增长产生负面影响。

（4）挤入效应，与挤出效应相反，是指国防研发活动的增加可能会刺激了民用技术的研发投资，对经济增长有积极作用。为什么政府研发支出会激励更多的私人研发投资呢？主要有三种原因：第一，如果某个行业存在巨大的固定成本，那么政府研发支出如果分摊了其中的这些成本，就会使原来无力承担的研发项目变得可以执行。第二，政府对某个企业研发活动予以支持，导致企业创新和技术进步，会通过技术溢出效应，提高同行业企业的生产率（Griliches，

1992；Moretti，2004），从而产生了产业集聚效应，促使其他企业增加研发支出（Kline & Moretti，2011）。第三，如果企业原本受到了信贷约束而无法从事研发活动，那么政府研发资助会缓解企业的资金约束（Moretti，Steinwender & Reenen，2016）。

除此之外，国防研发是任务导向型的研发活动，其根本目的是提升军事技术水平。因此，国防研发对经济增长的意义还体现在它可以提升国家安全水平，为经济发展提供基本的安全与和平环境。例如，安全程度提升有利于国际贸易和吸引外资（Sempere，2016）。因此，在评估国防研发的影响或最优支出规模时，还要考虑国防研发的"安全效应"。

（5）安全效应。国防研发的直接目的是推进军事前沿技术，提高武器装备质量。因此，国防研发能够提高一个国家的军事能力，进而提高该国的安全水平（Hartley，2006）。虽然国防研发提升国家安全水平的效应没有直接对经济增长作出贡献，但它有利于提高整体社会福利水平，是国防研发的"社会回报"。

最优的国防研发水平应当同时考虑经济增长和安全水平的社会福利最大化。最大化经济增长的政策选择与最大化社会福利的政策选择不是等价的，当政策目标从增长极大化转变到福利极大化时，应适当提高财政支出规模，并增加消费性财政支出的投入力度（严成樑、龚六堂，2012）。从国防研发提高安全水平的角度讲，政府的国防研发支出是政府消费性财政支出的重要组成部分。根据这样的思路，楚和赖（Chu & Lai，2012）以巴罗（1990）提出的标准的基于研发的内生增长模型和政府财政公共品为基础，将国防研发纳入格罗斯曼 – 赫尔普曼（Grossman-Helpman，1991）的质量阶梯增长模型，把国家安全纳入家庭的效用函数中，全面考察了国防研发影响经济增长和社会福利的五种途径。

楚和赖（2012）在理论上证明，国防研发支出水平与经济增长率之间呈倒"U"形关系。也就是，在国防研发支出水平较低时，增加国防研发支出确实可以促进经济增长；而当国防研发支出水平较高时，国防研发对民用研发的挤出作用更加明显，占据主导，使增加国防研发支出对经济增长产生了负面影响。因此，存在着最大化经济增长率的国防研发支出水平。并且，这个最优的国防研发水平与国防研发的溢出作用和挤出作用有关，它是反映溢出作用大小的参数和国防技术附属效应参数的增函数，是反映民用研发活动挤入效应的参数的减函数。类似的，国防研发支出对社会福利水平的影响也并非单调，既存在积极作用，也存在消极作用，故存在着最大化社会福利的国防研发支出水平。最大化经济增长率的国防研发支出水平与最大化社会福利的国防研发水平并不相同，如果国防研发对家庭消费没有挤出效应，那么社会福利最大化的国防研发水平总是大于经济增长最大化的国防研发水平，而此时减少国防研发支出则对社会福利和经济增长都有害。因此，对于国防研发支出挤出效应的评估是国防研发政策需要考虑的重要内容。

到目前为止，楚和赖（2012）的论文是唯一一篇借助理论模型分析国防研发与经济增长的文献。尽管由于动态一般均衡下的内生增长模型难以直接进行量化分析，他们的模型还是描述性的，但他们同时详细考察了国防研发影响经济增长的各种途径及其相互作用，为合理评价国防研发的经济影响以及国防研发政策提供了思路，也为国防研发的相关实证研究指出了一些可行的方向。如葛永智和侯光明（2010）借助楚和赖（2012）的模型分析了国防研发对国民经济增长的溢出效应。

国防研发支出对于经济增长是非常重要的，需要通过实证研究，探索合适的国防研发支出规模。已有考察国防研发与经济增长关系的实证文献，通常建立在新古典经济增长模型基础上，将技术进步视为外生，因此无法体现各种影响机制的互动关系。楚和赖（2012）的研究模型较为复杂，难以直接对其进行实证检验，但可以尝试数值计算方法，在不同经济背景设定下，模拟计算最优国防研发支出水平。此外，楚和赖（2012）所借助的内生增长模型，并未考虑经典质量结题模型中的规模效应问题。这些都是可以进一步探索的方向。

4.4 国防研发影响经济增长的实证研究

从直接的经验证据看，关于国防研发是否促进经济增长并未取得显著、一致性的结论。一方面是因为，国防研发通过多种途径影响经济增长，而不同途径的效果可能是积极的，也可能是消极的，导致综合影响的符号不确定。另一方面是因为，在多数国家，国防研发支出相对整个国民经济而言，规模较小，国家层面的宏观数据很难体现二者之间的关系（魏华、陈波，2015）。因此，实证研究考察了国防研发影响经济增长的不同机制或不同方面。

4.4.1　国防研发的"挤出作用"

如果可用于研发活动的资源，如资金、科学家的数量是有限的，即供给缺乏弹性，那么就有可能发生国防研发的"挤出效应"。这种挤出效应可以从两个方面来看：一方面，国防研发作为由政府主导的任务导向型研发活动会对"非国防"（民用领域）研发活动造成影响；另一方面，政府的国防研发支出作为公共支出的一部分可能挤出私人研发投资。挤出效益是国防研发影响全要素生产率和经济增长的重要间接途径之一。

政府研发支出与企业研发支出之间存在替代性和互补性，大卫和霍尔（David & Hall，2000）对此提出了一个理论分析框架，将政府研发支出对企业研发支出的影响区分为一阶效应（也即直接效应）和二阶效应（也即间接效应），每一类效应中又分别区分为静态效应和动态效应。可将大卫和霍尔（2000）提出的框架应用于国防研发对企业创新行为影响的分析上。

国防研发的一阶静态效应是指国防研发支出的增加提高了研发活动资源价格，使企业民用研发项目成本上升，预期收益下降，从而使企业减少了研发支出。国防研发的二阶静态效应是指国防研发支出对企业民用研发项目赢利能力的影响。大卫和霍尔（2000）指出可能存在 5 个方面的影响：（1）企业预期国防研发支出的项目有可能取得技术上的突破，可以"搭便车"，故减少了企业在这些领域的研发投入；（2）如果企业预期到国防研发项目会有利于同自己竞争的企业，并降低了市场回报率，可能会导致企业取消一些研发项目；（3）如果企业认为政府增加国防研发支出会相应地减少对其他需求项目的支出，可能会导致企业减少或取消其他非国防项目的研发支出；（4）政府的国防研发项目代表着政府对某种特定技术的重大需求，可能会激励企业增加研发支出以占领这个市场；（5）政府的国防研发支出可以部分地分担企业研发活动成本，使企业有能力提升研发力度。

国防研发的第一种动态效应是指研发资源，特别是从长期来看，从事研发活动的劳动力的供给是有弹性的，因此国防研发的一阶静态效应的影响在长期会减弱。第二种动态效应是指由于国防研发支出增加，可能会导致专有性的研发资源供给长期处于供过于求的非均衡状态。例如，科学家或技术专家投入大量时间以提升其自身能力，他们是很难在不同职业之间进行转换的。第三种动态效应是路

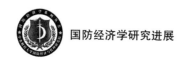

径依赖效应，任务导向型的国防研发项目所创造的知识和基本的科研设施，很可能固化了未来研发和创新的方向，因为减少了企业研发活动的预期风险和预期成本，因此更加强化了企业在同领域或类似领域的研发投入，这实际上会降低企业的创新能力。

分析国防研发支出对非国防研发支出的影响，最简单的计量经济模型就是建立国防研发和非国防研发之间的线性回归方程。很多学者运用不同层次的数据对此进行了检验。除了凯（Kay，1979）和卡米歇尔（Carmichael，1981）之外，早期的大多数研究均发现国防研发和非国防研发之间的相关系数显著为正。例如，莱文和泰勒克吉（Levy & Terleckyj，1983）用时间序列数据估算该系数约为0.27，莱文（Levin，1981）用不同部门产业数据得出了相似估计，而斯科特（Scott，1984）用企业层面数据，得出的估计结果约为0.07。曼斯菲尔德和斯维茨（Mansfield & Switzer，1984）采用了另外一种途径来考察二者之间的关系，他们是通过对企业研发管理人员调查访问的形式，让其回答国家研发支出的变化会对企业研发产生什么影响。虽然发现了一些挤出效应，但最终得出的结论还是国防研发支出会使企业研发支出发生同方向变化。以上研究似乎证明了国防研发不会"挤出"企业研发；相反，在某些样本还产生了"挤入"效应。

但利希滕贝格（1984）指出，这些研究由于忽略了研发合同的"内生性"，即没有考虑政府的研发合同的分布同企业特征之间的关系，或者在对研发支出进行价格调整时，使用错误的"缩减指数"，导致错误地高估了政府研发投资对于企业研发投资的作用。因此利希滕贝格（1984）引入了反映（行业或企业）"固定效应"的虚拟变量来解决这个问题。另外，采用科学家和工程师的人数来表示研发的投入水平，避免了选择价格缩减指数造成的误差。结果发现这并不能证明国防研发对企业研发有刺激作用。利希滕贝格（1988a，1988b）将国防研发对于私人研发支出进行了更为细致的考察，发现"挤出效应"可能真的存在。

关于政府国防研发支出对私人/企业研发支出的影响，盖莱克和博德思贝格（Guellec & Pottelsberghe，2003）比较了17个经济合作发展组织成员国中政府研发支出（将国防研发和非国防研发区分开）、税收减免和内部研发（在这项研究中被定义为在国家实验室和大学中组织的与国防相关的研发）绩效对企业研发支出的影响，发现政府支出的国防相关的研发可能减少企业研发，内部研发也同样对企业研发具有挤出作用。

产生"挤出效应"的原因，可能是研发资源稀缺，短期内供给无弹性

(Lichtenberg，1984)；也可能是非竞争性的国防研发合同吸引企业放弃民用市场的创新活动，从而转向更加有利可图的国防研发活动（Walker，1993）；还可能是因为政府的国防研发资助改变了企业国防研发和非国防研发的相对成本（Lichtenberg，1989）；还可能是国防研发增加了私人企业和国防合同承包商研发活动成本，尤其是人工成本（Goolsbee，1998）。因此，国防研发的规模和结构是非常重要的，它们决定了国防研发"挤出效应"是否存在及其大小。

古尔斯比（Goolsbee，1998）关于联邦研发支出效果的研究发现，联邦研发支出提高了科学家和工程师的工资。虽然他的研究没有把国防相关的研究对于科学家和工程师的需求分开，但他的研究结果显示这种对工资的影响效应在受国防支出影响最大的工程领域最为显著（如电子和航空工程）。古尔斯比（1998）的研究证明了科学家和工程师的工资提高导致了生产率或者非军事研发投资的下降，这种效应可能在科学家和工程师占总劳动人口比例比较少的国家，如英国中更加明显。但由于在样本期间内，政府研发支出和国防研发支出在全部研发支出中所占比例下降，因此古尔斯比（1998）的分析低估了政府研发支出的影响。莫雷蒂等（Moretti et al.，2016）的研究则得到了完全相反的结论。他们不仅考察了国防研发对于劳动力成本的影响，还考虑了就业的变化，结果发现，政府的研发支出每增加 1 美元，私人企业的研发支出会增加 2 ~ 6 美元，存在强烈的"挤入效应"。私人企业研发支出的增加不仅是对工资水平提高的反映，另一个原因是需要增加研发活动的雇员人数。

在使用国家层面的数据分析国防研发对于企业研发的影响效果时，样本中是否包含美国，结论往往有很大差异。因为美国公共研发中国防研发所占的比例很高，从 1945 ~ 2005 年在研究涉及的样本期间中，最少的是 50%，在有些年份甚至达到了 70%（Mowery，2010）。霍尔和图尔（Hall & Toole，2000）指出，根据对 1945 年之后数据的研究，美国比其他国家在公共研发和私人研发之间的替代性方面更具有一致性。加入美国的数据常常使国防研发对企业研发的挤出效应更加显著。

现有这部分研究存在的共同问题表现在以下几方面。首先强调了国防研发影响非国防研发的"挤出"作用，但国防研发对非国防研发确实也存在"挤入"作用，即新的国防研发活动可能会对民用技术提出新的需求，从而刺激了对民用技术的投资。由于在数据上无法将两种效应分离开来，实证结果是对两种效应的综合反映。其次同样由于国防研发投资的数据难以获得，而政府对国防研发支出

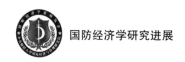

在政府研发支出中所占比重最大，这些研究往往使用政府研发支出或者政府的 R&D 合同金额代替了国防研发投资。因此，这类研究实际考察的是政府公共研发支出对企业研发的影响。而如果进一步细分政府公共研发支出，它大致可包括直接的研发投资和对企业研发的激励性支出，比如鼓励企业研发投资的各种补贴性支出。两种支出对企业研发投资的影响不同，即使是政府激励企业研发投资的补贴政策，其效果也受到企业研发的构成、企业过去和现在接受的补贴情况、潜在资金约束等因素影响。因此，政府公共研发支出与企业研发投资之间的关系是不确定的（Jose Angel Zuniga-Vicente，2014），受到支出规模和支出结构的影响。最后由于美国的数据更容易获得，大部分研究以美国作为样本。但基于美国数据得到的结论是否具有一般性还有待进一步考察。

4.4.2　国防研发的"溢出效应"

国防研发的"溢出效应"主要是指国防研发活动带来的创新和军事技术，通过新产品、新技术或新工艺等途径溢出到其他经济部门，特别是民用部门，并为其带来经济效益。这实际上是国防研发的一种正的外部性。

政府的国防研发支出往往作为国防支出中国防采办的一部分，在国防采办过程中授予企业，而国防支出水平也往往决定着国防研发支出水平。自 20 世纪中叶以来，政府干预成为技术变迁的主要驱动力。在第二次世界大战期间，各国出现了以国防部门为中心的"有组织的创新"（Mowery & Rosenberg，1999）。尤其是美国在第二次世界大战中投入了大量的研发资金，并在战争结束之后的"热战争"期间（如越南战争和海湾战争）以及"冷战"阶段（里根政府主导的 20 世纪 80 年代的大规模国家建设时期）都维持了较高的军费支出水平。国防支出在美国政府支出中占到相当大的比例，决定了总的研发支出水平（NSF，2006），同时这些资金主要流向了高科技部门。这使国防开支，特别是国防采办支出对创新的影响成为一个重要的研究议题。

如同国防研发影响经济增长一样，国防研发对技术进步的影响也存在积极和消极两个方面。国防研发对技术进步的积极影响仍然主要来自国防研发的"溢出效应"。也就是，关注高技术武器装备的国防采办有可能推动"创新的可能性前沿"，相比民用部门的一般需求，企业会把更多研发资源投入更加雄心勃勃的高技术项目上，因此，政府支出中对高技术项目的支持对于创新至关重要

（Cozzi & Impulliti，2010）。国防研发对技术进步的积极影响主要是资源转移效应。国防研发具有一定的特殊性，它是一种任务导向型研发活动，首先要满足军事需求，因此国防研发支出的防务项目要优先考虑技术需求，以满足战场作战绩效作为主要目标（Darca，2013），由此减少以满足消费需求为导向的民用技术创新（Mathew，2017）。同时，从实际数据看，国防研发支出中的绝大部分（在美国是约 80%）都是发展支出，而不是对基础科学和研究的支出（NSF，2006），但我们都知道，基础研究对技术进步的推动作用最大。此外，同众多政府资助的项目一样，国防研发支出改变了企业的成本—收益关系，价值高科技国防项目固有的不确定性（Peck & Scherer，1962）也意味着国防研发项目往往是无效率、高成本的，这对技术进步也有不可避免的消极影响。

历史文献表明，国防支出，特别是国防研发支出对创新的贡献可能是重大的，但在个体公司层面，缺乏微观经济证据支持这一点。达卡（Darca，2013）填补了这个空白点，他将美国 1966～2003 年国防部所有主要采购合同的历史数据库与 COMPUSTAT 中上市公司数据和 NBER 美国专利数据库的公司信息进行匹配，建立了关于企业创新和国防采办公司层面的新数据集，在诺曼（Nonnman，1996）增广型索罗模型的基础上，考察了国防采办对企业创新行为的影响。

达卡（2013）假设对研发投入的需求来自一个简单的生产函数：$Q = AG^{\delta}K^{1-\lambda}L^{\lambda}$。其中，$Q$ 表示产出，G 是知识资本，用来衡量研发投入水平，K 和 L 分别表示资本和劳动力投入。在经济学中，对创新或技术进步通常有两种量化方法，从投入的角度看，可以用 R&D 支出表示，从产出的角度看，可以用专利表示。达卡（2013）的实证结果显示，如果以专利数量表示企业创新，在控制了企业固定效应后，民品销售的创新弹性为 0.45，国防采办的创新弹性为 0.06，两个回归系数在 1% 的显著性水平上均是显著的，但排除民品销售和国防采办的规模差异之后，国防采办对创新的边际影响要大于民品销售。此外，达卡（2013）还对专利的质量和类型作了进一步的分析。首先，他将专利分为军事或国防专利和非军事或民用专利，发现军事专利数量受到国防采办的影响要大于来自民用销售的影响；国防采办对两种类型专利数量的影响都非常显著，表明国防采办不仅对军事技术进步有显著的促进作用，对于民用创新同样有积极影响。达卡（2013）进一步考察了体现专利质量的重要指标之一——后向引用情况，还发现，国防采办和民用销售都对专利后向引用数量有显著的积极影响，国防采办对军事专利引用数量的影响大于对民用专利引用数量的影响，而军事专利引用受国

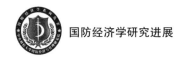

防采办的边际影响大于民用销售带来的边际影响。

总之，达卡（2013）从企业层面的微观角度证实了国防采办对于企业创新行为的积极促进作用，也表明了相比于民用销售，企业的国防销售对企业自身的技术进步有着更大的影响。

何昉、曹冰雪和杨晓维（2018）指出，研究国防研发会通过促进通用目的技术发展，为长期经济增长提供动力。通用目的技术领域主要是材料、能源、信息通信、交通运输、生产组织（Carlaw & Lispey，2011），这与国防研发的主要技术领域有很大程度的重叠。例如，美国国防部支持基础研究项目是为了在通信、监视、推进、机动、指挥控制、能源转换、材料和结构等领域获得全新或升级的军事能力。而已有研究表明，国防研发投资在历史上引致重大技术变革的通用目的技术的发明和早期演化中发挥了关键作用（Ruttan，2006）。但随着国防研发带来的军事用途技术不断成熟，该技术对民用技术的溢出作用会降低（Cowan & Foray，1995）。基于国防研发的这种特点，何昉、曹冰雪和杨晓维（2018）以卡劳和里斯佩伊（Carlaw & Lispey，2011）基于通用目的技术的经济增长模型为基础，对国防研发投资通过促进通用目的技术发明及其早期演化，进而促进经济长期增长的机制构建了模型，并设定了三种不同的国家科技资源配置模式，通过数值模拟，比较了各个模式下的长期经济增长绩效。结果表明，"军民并举"的科技资源配置模式相对于"重民轻军"模式可以带来更多的通用目的的技术，相对于"重军轻民"模式，又具有更高的通用目的技术民用潜力，能够更好地实现长期经济增长。

4.4.3 国防研发对全要素生产率的影响

全要素生产率增长是解释经济增长和经济发展的核心要素，国防研发活动对经济增长的作用也可以通过国防研发对全要素生产率的影响来体现。国防研发的"溢出效应"主要是指国防研发对于整个国民经济生产率的提升作用。

现有实证研究对国防研发影响全要素生产率的考察一般建立在新古典经济增长模型的基础上，将知识资本引入生产函数中，经过变换，最终可发现，劳动生产率的增长率由实物资本增长率和知识资本增长率共同决定。国防研发支出可以增加"知识资本"存量，从而提高了劳动力和实物资本的生产率，即全要素生产率。

但是由于国防研发数据资料有限，早期的研究往往用政府的研发投资代替国防研发投资,而用私人企业的研发投资代表非国防研发投资。莱文和泰勒克吉(1983)、格里里齐和利希滕贝格(Griliches & Lichtenberg,1984)分别在行业层面上研究了美国公共研发和私人研发对生产率的影响。两项研究都发现,联邦政府资助的研发对生产率(分别用劳动生产率和全要素生产率表示)增长的影响不显著。并且两项研究也都没有区分国防研发和非国防研发。但莱文和泰勒克吉(1983)将政府通过采购合同资助的研发和其他类型的政府研发支出区分开来,政府通过采购合同资助的研发对生产率的影响比非合同研发要显著。由于国防研发项目主要是发展项目,而发展项目主要采用合同形式进行资助,因此,莱文和泰勒克吉(1983)的研究结果可以扩展为国防研发对生产率有积极影响。该研究还得出政府通过采购合同资助的研发比私人研发对于劳动生产率的贡献要小的结论,并且评估了政府的独立研究与发展补贴如"独立研究与发展补贴"是美国政府鼓励私人企业投资于国防研发的一项激励政策(Lichtenberg,1989),得出的结论是这项支出对劳动生产率贡献不明显。利希滕贝格和西格尔(Lichtenberg & Siegel,1991)利用企业层面的微观数据,分析了联邦政府研究与发展投资和企业研究与发展投资对生产率的影响。结果显示,企业研发投资对生产率有显著的促进作用,而联邦政府研发投资效果不显著。利希滕贝格(1992)采用国家层面的宏观数据,评估了一个类似模型,结果显示政府研发投资与私人研发投资对生产率的影响有很大差异,政府研发投资对生产率的作用不显著。

另外一些使用国家层面数据分析第二次世界大战后研发活动经济效应的文献,考虑了国防研发与非国防研发的区别。盖莱克和范·博德思贝格(Guellec & Van Pottelsberghe,2001)在研究 1980~1998 年 16 个工业化国家(包括美国、英国和法国)公共研发和私人研发对全要素生产率的影响中,引入国防研发占公共研发的比重作为了控制变量。他们发现国防研发支出对生产率具有消极作用,与此相反的是,政府非国防公共研发对生产率有微弱的积极影响。但也存在截然相反的结论,曾立和张允壮(2006)对中国的宏观数据进行了类似研究,发现国防研发支出对全要素生产率贡献较大,而非国防研发支出却对全要素生产率贡献不显著,甚至有微弱的负面影响。魏华和张树军(2011)利用相同的计量模型,验证了国防支出对我国技术进步的影响,得到的结果与利希滕贝格(1992)类似,即国防支出对技术进步影响不显著。

由于数据的替代使用,大部分研究实际考察的是政府研发支出对全要素生产率的影响,而非政府国防研发支出对全要素生产率的影响。同时,由于忽略了国

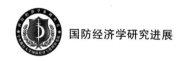

防研发投资中企业投资的贡献，因此低估了全部国防研发投资对于全要素生产率的作用。因为根据斯威考斯卡斯（Sveikauskas，2007）的综述，大量实证研究结果表明，私人的国防研究与发展投资的回报率是相当高的，私人回报率约为25%，而社会回报率高达65%；但政府（或公共）资金的研究与发展的投资回报率却几乎是零。

随着国防研发数据的发展，目前考察国防研发与全要素生产率之间的关系时已不需要使用政府研发支出数据来代替国防研发数据了，但这个数据也仅限于经济合作与发展组织（OECD）国家。例如，莫雷蒂等（Moretti et al.，2016）使用了 26 个行业在所有 OECD 国家 23 年的面板数据，考察了国防研发支出对于全要素生产率的影响。这篇文章的理论贡献主要有三个方面：首先，从方法论的角度讲，在研究政府研发支出与全要素生产率的关系时，实证研究往往需要处理因果关系问题。因为研发支出增加往往与全要素生产率的增长同时发生，但后者可能并非由前者导致，它们可能是由共同因素引起，比如制度改善或者工业结构调整等。但国防研发支出是国防支出的一部分，它的波动往往反映政治、军事和安全方面的冲击，很大程度上不同于造成全要素生产率变动的冲击。因此，莫雷蒂等（2016）认为，国防研发支出是非常好的政府研发支出的工具变量。其次，在国防研发如何影响全要素生产率这个问题上，莫雷蒂等（2016）详细考察了国防研发支出对私人研发支出的影响，并且扩展到对其他国家全要素生产率跨国溢出作用的研究上。最后，从经验研究的数据角度看，他们使用的是行业数据，而不是以往研究中国家层面的宏观数据，这也是实证研究方面的重要进展。

莫雷蒂等（2016）首先考察了政府研发支出（或国防研发支出）对私人研发支出的影响。在控制了行业虚拟变量和国家固定效应后，实证结果表明，存在着明显的"挤入效应"，根据文中使用的样本数据平均值来计算，政府每增加 1 美元研发支出会导致私人研发支出增加 4 美元。如果使用政府国防研发支出代替政府研发支出重新回归，无论当期还是长期政府研发支出的"挤入效应"依然显著。由于美国拥有最大的国防研发支出，莫维利（Mowery，2010）认为，美国主导了实证研究中国防研发支出与私人研发支出关系的结果。莫雷蒂等（2016）在研究中去掉美国样本后，再次使用国防研发支出数据进行回归，国防研发支出的"挤入效应"仍然存在，表明在美国之外的 OECD 国家中同样存在着类似的规律。

私人研发活动通常可以用私人研发投资来表示。但如果在科研资源，特别是科研人员供给缺乏弹性的情况下，私人研发支出的增加可能只是推高了科研人员的工资，并未真正带来研发活动的增加。莫雷蒂等（2016）也考虑到了这个问题，他们将劳动力划分为研发人员和非研发人员。如果研发人员供给在短期内完全无弹性，增加研发可能会导致更高的工资，对就业和创新无影响。如果研发人员可以跨行业或跨国家流动，即研发人员的供给是富有弹性的，则研发人员数量会显著增加，其工资水平即使增加也是有限的。但这对非研发人员的影响却不确定。一方面，由于产品创新会导致生产力的增加，进而销售增加，需要雇用更多劳动力。另一方面，由于技术水平提高会替代劳动力，对劳动力的需求减少。这方面的影响主要取决于研发是否可以产生替代或补充劳动力的技术。莫雷蒂等（2016）的研究发现，政府研发支出确实推高了科研人员的平均工资水平，但也如他们所预测的那样，科研人员平均工资上涨比较有限；而国防研发支出并未对科研人员的平均工资水平造成显著影响。因此，政府研发支出以及国防研发支出对私人研发支出以及研发人员投入起到了激励作用，"挤入效应"是存在的。

莫雷蒂等（2016）讨论的第二个问题是政府研发支出和国防研发支出对全要素生产率的影响。他们采用卡夫等（Caves et al.，1982）的方法，将全要素生产率（total factors productivity，TFP）表示为以下待估计的方程：

$$\Delta\ln A_{ikt} = \ln\left(\frac{VA_{ikt}}{VA_{ikt-1}}\right) - \frac{1}{2}(\theta_{ikt} + \theta_{ikt-1})\ln\left(\frac{L_{ikt}}{L_{ikt-1}}\right) - \left[1 - \frac{1}{2}(\theta_{ikt} + \theta_{ikt-1})\right]\ln\left(\frac{K_{ikt}}{K_{ikt-1}}\right)$$

$$(4.4.1)$$

其中：VA_{ikt} 表示增加值，L_{ikt} 是总就业人数，K_{ikt} 是资本存量，θ_{ikt} 表示劳动占增加值的份额。

总研发存量可以使用永续盘存法来估算，即，

$$G_{ikt} = R_{ikt} + S_{ikt} + (1-\delta)G_{ikt-1} \qquad (4.4.2)$$

这里，δ 代表知识的折旧率，如果它趋于零，那么全要素生产率的增长方程可以近似表示为：

$$\Delta\ln A_{ikt} = \rho\left(\frac{R+S}{Y}\right)_{ikt-1} + \gamma\Delta X_{ikt} + \Delta u_{ikt} \qquad (4.4.3)$$

其中：$\rho = \dfrac{\partial Y}{\partial G}$ 是研发资本的总回报率。

回归结果显示，国防研发支出强度（国防研发支出占增加值的比例）显著

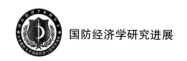

提升了全要素生产率的增长率，滞后一期与滞后两期的数据都支持了这个结果。国防研发支出强度的边际影响为 0.049 ~ 0.064，样本中全要素生产率的增长率每年约为 1.01%，这意味着国防研发支出占增加值比例如果永久性地提升 1 个百分点，全要素生产率的增长率会增加至 1.06% 左右。如果把这个结果应用在具体国家的例子中，通过计算可以得到，若法国和德国提升国防支出水平，使国防支出占增加值的比率同美国一样高，在其他条件保持不变且忽略税收影响的情况下，这两个国家的全要素生产率的增长率将分别达到 9% 和 3% 的水平。美国在"9·11"事件后的 3 年内（2001 ~ 2004 年）将国防研发支出占 GDP 的比例从 0.45% 提升至 0.60%，根据上述回归结果，这意味着国防研发支出会将全要素生产率的年度增长率提升 2 个百分点。

莫雷蒂等（2016）又进一步考察了第三个问题，即政府研发支出和国防研发支出对全要素生产率的影响是否具有跨国影响。计量结果发现，国家间的全要素生产率溢出效应显著存在且为正，回归系数大小从 0.07 ~ 0.25 不等。这种跨国溢出效应对本国全要素生产率的影响可能是非常显著的，因为其他国家总的研发支出规模还是相当可观的。

莫雷蒂等（2016）的研究发现了国防研发支出对于私人研发活动的"挤入作用"，证实了国防研发支出对提高一国全要素生产率增长率有着显著的促进作用，而且，这种促进作用还会溢出到其他国家。这些既是有趣的结论，也有着重要的政策含义，比如美国在航空航天领域增加了研发投入，除了给本国带来积极影响外，也会提升别国的航空航天产业生产力水平。虽然从实证结果看国防研发支出是有益的，但研究结果并不是鼓励所有国家都无限制提升国防研发或者政府研发支出水平，因为还需要考虑这种支出所带来的机会成本，它主要体现在资金被占用以及税收的福利损失等方面，这些机会成本降低了国防研发支出的回报。

此外，关于政府国防研究与发展投资的回报率明显偏低现象，也需要小心做出解释：它并不一定意味着政府研究与发展投资对社会福利没有好的作用。因为政府的国防研发支出的安全效应，是一种无形价值，它提高了社会福利，却无法体现在宏观经济数据中。利希滕贝格（1995）指出，假定社会福利取决于两类产品——国家安全和除国家安全之外的所有物品，并且二者存在替代关系，如果国防安全没有被包括在国民收入的核算中，那么一个国家在国防研发方面的投资越多，现实数据所表现出来的经济增长率就越低。这样，政府研发投资的回报率就是负数。因此，在考察国防研发投资的全部回报时，应当把安全效应也纳入其中。

4.5　本章小结

尽管国防研发的直接目的是满足军事需求，保持军事技术优势或推进军事技术进步，以最终提高国家安全水平，但经济学家似乎更加关注的是国防研发的溢出作用，即国防研发对于技术进步和经济增长等方面的作用。国防研发影响经济增长的机制和途径在理论上已非常明确，并形成共识，然而在经验证据方面，目前的研究仍然相当不足。

第一，对国防研发缺乏准确度量。数据的可获得性严重制约了对国防研发经济学分析的范围和结论的可靠性。一国的国防研发应包括政府的国防研发支出和企业的国防研发投资两部分。但由于资料限制，现有文献大多用"政府国防研发支出"代替了"国防研发支出"，甚至用"政府的研发支出""政府的研发合同金额""政府合同金额"来度量一国的国防研发投资水平，造成了测度上的误差。考虑到各国实际数据显示的研发投资变化趋势是政府研发投资在全部研发投资中所占比重不断减小，企业研发投资所占比重不断增加，以上指标对国防研发的测度偏差会越来越大。随着数据可获得的增加，需要构建衡量国防研发投资更加准确的度量指标。

有些学者在这方面做了一些探索。例如，由于我国国防研发数据没有公开的官方统计数字，学术研究中一般采用估算的方法。鹿庚、钟乐（2011）总结了国内文献反映出来的主要五种估算方法：第一种是按照全国科研支出的固定比例来估算国防科研支出的数额（王韶光，1999；马惠军，2009）；第二种是按照中国国防支出的固定比例来估算国防科研投资数额（姜鲁鸣、王碧波，2005）；第三种是直接将国家研究与开发机构和其他科研投资数额代表国防科研投资的数额（曾立、张允壮，2006）；第四种是分别取国家科研经费、教育经费以及更新改造经费的固定比例，然后再求和的方法估算国防科研投资的数额（毛飞、邓阳，2001）；第五种是采用政府财政科研支出与国防支出平滑权重系数测算法来估算国防科研投资数额（焦旭金、王泽方，2009）。由于对国防科研投资概念没有统一的界定标准，这些估算缺乏依据，结果差距较大，还需要进一步考察更加规范

和统一的估算方法。

第二，忽略了对国防研发"安全效用"的考虑。国防研发，特别是政府的国防研发，是"任务导向型"的，其最直接的目的是促进军事技术进步，以提高一国的国防安全水平。安全问题也是经济问题。在评估国防研发政策时要考虑军事、安全需求与经济需求的平衡。由于"安全"难以量化，现有实证研究均未考虑国防研发的安全效应，因而低估了国防研发的"社会回报"。

第三，政府公共研发支出大致可包括直接的研发投资和对企业研发的激励性支出，如鼓励企业研发投资的各种补贴性支出。政府的国防研发支出也是如此。两种支出对企业研发投资的影响不同，即使是政府激励企业研发投资的补贴政策，其效果也受到企业研发的构成、企业过去和现在接受的补贴情况、潜在资金约束等因素影响。因此，政府公共研发支出与企业研发投资之间的关系是不确定的（Jose Angel Zuniga-Vicente，2014）。从国防研发政策的角度讲，应考虑支出规模和支出结构对政策实施效果的影响。

除此之外，从上述文献梳理中我们发现，还可以尝试从以下两个方面拓展未来关于国防研发的学术研究：一是在理论基础方面，更多地运用内生经济增长模型，并尝试量化分析；二是使用企业层面的微观数据，突破研究中数据、样本方面的制约。

第 **5** 章

国防采办的激励理论

5.1 引　　言

从经济学理论讲，国防采办合同代表着一种典型的委托—代理关系：国防采办部门选定防务企业（或承包商、供应商），委托其从事武器装备的研制、生产、维修和保障。经济学家关注国防采办中信息不对称的特征，基于激励理论研究国防采办合同设计的问题。但经济学关于采办激励的研究主要侧重于政府采购激励，对国防采办的激励理论研究并不多见，研究也主要集中于 20 世纪 80 年代末和 90 年代初，包括：对国防采办中一般委托—代理问题的分析（Laffont & Tirole，1986；Rogerson，1987，1994）；动态采办激励理论（Laffont & Tirole，1988；Holmstrom，1986，1999）；多维采办激励理论（Che，1993；Corato，Dosi & Moretto，2018）；多层采办激励理论（Rogerson，1990，1991；Laffont & Tirole，1986；Baron & Myerson，1982）；采办中的成本和风险分摊模型（Bajari & Tadelis，2001；Lee，2005；Berhold，1971；Scherer，1964；Cummins，1977；Hiller & Tollison，1978；Laffont & Tirole，1986；McAfee & McMillan，1986；Baron & Besanko，1988；Wang & Miguel，2013）；拍卖采办模型（Tan，1992；Rob，1986；Bowe，1993；Che，2004；Coughlan & Gates，2008；Che，Iossa & Rey，2017）；多来源采办激励模型（Anton & Yao，1987，1989；Riordan & Sappington，1989；Lyon，2006）和基于不完全合同的采办模型（Grossman & Hart，1986；Hart & Moore，1988，1990；Che & Haush，1999；Bos & Lulfesmann，1996；Bos，1996）。在我国的

国防经济学界，自1998年原总装备部宣告成立后，掀起了一股研究装备采办的新浪潮，研究内容主要集中于装备采办合同定价机制及其存在的问题和解决方案的定性讨论上，如陈解（2005）较全面地讨论了武器装备采办中的共性问题；何朝胜（2004），侯国江和曲炜（2007），旷毓君、张霖和胡庆元（2008），刘宝（2008）等分析了装备采购中的激励合同设计问题；吉炳安和罗云峰（2007），刘昌臣、吉炳安和罗云峰（2007）等分析了国防采办中研发成本分摊和补偿机制；尚喆（2005）、杨顺（2006）等主要关注了竞争性国防采办的主题；严德俊（2006）、舒本耀（2008）等则研究了中国国防采办中的军品定价问题。但这些研究并未在理论机制方面较经典研究有大的突破。

本章共分为六小节，以激励理论为基本框架，运用博弈论和信息经济学方法，介绍一般采办激励模型在国防采办中的运用与拓展，以对国防采办中的激励问题进行一个比较全面而系统的深入研究和探讨。5.1节是引言，提出国防采办激励模型的经典文献和模型分类。5.2节介绍国防采办的简单激励模型，以一般的激励模型设定为基础，逐步分析国防采办的道德风险模型、自我选择模型和多层模型。考虑到国防采办的长期、多阶段特征，5.3节讨论国防采办多阶段激励模型。5.4节基于逆向拍卖模型介绍选择承包商的多维采办激励模型、拍卖采办激励模型和多来源采办激励模型。5.5节依据合同理论的分类，分析了关于国防采办中成本分摊问题，这也是国防采办激励合同设计的核心问题。5.6节是本章小结。

5.2　国防采办的简单激励模型

研究简单国防采办激励模型，是构建更为复杂的国防采办模型的基础。针对国防采办过程中的逆向选择和道德风险问题，拉丰和泰勒尔（Laffont & Tirole，1986）以及罗杰森（Rogerson，1987）建立了一般采办激励模型、纯粹道德风险模型和纯粹自我选择模型，分析和探讨了存在逆向选择时努力诱导与风险分摊之间的权衡问题，以及存在道德风险时的厂商努力诱导与租金抽取之间的权衡问题。

5.2.1　国防采办激励的一般模型

罗杰森（1987）假设只有一个国防厂商（代理人），且政府（委托人）能够从这个厂商购买到所需商品。设 c 表示代理人的生产成本，尽管委托人不能确切预测 c，但他能够在生产开始后测算生产成本，并据此来签订合同。假定成本由下式决定：

$$c = \Gamma(e, \varepsilon, \theta) \tag{5.2.1}$$

其中：ε，θ 是不受代理人控制的随机变量。ε，θ 的取值范围为 $\left[\varepsilon_{\min}, \varepsilon_{\max}\right] \times \left[\theta_{\min}, \theta_{\max}\right]$，分布函数为 $G(\varepsilon, \theta)$，其密度函数为 $g(\varepsilon, \theta)$。ε，θ 之间的区别在于它们的可观察性。其中，ε 表示成本的对称不确定性，即双方都不知道其值。θ 表示成本的非对称不确定性，即代理人知道而委托人不知道其值。通常参数 θ 称为代理人的"类型"。假设 $\Gamma_\theta > 0$，即 θ 值越高，代理人的类型就越差。

用 e 表示代理人选择的努力水平，$e \in \left[0, \infty\right)$。这种努力能降低生产成本，但也会对代理人产生一定负效用。假定 $\Gamma_e < 0$，则努力水平提高，成本下降；假定 $\Gamma_\varepsilon > 0$ 和 $\Gamma_\theta > 0$，则随机变量越高，自然状态越坏，成本就会提高。

以 $p(c)$ 来表示生产合同，测得的成本是签订合同的唯一依据，代理人付出的努力水平不影响合同本身，而只有通过影响成本才能间接影响合同。在这种合同下，代理人承诺向委托人提供产品，委托人承诺如果生产成本为 c，他将向代理人支付 $p(c)$。

代理人的净收入 I 等于委托人购买产品支付的价格减去生产成本。假定代理人的效用取决于净收入 I 以及努力程度 e，并由下列可分离函数决定[①]：

$$u(I) - \Phi(e) \tag{5.2.2}$$

式（5.2.2）表明，代理人通过计算预期的效用并把它们进行相互比较来计算未来的收入。若假定 $u' > 0$，$u'' \leqslant 0$（凹函数），则代理人愿意获取更多的收

---

① 可分离性假定，主要是为了解释问题的方便。同样基础性的定性分析方法也适用于非分离性的情形，只不过这种分析更为复杂，因为代理人对风险的态度及其对收入的偏好受到其所选择努力水平的潜在影响。

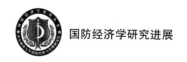

入，而风险则为中性或风险厌恶；若假定 $\Phi'(e) > 0$，$\Phi''(e) \geqslant 0$（凸函数），则代理人不喜欢努力，努力的边际负效用是递增的。

根据该模型设定，很容易得到：在成本补偿合同下，$p(c) = c$，也就是说，厂商仅能得到补偿成本的收入，故 $I = 0$。这时，厂商便会选择可能存在的最低努力水平即 $e = 0$，这样就有 $u(0) = 0$，$\Phi(0) = 0$，代理人的效用保留水平为 0。此时，代理人接受一个成本偿还合同与完全不接受合同是没有区别的。

为方便起见，现在假定委托人是风险中性的，那么委托人的目标就是用最低的预期成本购买到产品。委托人和代理人之间的这种关系可以通过以下三个步骤来展开：（1）自然选择 ε 和 θ；（2）委托人向代理人提出一个合同 $p(c)$，代理人决定是否接受这个合同；（3）如果代理人接受该合同，他选择一个努力水平 e，同时形成生产成本 c，国防采办部门接受这种产品并向厂商支付 $p(c)$。

5.2.2 国防采办激励的道德风险模型

罗杰森（1987）假定不存在非对称的成本不确定性，也就是说委托人能够观测到代理人的类型，这便产生了纯粹道德风险模型。由于 θ 不变化，因此完全可以去掉以简化符号。设 $G(\varepsilon)$ 和 $g(\varepsilon)$ 分别表示 ε 的分布函数与密度函数，$\Gamma(e, \varepsilon)$ 表示成本，是由 e 和 ε 所决定的函数。

显然，如果直接讨论由努力水平所引致的成本分布问题，便可以使模型变得更为简便。用 $F(c,e)$ 表示成本 c 的分布函数，假定代理人的努力为 e，则：

$$F(c,e) = \Pr\{\Gamma(e,\varepsilon) \leqslant c\} \tag{5.2.3}$$

设 $f(c,e)$ 为密度函数。委托人通过在代理人可以接受的限度内，使其预期的支付最小化。实际上，委托人只选择一个合同，且能够预测代理人关于努力的选择。

为进一步简化，假设委托人既选择合同也选择厂商的努力水平，这种选择受到附加约束条件的限制，即代理人愿意选择委托人所指定的努力水平。因此，最优合同可以表述为：

$$\min_{p(\ ),e} \int p(c)f(c,e)\mathrm{d}c \tag{5.2.4}$$

$$\text{s. t.} \quad IR \quad \int u[p(c) - c]f(c,e)\mathrm{d}c - \Phi(e) \geqslant 0 \tag{5.2.5}$$

$$IC \quad e \in \underset{\hat{e}}{\mathrm{argmax}} \int u[p(c) - c]f(c,\hat{e})\mathrm{d}c - \Phi(\hat{e}) \tag{5.2.6}$$

式（5.2.4）表示委托人向代理人的支付额。委托人选择合同 $p(c)$ 和努力水平 e，其约束条件式（5.2.5）是代理人接受预期效用的保留水平，并且代理人将选择委托人指定的努力水平，见式（5.2.6）。

求解以上问题的标准的方法是用代理人努力选择问题的一阶条件代替制约条件式（5.2.6）：

$$\int u[p(c) - c]f_e(c,e)\mathrm{d}c - \Phi'(e) = 0 \tag{5.2.7}$$

如运用标准拉格朗日方法，也可以获得同样的结论：即从一般意义上说，理想的合同既不是固定价格合同，也不是成本补偿合同。因为价格依赖于成本的途径是很复杂的。

5.2.3　国防采办激励的自我选择模型

罗杰森（1987）又进一步考察了成本的非对称不确定。也就是说，不存在 ε 的不确定性。因为 ε 是个常量，为简化起见，可以去掉它。设 $G(\theta)$ 和 $g(\theta)$ 分别表示 θ 的分布函数和密度函数，$\Gamma(e,\theta)$ 表示成本函数。

因为代理人没有面临任何不确定性，因此，假定代理人直接选择成本 c 而不是直接选择努力水平。设 $z(c,\theta)$ 表示当厂商类型为 θ 时，与成本 c 对应的努力水平（与 Γ 正相反）。定义 $\delta(c,\theta)$ 为选择 c 时的负效用，它由下式决定：

$$\delta(c,\theta) = \Phi[z(c,\theta)] \tag{5.2.8}$$

因为努力会降低成本，同时引致负效用（$\Gamma_e < 0$，$\Phi' > 0$）；且 θ 值越高，意味着成本越高（$\Gamma_\theta > 0$），进而意味着这种负效用会随着成本降低而增加，随着 θ 值的增加而增加，即：

$$\delta_c < 0, \quad \delta_\theta > 0 \tag{5.2.9}$$

因此，可以假定：

$$\delta_{c\theta} < 0 \qquad\qquad (5.2.10)$$

这意味着，随 θ 值的增大，由降低成本所引起的负效用和降低成本所引起的边际负效用都将增加。因此，当给予代理人一个固定价格合同，假如其类型较差，它将会选择较高的成本。可见，θ 值越大，则其类型越差。这个假定是进行定性分析的基础。如果可以把 δ 从 c 和 θ 中区分开来，则意味着所有的类型都将选用同一成本。在这种情况下，固定价格合同可以从每种类型厂商中吸取所有的租金，这是委托人最理想的合同。如果 $\delta_{c\theta} < 0$，则类型越差（即 θ 越高）的厂商，选择的成本越高。这样，为吸引较差类型的厂商，就必须制定足够高的价格，这将使 θ 较低的厂商都获得租金。这与前面关于纯粹自我选择问题直观的讨论一致。

更一般地，对任何一种类型 θ，代理人的总负效用由生产成本 c 和努力负效用 $\delta(c,\theta)$ 所决定：

$$c + \delta(c,\theta) \qquad\qquad (5.2.11)$$

假定：

$$\delta_{cc} > 0 \qquad\qquad (5.2.12)$$

对每一个 θ，存在唯一的 c 和 $c^F(\theta)$ 的值，它满足一阶条件：

$$1 + \delta_c\left[c^F(\theta),\theta\right] = 0 \qquad\qquad (5.2.13)$$

因此，对类型 θ 来说，$c^F(\theta)$ 是唯一最佳的或效率—成本最优选择，它将总的负效用降到了最低限度。对式（5.2.13）全微分可得以下结果：

$$c^{F'}(\theta) = -\frac{\delta_{c\theta}}{\delta_{cc}} \qquad\qquad (5.2.14)$$

根据式（5.2.10）和式（5.2.12），此式为正，即高类型的厂商将以高成本进行最优生产。

为进一步分析，假定：

$$\Gamma(e,\theta) = \theta - e \qquad\qquad (5.2.15)$$

同时假定 $\Phi(e)$ 严格递增和严格凸。如果不进行任何努力，那么代理人的类型便等于其成本的值。产生的努力可以使成本下降低于 θ。如 Γ 由式（5.2.15）来确定，则：

$$\delta(c,\theta) = \Phi(\theta - c) \tag{5.2.16}$$

很容易证明，θ 满足式（5.2.9）~式（5.2.13）提出的假定。

现在对委托人的合同设计问题进行描述。当国防采办部门在考虑一个合同 $p(c)$ 时，假定委托人要预测每种类型的厂商 θ，哪一种类型厂商会参与，厂商将选择哪种类型的成本来进行生产。在激励各类企业参与的各种合同中，委托人将选择使其预期成本最小化的合同。假定 $c(\theta)$ 表示 θ 类型的厂商所选择的成本，那么，委托人将通过求解下述方程来决定自己的选择：

$$\min_{c(\ ),p(\ )} \int p[c(\theta)]g(\theta)\mathrm{d}\theta \tag{5.2.17}$$

对所有的 θ，有：

$$c(\theta) \in \operatorname*{argmax}_{\hat{c}}\{p(\hat{c}) - \hat{c} - \delta(\hat{c},\theta)\} \tag{5.2.18}$$

$$p[c(\theta)] - c[\theta] - \delta[c(\theta),\theta] \geqslant 0 \tag{5.2.19}$$

在各种规则性假定之下，可以将该问题转换成一个最优控制问题。根据厂商的不同特征，将分别得到关于 $c^*(\theta)$ 和 $p^*(\theta)$ 唯一解。

较高类型厂商选择较高的成本：

$$c^{*\prime}(\theta) > 0 \tag{5.2.20}$$

最低的类型 $\theta_{\min}$ 选择最优的成本。其他各种类型所选择的成本都严格地大于最优成本：

$$c^*(\theta_{\min}) = c^F(\theta_{\min}) \tag{5.2.21}$$

对每个 $\theta \in (\theta_{\min}, \theta_{\max})$ 有：

$$c^*(\theta) > c^F(\theta) \tag{5.2.22}$$

类型 $\theta_{\max}$ 的厂商其预期效用为 0。其他类型厂商的预期效用为正且随 θ 严格递减：

$$v^*(\theta_{\max}) = 0 \tag{5.2.23}$$

$$v^{*\prime}(\theta) < 0 \tag{5.2.24}$$

这里 $v^*(\theta)$ 由下式定义：

$$v^*(\theta) = p^*[c^*(\theta)] - c^*(\theta) - \delta[c^*(\theta),\theta] \tag{5.2.25}$$

上述这些特征都不能直接地描述 $p^*(c)$ 的性质。进一步地，当某一个类型的 θ 选择成本 c 时，可以通过求解使下列问题实现最大化：

$$p(c) - c - \delta(c, \theta) \tag{5.2.26}$$

该问题的一阶条件是：

$$p'(c) - 1 - \delta_c(c, \theta) = 0 \tag{5.2.27}$$

将式（5.2.27）和式（5.2.13）作比较，可清楚看出，类型 θ 选择的 $p(c)$ 在 c 点的斜率便足以用来解释类型 θ 所选择的成本是小于、等于还是大于最优成本。特别是，当且仅当 $p'[c^*(\theta)] > 0$ 时，大于最优成本；当且仅当 $p'[c^*(\theta)] = 0$ 时，等于最优成本。即：

$$c^*(\theta) \gtreqless c^F(\theta) \Leftrightarrow p'[c^*(\theta)] \gtreqless 0 \tag{5.2.28}$$

假设 $[c_{\min}, c_{\max}]$ 是成本区间，$p(c)$ 限定在这个区间内。成本 $c_{\min}$ 由类型 $\theta_{\min}$ 选定，成本 $c_{\max}$ 由类型 $\theta_{\max}$ 选定。则有：

$$p'(c_{\min}) = 0 \tag{5.2.29}$$

对 $c \in (c_{\min}, c_{\max})$，有：

$$p'(c) > 0 \tag{5.2.30}$$

即在 $c_{\min}$ 点，$p(c)$ 的斜率为 0，而在其他各点则一定为正。这是从一般分析中所得出的关于函数 $p(c)$ 的唯一特性。

固定价格合同是 $p'(c)$ 恒等于 0 时的合同。所以总的结论是：委托人会提供一种价格随着成本增加而提高的成本分摊合同。

图 5-2-1 中，在区间 $[c_{\min}, c_{\max}]$ 内，合同 $p^*(c)$ 是凸函数。每一个类型的代理人在该曲线上选择一个（p, c）的组合，以使其预期效用最大化。效用随价格的提高和成本的下降而增加。假定 θ_1 和 θ_2 是两种不同的类型，$\theta_1 < \theta_2$。可画出各类型的无差异曲线。该图描绘的一个最优几何学特性是，较高类型具有较平的无差异曲线。这与 $\delta_{c\theta} < 0$ 的假定一致，称为"单交叉状态"①。这种特性

---

① 图 5-2-1 中，$I_1(I_2)$ 是属于较低（较高）类型的无差异曲线。单交叉性说明，在它们的相交点上 I_2 比 I_1 更平一些。如果这个属性对所有的无差异曲线都适用的话，较低类型的切点肯定位于较高类型切点的左边。

就是较高类型在较高成本处相切的原因。

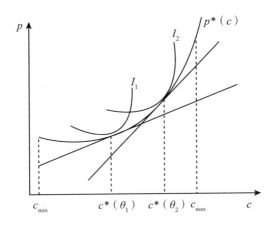

图 5 - 2 - 1　厂商成本—负效用曲线

5.2.4　国防采办激励的多层次模型

国防采办部门的决策是内部多个目标不一致的个体的分散决策。国防采办部门对决策过程的组织，按照自身利益运作的个体所面临的激励，都将对如何做出决定产生影响。因此，国防采办部门自身遇到内部激励方面的问题，亦即内部多层次激励问题。目前，研究国防采办内部激励问题主要有两种不同形式的委托—代理模型：一种是双层模型，即委托人是国防采办部门或国会，代理人是国防采办部门内部的行政部门或其他机构。这类模型主要研究国防采办的数量与质量等决策问题。另一种是三层模型，即委托人是国防采办部门或国会、监督人是军事部门、代理人是国防厂商。这类模型研究的主要问题是简要分析国防采办分等级控制的性质。除此之外，还存在外部多层次激励问题，即委托人是国防采办部门，主代理人是国防厂商，次代理人是员工。这类模型主要研究双层委托—代理关系中的逆向选择、道德风险和风险分摊问题。

在双层模型经典研究中，罗杰森（1990）描述了一个简单的框架，在这个框架中军方选择武器的质量，而国会选择武器的数量。军方的目标是使军事准备的收益最大化，而国会的目标是使军事准备的利益减去其成本后的最大化。该模型最主要的结果是，当质量与数量之间不能够较好地相互替代时，军方将有意地选择高于效率水平的质量，也就是军方有意通过提高质量来提高

军事准备的水平，因为这样做只会引起国会所选择的数量产生较小幅度的下降。

在上述关于数量和质量相互关系的基础上，罗杰森（1991）又建立了生产设施技术规模与数量单期决策模型，来说明军方可以通过有意地选择过高标准的生产技术，促使国会增加武器购买的数量。同时，罗杰森（1991）在上述生产设施技术规模和数量单期决策模型的基础上，进一步将模型扩展到多期模型，用来解释这样一个事实：当生产设施的设计标准远远高于其实际运行标准时，就会出现有计划、有步骤的武器装备生产现象。

此外，现有国防采办激励模型一般简单地讨论一层委托—代理问题，如军方与国防厂商之间的激励问题，或是国防厂商与员工之间的激励问题。其中隐含的假设除了委托人与代理人外，其他参与者彼此之间均具有对称信息，而忽略了代理人本身也是另一层委托—代理问题的委托人。在实际的国防采办过程中，军方与国防厂商之间，以及国防厂商与员工之间，同时存在着委托—代理问题，而且两者可能相互影响。因此，有必要建立三个参与人的双层委托—代理激励模型，研究军方与国防厂商之间，以及国防厂商与员工之间的最优激励机制。拉丰和泰勒尔（1986）、巴郎和梅耶森（Baron & Myerson，1982）构建了三层激励模型，分析和探讨双层委托代理关系中存在的风险分摊、道德风险（引导员工选择最优的努力水平）和逆向选择（引导厂商选择报告真实的信息）等问题。

本节以罗杰森（1990）的经典研究为基础，介绍国防采办数量与质量选择决策模型。

假设一个武器计划完全可以用两个非负实数 (q, x) 来描述，其中 q 表示武器的质量，x 表示购买武器的数量。$C(q, x)$ 表示生产质量为 q 数量为 x 的武器系统的成本；$V(q, x)$ 表示武器系统对国会的军事价值。对国会而言，最优武器计划是收益减去成本的最大化。

定义计划 (q, x) 是最优计划，它须满足下式：

$$\max_{(\hat{q},\hat{x}) \in R^{+2}} V(\hat{q},\hat{x}) - C(\hat{q},\hat{x}) \tag{5.2.31}$$

定义计划 (q, x) 是给定预算 B 下的次优计划，它须满足下式：

$$\max_{(\hat{q},\hat{x}) \in R^{+2}} V(\hat{q},\hat{x}) \tag{5.2.32}$$

$$\text{s. t.}\quad C(\hat{q},\hat{x}) \leqslant B \tag{5.2.33}$$

假设国会与军方之间的博弈均衡是通过逆向求解的。在第二阶段（生产阶段）国会选择在既定 q 下的 x，使 $V(q,x) - C(q,x)$ 达到最大化；在第一阶段（研发阶段）军方知道他自己选择 q 会影响国会选择 x 的情况下，来选择 q 使 $V(q,x)$ 达到最大化。于是，定义均衡计划满足下式：

$$\max_{(q,x)\in R^{+2}} V(q,x) \tag{5.2.34}$$

$$\text{s. t.}\quad x \in \underset{\hat{x}\geqslant 0}{\operatorname{argmax}} V(q,\hat{x}) - C(q,\hat{x}) \tag{5.2.35}$$

在此基础上，用 (q^*,x^*) 表示唯一的最优计划，用 (q^e,x^e) 表示唯一的均衡计划，用 $(q^s(B),x^s(B))$ 表示对每一个给定的预算水平 B 时唯一的次优计划。另外，假设 $E(q)$ 表示国会在军方既定 q 下的武器采购费用，即 $E(q) = C[q,\phi(q)]$。

最后，在给定的预算水平 B 下，军方将选择 q 和 x 求解下列问题：

$$\max_{q,x} V(q,x) \tag{5.2.36}$$

$$\text{s. t.}\quad C(q,x) \leqslant B \tag{5.2.37}$$

如果国会预算等于最优计划的成本，则军方将选择最优计划。用 B^* 表示最优预算水平，则有：

$$B^* = C(q^*,x^*) \tag{5.2.38}$$

如果均衡质量用 q^e 表示，用最优质量 q^* 和次优质量 $q^s(C(q^e,x^e))$ 来和均衡质量对比。在与后者的对比中，如果在同样的预算下选择低质高量（高质低量）的武器能达到同样高的军备力，则认为均衡质量太高（低）了。也可以说，均衡质量当且仅当相对于次优质量太高（低）时，才认为相对最优质量也太高（低）。亦即 $q^e \gtreqqless q^* \Leftrightarrow q^e \gtreqqless q^s(C(q^e,x^e))$。

但是，当 M 是单峰的，局部结果当然是全局结果。即假设 M 是单峰的，当 $q < (>)q^e$ 时 M 是严格递增（减）的，那么 $q^e \gtreqqless q^* \Leftrightarrow E'(q^*) \gtreqqless 0$。我们可以对该结果做出进一步的解释：

（1）当 q 增加而 x 不变或增大，则费用增加，军方将倾向于选择高于 q^* 的 q。

（2）当 q 增加而 x 减小较少，则费用仍然增加，军方将倾向于选择高于 q^*

的 q。

（3）当 q 增加而 x 减少较多，则费用减少，军方倾向于选择低于 q^* 的 q。

因此，罗杰森（1990）通过分析在既定的预算水平 B 下的次优计划得出结论：如果国会事先确定预算水平 B，则军方将选择次优计划；如果国会事先确定预算水平 B^*，则军方将选择最优计划。

该结论表明：对国会来说，想要利用固定预算水平提供一个最优计划，它必须具有完全的信息和能力。即国会要计算 B^*，就必须知道 V 和 C，以测算 q^* 和 x^*。这样，国会就不用授权军方去做出决策，而直接命令军方去选择质量 q^*。

5.3 国防采办的动态激励模型

简单采办模型舍弃了实际采办过程中存在的一个重要问题，即国防采办部门就同一个产品或同一产品的不同样式的采办通常要持续许多年。也就是说国防采办部门和国防厂商之间的委托—代理关系往往不是一次性的，当这种关系重复多次时，就可能出现棘轮效应和声誉效应。因而，如何解决国防采办长期合同带来的一些激励问题，已成为国防采办部门设计激励合同时必须要考虑的现实问题。

国防厂商的努力水平不仅来自显性报酬合同的激励，而且还来自两种隐性激励——声誉效应和棘轮效应的影响。在国防采办合同的长期激励过程中，声誉效应和棘轮效应对合同的激励效果起着正反两方面的作用。一方面，当军方和国防厂商的合同签订以厂商过去的业绩作为参考时，厂商预测到其未来收益随着现期努力的增大而增大时，厂商努力的积极性会增加，以此建立它的声誉。因此，声誉效应在动态过程中起着强化激励的作用。另一方面，当军方将国防厂商过去的业绩作为考核的标准时，厂商越努力，军方对厂商要求的标准也就越高。当厂商预测到它的努力将提高军方对它的成本要求时，它努力的积极性就会下降。因此，棘轮效应在动态过程中起着弱化激励的作用。本节将同时结合这两种效应，以霍姆斯特罗姆（Holmstrom，1999）的经典研究为基础，简单介绍一个两阶段国防采办激励模型，探讨这两种效应对国防采办合同的影响。

假设只有两个阶段，国防厂商各阶段的产出函数是：

$$x_t = \eta + e_t + \varepsilon_t, t = 1,2 \tag{5.3.1}$$

其中：x_t 表示第 t 阶段国防厂商的货币收入，η 表示货币化的国防厂商的能力（如技术、规模等，与时间无关），e_t 表示货币化的国防厂商第 t 期的努力水平，ε_t 是随机变量，表示环境的冲击。

假设 η 和 e_t 服从正态分布，$\eta \sim N(0, \tau\sigma^2)$，$\varepsilon_t \sim N(0, (1-\tau)\sigma^2)$，并假设随机变量 ε_1 和 ε_2 是独立的，即 $\mathrm{cov}(\varepsilon_1, \varepsilon_2) = 0$，$\eta$ 与 ε_1、ε_2 也不相关。

进一步假设国防厂商努力的成本函数为 $c(e_t) = \dfrac{1}{2}(e_t)^2$，且 $c'(e_t) > 0$，$c''(e_t) > 0$。

军方给予国防厂商的合同支付为 w_t，假设采取线性形式：$w_t = \alpha_t + \beta_t(x_t)$，$t = 1$，$2$，因为军方关于国防厂商能力的预期是不确定的，军方在第二阶段时通过观测第一阶段的产出来预期国防厂商的能力，进而确定 w_2。而国防厂商则可以通过 e_1 对 x_1 的作用来影响这种预期，所以第一阶段国防厂商的努力不仅影响到当期收益，同时也影响到第二阶段及以后的收益，从而促使国防厂商对自己当期的行为负责。

按照上述这些假定可以得到以下关系式：

$$\mathrm{var}(x_t) = \sigma^2 \tag{5.3.2}$$

$$E(\eta | x_1) = (1-\tau)E(\eta) + \tau(x_1 - \hat{e}_1) = \tau(x_1 - \hat{e}_1) \tag{5.3.3}$$

$$E(x_2 | x_1) = \hat{e}_2 + \tau(x_1 - \hat{e}_1) \tag{5.3.4}$$

$$\mathrm{var}(x_2 | x_1) = (1 - \tau^2)\sigma^2 \tag{5.3.5}$$

其中：$\hat{e}_t$ 表示军方对国防厂商第 t 阶段努力水平的推测值，在理性预期的假设下，$\hat{e}_t$ 是均衡时国防厂商第一阶段选择的努力水平，观测到 x_1 就相当于观测到 $\eta + \varepsilon_1 = x_1 - \hat{e}_1$，由此可以推断 η；τ 为 η 的方差与 x_1 的方差的比率，反映了在 x_1 中包含的有关 η 的信息。

假设军方是风险中性的，国防厂商是风险厌恶的，其不变的绝对风险规避系数为 ρ，贴现率为 δ，且 $\delta > 0$，$\rho > 0$。则军方和国防厂商的效用函数分别为 U_P 和 U_A：

$$U_P = x_1 - w_1 + (x_2 - w_2)\delta \tag{5.3.6}$$

$$U_A = -\exp\{-\rho[w_1 - c(e_1) + (w_2 - c(e_2))\delta]\} \tag{5.3.7}$$

那么 U_P 和 U_A 对应的确定性等价分别为 CE_P 和 CE_A：

$$CE_P = E(x_1) - E(w_1) + [E(x_2) - E(w_2)]\delta$$
$$= e_1 - E(w_1) + [e_2 - E(w_2)]\delta \quad (5.3.8)$$

$$CE_A = E(w_1) - c(e_1) + [E(w_2) - c(e_2)]\delta - \frac{1}{2}\rho\mathrm{var}(w_1 + w_2\delta) \quad (5.3.9)$$

军方与国防厂商之间的博弈顺序如下：（1）军方提供阶段性合同，首先确定第一阶段的合同，即决定 α_1 和 β_1。（2）国防厂商选择接受合同与否，如果不接受，则博弈结束；如果选择接受，则国防厂商选择 e_1。双方都能观察到 x_1，但 e_1 却只是国防厂商的私人信息。（3）在观测到 x_1 后，军方推断国防厂商的能力，并决定第二阶段的合同 α_2 和 β_2。此时，国防厂商有讨价还价能力 $b \in [0,$ $1]$，即每当第二阶段的全部确定性等价收益增加 1 单位，则国防厂商的第二阶段确定性等价收益可以增加 b 单位。（4）国防厂商选择 e_2，产出 x_2，获得合同支付 w_2。

军方的问题是选择 α_t、β_t 和 e_t 以实现其期望效用最大化，也即其确定性等价收益 CE_P 最大化：

$$\max_{\alpha_t, \beta_t, e_t} e_1 - E(w_1) + [e_2 - E(w_2)]\delta \quad (5.3.10)$$

最优合同的确定首先必须满足两个参与约束：

$$(IR1) \quad E(w_1) - \frac{1}{2}(e_1)^2 + [E(w_2) - \frac{1}{2}(e_2)^2]\delta - \frac{1}{2}\rho\mathrm{var}(w_1 + \delta w_2) \geqslant \bar{u}_1$$

$$(5.3.11)$$

$$(IR2) \quad CE_{A2} = m + b(CE_{A2} + CE_{P2}) \quad (5.3.12)$$

式（5.3.11）表示第一阶段开始时，国防厂商从合同所得到的确定性等价收益不低于其保留收益 $\bar{u}_1$，$\bar{u}_1$ 是一个外生的常数。但在第二阶段开始，其保留收益则受到其第一阶段业绩 x_1 的影响，好的业绩会提高其讨价还价的能力，从而改善它的外部选择机会。式（5.3.12）中 m 为常数，b 表示厂商讨价还价能力，则国防厂商从第二阶段的总确定性等价收益中分享 b 部分收益，CE_{P2} 和 CE_{A2} 分别表示军方和国防厂商在第二阶段的确定性等价收益：

$$CE_{P2} = E[(x_2 - w_2)|x_1] = (1 - \beta_2)E(x_2|x_1) - \alpha_2 \quad (5.3.13)$$

$$CE_{A2} = \alpha_2 + \beta_2 E(x_2|x_1) - \frac{1}{2}(\hat{e}_2)^2 - \frac{1}{2}\rho\mathrm{var}(w_2|x_1) \quad (5.3.14)$$

令式（5.3.11）取等号，取代 $E(w_1) + E(w_2)\delta$，代入式（5.3.10），则军方的最大化目标转化为：

$$\max_{\alpha_t, \beta_t, e_t} e_1 - \frac{1}{2}(e_1)^2 + \left[e_2 - \frac{1}{2}(e_2)^2 \right]\delta - \frac{1}{2}\rho \mathrm{var}(w_1 + \delta w_2) - \bar{u}_1 \quad (5.3.15)$$

$\bar{u}_1$ 只影响 α_1 的大小，不影响激励系数 β_t 和努力水平 e_t 的确定，所以军方的问题转化为：

$$\max_{\alpha_t, \beta_t, e_t} e_1 - \frac{1}{2}(e_1)^2 + \left[e_2 - \frac{1}{2}(e_2)^2 \right]\delta - \frac{1}{2}\rho \mathrm{var}(w_1 + \delta w_2) \quad (5.3.16)$$

可以看出，此时最大化目标恰好等于委托代理双方两个阶段的确定性等价收益之和。

最优合同的确定还要满足两个阶段的激励相容约束，即两个阶段开始时，国防厂商选择 e_1 和 e_2 最大化确定性等价收益：

$$(IC1) \quad \max_{e_1} E(w_1) - \frac{1}{2}(e_1)^2 + \left[E(w_2) - \frac{1}{2}(e_2)^2 \right]\delta - \frac{1}{2}\rho \mathrm{var}(w_1 + \delta w_2) \quad (5.3.17)$$

$$(IC2) \quad \max_{e_2} E(w_2) - \frac{1}{2}(e_2)^2 - \frac{1}{2}\rho \mathrm{var}(w_2) \quad (5.3.18)$$

因为第二阶段是最后一个阶段，该阶段的业绩不会影响到国防厂商以后的收益，在第二阶段合同给定的前提下，国防厂商选择 e_2，最大化当期确定性等价收益，由式（5.3.18）解得最优一阶条件：$e_2 = \beta_2$。

军方在第二阶段开始，是在第一阶段信息的基础上设立当期合同，同时还得满足国防厂商的参与约束，以最大化第二阶段的确定性等价收益。与（5.3.16）式类似，军方的问题转化为最大化双方在第二阶段的确定性等价收益之和，即得到时间一致性约束：

$$(TC) \quad \max_{\alpha_2, \beta_2} e_2 - \frac{1}{2}(e_2)^2 - \frac{1}{2}\rho \mathrm{var}(w_2 \mid x_1) \quad (5.3.19)$$

于是，建立军方的最优化问题如下：

$$\max_{\alpha_t, \beta_t, e_t} e_1 - \frac{1}{2}(e_1)^2 + \left[e_2 - \frac{1}{2}(e_2)^2 \right]\delta - \frac{1}{2}\rho \mathrm{var}(w_1 + \delta w_2) \quad (5.3.20)$$

$$\mathrm{s.\,t.} \quad CE_{A2} = m + b(CE_{A2} + CE_{P2}) \quad (5.3.21)$$

$$e_2 = \beta_2 \tag{5.3.22}$$

$$\max_{e_1} E(w_1) - \frac{1}{2}(e_1)^2 + \left[E(w_2) - \frac{1}{2}(e_2)^2 \right] \delta - \frac{1}{2} \rho \mathrm{var}(w_1 + \delta w_2)$$

$$\tag{5.3.23}$$

$$\max_{\alpha_2, \beta_2} e_2 - \frac{1}{2}(e_2)^2 - \frac{1}{2} \rho \mathrm{var}(w_2 \mid x_1) \tag{5.3.24}$$

求解得到：

$$e_2 = \beta_2 = \frac{1}{1 + \rho(1 - \tau^2)\sigma^2} \tag{5.3.25}$$

$$\alpha_2 = m + (b - \beta_2)\hat{e}_2 + (b - \beta_2)E(\eta \mid x_1)$$
$$+ (1 - b)\frac{1}{2}\hat{e}_2^2 + \frac{1}{2}(1 - b)(1 - \tau^2)\rho\beta_2^2\sigma^2 \tag{5.3.26}$$

$$\begin{aligned} w_2 &= \left[m + (b - \beta_2)\hat{e}_2 + (1 - b)\frac{1}{2}\hat{e}_2^2 + \frac{1}{2}\rho(1 - b)(1 - \tau^2)\beta_2^2\sigma^2 \right] \\ &\quad + (b - \beta_2)E(\eta \mid x_1) + \beta_2 x_2 \\ &= M + (b - \beta_2)E(\eta \mid x_1) + \beta_2 x_2 \end{aligned} \tag{5.3.27}$$

其中：$M = m + (b - \beta_2)\hat{e}_2 + (1 - b)\frac{1}{2}\hat{e}_2^2 + \frac{1}{2}\rho(1 - b)(1 - \tau^2)\beta_2^2\sigma^2$。

从式（5.3.25）可以看出，第二阶段最优努力水平 e_2 的取值只取决于当期激励系数 β_2 的大小，因为是最后一阶段，所以不受声誉机制的约束。式（5.3.25）同时还说明，国防厂商的能力不确定性越大，则第二阶段的最优激励系数 β_2 越大。

由式（5.3.26）和式（5.3.27）可知，声誉预期是通过对 α_2 的调整来影响 w_2 的，其中，$(b - \beta_2)E(\eta \mid x_1)$ 体现了这种影响。国防厂商第二阶段的收益一方面根据当期业绩给予分成 β_2，另一方面还受到军方对国防厂商能力预期的影响。当 $b > \beta_2$ 时，是一种积极的影响，促使国防厂商通过提高第一阶段业绩来改善能力预期，提高第二阶段收益；当 $b \leqslant \beta_2$ 时，是一种消极的影响，不利于改善能力预期。所以，从有效发挥声誉激励作用的角度看，$b > \beta_2$ 是一个必要条件。

进一步求解得到：

$$e_1 = \beta_1 + b\delta \frac{\partial E(\eta \mid x_1)}{\partial x_1} - \delta\beta_2 \frac{\partial E(x_2 \mid x_1)}{\partial x_1} = \beta_1 + \delta\tau(b - \beta_2) \tag{5.3.28}$$

$$\beta_1 = \frac{1}{1+\rho\sigma^2}\left[1 - b\delta\tau + \delta\tau\beta_2\left(1 - \rho\sigma^2\right)\right] \tag{5.3.29}$$

$$e_1 = \frac{1 + \rho\delta\tau\sigma^2\left(b - 2\beta_2\right)}{1 + \rho\sigma^2} \tag{5.3.30}$$

从式（5.3.28）可以看出，国防厂商在第一阶段的最优努力水平除了第一阶段的激励系数 β_1 外，还受声誉效应和棘轮效应的影响：$b\delta\tau$ 度量声誉效应，起强化激励的作用；$\beta_2\delta\tau$ 度量棘轮效应，起弱化激励的作用。$b > \beta_2$ 时，声誉效应和棘轮效应共同作用的结果是实现了声誉的有效激励。

另外，由式（5.3.30）知，当满足 $b > 2\beta_2$ 时，军方事前对国防厂商能力的不确定性越大（即 τ 越大），则国防厂商越容易通过提高它的努力水平来改善能力预期，从而声誉的激励效应越大，或者国防厂商对该博弈有足够的耐心（即 δ 越大），抱有长期心理也会提高声誉的激励效应。

5.4　国防采办的竞争模型

国防采办的激励模型解决的是在给定承包商情况下，国防采办部门如何与之签订合同，以避免承包商在武器装备生产和研发过程中的道德风险问题。而如何选择承包商是国防采办部门面对的另一重要挑战，本节将基于逆向拍卖理论，介绍选择承包商的理论研究。

5.4.1　国防采办的多维度模型

国防采办过程的突出特点是信息不对称，正是由于国防厂商拥有私人信息，国防采办部门不能对它们的所有行为进行有效监督，使整个采办过程充满了不确定性。因此，国防采办激励必然一个特别复杂和多侧面的问题。本小节将从多维激励的角度，即多选择、多目标和多任务的角度，来深入分析和探讨国防采办最优多选择激励机制、最优多目标激励机制和最优多任务激励机制。

下面着重对车（Che，1993）的多代理人多选择多维度国防采办招标模型进行简要介绍和分析。该模型中多维是指国防厂商既要提出报价，又要给出质量标准，这两项内容由国防采办部门（军方）通过一定的评分规则予以评估；而多

选择是指设计三种招标方案,即第一高分招标、第二高分招标以及第二首选报价招标,以探讨国防采办部门应如何设计评分规则来实现其最优机制。

首先假设军方从 N 家国防厂商那里获得报价。每一个报价都明确给出可达到的质量 q 和价格 p,其价格是在产品数量固定的情况下对所给定质量 q 的反映。数量通常被规格化为1。

假设军方从合同 $(q, p) \in \Re_+^2$ 中获得效用:

$$U(q,p) = V(q) - p \qquad (5.4.1)$$

其中: $V' > 0$, $V'' < 0$, 且 $\lim_{q \to 0} = V'(q) = \infty$, $\lim_{q \to \infty} V(q) = 0$。

获胜的国防厂商 i,从报价 (q, p) 中获得的收益是:

$$\pi_i(q,p) = p - c(q, \theta_i) \qquad (5.4.2)$$

其中: 国防厂商 i 的成本 $c(q, \theta_i)$ 随质量 q 和成本参数 θ_i 的增加而增加。假设 $c_{qq} \geq 0$, $c_{q\theta} > 0$ 和 $c_{qq\theta} \geq 0$。

也就是说,边际成本随参数 θ 的增加而增加。具有不变单位成本 θ 的成本函数, $c(q, \theta) = \theta q$,满足这些假设。

失利的国防厂商获得保留收益,通常被假设为零。在报价前,每家国防厂商 i 意识到他的成本函数是私人信息。军方只知道成本的分布函数,可以假定 θ_i 是独立的,且在 $[\underline{\theta}, \overline{\theta}]$ $(0 < \underline{\theta} < \overline{\theta} < \infty)$ 上服从均匀分布,并有分布函数 F 和一个正的连续可微的密度函数 f。同时,假设 $Cq + \frac{F}{f} c_{q\theta}$ 是 θ 的非递减函数,并假设即使有最高的成本类型 $\overline{\theta}$,交易也会发生。

下面考察三种招标规则:第一高分招标、第二高分招标以及第二首选报价招标。在这三种招标规则中,军方凭借评分规则来选择获胜国防厂商;更准确地说,合同签署是对提出报价获得最高分的国防厂商的回报和奖励。设 $S = S(q, p)$ 表示一种对报价 (q, p) 的评分规则。这一规则应当在各国防厂商报价之初就广而告之,而最初军方设计这一规则符合它的最佳利益。军方的真实偏好应该反映在评分规则中,如 $S(q,p) = U(q,p)$。在该模型中,假设采用线性评分规则: $S(q,p) = s(q) - p$,且对所有 $\theta \in [\underline{\theta}, \overline{\theta}]$, $s(q) - c(q, \theta)$ 在 q 点有唯一最大值,同时至少对 $q \leqslant \mathrm{argmax} s(q) - c(q, \underline{\theta})$ 时, $s(\cdot)$ 是递增的。

通过模型推导和求解,可以得出以下结论:

结论1 在第一高分和第二高分招标中,对所有的 $\theta \in [\underline{\theta}, \overline{\theta}]$,质量选择

$q_s(\theta)$ 满足 $q_s(\theta) = \mathrm{argmax}s(q) - c(q,\theta)$。

这一结论可以在图 5 - 4 - 1 中直观表现出来。假设国防厂商 i 想提供任意的分数 S，表现在军方的等分数线曲线上（图 5 - 4 - 1 中凹曲线）。只要国防厂商沿着曲线运动，它获胜的可能性就不会改变。显然，在两条曲线相切点上，国防厂商收益最大化，因为这一点使国防厂商最大化收益的同时，又不会降低它获胜的概率。

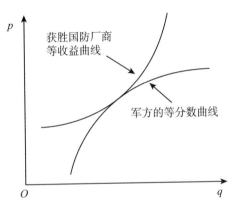

图 5 - 4 - 1　等收益—等分数曲线

结论 2　（1）第一高分招标规则唯一的对称均衡是每家国防厂商提供一个报价：

$$q_s(\theta) = \mathrm{argmax}s(q) - c(q,\theta) \tag{5.4.3}$$

$$p_s(\theta) = c(q,\theta) + \int_{\theta}^{\bar{\theta}} c_{\theta}(q_s(t),t)\left[\frac{1 - F(t)}{1 - F(\theta)}\right]^{N-1}\mathrm{d}t \tag{5.4.4}$$

（2）第二高分招标规则的均衡占优策略是 θ 类型的每家国防厂商提供一个报价：

$$q_s(\theta) = \mathrm{argmax}s(q) - c(q,\theta) \tag{5.4.5}$$

$$\bar{p}_s(\theta) = c(q_s,\theta) \tag{5.4.6}$$

从结论 2 可以看出：第一，如果 $c(q,\theta) = \theta$（即质量是确定的），第一高分招标的均衡就成了第一价格招标的均衡。第二，维克瑞（Vickrey，1961）招标在第二高分招标的直观应用是，给定评分 $S_0(\theta)$，如果 θ 类型国防厂商报价一个高的得分，它获胜将冒着获得负收益的风险；如果报价一个低的得分，他将放弃赢得正收益的一些机会。最后，这些招标的实现依赖于 $S_0(\cdot)$ 的可逆性，这永远是得到满足的。

结论3 在第二首选报价招标中，如果 $p(\theta) = c(q(\theta),\theta)$ 和 $S(q(\theta),p(\theta))$ 是 θ 的增函数，那么任一 $(q(\cdot),p(\cdot))$ 是每家国防厂商的对称贝叶斯纳什均衡策略。

在结论3确定的均衡中，每家国防厂商报价最高分数不会遭受任何损失。这个均衡是最高分数——有效的，对于给定的报价在所有均衡中这个分数是最高的。

结论4 在评分规则 $\tilde{S}(q,p)$ 下，第一高分与第二高分招标机制是最优机制；第二首选报价机制在任何评分规则下都不是最优机制。

结论4表明了二维招标模式的一个潜在优势：若有一个合适的评分规则，第一和第二高分招标能够实现最优结果。需要注意的是，这个最优评分规则有时需要军方在事后去选择一个没有吸引力的报价。图 5-4-2 表示了这种可能性的存在，评分规则是通过等分数曲线来描绘的，这条曲线没有军方的无差异曲线陡峭。按照评分规则，报价 A 优于报价 B，但是在收到两个报价之后，军方可能会拒绝这个评分规则，去选择 B 而不是 A。

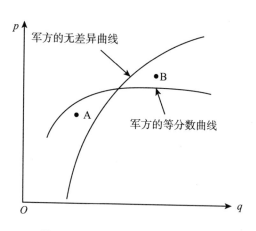

图 5-4-2　无差异—等分数曲线

结论5 如果军方不能提交一个不同于 $U(\cdot,\cdot)$ 的评分规则，在所有三类招标机制下军方得到相同的期望效用，均为：

$$E\{V(q^*(\theta_1)) - J(q^*(\theta_1),\theta_1)\} \tag{5.4.7}$$

其中：$q^*(\theta_1) \equiv \arg\max V(q) - c(q,\theta_1)$ 为最优的质量水平。

从上面的分析结论可以看出：

（1）在第一高分和第二高分招标规则中，获胜的国防厂商以最优质量水平生产，军方发现最优质量水平是过多的。这是因为缺乏承诺能力，真实的效用函数未能实现质量信息成本的内在化。

（2）这个等价性质有一个有趣的政策含义。众所周知，第二首选报价招标规则的实现有一个有限谈判的阶段，上面的结果表明，增加谈判的限制并不损害军方的利益。

（3）从军方的观点来说，即使是三类招标规则是等价的，同样的等价性对所有的国防厂商来说可能是不成立的。因为在第二首选报价招标规则下，获胜的国防厂商会选择失利国防厂商中最高的最优质量水平 $q^*(\theta_2)$（低于它自己的最优质量水平 $q^*(\theta_1)$），在第二首选报价招标规则下的总剩余是严格小于其他两类招标规则下的总剩余。因为在所有的招标规则下军方的期望效用是一样的，因此可以得出：第一高分和第二高分招标规则下的获胜国防厂商的期望收益相同，但严格小于第二首选报价招标规则下的期望收益。

5.4.2　国防采办的拍卖模型

由于在国防采办中长期存在着价格昂贵、成本飞涨、性能缺陷、效益低下等问题，世界各国迫切需要对国防采办方式进行改革，因为国防采办方式是决定国防采办效益的一个重要因素。而竞争可以被视为一种减少国防厂商信息租金和改善采办过程效率的手段。因此，引入市场竞争机制，强化采办过程中的竞争性，充分利用竞争所带来的压力和动力，是解决国防采办上述问题的根本。国防竞争性采办激励机制设计理所当然地成为国防经济学界研究的难点和热点。近年来，拍卖理论已成为现代经济学研究当中十分重要和引人瞩目的理论。显然，在国防采办过程中引入拍卖机制对竞争性采办激励的分析可以提供有益的借鉴。

一些国防采办是通过组织多家供应商对单一承包商的生产权利展开竞争而获得的。为了获得采办合同，潜在国防厂商将进行研发投资活动，以成为竞标之前对潜在产品和技术拥有信息的一方。那么，采办合同如何影响国防厂商研发行为？军方采办的最优数量是否取决于竞标人的数量？国防厂商研发的总支出和创

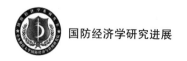

新竞赛是否取决于国防产业特征？竞争是否可以改善国防生产效率和研发效率呢？这些都是值得认真深入思考的问题。为此，谭（Tan，1989，1992）分析了上述这些问题，并着重探讨竞争对国防厂商研发支出和采办合同的影响，以及任意激励合同和最优激励合同下的国防厂商研发支出的纳什均衡。

考虑这样一个问题，即只要部分项目授予单一生产商，而剩余部分在初始合同结束时通过竞争性购买，这是能够实现采办成本降低的。这种采办方式叫作"学习"购买。学习购买通过减少最初成本不确定而加强了竞争。国防工业的特征（少数竞争者）比较适合于采用学习购买的方法来进行采办，这将带动新的供应商进入项目的后期阶段，从而消除垄断的保护。为此，鲍勃（Bob，1986）同时结合最优拍卖理论和激励合同理论，构建学习购买的拍卖模型，以探讨国防采办中涉及的两个主要问题：一是如何在不同类型的竞争者中选择最有效的承包商；二是如何诱导开发商采取最优的研发策略。

国防采办部门可以采用两种不同方式对采办合同进行分配和定价，例如，在研发合同中引入竞争，通过密封报价的方式来定价，而生产合同则可以根据"利润政策"与唯一的供应商谈判来确定价格。这两种合同安排之间的相互作用相当复杂，因为国防厂商一定会为自己赢得后续合同而展开激烈的竞争，而利润政策中利润率的大小对国防厂商期望的利润和军方的期望支出都起着决定性作用，因此，军方如何来确定利润率的大小，都直接关乎着合同双方的核心利益。为此，鲍尔和奥斯班德（Bower & Osband，1991）构建了在最初合同中引入竞争而在后续合同中引入利润政策的这样一个两阶段的采办框架，同时考虑国防厂商的私人报价信息（逆向选择）和主动学习效应（道德风险），深入探讨和分析该框架下的最优激励合同，并试图从分析中得到一些政策意义和建议。

下面将以鲍尔和奥斯班德（1991）为基础，简要介绍国防采办竞争中的利润策略模型。

假设有 n 家风险中性且追求利润最大化的国防厂商。每家国防厂商成本 C 在 $[C_{\min}, C_{\max}]$ 上服从分布函数为 F 的独立分布。国防厂商的成本属于私人信息，F 属于共同知识。博弈过程如下：在时间 $t=0$，国防厂商通过第二价格密封式投标来获得第一阶段的固定价格合同，直到时间 λ 为止。在时间 $t=0$ 投标之后，报价最低的竞标者竞拍成功，并以第二最低竞标者的报价获得合同。获胜的国防厂商以为 1 的单位时间速率连续生产产品。

第一个合同的获胜者在时间 λ 获得后续合同直到时间 1。依照利润政策，第二个合同价格为估计成本加上一定比例的加成率（或利润率）m。估计成本建立在第一期成本审计的基础上，所以每单位时间支付等于 $(1+m)C$。

用 C^i 表示第 i 个最低的成本。用 B 表示国防厂商的报价。设 B^i $(i=1, 2, \cdots, n)$ 是第 i 个最低的报价。国防厂商的报价 B 被解释为每单位时间货币流的速率。国防厂商和军方都以利率 r 进行折现，在投标前军方承诺加成率为 m。

首先，考虑无道德风险模型。在上述假设条件下，获胜国防厂商的利润 π 为：

$$\pi = \int_0^\lambda (B^2 - C)e^{-rt}\mathrm{d}t + \int_\lambda^1 ((1+m)C - C)e^{-rt}\mathrm{d}t \qquad (5.4.8)$$

其中：$w_1 = \int_0^\lambda e^{-rt}\mathrm{d}t = \dfrac{1}{r}(1 - e^{-\lambda r})$ 和 $w_2 = \int_\lambda^1 e^{-rt}\mathrm{d}t = \dfrac{1}{r}(e^{-r} - e^{-\lambda r})$。

而获胜国防厂商的利润方程为：

$$\pi = w_1\left[B^2 - \left(1 - \frac{w_2}{w_1}m\right)C\right] \qquad (5.4.9)$$

该模型使用第二价格拍卖是为了便于分析，因为获胜国防厂商的合同利润独立于它的报价。由此得到，每家国防厂商以它的真实成本进行报价是占优策略：

$$B^i = \left(1 - \frac{w_2}{w_1}m\right)C^i \qquad (5.4.10)$$

显然这是一个均衡。最低成本的生产商获得合同，并获得第二最低真实成本 $\left(1 - \dfrac{w_2}{w_1}m\right)C^2$ 的支付。

其次，从军方的观点来看，获胜国防厂商的事前（即任何企业知道它的成本之前）期望利润是：

$$E[\pi] = (w_1 - w_2 m)(E(C^2) - E(C^1)) \qquad (5.4.11)$$

其中：C^1 和 C^2 分别表示 F 的第一次和第二次统计。注意利润是 m 的减函数。

定义 $m^\lambda = w_1/w_2$。军方的期望支付是：

$$\begin{aligned} E(x(m)) &= w_1 E(B^2) + w_2(1+m)E(C^1) \\ &= w_1 E(C^2) + w_2 E(C^1) - m w_2 (E(C^2) - E(C^1)), m < m^\lambda \end{aligned}$$
$$(5.4.12)$$

如果 $m = m^\lambda$，国防厂商生产产品无需成本，所有厂商报价为 0。在这种情况

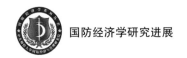

下，军方不能确定最低成本的生产商，其期望支付是 $E(x) = (w_1 + w_2)E(C)$。因而，军方通过设定 $m < m^\lambda$ 以最小化支出，并仍能选择低成本国防厂商。

下面考虑存在道德风险的情况。假设国防厂商在 dt 时期内通过努力 η_i（$\eta_i \geq 0$）将成本降低 $\eta_i \cdot dt$。注意成本减少独立于国防厂商的成本。国防厂商努力的负效用是 $\psi(\cdot)$，并假设 $\psi(0) = 0$，$\psi' > 0$ 和 $\psi'' > 0$。

假设国防厂商只有两次决定努力的机会：在第一个合同开始（$t = 0$）决定努力 η_1，在第二个合同开始（$t = \lambda$）决定努力 η_2。成本的时间路径如下：从时间 $t = 0$ 到 $t = \lambda$，成本线性地从 C^1 下降到 $C^1 - \lambda\eta_1$；从时间 $t = \lambda$ 到 $t = 1$，成本稳定地从 $C^1 - \lambda\eta_1$ 下降到 $C^1 - \lambda\eta_1 - (1-\lambda)\eta_2$。于是，国防厂商的第一期总成本 C_1 是：

$$C_1 = \int_0^\lambda (C^1 - \eta_1 t) e^{-rt} dt = w_1 C^1 - v_1 \eta_1 \tag{5.4.13}$$

其中：$v_1 \equiv \dfrac{1}{r}(w_1 - \lambda e^{-\lambda r})$。

而国防厂商的第二期总成本 C_2 是：

$$C_2 = \int_\lambda^1 (C^1 - \eta_1 \lambda - \eta_2(t-\lambda)) e^{-rt} dt = w_2(C^1 - \eta_1 \lambda) - v_2 \eta_2 \tag{5.4.14}$$

其中：$v \equiv \dfrac{1}{r}(w_2 - \lambda(1 - e^{-\lambda r}) - e^{-r})$。

于是，国防厂商的利润为：

$$\pi = w_1 \left[B^2 - \left(1 - \frac{w_2}{w_1} m\right) C^1 \right] - \frac{w_2(1+m)\eta_1 \lambda}{2}$$
$$+ v_1 \eta_1 + w_2 \eta_1 \lambda + v_2 \eta_2 - w_1 \psi(\eta_1) - w_2 \psi(\eta_2) \tag{5.4.15}$$

式（5.4.15）对 η_1 和 η_2 求微分，得到利润最大化时的努力水平 η_1^* 和 η_2^* 满足 $\psi'(\eta_2^*) = \dfrac{v_2}{w_2}$ 及下式：

$$\psi'(\eta_1^*) = \frac{v_1}{w_1} + \lambda \frac{w_2}{2w_1}(1-m) \tag{5.4.16}$$

把国防厂商的利润可以重新写成简单的形式：

$$\pi = w_1 B^2 - (w_1 - w_2 m) C^1 + V^*(m) \tag{5.4.17}$$

其中，

$$V^*(m) = -w_2(1+m)\frac{\lambda}{2}\eta_1^*(m) + v_1\eta_1^*(m)$$

$$+ \lambda w_2\eta_1^*(m) + v_2\eta_2^* - w_1\psi(\eta_1^*(m)) - w_2\psi(\eta_2^*) \quad (5.4.18)$$

因而可以得出结论：在逆向选择和道德风险线性分离给定的情况下，成本为 C 的国防厂商报价是 $\left(1 - \frac{w_2}{w_1}m\right)C - V^*(m)/w_1$。利润与纯逆向选择模型相同，所有成本减少的好处被军方捕获。

为解最优的 m，考虑军方的期望支出：

$$E(x(m)) = w_1E(B^2) + w_2(1+m)\left(E(C^1) - \frac{\lambda}{2}\eta_1^*(m)\right)$$

$$= (w_1 - w_2m)E(C^2) - V^*(m) + w_2(1+m)\left(E(C^1) - \frac{\lambda}{2}\eta_1^*(m)\right)$$

$$(5.4.19)$$

式（5.4.19）对 m 求导数得到最优加成率 $\underline{m}$ 的隐式表达式：

$$\underline{m} = \psi''(\eta_1^*)\frac{4w_1}{\lambda^2 w_2}(E(C^2) - E(C^1)) - 1 \quad (5.4.20)$$

在此基础上，鲍尔和奥斯班德（1991）得出结论：设 $m_\bullet^\lambda$ 表示最接近于可行的加成率 m^λ，且小于 m^λ，在道德风险和逆向选择都存在情况下，军方在下式最小化支出：

$$m^* = \begin{cases} m_\bullet^\lambda, & if \ \underline{m} \geq \min\{m^0, m^\lambda\} \\ \underline{m}, & if \ \underline{m} \leq m^\lambda \leq m^0 \\ \underline{m}, & if \ \underline{m} \leq m^0 \leq m^\lambda, x(\underline{m}) \leq x(m^\lambda) \\ m_\bullet^\lambda & if \ \underline{m} \leq m^0 \leq m^\lambda, x(m^\lambda) < x(\underline{m}) \end{cases} \quad (5.4.21)$$

上述结论有三个关键性质需要注意：第一，如果 $m^\lambda \geq m \geq m^0$，则军方支出在 m 上递减；第二，如果 $m^0 \geq m \geq m^\lambda$，则军方的支出在 m 上递增；第三，如果 $m \geq m^0$ 和 $m \geq \max\{m^0, m^\lambda\}$，则军方支出在 m 上固定不变。

5.4.3　国防采办的多来源模型

对国防竞争性采办的激励除了可以引入拍卖机制以外，还可以采取第二来源和双重来源的方式。其中采取第二来源是指允许第二个供应商在适当的时间取代在位供应商，以减少在位供应商因相对于买方具有信息优势而获得的信息租金。因而，可以运用第二来源的威胁来促使在位供应商更加积极地努力生产。采取双重来源是指由在位供应商和新进入者通过投标竞争共同承担生产任务。实质上第二来源和双重来源仍然属于拍卖采办方式。国防采办过程一般分为四个阶段：初始设计、发展、初始生产和再采办。考虑一个由最初生产和再采办组成的序贯采办过程，并在再采办阶段在开发商和第二来源之间以拍卖方式引入竞争。由于供应商担心合同会流失到第二来源，从而迫使供应商更积极地竞标。但是，这里需要考虑两个重要因素，即军方对供应商的偏好和第二来源有限的影响：经验优势和成本信息优势。如果最初的供应商具有生产经验，在招标中其比第二来源具有较低的生产成本优势。因为经验优势随生产时间的增加而增大，从而竞标的收益随生产的数量的增加而减少。当供应商比任一潜在的第二来源都具有成本优势时，则同样也会对竞标收益产生负向影响。那么此时第二来源对军方是否有价值，经验优势和成本优势对军方的决策到底有何影响，军方应如何设计最优的激励合同？为此，安东尼和姚（Anton & Yao，1987，1990）在考虑第二来源存在经验优势和成本优势的情况下，深入考察了这些问题，探讨军方的最优决策行为。

许多研究已设法估计第二来源的净收益（Anton & Yao，1989）。通常情况下，第二来源带来的好处是通过考察第二来源下的价格和单一来源下的价格之差来估计的。为此，赖尔登和萨平顿（Riordan & Sappington，1989）建立了一个简单模型，来探讨单一来源和第二来源生产的选择问题，分析在单一来源和第二来源的军方的最优策略，以及考察第二来源的三种效应，即生产增强效应、生产转移效应和研发激励效应。第二来源的成本（技术转让）接近于给第二来源的支付与给具有相同生产水平的供应商所必须的支付之间的差额。这些研究表明，采用第二来源的确可以节省支出，尽管技术转移成本在某些情况下抑制了对第二来源的利用。但是，安东尼和姚（1987）的研究并没有考虑采办早期阶段之间的联系。因为不同采办阶段的联系受到买方（军方）承诺能力的深刻影响，买方在研发阶段之前所做的补偿承诺是不可信的，即无论是买方的信息还是他的承诺能力都是有限的。因而在与供应商签订合同之前有关是否采用第二来源生产的决定应该在研发阶段做出，也即必须明确承认研发和生产阶段之间的联系。

国防采办中的竞争除了可以采取由第二来源取代原有供应商的形式以外，还可以采取由原有供应商和新进入者通过投标竞争共同承担生产任务的形式，即双重来源。安东尼和姚（1989）开发了一个拆分采购合同的拍卖模型，其中拆分选择是内生的。他们刻画了在供应商完全清楚其他企业成本的情况下为使代理人实现最优的一系列均衡投标和配置。安东尼和姚（1992）进一步分析了一个拆分合同的采购拍卖模型，其中买方将所有生产在两个供应商之间进行拆分或将所有生产授予一个供应商，且供应商拥有私人成本信息。佩里和萨科维奇（Perry & Sakovics，2003）研究了这样一种情况：买方将其同质需求拆分成两个合同授予不同供应商，买方相继使用第二价格拍卖授予主要和次要合同。上述研究并不是纯粹针对国防采办问题，但其思想完全可以运用于国防竞争性采办理论研究中，但是应用时必须考虑国防采办的特殊性。为此，里昂（Lyon，2006）对国防采办双重来源竞争进行了研究。里昂（2006）指出，使用双重来源往往基于以下基本假定：采办目标是控制价格和使承包方供应无缺陷的产品，以及由于技术复杂而导致无潜在规模经济效应，或者竞争条件下学习曲线更为陡峭，而且紧随双重来源之后的往往是"赢家通吃"的拍卖。显然，这些假定是十分严格的，且双重来源决策变量并非外生变量，这种情况下，评估竞争带来的成本节约以及是否采用双重来源的决策，就不能简单决定了。

下面的内容将基于安东尼和姚（1987）的研究，介绍第二来源模型。考虑一个多阶段的国防序贯采办模型，军方的目标是在既定的军事能力或"火力"下最小化其期望采办成本。假设 $z > 0$ 表示 1 单位新武器系统的军事能力。军方同样也可以使用效率比较低的旧武器系统。军方既可以独立地使用旧系统或者新系统，也可以联合使用两种系统以获得所需要"火力"水平。

新系统的生产成本可以用经验曲线来描述。假设边际生产成本为 $c(x)$，其中 x 是累积总产出。函数 $c(x)$ 是经验曲线，对所有 $x \geqslant 0$ 满足 $c(x) > 0$ 和 $c'(x) < 0$。因此，边际成本随累积产出的增加而减小。产出 x 的总生产成本可以表示为：

$$\Gamma(x) = \int_0^x c(y)\,\mathrm{d}y \qquad (5.4.22)$$

其中：成本函数 $\Gamma(x)$ 是递增的凹函数，且满足 $\Gamma(0) = 0$。

模型中经验曲线的位置是不确定的，以参数值 θ 来表示，可以把它作为总成本的乘数。假设所有其他当事人都不知道 θ 的值，但具有对 θ 的初始信念，该信念由共同的先验分布函数决定。假设 θ 的密度函数为 $f(\theta)$，在闭区间 $[\underline{\theta}, \overline{\theta}]$ 上为正且连续，并且其累积分布函数为 $F(\theta)$。令 δ 表示相对于单位新技术的旧系统火力单位价格。于是，旧系统获得 x 单位火力的成本可表示为线性成本函数 δx。

新系统成本不确定的范围与已知的旧系统采办成本之间的关系，可由下列参数条件来建立联系：

$$\overline{\theta}\Gamma(z) = \delta z, \underline{\theta}c(0) = \delta \qquad (5.4.23)$$

在最初的生产阶段，军方只允许供应商单独存在。该阶段的结果以合同 (s, x) 表示，其中，s 是对供应商 x 单位新系统的支付。定义 $[\underline{\theta}, \overline{\theta}]$ 上一对可测实值函数：

$$\{S(\hat{\theta}), X(\hat{\theta})\} \qquad (5.4.24)$$

其中：$\hat{\theta}$ 表示供应商报告的成本；$S(\hat{\theta}) \in IR$ 表示给供应商的支付；$X(\hat{\theta}) \in [0, z]$ 表示生产的数量。

军方首先选择计划 S 和 X，然而供应商报告其成本参数 $\hat{\theta}$，这样就确定了最初生产数量和支付。其中，S 或 X 表示整体计划，S 或 X 表示报告的值。如果最初数量 $\hat{x} = X(\hat{\theta})$ 小于 z，那么 $z - \hat{x}$ 单位的剩余需要再采办。为了区别全部 z 单位在最初阶段生产的这种特殊情况，假设只要 $\hat{x} < z$，那么就需要签订再采办合同。

当军方选择拍卖时，供应商和第二来源以密封低价拍卖方式来竞争剩余 $z - x$ 单位的生产。当然，如果最低报价超过 $\delta(z - x)$，军方有权拒绝所有的报价。在这点上，尽管双方当事人都具有关于 θ 值的完全信息，但经验曲线使双方在生产成本方面处于不对称位置。最初已生产 x 的供应商再生产剩余 $z - x$ 单位的成本是 $\theta[\Gamma(z) - \Gamma(x)]$。而没有学习经验的第二来源生产剩余数量的成本为 $\theta\Gamma(z - x)$。

再采办拍卖的唯一完美纳什均衡是第二来源提供一个 $\theta\Gamma(z - x)$ 的报价。当该报价小于 $\delta(z - x)$ 时，供应商与第二来源的报价相同，并在加赛规则下赢得拍卖。如果第二来源的报价超过旧系统的价格，而供应商的报价为军方的保留价格 $\delta(z - x)$，则开发商获得的拍卖收益为：

$$\Pi_2(\theta) = \min\{\theta\Gamma(z - x), \delta(z - x)\} - \theta[\Gamma(z) - \Gamma(x)] \qquad (5.4.25)$$

其中：Γ 为凹函数，并在 $0 < x < z$ 上永远为正。

这个拍卖结果是事后有效的，如同获胜者也是最低成本的生产商一样。获胜

者的报价，即政府支付剩余 $z-x$ 的拍卖价，它等于第二来源生产成本和旧系统
价格当中的最小者。两个竞标者都知道供应商有较低的生产成本，并且知道供应
商能够从经验优势中获得租金，同时也知道第二来源与供应商进行竞价，其角色
是有限的。

军方在再采办阶段开始时采用拍卖方式来获得剩余的 $z-x$。如果军方决定
采用拍卖方式，则它给予第二来源的支付等于拍卖价格加上相应技术转移成本。
否则，将购买旧系统，其成本为 $\delta(z-x)$。均衡要求在 θ 和 x 既定的情况下军方
的行为达到最优。

只要拍卖价格超过 $\delta(z-x)$，军方将终止新系统的生产，因为军方不采取拍
卖方式而直接通过购买旧系统，可以避免技术转移成本。即当下式成立时，拍卖
成本达到最小化：

$$\delta(z-x) \geqslant \theta\,\Gamma(z-x) + T \tag{5.4.26}$$

其中：T 表示技术转移成本。

在这种情况下，供应商的报价受到第二来源低生产成本和其拍卖价格低于保
留价格的限制。

对于给定任意的 θ，式（5.4.26）允许确定一个临界数量 $x^c(\theta)$，使当且仅当
$x \leqslant x^c(\theta)$ 时拍卖成本最小化，且当等式成立时军方是无差别的。因此，对于第一
期生产超过该临界值的任何合同，供应商将终止再采办阶段。通过初始数量 X 的
适当选择，军方对 θ 类型的供应商可以制造一个可信的终止威胁（见图 5-4-3）。

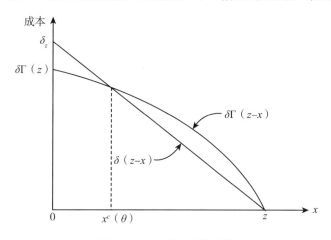

图 5-4-3　终止函数曲线

安东尼和姚（1987）以此对合同（s, x）进行设计，以分离供应商的类型，并为再采办阶段提供必要的信息。在均衡中供应商报告真实类型而获得的收益为：

$$\Pi(\theta) = \Pi_1(\theta) + \Pi_2(\theta) = \begin{cases} s - \theta\Gamma(x), & x \geq x^c(\theta) \\ s + \theta\Gamma(z-x) - \theta\Gamma(z), & x < x^c(\theta) \end{cases} \qquad (5.4.27)$$

其中：$s = S(\theta)$，$x = X(\theta)$。

如果一个合同能够给供应商提供不谎报其类型的激励，那么这个合同就能分离出供应商的类型。假设 θ 类型的供应商提交的最初报告是 $\hat{\theta}$。最初利润 $\pi_1(\hat{\theta}|\theta)$ 为 $\hat{s} - \theta\Gamma(\hat{x})$，其中 $\hat{s} = S(\hat{\theta})$ 和 $\hat{x} = X(\hat{\theta})$ 分别是报告 $\hat{\theta}$ 时合同（s, x）规定的支付和数量。设 $\pi_2(\hat{\theta}|\theta)$ 表示供应商在再采办阶段能够获得的最大利润。于是，总利润 $\pi(\hat{\theta}|\theta)$ 为 $\pi_1(\hat{\theta}|\theta) + \pi_2(\hat{\theta}|\theta)$。

而军方的目标是最小化采办 z 单位的期望成本。每份报告的采办成本是最初费用与再采办成本的和。在终止范围内，剩余的由旧系统来满足，其成本为 $\delta[z - X(\theta)]$。在非终止范围内，军方的期望成本为：

$$\int_{\underline{\theta}}^{\theta^c} [S(\theta) + \theta\Gamma(z - X(\theta))]f(\theta)\mathrm{d}\theta + \int_{\theta^c}^{\bar{\theta}} [S(\theta) + \delta[z - X(\theta)]]f(\theta)\mathrm{d}\theta$$

$$(5.4.28)$$

如果合同（s, x）满足 $\Pi(\theta) = \max\limits_{\hat{\theta}}\pi(\hat{\theta}|\theta)$ 和 $\Pi(\theta) \geq 0$，则军方的期望成本等于：

$$\theta^c\Gamma(z)F(\theta^c) + \int_{\theta^c}^{\bar{\theta}} [\rho(\theta)\Gamma(X(\theta)) + \delta(z - X(\theta))]f(\theta)\mathrm{d}\theta + \bar{\pi}$$

$$(5.4.29)$$

其中：$\rho(\theta) = \theta + F(\theta)/f(\theta)$。

式（5.4.29）是直接成本影响和激励项的结合。第一项是军方非终止时的成本，等于最高非终止类型生产 z 单位的成本 $\theta^c\Gamma(z)$ 乘以非终止的概率 $F(\theta^c)$。

5.5　国防采办的成本分摊模型

国防采办部门在与国防厂商签订合同前，往往面临着如何选择合同类型、如何进行合同风险分摊、如何估计厂商的生产成本等问题，在合同执行过程中国防采办部门又面临着如何对国防厂商生产成本进行监测和审计等问题。因此，在国防采办中，无论是合同类型选择问题（即合同价格确定），还是道德风险、逆向选择和风险分摊等问题，均涉及国防厂商的生产成本这个最根本的问题，因为合同价格的确定主要还是以成本估计为基础。然而，长期以来，国防采办部门与国防厂商形成了比较稳固的双边垄断关系，成本补偿合同占据主导，导致了国防厂商根本没有控制成本的激励，合同成本超支的现象屡见不鲜，而最后所有的风险都由政府来承担。因此，国防采办部门与国防厂商之间的成本分摊问题尤为值得关注。

5.5.1　基于完全合同的成本分摊模型

在国防采办合同签订的过程中，国防采办部门需要选择合同的类型，国防厂商也需要选择产品质量水平。不同合同类型的选择对质量水平的选择就有不同的激励，固定价格合同引致的质量水平较低，成本加成合同又太多，因此，国防采办部门必须选择合适的合同类型。为此，巴贾里和塔德利斯（Bajari & Tadelis，2001）、李卓华（Lee，2005）、让－米歇尔·奥多特（Jean-Michel Oudot，2006）均对合同类型的选择做过相关研究，特别是李卓华（2005）的研究表明，采办合同类型选择、采办的价值和从未来合同修订中潜在获利都直接受到质量决策的影响。

需要在国防采办部门和国防厂商之间建立一种最优保险安排，通过合同激励的形式将国防厂商的一部分风险转移给国防采办部门，同时又保持国防厂商控制成本的边际激励。早期对最优风险分摊问题进行研究的有柏霍德（Berhold，1971）、谢勒（Scherer，1964）、威廉姆森（Williamson，1979）。然而，这些研究没有明确关注"保险"框架下存在道德风险的问题。卡明斯（1977）在保险框架下分析了国防合同出现道德风险时的风险分摊问题，探讨了合同风险分摊的条件和决定合同条款均衡的重要的外在特征。

此外，在国防采办中，国防厂商一般拥有其生产成本的私人信息，而且由于国防产品生产过程的复杂性，国防采办部门又很难监测到国防厂商降低成本的努力。同时，在许多采办项目中，很难从整个项目的上头成本中分离出直接成本。因此，国防采办合同必须建立在生产成本的不完美监测之上。成本的监测可以视

为对生产成本的估计，而监测技术的选择对合同风险分摊将有重要影响。为此，拉丰和泰勒尔（1986）、麦卡菲和麦克米伦（1986）、巴郎和贝赞可（1988）探讨了在同时存在风险分摊问题、私人信息、道德风险和不完全成本观测时，采办部门的最优线性激励合同和监控技术的选择行为。

本节重点以卡明斯（1977）的经典研究为基础，来简要介绍国防采办合同成本分摊模型。

卡明斯（1977）假设国防厂商的利润函数的表达式为：

$$\pi = ay + x(y - B) \tag{5.5.1}$$

其中：π 表示单一合同的美元利润；a 表示谈判成本估计的固定百分比（外生给定）；y 表示政府支付给国防厂商的最初谈判的总成本估计值；x 表示国防厂商的任何成本超支的分摊比例（$0 \leqslant x \leqslant 1$），政府的分摊是 $1 - x$；B 表示项目的实际总成本；$-(y - B)$ 表示成本超支。

国防厂商在不确定性和给定的合同（x，y）下，对每种状态 i 选择 B（通过选择一定水平的自由裁量行动）来最大化每种状态下的效用。这里 B 的选择要求满足式（5.5.1）的利润函数。于是，对于一个给定的合同（x，y），国防厂商的目标函数可以表述为：

$$\max_{B} U_i(\pi, B), i = 1, 2, \cdots, n \tag{5.5.2}$$

$$\text{s. t.} \quad \pi = ay + x(y - B) \tag{5.5.3}$$

$$x = x', y = y' \tag{5.5.4}$$

对每种状态 i 下的效用函数求关于 B 的微分，得到效用最大化的必要条件：

$$U_{i1}(-x) + U_{i2} = 0, i = 1, 2, \cdots, n \tag{5.5.5}$$

其中：下标 1 和下标 2 分别表示对 π 和 B 的偏导数。

因此，在不确定条件下，国防厂商的行为是在每种状态 i 下选择 B，使 π 和 B 之间的边际替代率等于给定的固定分摊比例 x。于是，在每种状态下最优选择 B 可以表示为 B_i（$i = 1$，2，$\cdots$，n），它是合同参数 x 和 y 的函数。而且政府最小化合同的总成本（$C = \pi + B$），政府是风险中性的。政府的目标函数是政府成本的期望价值 EC：

$$EC = E(\pi_i + B_i) \tag{5.5.6}$$

其中：B_i 是国防厂商在每种状态下使效用最大化的最优实际成本；π_i 是由利润函数中相应的 B_i 所决定的合同利润水平；政府对任何（π_i，B_i）组合具有相同的期望成本 $\overline{EC}$。于是，最优化问题表述为：

$$\max_{x,y} EU_i(\pi_i, B_i) \tag{5.5.7}$$

$$\text{s. t.} \quad \overline{EC} = E(\pi_i + B_i) \tag{5.5.8}$$

相应的拉格朗日函数可表示为：

$$L = EU_i\big[(a+x)y - xB_i, B_i\big] - \lambda\big[(a+x)y + (1-x)EB_i - \overline{EC}\big] \tag{5.5.9}$$

最大化的一阶条件是：

$$\frac{\partial L}{\partial y} = EU_{i1}\left(a + x - x\frac{\partial B_i}{\partial y}\right) + EU_{i2}\frac{\partial B_i}{\partial y} - \lambda\left[a + x + (1-x)E\frac{\partial B_i}{\partial y}\right] = 0 \tag{5.5.10}$$

$$\frac{\partial L}{\partial x} = EU_{i1}\left(y - B_i - x\frac{\partial B_i}{\partial x}\right) + EU_{i2}\frac{\partial B_i}{\partial x} - \lambda\left[y - EB_i + (1-x)E\frac{\partial B_i}{\partial x}\right] = 0 \tag{5.5.11}$$

$$\frac{\partial L}{\partial \lambda} = (a+x)y + (1-x)EB_i - \overline{EC} = 0 \tag{5.5.12}$$

由式（5.5.5）有 $U_{i2} - xU_{i1} = 0$。联立式（5.5.10）和式（5.5.11）消去 λ，整理得到：

$$\frac{EU_{i1}B_i - EU_{i1}EB_i}{EU_{i1}} = y - EB_i - \frac{(a+x)\left[y - EB_i + (1-x)E\dfrac{\partial B_i}{\partial x}\right]}{a + x + (1-x)E\dfrac{\partial B_i}{\partial y}} \tag{5.5.13}$$

如果国防厂商是风险厌恶的，政府和国防厂商之间的风险（成本）分摊，即 x 的均衡值就小于 1。

式（5.5.13）左边的分子表示 n 种状态下利润的边际效用和实际成本的协方差。依赖状态效用函数的国防厂商对利润 π_i 是风险厌恶的，这说明 n 种状态下 U_{i1} 和 π_i 之间是负相关关系。由利润函数式（5.5.1）可知在 x 和 y 既定情况下 π_i 和 B_i 之间是负相关关系。因此，U_{i1} 和 π_i 之间，以及 π_i 和 B_i 之间的负相关关系，表明 n 种状态下 U_{i1} 和 B_i 之间协方差是正的。这就保证了当企业是风险

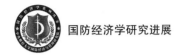

厌恶时，式（5.5.13）左边大于 0。观察式（5.5.13），当 $x=1$ 时，等式右边等于 0。因为 x 值限定在 0 和 1 之间，这表明对于风险厌恶的企业，满足式（5.5.13）的均衡 x 值小于 1。①

对式（5.5.13）的最优条件进一步考察表明合同均衡条件可以表示为若干外生因素的函数：国防厂商对风险的态度，给定的利润率 a，以及 $E\dfrac{\partial B_i}{\partial x}$ 和 $E\dfrac{\partial B_i}{\partial y}$。$E\dfrac{\partial B_i}{\partial x}$ 和 $E\dfrac{\partial B_i}{\partial y}$ 项可以解释为对于国防厂商道德风险程度的两个不同方面的衡量。

第一项 $E\dfrac{\partial B_i}{\partial x}$ 表示相对价格类型的道德风险影响；第二项 $E\dfrac{\partial B_i}{\partial y}$ 表示收入类型的道德风险影响。因此，决定合同均衡的外生因素的影响可以用下面的简化式表示：

$$y=f(R,M_1,M_2,a) \tag{5.5.14}$$

$$x=g(R,M_1,M_2,a) \tag{5.5.15}$$

其中：R 是国防厂商风险态度的度量；M_1 是国防厂商价格类型的道德风险程度 $\left(E\dfrac{\partial B_i}{\partial x}\right)$；$M_2$ 是国防厂商收入类型的道德风险的程度 $\left(E\dfrac{\partial B_i}{\partial y}\right)$。

模型结果与对现行合同实践的评价说明，简单激励合同机制的效率得到改善（更低的政府预期成本和更高程度的风险分摊）的途径，是将政策分析的重点置于获得更多有关国防厂商风险厌恶和道德风险倾向的信息，并将这些因素考虑到合同的选择中。

在实践中，在国防合同方面的重要公共政策决策往往是基于两个可观测的因素：合同成本超支的大小和合同利润率。这两个因素都不直接关系到国防厂商或政府的目标，因为在既定的合同下，可以通过改变利润率 a，并伴随着 y 的调

---

① 可以得出这样的结论：即使企业是风险中性的，政府和企业也可能分摊风险。如果企业是风险中性的，U_{i1} 不随 π_i 变动，进而式（5.3.1）也就不随 B_i 变化；因此，U_{i1} 和 B_i 的协方差在各种状态下为 0，式（5.3.13）左边为 0。已知当 $x=1$ 时，式（5.3.13）右边为 0。但是，如果式（5.3.13）中其他因素恰好有某种关联，当 $x<1$ 时，式（5.3.13）右边也可能为 0。例如，当企业风险中性时，不排除这样的可能：

$$\text{当 } x<1 \text{ 时，} \frac{(a+x)\left[y-EB_i+(1-x)E\dfrac{\partial B_i}{\partial x}\right]}{a+x+(1-x)E\dfrac{\partial B_i}{\partial y}}=y-EB_i$$

这也满足式（5.3.13）。

整，合同的期望成本超支可能减少或增大，而不用改变项目的实际成本和利润。因而，政府的期望成本和国防厂商的期望效用可以保持不变。这可以从利润函数式（5.5.1）的变化形式 $\pi_i = (a+x)y - xB_i$ 清楚地看出：即在给定的合同条款 (x, y) 下，国防厂商选择 B_i 最大化效用 $U_i(\pi_i, B_i)$，并服从于利润函数约束。从而，只要 $(a+x)y$ 和 x 保持不变，国防厂商面临的约束相同，因此，就没有使最优的 B_i 和 π_i 变化的动机。这意味着 a 和 y 变化而保持 $(a+x)y$ 的值不变，将不会影响 EC 或企业的期望效用，但却改变了 a 和期望成本超支 $-(y-EB_i)$ 的值。

从政府的角度来说，合理的分析应着重于合同参数值与政府期望成本大小之间的关系，因为政府的政策目标是最小化项目的期望成本，而不是对超支成本或利润率的控制。

5.5.2 基于不完全合同的成本分摊模型

国防采办完全合同是指缔约双方都能预见合同期内可能发生的重要事件，愿意遵守双方签订的合同条款，当交易双方对合同条款产生争议时，第三方如法院能够强制其执行。而国防采办不完全合同是由于在采办过程中存在的不确定性、专用性资产投资、信息不对称等原因，国防采办合同注定是一个不完全的合同。

不完全合同理论中有三个经典的基本模型，简称为 "GHM 模型" "CH 模型" 和 "TCP 模型"。格罗斯曼和哈特（Grossman & Hart，1986）以及哈特和莫尔（Hart & Moore，1990）的经典研究被合称为 "GHM 模型"，他们认为，有限理性、信息不对称、交易费用导致了合同的不完全性，尤其是那些与专用性投资密切相关的合同更是不完全的。车和豪什（Che & Haush，1999）提出的模型（简称为 "CH 模型"）主要对国防采办的研发投资进行分析，对双方能够承诺在事后不进行任何谈判和双方无法承诺不在事后进行重新谈判分别进行了探讨。然而，国防采办经常涉及高技术产品，为开发军方所需求的产品，在生产之前必须进行特殊的 R&D 投资，即 R&D 投资是专用性的而且是沉没的。哈特和莫尔（1988）的研究表明私人买方与卖方之间会出现研发投资不足问题（即 "敲竹杠" 问题），而且也证明了固定价格合同不能实现最优的研发投资。博思和卢福曼（Bös & Lulfesmann，1996）的研究表明，政府和私人卖方有效的研发投资能够通过固定价格采办合同达到。但这一结果仅当政府忽视增加支付项目公共资金的影子成本时，或当提到合同重新谈判政府承诺不考虑影子成本时，最优是能达到的。如果公共资金的影子成本在重新谈判中发挥作用，此时是不可能达到双方有效研发投资的。目标成本定价广泛应用于国防采办中，那么是否可以用目标成本合同代替固定价格合同，以来引导军方和国防厂商进行有效的专用性研发投资，从而避免"敲竹杠"问题呢？哈特和莫尔（1988）、博思和卢福曼（1996）、博思（1996）的经典研究，简称为"TCP模型"。本节将介绍"TCP模型"。

假设国防厂商的利润函数为：

$$\text{Pr} = ty + s(y - c)^{①}$$
(5.5.16)

其中：Pr表示利润，y表示生产估计成本，c表示生产实际成本，t和s是参数，且t，$s \in (0, 1)$。

需指出的是，估计成本y和参数t由买卖双方签订合同前由双边谈判确定。分摊率s不是由双边谈判确定的，而是由军方在签订合同之前来确定。因而，在签订合同时y、t和s对于军方和国防厂商都已知，但实际成本c未知。

同时，假设成本是不可验证的，使用固定价格合同仅仅是建立事后"交易"或"不交易"可以验证，并且事后政府的支付也是可验证的假设条件下。因此，在合同开始仅有两个约定的价格，即如果交易，其价格为p_1；如果不交易，其价格为p_0。另外，假设收益仅有两个可能的实现$v \in \{\bar{v}, \underline{v}\}$，同样对成本也有$c \in \{\bar{c}, \underline{c}\}$。博弈双方的时间序列如图5-5-1所示。

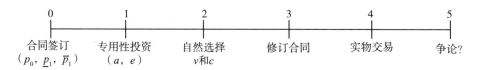

图5-5-1　博弈双方的时间序列

在时期0博弈双方签订一份不完全合同。不完全是因为专用性投资a和e，以及项目收益v在签订时不能够核实。在时期1，缔约双方参与专用性投资。军方投资额为a，其成本为$\mu(a)$；国防厂商投资额为e，其成本为$\psi(e)$。在时期2，自然选择收益和成本的实际实现。自然的选择取决于专用性投资，即军方投资越高，自然选择高收益$\bar{v}$的概率就越大。在时期3，双方对合同进行重新谈判。在时期4，生产产品并进行交易（如果双方协商达成一致），同时完成相应

---

① 目标成本公式可以重新写成：$p = \text{Pr} + c = a_0 + a_1 c$。其中，$a_0 = (t + s)y$是固定价格部分，$a_1 = (1 - s)c$是成本补偿部分。

支付，博弈结束。

$$U^S = \begin{cases} E(p^T - c \mid q = 1) + p_0 - \psi(e), & \text{在时期} \, 0,1 \\ q(p^T - c) + p_0, & \text{在时期} \, 3 \end{cases} \quad (5.5.17)$$

其中：期望算子 E 表示国防厂商进行专用性投资所获得的预期收益和成本。$p^T \equiv p_1^T - p_0$ 表示价格差异，可以是事前合同约定的价格差异 $p_1 - p_0$，也可以是事后重新谈判决定的价格差异。

军方的目标函数为：

$$U^B = \begin{cases} E(v - c - \lambda p^T \mid q = 1) - \lambda p_0 - \psi(e) - (1+\lambda)\mu(a), & \text{在时期} \, 0,1 \\ q(v - c - \lambda p^T) - \lambda p_0, & \text{在时期} \, 3 \end{cases}$$

$$(5.5.18)$$

其中：军方是福利最大化者，要明确考虑增加公共资金的影子成本 $\lambda \in (0, 1)$。因此，军方必须支付项目过程中的所有成本 $\mu(a)$、$\psi(e)$ 和 c。只要军方支付这些成本，就要支付 $(1+\lambda)$ 倍[①]。

首先，考虑时期 3 合同双方交易决策问题，从双方目标函数式（5.5.17）和式（5.5.18）中可以看出，国防厂商愿意出售产品，当且仅当 $p^T \geq c$ 成立时；而军方愿意购买产品，当且仅当 $v - c \geq \lambda p^T$ 成立时。如果能通过重新谈判界定价格上限和下限，则事后效率总能实现。而关于价格差异 p^T 的特性，可以区分了 A、B、C 三种情况，得出最终的交易价格差异是 p^A、p^B 和 p^C（分别是 p^T 的三种不同情况），见表 5-5-1。

表 5-5-1　　　　　　　　　　　　　最终价格差异

三种情况	（1）重新谈判下限	（2）没有重新谈判	（3）重新谈判上限
A：$\bar{v}$, $\bar{c}$	$p^A = (\bar{v} - \bar{c})/\lambda$	$p^A = \bar{p}_1 - p_0$	$p^A = \bar{c}$
B：$\bar{v}$, $\underline{c}$	$p^B = (\bar{v} - \underline{c})/\lambda$	$p^B = \underline{p}_1 - p_0$	$p^B = \underline{c}$
C：$\underline{v}$, $\underline{c}$	$p^B = (\underline{v} - \underline{c})/\lambda$	$p^C = \underline{p}_1 - p_0$	$p^C = \underline{c}$

---

① 在军方的目标函数中，$\psi(e)$ 是国防厂商融资的福利损失，没有税收扭曲。因此，$\psi(e)$ 不用乘以 $(1+\lambda)$。

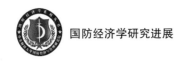

其次，考察时期1的纳什均衡，在该时期，军方和国防厂商在给定的初始价格差异 $\underline{p}$ 和 $\bar{p}$，以及完全预期的最终价格差异 p^A、p^B 和 p^C 下，选择国防研发投资。

于是，军方的目标函数为：

$$U^B = \pi(1-\rho)(\bar{v} - \bar{c} - \lambda p^A) + \pi\rho(\bar{v} - \underline{c} - \lambda p^B)$$
$$+ (1-\lambda)\rho(\underline{v} - \underline{c} - \lambda p^C) - \lambda p_0 - \psi(e) - (1+\lambda)\mu$$

$$(5.5.19)$$

式（5.5.19）关于军方投资求微分，可以得到下列边际条件：

$$\pi'[\bar{v} - \bar{c} - \lambda p^A - \rho(\underline{v} - \bar{c}) - \rho\lambda(-p^A + p^B - p^C)] = (1+\lambda)\mu' \quad (5.5.20)$$

另外，国防厂商最大化利润函数为：

$$U^S = \pi(1-\rho)(p^A - \bar{c}) + \pi\rho(p^B - \underline{c}) + (1-\pi)\rho(p^C - \underline{c}) + p_0 - \psi(e)$$

$$(5.5.21)$$

国防厂商选择其最优投资水平，得到下列边际条件：

$$-\pi\rho'(p^A - \bar{c}) + \pi\rho'(p^B - \underline{c}) + (1-\pi)\rho'(p^C - \underline{c}) = \psi' \quad (5.5.22)$$

从上述两个一阶条件得到唯一正努力水平 a^N 和 e^N。该水平并不能使福利达到最优。

最后，"TCP 模型"在目标成本中还考虑了 $\underline{p}$ 和 $\bar{p}$，s 是成本分摊率，也就是国防厂商与军方之间分摊成本超支的比率。若 s 越大，则国防厂商的分摊越多，$1-s$ 则表示的是军方的分摊比率：

$$1 - s = \frac{\bar{p} - \underline{p}}{\bar{c} - \underline{c}} \quad (5.5.23)$$

关于分摊系数 s 的比较静态分析结果如下：

$$\partial s/\partial \bar{v} > 0, \ \partial s/\partial \bar{c} < 0, \ \partial s/\partial \underline{c} < 0, \ \partial s/\partial \lambda < 0 \quad (5.5.24)$$

相对静态分析表明，在不完全合同下，s 不是通过选择就可以分摊风险的。例如，如果 s 是风险分摊系数，那么我们会期望 $\partial s/\partial \lambda > 0$，即 λ 越大表示军方目标函数中的成本超支分摊得就越大，那么 λ 的增加导致了由军方分摊的风险越大，这就需要将一部分风险分摊给厂商，即 s 就应该增加。但是结果是 $\partial s/\partial \lambda < 0$，恰好与期望相反。

5.6　本章小结

　　本章从行为分析和机制设计角度出发，以委托—代理理论或激励理论为分析的基本框架，运用博弈论和信息经济学的方法，全面整理和归纳了简单采办激励模型、分摊采办激励模型、动态采办激励模型和竞争采办激励模型等一系列的采办激励模型，以对国防采办中的激励问题进行一个比较全面而系统的深入诠释和探讨。本章通过这种交叉式和边缘式的规范理论研究，试图总结现有文献得出一些有意义的结论，并从中提炼出一些政策意义、可行的建议及措施等。这些对于规范国防采办过程中各利益相关方的采办行为、避免或减少采办合同定价中的寻租现象、逆向选择和道德风险，激励国防厂商技术创新和降低成本，提高采办人员的工作积极性，改善国防采办的效率和效益，加快国防采办管理法制化和规范化的建设，都具有十分重要的理论和实践价值。

第 **6** 章

军火贸易的经济理论与研究进展

6.1 引　　言

军火贸易是武器、武器系统和军事技术等作为商品在不同国家或地区间的买卖和流通。军火贸易有时也被称为武器贸易或武器转让。自有国家以来，军火贸易就是调整国际政治关系、推动国家战略的有力杠杆。与一般商品贸易相比，军火贸易的规模确实不大，2015 年军火贸易总额仅占全球一般商品和服务贸易总量不到 0.5 个百分点，但军火贸易却可能会产生重要的经济影响，如引发债务危机（Iansa，Oxfam & Safeworld，2008）和腐败案件（Feinstein，Holden & Pace，2011）。

传统研究通常把军火贸易看作是一种地缘政治现象，如克劳斯（Krause，1991，1992）、劳伦斯（Laurance，1992）和卡特里那（Catrina，1994）等在政治科学领域对军火贸易进行了研究。克劳斯（1991）指出影响军火转让的三方面因素，包括供求双方的谈判力、结构力和霸权力。以此为基础，克劳斯（1991）和劳伦斯（1992）提出了分析军火贸易不同历史阶段的理论框架。卡特里那（1994）则侧重于描述武器转让的不同阶段以及各个参与方、其相关利益情况等。此外，他还提出了军火转让较为重要的研究议题，其中之一便是要对军火转让的一般趋势、决定因素以及转让机制进行量化分析。

冷战结束后，人们对国家安全的认知发生了改变，即不再有明确的敌人。而且随着国内防务部门的成本增加，国防工业出现了高度集中、全球化的趋势，国际军火市场竞争日益激烈。世界军火市场发生了重大的结构性变化，经济利益在理解军火贸易的起因和结果上起着重要的作用。尽管地缘政治非常重要，然而后冷战时期军火贸易研究的核心问题是要超越政治学研究，应用经济理论对国际军火贸易的原因、军火贸易市场结构、军火贸易对政治经济的作用、军火贸易与冲突和外交政策等方面进行理论探讨，实现经济学与政治学研究方法的综合。在这样的背景下，军火贸易的经济学分析得到了发展。

早期军火贸易模型主要运用供给—需求理论、贸易理论、产业组织理论与规制理论等经济学原理，分析也较为简单。由于军火贸易可以看作是国际贸易的特殊组成部分，近年来军火贸易研究更多借鉴了国际贸易理论的新进展与新的研究范式，在差异产品和不完全竞争假设下，结合安全认知与国防采办，分析了军火贸易的原因、边界以及对经济和国家安全的影响。本章将介绍军火贸易经济学分析的理论基础及其发展情况，重点关注军火贸易研究方法的新进展。本章共分为五节：6.1 节是引言。6.2 节介绍了早期军火贸易经济学模型的基本内容。6.3 节和 6.4 节重点介绍了近年来（主要是 2010 年以来）军火贸易分析的新理论基础与新方法。6.3 节是基于新贸易理论的军火贸易分析，6.4 节是社会网络分析法在军火贸易研究中的运用。由于文献数量不多，我们对重点文献进行了比较详细的介绍。关于军火贸易的研究内容和方法很广泛，本章仅从经济学角度，重点关注了理论和方法的发展。6.5 节简单介绍了其他具有重要现实意义的研究议题。

6.2　早期军火贸易模型

早期经济学文献主要运用传统和新古典国际贸易理论来解释武器的国际需求和供给。在 2000 年后，开始有学者基于规模经济和不完全竞争的新贸易理论分析军火贸易，还有学者引入博弈论来分析军火贸易中的进口、出口决策。

6.2.1　军火贸易的驱动因素

国际军火贸易具有非常明显的特点，自 1950 年以来，武器出口市场高度集中，世界前十大武器出口国提供了全球 90% 以上的武器，而这些国家大多是发

达国家。许多发展中国家一直在提高生产武器能力，试图建立本国较为完整的军工体系以减少对进口武器的依赖，但它们还没有成为更大规模的成功的军火出口国（Brauer，2007）。因此，解释国际军火贸易的驱动因素一直是军火贸易研究的重要理论问题（Fleurant，Wezeman & Wezeman，2017）。

鲍尤斯和洛斯切尔（Bajusz & Louscher，1988）将军火贸易的原因归结为以下几个方面：维护国内的国防工业，维持规模经济，节省武器的研究和开发成本，解决国防工业就业，增加贸易平衡，获取硬通货，影响进口国的外交政策，维护地区力量平衡，提高进口国的国内安全度，加强盟国力量，盟国间武器相互使用。虽然列出军火贸易的原因相当容易，但是要想提出用以理解军火贸易因果变量在经济和政治环境中相对重要性的理论和经验研究框架却非常困难。西斯林（Sislin，1993）利用多元化逻辑分析方法的筛选步骤，分析出军品贸易能够成功施加政治影响的六个核心要素，即制裁的类型、政策、政权、国际地位、供给的军品及可选择的供给国。在早期军火贸易研究中，政治学文献（Krause，1991，1992；Blanton，2000，2005；Catrina，1988）广泛研究了政治环境在武器转让决策中的重要性。当然，它们也主要关注军火贸易的政治动因。军火贸易不仅是军工企业游说政府以扩大军品出口的"政治"（Pierre，1982；Harkavy，1975），也是一种重要的外交手段，使军火出口国可以给接受国施加政治影响（Stanley & Pearton，1972；Snider，1987），因此，军火贸易也是一种地缘政治现象。而这种军火贸易的国际体系研究方法也被认为是军火贸易研究方法上的一个里程碑（Harkavy，1975）。之后，劳伦斯（Larrence，1992）和耶那（Gerner，1983）研究了军火贸易和战争的关系。艾尔和苏克曼（Eyre & Suchman，1996）从政治与经济的综合维度，给出了军火贸易原因的三种解释，即超级大国操纵论、国家安全论和集团利益论，并给予第三世界国家军事决策和军品贸易数据，提出了责任行动和军品贸易的力度理论，强调军火贸易是把所有国家推向共同目标、形式和实践的世界文化模式和制度的作用，它将导致民族国家在结构和实践上的显著同质化。这事实上提出了新国际政治经济学的一个重要命题，即军品贸易发生动因有着微观基础，是国际、国内利益集团博弈和制度以及文化的结果（齐先国，2015）。

但经济学文献对这个问题的分析还比较单一、浅显，没有建立起清晰反应军火贸易因果变量关系的模型（Anderton，1995）。当研究军火贸易的经济动因时，主流的国际贸易理论鲜有触及（齐先国，2015）。安德顿（Anderton，1995）将之前的国际军火贸易的经济分析进行了全面梳理与评述。莱文、森和史密斯（Levine，Sen & Smith，1994）、莱文和史密斯（1997）、查尔摩斯和哈特利（Chalmers & Hartley，2002）以及史密斯和塔西兰（Smith & Tasiran，2005）的研究是为数不多的对军火贸易进行的规范经济学分析，初步形成了对军火贸易动因的经济学分析框架。布劳尔（Brauer，2007）除了对前 20 年来的军火贸易经济分析进行了全面综述之外，还构建了军火贸易决定的一般均衡模型。除此之外，关于武器转让经济学的理论和经验研究很少。

6. 2. 2　军火贸易的需求供给模型

亚历山大等（Alexander et al.，1981）运用简单的需求—供给理论，给出了军火贸易的一个说明性模型，旨在以此为基础分析影响军火贸易供给和需求的因素，他们的模型如下：

两个国家 R 国和 M 国之间进行武器贸易。R 国对某种武器需求和供给可以表示为 $W_d^r = a_0 - a_1 P^r$ 和 $W_s^r = b_0 + b_1 P^r$；类似的，M 国的需求和供给为 $W_d^m = c_0 - c_1 P^m$ 和 $W_s^m = d_0 + d_1 P^m$。其中，W_d^r、W_d^m 分别代表 R 国和 M 国武器的国内需求，W_s^r、W_s^m 分别代表 R 国和 M 国武器的国内供给。P^r 和 P^m 分别是 R 国和 M 国的国内武器价格。$a_0 > 0$，$c_0 > 0$，$b_1 > 0$，$d_1 > 0$，$a_1 \geqslant 0$，$c_1 \geqslant 0$，$b_0 \leqslant 0$，$d_0 \leqslant 0$，均为参数。达到均衡时市场出清，由此可以得到自由贸易条件下世界市场武器的均衡价格，以及 R 国和 M 国均衡的武器进口和出口量。

这个模型表明在完全竞争市场的假设下，军火贸易量是由影响两国国内军火需求和供给的变量决定的。这与早期传统军火贸易研究的观点相反，如恩格尔布雷克和哈根尼（Engelbrecht & Hanighen，1934）认为军火贸易是武器制造商为了赚钱而向外推销武器，因此，国际体系中的军火交易数量与军火（的生产）数量之间存在着正相关关系。但从军火贸易的供给和需求模型中并不能推出这样的结论。而决定一个国家军火需求的因素通常有预期的外部和内部威胁的力度和稳定性、军事行动计划、国民收入水平、外汇供给、反抗预期威胁或实施军事行动的替代性供给（Alexander et al.，1981）等。武器的国内供给受到一些因素影响，如资源的价格、技术和替代产品价格等（Anderton，1995）。

6.2.3　军火贸易的规模经济模型

国防经济学认为，一些武器的生产具有规模经济的特点（Sturmey，1964）。从理论上讲，假设生产要素价格固定，当产出水平提高时，规模经济会导致单位成本下降。假如世界所有国家都实现了规模经济，那么每个国家将专门从事一个有限范围武器系统的专业化生产，这将比每个国家独自生产全部武器装备更加有效率。而每个专业化的国家必须同其他国家进行军火贸易。

学习经济是武器出口的另一个动因。随着生产时间的累积，生产的专业化程度、生产经验以及熟练程度等的提高，使生产的单位成本下降。这也被称为动态递增回报或动态规模经济。对于一个国家而言，武器出口将是积累武器生产经验的有效机制，并以此通过学习效应得到较低的单位成本。这一方面可以降低武器出口国国内武器采办的防务负担；另一方面较低的成本又进一步提高了武器出口的竞争力。而这个动因，似乎也得到了经验证据的支持，例如，辛德（Snider，1987）发现，军火出口大大降低了英国、法国和德国的国防开支，每个国家因军火出口每年可节约的购买军品支出在 8.44 亿～10 亿美元。哈特利（Hartley，1987）评估了北约的武器标准化政策，认为这些政策之下形成的规模经济，使武器的单位成本减少了至少 20%。如果进一步消除在研发和生产固定成本方面的重复，节约程度还可增加。

尽管研究表明通过武器标准化政策，收获规模经济和专业化生产的好处确实可以使武器成本大大下降（Kolodziej，1987），但出于政治和安全原因，大多数国家都会牺牲规模经济和学习经济的收益，维持武器生产能力或建立自己的武器生产能力（Scherer & Ross，1990；Anderton，1995），特别是存在某些国家对武器出口实施限制的情况下（Levine & Smith，2000；Mouzakis，2002）。

6.2.4　军火贸易的新古典模型

作为国际贸易的组成部分，军火贸易也具有国际商品贸易的一般特征，因此也可以在国际贸易理论的框架下来分析。安德顿（1995）在新古典贸易理论框架下，给出了两国间武器和食品的自由贸易均衡，从武器和非武器生产、贸易及要素市场角度提出了对军火贸易的影响。

在一个标准的贸易模型中，假设在 R 国和 M 国分别生产食品和武器，并且在两个国家可以进行自由贸易，如图 6-2-1 所示。

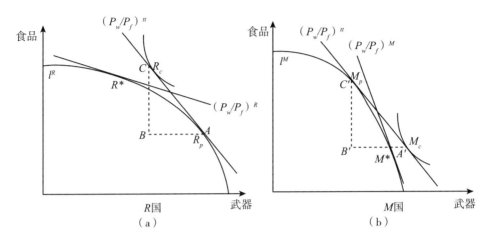

图 6-2-1　新古典贸易模型

图 6-2-1 中 l^R 和 l^M 分别表示 R 国和 M 国的生产可能性边界；$(P_w/P_f)^R$ 和 $(P_w/P_f)^M$ 则分别表示两国经济自给自足时，国内武器和食品的价格比；R^* 和 M^* 代表了 R 国和 M 国经济自给自足时的均衡点；$(P_w/P_f)^{tt}$ 为武器相对食品的进出口价格比；R_p 和 M_p 表示自由贸易情况下 R 国和 M 国的生产均衡点；R_c 和 M_c 表示贸易情况下 R 国和 M 国的消费均衡点。

根据新古典模型，军火贸易的数量和相对价格是由偏好、生产技术和资源禀赋决定的。偏好取决于所预期的外部和内部威胁、同盟的可靠度和实力以及军事行动计划。因此，军事联盟和军备竞赛对军火贸易会有较大影响（Jones，1988）。赫克歇尔－俄林贸易理论指出，一个国家倾向于出口其国内充裕资源密集型的产品。将这个结论推论到新古典军火贸易模型则意味着，假定两国之间生产技术水平和偏好完全相同，在这种情况下，军火贸易的数量和价格可以用两国生产要素禀赋的差异来解释。因为相对于食品生产而言，武器是资本密集型产品，那么资本相对丰富的国家（在图 6-2-1 中是 R 国）将成为武器出口国。

下面借鉴特定要素模型来分析武器价格变化的影响。假设军火贸易模型中有三种生产要素——资本、劳动和土地。生产武器需要资本和劳动，生产食品需要劳动和土地，这里资本和土地为特定要素，而劳动是流动要素。如果 R 国资本更加丰裕，能够生产更多的武器，在自由贸易的情况下，R 国向 M 国出口武器。

根据特定要素模型的结论，当武器价格上升时，R 国资本所有者会从武器贸易中获利，而土地所有者的收益受损；M 国资本所有者受损，而土地所有者从食品出口贸易中获利。

军火贸易的新古典模型表明，一个国家将同与其生产要素自然禀赋、生产技术或偏好不同的国家进行贸易。在不发达国家与发达国家之间的军火贸易的确支持这一结论。但完全相反的事实也是存在的，发达国家之间的军火贸易数额也相当大，而这些国家在生产要素自然禀赋、生产技术水平和偏好方面都较为相似。

6.2.5　军火贸易的安全与经济模型

上述军火贸易模型都是仅仅从经济因素角度分析军火贸易的原因，这样的分析并未体现出军火贸易与一般商品贸易的特殊之处。政治与安全因素是军火贸易的重要考虑，莱文、森和史密斯（1994）、莱文和史密斯（1995，1997）以及邓恩等（Dunne et al.，2005）将国家安全纳入军火贸易的经济学模型中，有的是引入安全函数（Levine，Sen & Smith，1994），有的是引入军备竞赛（Dunne et al.，2005），有的是引入军事联盟（Wong，1991）。并且大部分分析都放弃了军火市场完全竞争的假设，基于武器生产的规模经济和学习经济，以垄断竞争模型刻画武器生产和武器市场。

莱文、森和史密斯（1994）从经济利益和供给国对军火进口国的安全回应两个方面来分析军火转让数量是如何决定的。他们模型化安全考量的方式值得借鉴。在莱文、森和史密斯（1994）所描述的军火市场上，供给方为多个相互竞争的军火供给国，提供完全同质的武器；需求方为一个单一的普通军火进口国。假设军火供给国的目标函数表示为 $U_{it} = \Pi_{it} + V(S_t)$，即由军火销售的利润 Π_{it} 和供给商对安全的回应 $V(S_t)$ 组成。莱文、森和史密斯（1994）假设安全回应是军火进口国武器存量的二次函数，即：

$$V(S_t) = dS_t + eS_t^2 \tag{6.2.1}$$

其中的参数 d 和 e 的不同取值对应于军火转让者不同的安全特性。如果买卖双方是同盟国，把军火卖给同盟国会增加军火供给国的安全，则 $d > 0$，$e \geqslant 0$；若买卖双方是敌对国，卖给敌对国武器会降低供给国的安全水平，则 $d < 0$，$e \leqslant 0$；如果对于一些进口国，武器转让可以使供给国的安全增加，但超过一定程

度后，进口国反而可能对供给国的安全造成威胁，则有 $d > 0$，$e < 0$；相反的情况也可能存在，即对于一些进口国，从短期看武器转让降低了供给国安全度，但长期来看，因为供给国能同化进口国从而增加自己的安全度，那么 $d < 0$，$e > 0$。

当达到稳态纳什均衡时，我们可以得到不同安全特性对军火贸易的影响：第一，如果军火进口国是一个同盟国，或者有足够的可能性被军火出口国同化，那么军火的产出水平和进口国武器存量都将超过单纯利润最大化的水平。第二，如果军火进口国是一个敌对国家（$d < 0$，$e \leq 0$）或是一个有"二心"的国家（$d > 0$，$e < 0$），那么稳态时的军火产出和存量水平均低于纯利润最大化的水平。第三，军火市场的竞争越激烈（即军火供给国越多）越能增加军火销售总量。第四，在军火供给的长期关系中，供给国能否对将来武器的供给做出可置信的承诺，会使军火进口国的前瞻性行为对武器产出和存量水平产生截然相反的影响。

加西亚和莱文（Garcia & Levine，2007）在莱文和史密斯（1995，1997）以及邓恩等（2005）研究的基础上，在军备竞赛的背景下分析了军火贸易中的最优化选择问题。这个模型基于博弈论思想，考察了武器供给方和需求方在武器进口、出口以及军备竞赛方面的策略性互动。

在模型中，加西亚和莱文（2007）假设世界上的国家可以分成两类：武器进口国和武器出口国。武器进口国与邻国处于两两之间的地区冲突中。假设武器进口国既关心消费水平，也关心自己的安全水平，其效用函数表示为：

$$U_{bt} = \sum_{i=0}^{\infty} (1 + r_b)^{-i} W(C_{b,t+i}, S_{b,t+i}) \qquad (6.2.2)$$

其中：$W(\cdot)$ 是单期效用函数，S 表示国家安全水平，C 是消费水平。

一个国家的安全水平与他及其对手（加"$*$"以作区别）的军事能力息息相关，假设为：

$$S_{bt} = S(k_{bt}, k_{bt}^*) \qquad (6.2.3)$$

并且 $\partial S / \partial K_b > 0$，$\partial S / \partial K_b^* < 0$，这正好符合两个国家处于对抗状态的情形。武器进口量 M_{bt} 自然会影响到武器装备水平，即 $K_{bt} = f(D_{bt}, M_{bt}) + (1 - \delta) K_{b,t-1}$，$D_{bt}$ 是本国生产的武器装备的数量。

武器出口国的效用函数非常类似，假设为：

$$U_{st} = \sum_{i=0}^{\infty} (1 + r_s)^{-i} W(C_{s,t+i}, S_{s,t+i}) \qquad (6.2.4)$$

但武器出口国考虑的是全球安全，其安全函数不仅取决于自己的武器装备水平，更取决于所有其他国家的武器装备水平，也就是：

$$S_{st} = S(\cdots, k_{bt}, k_{bt}^*, \cdots, k_{st}, \cdots) \qquad (6.2.5)$$

武器供给国也会从其他的武器供给国那里进口武器，其武器装备水平可类似地表示为：

$$K_{st} = f(D_{st}, M_{st}) + (1 - \delta) K_{s,t-1} \qquad (6.2.6)$$

在同时满足预算约束、贸易平衡条件、市场出清的条件时，就可以得到均衡了。然而由于邓恩等（2005）、加西亚和莱文（2007）的模型比较复杂，设定的函数形式和条件也比较一般化，无法求出解析解，只能在给定某些参数具体取值的情况下，进行数值计算。

加西亚和莱文（2007）介绍的军火贸易模型已非常复杂，假设很强，很难给出一般性结论。之后军火贸易的经济学分析已不再努力扩展理论模型，而更多采用了实证分析的研究范式。

6.2.6 军火贸易的安全与经济影响

6.2.1、6.2.2、6.2.3、6.2.4、6.2.5 小节基于军火贸易经济分析理论基础的发展介绍了相关研究。本小节将介绍没有涵盖在上述文献中的其他军火贸易相关研究议题。

1. 军火贸易与经济增长

安德顿（1995）指出，军火贸易与经济增长水平的关系还没有得到理论界的重视，在国防经济学中是待开发的领域。雅科夫列夫（Yakovlev, 2007）总结了军火贸易影响经济增长的三种可能途径。一是在需求层面上，军火贸易增加了总需求，通过凯恩斯乘数效应对经济增长产生积极影响。但实现这种积极影响有一个前提条件，即武器装备研发生产所需要的国防开支的融资成本以及相关资金的机会成本和挤出效应不能大于这项支出对于总需求的乘数效应。二是在供给层面上，防务部门和民用产品部门在市场上竞争劳动力、物资资本、人力资本、自然资源和技术，这可能对经济增长带来负面影响，但同时军事技术创新的溢出效应可能刺激经济增长，并且，武器出口不仅能够带来直接的经济利益，还能够刺激本国军事工业生产、带来规模效应和技术进步，从而有利于经济增长（Dunne et al.，2005）。供给层面的影响取决于这两个方面的权衡对比。三是安全层面，军火贸易能够增强本国免受国内外安全威胁的能力，带来正的政治利益或国家安全利益（Mylonidis，2008），从而刺激经济增长。但也可能因为军火贸易加速导致本国卷入战争，造成对经济的负面影响，因此，安全层面的影响也有一个平衡点。雅科夫列夫（2007）对军火贸易与国防开支之间的相关关系及其对经济增长影响的分析，依然建立在新古典模型之上。

2. 军火贸易与国防工业

邓恩等（Dunne et al.，2007）将国防工业集中度、武器采办、国际贸易、地区冲突、武器质量、市场结构等要素联系起来，构建了全球国防工业模型。在该模型中，对武器装备的进口需求来自国家或地区层面的军备竞赛。模型分析表明，武器装备进口需求意愿会影响武器市场集中度。戈尔德和蒂施乐（Golde & Tishler，2004）分析了武器贸易市场及其外生的市场结构，基于博弈分析，得出防务企业数量越少，净防务成本越低的结论。布鲁姆和蒂施乐（Blume & Tishler，2000）将武器贸易纳入了武器生产的内生市场结构模型，分析了不同的采购定价规则对世界武器贸易、净防务成本和政府防务支出的影响。马丁和蒂施乐（Martin & Tishler，2004）的分析表明，当武器装备的世界市场价格较高时，在给定防务市场结构的条件下，美国与西欧等主要武器出口国和地区的净防务成本会降低。

3. 军火贸易与冲突

军火贸易促进还是限制了冲突的发生，在这个问题上存在着两类截然不同的观点，即"不稳定学派"和"稳定学派"。"不稳定学派"认为军火贸易会加剧地区或国家间的紧张局势，至少有两个方面的原因：一是军火贸易提升了军事能力，在力量对比中通过军火贸易获得优势的政府，战胜对手的可能性更高了（Anderton，1990；Kinsella，1994）；二是军火贸易为进行更大规模的冲突提供了武器，因此助长了冲突的爆发。布兰顿（Blanton，1999）发现，拥有新式武器装备的政府更有可能发动冲突或战争。而"稳定学派"认为，由于军火贸易能保持不稳定地区军事力量的平衡，从而在一定程度上可以遏制冲突发生（Laurance，1992；Levine & Smith，1997；Blanton，1999）。德·卢卡和塞克里斯（De Luca & Sekeris，2013）的研究表明，当与冲突相关的破坏与成本过高时，这种威慑效果就会发生。当然，到底"不稳定"还是"稳定"效应占据主导是一个非常复杂的问题。正如坎普（Kemp，1970）所言，"军火贸易既不是'好的'，也不是'坏的'，某些类型的武器转让可以使供给国和接受国获益，也可以损害它们的利益。特别地，军火转让不可避免地会导致冲突爆发，并非是一个先验的真理"。

早期关于军火贸易和冲突之间关系的经验研究大部分集中在国家间冲突上（Pearson，Baumann & Bardos，1989；Brzoska & Pearson，1994；Kinsella，1994，2002；Craft，1999）。冷战结束后，全球冲突趋势发生了重大变化，国内冲突成为主要的冲突类型。因此，研究重点也相应转移到军火贸易与国内冲突的关系上。很多经验研究支持了"不稳定学派"的观点，即军火贸易导致军火接受国国内更多冲突的可能性。例如，曼尼鲁扎曼（Maniruzzaman，1992）发现，军火贸易有助于叛乱发生，导致了更高程度的政治不稳定性，并且强化了国内冲突。西斯林和皮尔森（Sinlin & Pearson，2001）研究了1991~1998年的133次民族冲突，发现获取武器装备极大提升了民族冲突的可能性，并且会导致冲突升级。克莱福特和斯马尔登（Craft & Smaldone，2002）也发现，撒哈拉以南非洲国家武器采购（包括武器进口）量与政治暴力水平之间呈现微弱但正相关关系。然而，在实证研究中，也存在着不一样的结论。苏祖基（Suzuki，2007）考察了1956~1998年100余个主权国家主要常规武器进口与国内战争爆发可能性之间的关系，并未发现两者之间有显著关系。

6.3　基于新贸易理论的军火贸易研究

古典贸易理论、新古典贸易理论和新贸易理论从国家、产业角度解释了国际贸易发生的原因、贸易结构以及贸易对国家福利和经济增长的影响。新贸易理论抛弃了完全竞争市场结构和规模报酬不变的假定，引入了规模经济和不完全竞争等条件，认为除资源禀赋的差异外，规模经济是国际贸易的另一个重要原因，解释了第二次世界大战后日益增加的产业内贸易现象。然而，随着国际分工的进一步发展，出现了以企业为核心的国际贸易新格局，于是出现了"异质企业贸易模型"，即新新贸易理论。新新贸易理论以微观企业为研究对象，以企业异质性、不完全竞争和规模经济为基本假定，研究企业的国际化路径选择和全球生产组织行为。军火贸易经济分析从国际贸易理论的发展和应用中得到了有益启示，虽然文献数量不多，但马丁内斯 – 扎尔佐和约翰森（Martínez-Zarzoso & Johannsen，2017）、科莫拉（Comola，2012）、托可安（Tocoian，2015）、阿克曼和塞姆（Akerman & Seim，2014）等在全面考察军火贸易的经济、政治、战略和安全动机的经验研究方面取得了不小的进展。

6.3.1　军火贸易的引力模型

丁伯根（Tinbergen，1962）最早发现，两国间贸易流量与经济规模成正比，与双边距离成反比，非常类似于物理学中的万有引力定律，这一数量关系被称为国际贸易中的"引力方程"。尽管引力方程最初只是一个比较粗糙的统计关系，但在众多国际贸易学者的努力下，从规模经济、要素禀赋、比较优势以及异质企业理论中推导出引力方程，使引力模型逐渐发展为一个严谨的广为接受的理论方程，广泛应用于检验运输成本、契约成本、信息成本等各种交易成本以及关税、非关税、经济一体化协议、货币联盟等贸易政策对双边贸易的影响（Helpman，2008；Feenstra et al.，2003）。

武器贸易与普通商品贸易不同，对武器的需求主要与一国内部威胁和外部威胁的安全问题有关，如参与冲突或战争，或单纯作为一种预防措施，然而，这可能对其他国家造成不安全。此外，国家安全问题可能会受到联盟形成的影响。通过成为联盟的一部分可以降低不拥有武器的风险。而影响普通商品国际贸易的一般因素，如收入水平、市场规模、要素禀赋、贸易成本等，也同样影响着国际武器贸易。马丁内斯 – 扎尔佐和约翰森（2017）的研究不仅更为全面地考虑了影响武器贸易的因素，在研究内容上，以赫尔普曼、梅里兹和鲁宾斯坦（Helpman，Melitz & Rubinstein，2008）的两阶段模型为基础，分析了武器贸易的广延边际和集约边际，即是否出口武器以及出口多少武器的问题；在研究方法上，应用了面板数据引力模型的最新进展。

马丁内斯 – 扎尔佐和约翰森（2017）将影响武器贸易的因素区分为三种：经济因素、政治因素和安全因素。关于经济因素，他们采用斯德哥尔摩国际和平研究所主要常规武器转让数据，考察了 1950 ~ 2007 年 104 个武器出口国和 154 个武器进口国的武器贸易情况。他们使用标准引力模型，即 GDP 和人均 GDP，以及两个国家之间的距离来控制地理位置、文化等方面的差异。通过与武器进口国是否进行冲突、是否对武器进口国实施武器禁运，武器出口国和进口国之间是否签署了军事协定和战略协议等二元变量来控制影响武器供给和需求的战略和安全动机。用军事人员数量占总人口的比例来衡量一个国家的军事化程度和对军事装备的需求。影响武器贸易的政治因素则用武器进口国和出口国的民主程度[①]、武器进口国和出口国的民主程度的绝对差异，以及武器进口国和出口国与美国在联合国大会投票行为的相似性指数和贸易伙伴之间投票行为的相似性指数来表示。

马丁内斯－扎尔佐和约翰森（2017）首先通过一个 Probit 模型来分析武器贸易的广延边际；然后，使用交付武器数据考察了武器贸易的集约边际，即一旦出口国决定向潜在武器进口国出口武器，武器出口量如何决定。为排除选择性偏差的影响，他们采用了伍德里奇（Wooldridge，2005）以及巴尔塔吉、艾格和菲弗迈尔（Baltagi，Egger & Pfaffermayr，2014）的方法，基于海克曼（Heckman）两步法对引力方程进行了回归。同时，他们将样本划分为 1950 ~ 2007 年、冷战时期和后冷战时期三个时段。研究结果表明，武器出口国和进口国的民主程度和政治取向及其之间的差异是决定武器贸易可能性的重要因素。

关于政治因素，首先，虽然民主程度较高的武器供给国转让武器的可能性较大，但对于进口国来说，情况则恰恰相反。然而，这些影响在冷战结束后发生了变化，民主程度较低的供给国转让武器的可能性较高，而进口国的民主程度则对达成武器转让协议的可能性有负向影响。其次，一个国家如果在政治取向上与美国更加一致，这个国家成为武器出口国或进口国的可能性就越低，但这个结果仅适用于冷战时期；在冷战结束后，这种影响不再显著。当两个国家在联合国投票行为更加相似时，它们之间进行武器贸易的可能性就更高，同样，这个结果只在冷战时期成立。

关于安全因素，发生冲突的国家更有可能进口武器，而受到联合国禁运制裁的国家则不太可能这样做。出口国军事化程度在冷战时期与武器转让的可能性正相关，而后冷战时期则呈负相关。

而对武器转让数量决定因素的考察，结果发现政治因素在解释武器贸易量时

---

① 该指标系原作者研究设定的统计口径，与真实的民主程度不完全相符。

不再那么重要了，出口国和进口国的民主程度及其差异的变量对武器出口数量并没有显著影响。逆米尔斯比率显著为负表明存在着样本选择偏差。一些变量的影响随着冷战的结束而发生了改变，例如，民主程度差异的系数在冷战时期显著为正，表明政体差异对国家间武器贸易数量的影响在冷战时期大于后冷战时期。冷战期间，供给国的投票行为与美国越一致，武器出口量则越低，但进口国投票行为与美国的异质性似乎并不影响主要常规武器的转移数量。后冷战时期，拥有相似"政治"偏好的国家会交易更多的武器，这表明良好的外交关系在 20 世纪 90 年代是有意义的，而民主水平的差异则不再起作用。

总之，马丁内斯－扎尔佐和约翰森（2017）的结果表明，除经济和战略利益之外，两国之间的政治密切关系是武器转让的重要决定因素，因此，对武器贸易进行监管的任何尝试都应反映相关的政治利益。联合国强制禁运似乎在减少武器转让的可能性方面取得了成功，但对武器交易的价值没有重大影响。

类似的，阿克曼和塞姆（Akerman & Seim，2014）及科莫拉（2012）也是使用贸易引力模型解释武器转让的近期文献。阿克曼和塞姆（2014）在斯德哥尔摩国际和平研究所（SIPRI）武器转让数据集的基础上，使用带有出口商和进口商虚拟变量的线性概率模型，考察了 1962～2000 年多个国家民主程度对武器贸易可能性的影响。他们发现，贸易伙伴之间的政体差异（代表民主）对双边武器贸易有着巨大且显著的负向影响，但冷战结束后这个影响变得不再显著。科莫拉（2012）同样采用了斯德哥尔摩国际和平研究所武器转让数据，考察了 1975～2004 年联合国承认的 20 个主要出口国向所有独立国家出口武器数量与两个政治因素（即民主和政治取向）之间的关系。她使用了引力方程的 Tobit 模型，发现"民主国家"比"专制国家"更倾向于出口和进口更多的武器，"民主国家"大多出口给富裕国家，而"专制国家"倾向于出口给贫穷国家。此外，共同的政治取向对双边武器贸易有积极影响，但在冷战结束后武器贸易急剧减少，这一点在"民主国家"表现得尤为明显。

布伦德（Brender，2018）使用了 1995～2009 年 183 个国家的非平衡面板数据，再次基于引力模型，考察了各种相关政治和经济因素对双边军火贸易流量的影响。他的研究有两方面的贡献：一是在研究方法上，论证了基于引力模型研究军火贸易问题的合理性；二是在研究设计上，除了影响因素的差异外，还考虑到了军火贸易同一般商品贸易的另一个重要不同之处，那就是贸易伙伴的选择。冲突中的国家更可能进口武器装备，而"民主国家"更有可能选择"民主国家"

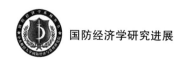

作为贸易伙伴。特别是在研究双边军火贸易的情况下，选择贸易伙伴可以解释并处理样本中存在的大量为"0"的情况。

博维、德安娜和尼斯迪克（Bove，Deiana & Nistico，2018）使用军火贸易的引力模型，对军火贸易与一国石油依赖度之间的关系进行了实证检验。军火贸易、国家安全和能源依赖是高度交织的。自然资源的可争夺性是很多国家间冲突的重要诱因（Garfinkel et al.，2015）。特别是石油，它是高度"政治化"的商品（Mityakov et al.，2013）。而内战、地区不稳定长期以来一直是石油危机的重要原因，尤其是在涉及石油丰富地区时。由于武器出口的最终使用关系到进口国的安全，依赖石油的经济体可能存在着放弃武器的动机，以降低富油地区潜在的不稳定风险，保证石油供给。博维、德安娜和尼斯迪克（2018）的研究结果显示，石油依赖度越高的国家（即进口石油越多的国家），向富油国出口的武器装备就越多，而富油国家则更有可能进口依赖石油的经济体的武器。

6.3.2 军火贸易的本地市场效应

克鲁格曼（Krugman，1980）指出，在一个存在规模报酬递增和贸易成本的世界中，那些拥有相对较大国内市场需求的国家将成为净出口国，这被称为"本地市场效应"。在克鲁格曼（1980）的严格假设条件下，本地市场效应可以推导出来，但这并不意味着本地市场效应在现实中普遍存在。因此，对本地市场效应的实证检验成为新贸易理论经验研究的重要议题。

赫尔普曼和克鲁格曼（Helpman & Krugman，1985）、芬斯特拉（2003）的研究提供了讨论本地市场效应的标准模型，他们假设在一个垄断竞争的市场中，存在一个没有固定成本和交易成本的同质商品及一个存在固定成本和交易成本的异质性商品。汉森和湘（Hanson & Xiang，2004）将这个模型进行了扩展，只考虑一个异质性连续统商品。他们的研究表明，运输成本高且替代弹性低的商品往往集中于较大国家，而运输成本低且替代弹性高的商品往往集中于较小国家。在一般实证研究中，往往用 GDP 来表示需求大小，然而 GDP 只能是一个非常粗略的代表需求的指标，因为各个国家对于商品的偏好无法通过 GDP 体现出来。托可安（2015）在汉森和湘（2004）垄断竞争模型的基础上，从理论和实证两方面考察了武器出口的本地市场效应，不仅在理论上将国际贸易理论的发展应用于武器贸易的分析中，而且通过聚焦于军事部门，改善了本地市场效应实证分析量化需求的方法。

托可安（2015）首先给出了一个理论模型。他假设一个经济体中存在两个部门：军品部门和民品部门。它们都提供异质性产品，对民品的需求来自消费者，对军品的需求来自政府。假设存在一个大国和一个小国，都以劳动作为生产要素；每个国家的军事预算由劳动力缴税筹集。参考克鲁格曼（1980）的方法，托可安（2015）将本地市场效应定义为：对于某一种商品，如果一个国家生产的该产品份额大于其在全球市场上对于该商品的需求份额。

为了验证武器出口是否存在本地市场效应，托可安（2015）采用2005年数据，将样本划分为三类：世界前60大经济体、世界前30大经济体以及OECD国家，选取双边贸易数据、国防负担数据、贸易成本数据（包括贸易双方在地理、文化和宗教上的距离）、反映生产成本的数据（包括人均资本存量、教育水平、人均土地面积），并控制了影响武器贸易的其他因素，如政体差异、在联合国大会投票行为的差异等。其实证结果表明，武器出口确实存在着本地市场效应，军事负担比较高的国家，相对于民用产品，会出口更多的武器。从实证结果看，军费每增加10%会导致武器和弹药出口增加5%～10%。这个结果似乎也有着政策含义，从国内角度来看，高昂的军费开支有助于各国成为成功的军火出口国，因此可以对经济产生刺激作用。然而这样的推论没有考虑从其他公共投资中转移资金的机会成本，这很容易使收益受到影响。该研究结果还表明，国际社会可以通向主要武器出口国施压，共同削减国防预算来减少国际市场上的武器供应。

6.4 军火贸易的社会网络分析

近年来的武器贸易研究除借鉴国际贸易理论的发展之外，还采用了社会学、经济学、管理学、心理学等学科广泛使用的社会网络分析方法。经济主体的经济行为通常不是孤立的，而是相互影响并不断演化，正是这种相互影响使主体间产生联系并形成社会网络。基于贸易理论的武器贸易研究更加强调武器贸易中的经济因素与经济规律，而对于显著地不同于一般商品贸易的武器贸易而言，政治、安全与战略考量都是武器贸易决策中的关键要素。因此，社会网络分析法为帮助我们更形象地理解和解释武器贸易国的行为、武器贸易格局及其演变、武器贸易网络内部及网络之间的互动机制等提供了重要分析视角和研究方法。社会网络分

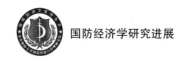

析的基本范式是采用节点、连接、度、中心性、集群、网络直径等核心变量来刻画一个网络的属性，进而推演出社会格局和网络特征（王春超、劳华辉，2014），这也为武器贸易分析提供了更广阔的分析维度。

按照类型划分，武器贸易大致可以分为中小型武器贸易、主要常规武器贸易和大规模杀伤性武器贸易。由于每种类型武器所代表的军事和战略意义不同，所以每种武器贸易网络有着不同的结构与特征。但因为数据的限制，对大规模杀伤性武器的网络分析非常少，不多的几篇也仅是分析了较为敏感的民用核能力转让（Fuhrmann，2012，Hastings，2012），以及导弹转让（Montgomery，2008，2013）的地域网络结构，而非数量分析，对化学和生物武器转让则因缺乏资料而没有相关研究。

阿克曼和塞姆（Akerman & Seim，2014）采用斯德哥尔摩国际和平研究所主要常规武器转让数据，考察了1950～2007年全球主要常规武器贸易网络的演变及特征。为了对比冷战结束前后全球武器贸易格局的差异，他们分析了1950～1954年、1970～1974年和2000～2004年三个时期的武器贸易网络，并分析了网络属性的变化。

1950～1954年全球的武器贸易网络与当时的国际格局相同，也分为两大阵营。一个网络（阵营）以美国为中心，另一个以苏联为中心，且武器交易基本上不在两个网络之间进行。到了1970～1974年，尽管全球武器贸易网络更加复杂，但也反映出类似的模式。随着越来越多的国家开始建立贸易和更多的联系，武器贸易网络随着时间的推移变得更加密集。然而这种东西方分化的网络特征在冷战结束后随着时间的推移就变得不那么明显了，在2000～2004年全球武器贸易网络分布中这一特点已经完全消失了。因此，这个分析也支持了马丁内斯-扎尔佐和约翰森（2017）的研究结果和很多研究的理论观点（Blanton，2005；Levine & Smith，1995，1997；Kinsella，2011；Brzoska & Pearson，1994；Buzan & Herring，1998），即政治是冷战期间武器贸易决策的关键因素，但并非一直都是最重要的。冷战发生在不同的国家联盟之间，那个时代的军火贸易网络，恰恰反映了当时的军事联盟：北约内的国家之间相互交易，华约中的国家之间也相互交易。相比之下，后冷战的网络并没有受到类似的来自政治制度方面的影响。

随着时间的推移，网络变得越来越复杂，什么因素导致武器贸易格局分裂为东西方两个子网络？每个子网络有什么特征？又是什么因素促使这些特点消失？对网络属性特点的分析有助于揭示这些问题。第一，样本量的变化表明参与武器贸易的国家数量有明显增加的趋势。第二，网络密度在不断增加，这意味着实际发生的武器贸易占可能的武器贸易关系的比例在不断上升。第三，网络直径，即网络中任何两个节点（在这里是国家）之间的最大距离随时间稍微增加，但在整个采样周期内仍保持较低水平，20 世纪 90 年代初直径达到峰值 6。第四，武器贸易重力模型的一个缺点是，它没有考虑每个经济体在网络中的地位影响贸易的可能性。而网络的中心性、聚合度和同配度等指标可以反映出不同国家在网络中的地位差异。阿克曼和塞姆（2014）计算了网络的同配程度，指标显示了具有许多贸易伙伴的国家是否喜欢与其他的高度数（多节点连接的）国家进行贸易，表明武器贸易网络由一组重要的成员组成，它们与周边的低度数的国家进行交易。这一统计数字的下降趋势表明近年来，武器交易市场中主要参与者的相对重要性有所下降。第五，武器贸易网络的聚类系数衡量了武器贸易的普遍性，即如果国家 j 和 k 都与国家 i 交易，那么国家 j 和国家 k 彼此也是相互交易的。结果显示整体聚类已经增加，表明各国已经开始与现有贸易伙伴建立更多的联系，特别是关键成员的次要贸易伙伴之间也变得更有可能相互进行贸易，这降低了主要交易者的相对重要性。第六，阿克曼和塞姆（2014）还计算了武器贸易网络的点度中心性、中间中心性和接近中心性并进行了对比分析。点度中心性反映了一个国家在多大程度上处于网络的核心地位；中间中心性反映一个国家在网络中沟通各个参与者的桥梁作用，居于两个行动者之间，体现一种控制能力；接近中心性体现一个行动者在多大程度上不受其他行动者控制，一个节点越是与其他节点接近，越有可能居于网络的中心。所有这三个中心性指标在整个采样期间都保持相对较高的水平，但随着时间的推移而下降。这表明近年来，虽然一些主要国家能够在整个时期内保持网络中心的地位，但随着时间的推移，这些国家的影响力在逐渐变小。

尽管如此，阿克曼和塞姆（2014）的研究对社会网络分析方法的使用还比较浅显，比如，他们只考虑了武器贸易是否发生，没有体现出武器贸易的数量及方向，对武器贸易的分析也仅是描述性的。这一点在使用斯德哥尔摩国际和平研究所武器转让数据分析主要常规贸易方面尤为明显（Kinsella，2018）。维拉德森（Willardson，2013）以及图尔纳等（Thurner et al.，2015）的研究有所改进，两项研究都使用了指数随机图模型来识别影响武器贸易的变量，分析了影响全球武器市场结构特点的因素。他们将网络视为结构，而非参与者。但使用斯德哥尔摩国际和平研究所武器转让数据的研究还需使用更为复杂的社会网络分析方法，以

期从全球武器主要常规武器贸易中得到更多深刻见解（Kinsella，2011）。

基恩（Kinne，2016）突破了阿克曼和塞姆（2014）军火贸易网络的二元结构，即不再基于双边军火贸易模型，而是以随机参与者为导向的模型（Snijders，2002）为基础，使用1995~2010年数据估计了一个两阶段计量模型。其中第一阶段描述武器合作协议的形成；第二阶段解释给定国家的军火转移数。他的主要结论是，武器合作协议和武器贸易是密切相关的。

相比而言，对中小型武器贸易的网络分析数量更多，在方法使用上也更为精细和复杂，大卫·金塞拉（David Kinsella）是最早将网络分析方法应用在小武器贸易中的学者之一，他指出，供给和需求因素往往是分析武器贸易的起点，然而可能的网络机制，如政治网络和经济网络会影响武器贸易格局（Kinsella，2018）。而不同类型的武器，其网络特征也不同，比如，相对于主要常规武器而言，中小武器贸易网络的政治和军事意义要小很多，并且，非法和秘密的交易网络是中小型武器转让中的重要特征。因此，小武器扩散（Curwen，2007）、非法及秘密的中小武器交易（Kinsella，2006，2014）、中小武器贸易与犯罪和冲突的关系（Turbiville，1996；Asal，Ackerman & Rethemeyer，2012）也成为中小型武器贸易的主要研究议题。

金塞拉（2018）的综述性文章从供给和需求两方面重点考察了（非法和秘密）中小武器贸易网络形成的原因，以及安全与效率（经济利益）目标的权衡如何影响着中小武器贸易的参与者网络、融资网络、运输网络，进而决定了中小武器贸易的网络结构特征。

6.5 本章小结

军火贸易是一个大题目，本章仅是从经济学角度梳理了对军火贸易影响因素的分析，侧重于军火贸易经济理论的发展。然而围绕着军火贸易，还有很多重要研究提议值得关注。

一是关于军火贸易的影响，特别是军火贸易对于地区安全与冲突的影响。在经济影响方面，已有研究表明武器出口可以提高本国国防工业的收入并增加就业（Brauer，2007；Blanton，2005），通过武器出口还可以利用规模经济降低成本，并提高武器出口企业的国际竞争力（Anderton，1995）。军火贸易对冲突及安全的影响，在学术研究中并没有一致结论，认为可能存在两种可能性。"不稳定学派"认为，军火转让加剧了地区或国家间的紧张局势、增强了军事实力，并为进行更大规模的冲突提供了工具，所以军火转让助长了冲突的爆发（Ross，1990；Brzoska & Pearson，1994）。而"稳定学派"则认为，由于军火转让有利于保持不稳定地区军事力量的平衡，进而能有效遏制冲突。

尽管有不少经验研究发现军火转让和国家间冲突之间的正相关关系（Craft，1999；Durch，2000），但如何证明两者之间的因果关系是困难的。军火贸易是否增加或降低国家间战争或国内冲突的可能性，还会受到多种因素影响，如冲突背景（即对抗的强度、关系生死存亡的重大问题、历史地理）、武器转让的类型和数量、武器存量、政治领导人的目标和感觉、联盟的承诺及对国外势力干涉的预期等（Anderton，1990，1995）。

二是军火贸易中的补偿贸易。很多国家的军火贸易往往带有补偿贸易条款（Brauer & Dunne，2011；Ungaro，2013）。实施补偿贸易的目的是将武器装备出口国的部分经济活动分配给进口国，即实现经济活动的再分配。对于出口商来说，补偿贸易反映了追求利润的厂商与政府合作的愿望，它是一系列销售活动的组成部分，也可以认为它是一种可供选择的价格折扣；对于供应国，它们关心补偿贸易对其国防工业、就业特别是潜在竞争对手的影响；对于购买国来说，补偿贸易带来就业机会、技术、支持工业基础、外汇节约等方面的收益（Martin & Hartley，1999；Brauer，2004）。

哪些国家在进行武器贸易的时候会达成补偿贸易条款？补偿贸易理论上的收益（如节约成本、技术转移、创造就业、促进经济发展）是否确实实现了？尽管有一些文献对此进行了考察（Dunne & Lamb，2004；Mawdsley & Brzoska，2004；Brauer，2002；Taylor，2004），但仍需要在更多、大量、准确数据的基础上，给出规范的实证分析。

三是军火贸易政策和国际条约。军火贸易和武器转让是受到各国政府严格规制以及众多国际条约约束的领域。各国政府控制或促进武器出口的政策有哪些？会产生何种影响？国际社会控制武器扩散的条约和做法有哪些（唐宜红、齐国先，2015），带来的影响是什么（张玮，2014），目的是什么，效果如何（Grillot，Stapley & Hanna，2006）？这些都是具有重要现实意义的问题。

第7章

军民融合相关议题研究综述

7.1 引　　言

　　国家能力的形成取决于经济优势与军事优势之间的良性循环，取决于社会资源转化为双向互动的经济竞争力和军事战斗力的潜力与能力。这就是军民融合发展模式最基本也是最重要的意义。从国际角度看，现代意义的军民融合有一个渐进的发展过程。它最早出现于19世纪末的英国等老牌资本主义国家。当时海军装备飞速发展，技术进步导致成本提高迫使国家不得不与私人公司合作，从此开启了军民融合的历程。20世纪40年代前后，许多国家的政府及国防经济学界逐渐认识到，需要一个持久的军民两用型经济，在和平时期能够为民用领域服务；在战争时期可以被动员起来，为战争提供物质基础。第二次世界大战结束后，国防工业作为一个独立的工业部门在和平环境下稳定且持续存在下来，也使军民融合成为许多国家实现国防独立自主，同时推动经济发展的政策选择。冷战结束后，随着国防支出的快速削减，全球军事工业面临的巨大转型压力也使军民融合成为甚至包括美国在内的多个国家着力推动的政策。20世纪90年代，美国国会技术评估局正式提出国防工业"军民一体化"建设模式，并逐渐成为各国的基本国策和共同做法（阮汝祥，2009）。

　　尽管我国在发展过程中先后提出了"军民两用""军民结合""寓军于民""军民融合"等重要思想，然而新时代中国军民融合发展战略对于军民融合发展的范围、领域、程度、格局以及对于国家安全和发展的意义是完全不同的。

习近平在党的十九大报告中明确将军民融合发展战略作为决胜全面建成小康社会需要坚定实施的七大战略之一，明确要形成军民融合深度发展格局，构建一体化的国家战略体系和能力。军民融合发展作为一项国家战略，关乎国家安全和发展全局，这不仅为军民融合理论研究提供了重大现实意义支撑，更对军民融合理论发展提出了极高的要求。

本章共分为七小节，根据军民融合的主要研究议题对重点文献及其结论进行梳理和介绍。7.1 节是引言。7.2 节介绍了不同时期学者们对军民融合内涵与思想的理解与解读。7.3 节对介绍、分析国外各具特色军民融合发展模式的文献进行梳理。7.4 节聚焦于对军民融合政策、体制、法律法规等制度建设的分析与评价。7.5 节则依据军民融合的八大领域，逐一梳理学者们分别对这八大领域军民融合现状的分析，以及促进关键领域军民融合发展的建议。判断和评估我国军民融合发展的水平、规模、布局、结构、速度和效益，对于理解各层次、各部门、各地区和各领域军民融合发展现状，制定科学政策以提高军民融合发展质量具有重要意义。因此，7.6 节总结了军民融合绩效评估的相关研究。7.7 节是本章小结。

7.2　军民融合的概念

军民融合概念的界定是军民融合理论研究的基础。然而，不同时期的不同学者对军民融合的内涵从多种角度进行了分析，当前，学术界对军民融合的内涵、外延尚未形成一致定义。

7.2.1　军民融合的内涵

国内学者在国外经验和研究的基础上，进一步从推进军地资源共享、军地协同发展以及构建国家科技创新体系等角度，正式提出了"军民融合"概念（章磊等，2016）。

曹景建、姜大力、邹春荣（2009）针对"军民融合"这一概念，重点分析了与其相近概念的异同，并就这些相近概念的联系与用法进行了阐述，同时还总结了"军民融合"这一理念的先进性与独特性。何永波（2013）对军民结合、

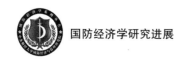

寓军于民、军民融合、军民一体化四个术语的内涵进行了阐述，对四个术语的联系与区别进行了分析。于川信（2017）对军民融合相关概念、当前军民深度发展取得的实质进展以及军民融合战略需要把握的重点进行了分析。

杜人淮（2013）对中国特色军民融合发展的内涵进行了界定，指出可以从发展目标、发展根基、发展举措、发展方式、发展基点几个方面理解中国特色军民融合发展内涵；分析了中国特色军民融合发展的内在特征，表现在极具明确的目标指向、与时俱进的发展格局、独具特色的制度基础；探讨了中国特色军民融合发展的实现形式，主要有军民共用共享、军民互相转化、军民功能嵌入和军民优化组合等形式。舒本耀（2013）指出，军民融合式发展是实现富国强军战略目标的行动指南，军民融合的内涵本质核心是融合，根本方法是统筹兼顾，重点任务是构建"三大体系"，实现方式是坚持中国特色。他阐述了军民融合式发展的时代价值，剖析了军民融合式发展的科学内涵，并提出了军民融合式发展的战略举措。张军果（2014）在阐述了军民融合发展思想形成历史过程的基础上，从三个视角分析了军民融合的科学内涵：第一，从国防建设与经济建设之间关系看，军民融合式发展更进一步地体现了优化资源配置基础上的军民有效融合与发展，也体现了军民的单向转移向互融、互通，最终实现有机统一的转变；第二，从"结合"与"融合"的重大区别看，军民融合反映的是对"军"与"民"之间关系在认知和要求上的重大飞跃，表现在军民融合的范围拓展、军民融合层次的提升以及军民融合深度的加深；第三，从战略任务看，中国特色军民融合式发展的重点是要建立和完善四个体系，即武器装备科研生产体系、军队人才培养体系、军队保障体系和国防动员体系。

自党中央提出军民融合深度发展的战略目标以来，学者们更多的开始从全要素、多领域、高效益的发展格局来解释军民融合的基本内容。例如，黄朝峰、董晓辉、曾立（2015），文海鸿、杨燕、刘凤娟（2017）等。这其中姜鲁鸣（2018）的阐释被很多学者引用。姜鲁鸣（2018）指出，新时代实施军民融合发展战略的总体目标是形成全要素、多领域、高效益的军民融合深度发函格局，构建军民一体化的国家战略体系和能力。"全要素"是军民融合的形式，不仅要实现包括科技成果、人才、资本、服务、物资、技术、信息、设施、管理、标准等所有要素在国防领域和经济体系之间双向流动、共享共用，并且在政策、制度、法律法规等军民融合的支撑性条件上也要相互渗透、兼容。"多领域"是融合的范围，由传统的武器装备科研生产、人才培养、后勤保障、国防动员、基础设施向海洋开发和海上维权、空天、电磁、网络等新兴安全领域拓展；从主要在经济、科技等领域的各个行业向全社会覆盖；从以国有企业为主向多种经济成分扩展，使经济社会发展各领域都处在军民融合深度发展格局之中。"高效益"是融合的效果。坚持国家主导、市场运作，充分发挥社会主义制度优势和市场在资源配置中的基础性作用，激励多元力量、优质资源服务经济建设和国防建设。由此可以减少资源从经济活动向国防活动转移而导致的"挤出效应"，更加合理地发挥国防活动对经济发展的积极"溢出效应"，使经济建设和国防建设共用一个经济技术基础，做到一份投入多份产出，充分收获规模经济和范围经济，实现经济效益、国防效益、社会效益的有机统一。

此外，高青松和宋倩倩（2018）分别从军民融合的基本内涵（简晓彬、周敏、朱颂东，2013）、国际内涵（叶继涛，2007）、本质内涵（褚倩倩，2015）、经济内涵（邝毓君、孟斌斌，2015）、战略内涵（贺新闻、侯光明、王艳，2011）等角度，总结概括了现有文献对军民融合含义的理解。在此基础上，他们认为，军民融合是指将国防建设与经济建设相结合，国防科技工业与民用科技工业相结合，解决彼此分割互不往来的问题，通过资源共享和利益驱动的制度安排，提高全社会的科技创新和科技转化效率，实现相互促进、取长补短、相得益彰的目标。

7.2.2　军民融合思想的发展演进

自新中国成立以来，国防与民用领域融合发展的现象就一直存在，只是对融合的理解与定位，融合的深度、范围和重点所有不同。随着军民融合思想的不断深化，军民融合呈现出明显不同的发展阶段。军民融合的发展历程体现着历代国家领导人核心思想的传承与创新，这也成为文献中划分军民融合发展阶段的重要标志。例如，阮汝祥（2009）分析了历届中央领导集体的军民融合思想，并梳理了我国军民融合思想的形成与发展过程，指出在计划经济体制下，军工企业生产民品是我国"军民结合"的主要内容和表现形式。林学俊（2012）认为，我国军民融合发展是党的三代领导集体和以胡锦涛为总书记的党中央在领导国防和军队建设过程中经过艰辛探索提出的战略思想，其形成发展经历了"军民结合""寓军于民""走中国特色军民融合式发展路子"三个阶段。张纪海、乔静杰（2016）以及高青松、宋倩倩（2018）将我国的军民融合分为五个发展阶段。第

一阶段是"军民两用"时期。毛泽东同志提出"国防工业在生产上要注意军民两用""平时为民用生产，一旦有事就可以把民用生产转化为军用生产"（张武军等，2011），军民结合、平战结合是其重要的思想战略。第二阶段是"军民结合"时期，开始于1978年，邓小平同志提出了"军民结合、平战结合、军品优先、以军养民"的十六字方针。第三阶段是"寓军于民"时期，将"军民结合、寓军于民"作为我国国防建设的重要方针。胡锦涛同志提出军民结合的新思想内核，即军民融合式发展道路，明确了富国与强军相统一的发展战略。第四阶段是"军民融合"。党的十六大提出"要走出一条中国特色军民融合式发展路子"，全面推进军民融合发展，逐渐打破了军、民分离的格局，不断丰富融合形式，拓展融合范围，提高融合层次。国防工业的军民融合发展是重点。第五阶段就是当前的"军民融合深度发展"。这与申晓勇和刘存福（2018）将改革开放40年来军民融合发展划分为四个阶段是非常一致的。邓传东等（2017）梳理了习近平军民深度融合思想的形成过程，并将其分为三个阶段：2013年3月到2015年3月为"提出与发展阶段"；2015年3月到2017年1月为"成熟强化阶段"；2017年至今为"全面落实推进阶段"。

还有学者从史学角度，追溯了我国军民融合思想的历史渊源。张嘉国（2017）认为，军民融合思想最初体现于我国古代的军事思想精华"寓农于兵、兵农合一"。中华人民共和国成立后，毛泽东对古代的兵农合一思想进行了改造，提出了军民两用思想。陈昱澍、李善东（2015）探索了我国军民融合的历史渊源，分析了我国自商周到民国时期主要的"军民融合"思想与重大举措，在此基础上梳理了新中国成立后军民融合发展的提出与发展，在主要思想、重要举措以及融合结果等方面做了重要论述。

7.3　军民融合的国际经验研究

7.3.1　军民融合的模式

为了对我国军民融合发展提供重要的经验借鉴与启示，本小节对国外各具特色的军民融合发展模式进行介绍与分析，这也是文献讨论较为集中的一个议题。国内学者对军民融合国际经验比较和借鉴研究主要采取了两个角度。一是侧重从政策实施角度总结典型国家和地区的军民融合经验，如赵澄谋等（2005）以美国、日本、俄罗斯、以色列为例，研究了世界典型国家推进军民融合的四种模式："军民一体化""以民掩军""先军后民""以军带民"。美国强调军民技术的无缝链接，因此采用"军民一体化"模式；日本重视经济建设对军事装备建设的推动作用，因此实行"以民掩军"模式；俄罗斯强调军工优先，以国防工业发展为国家生存的基础，因此实行"先军后民"模式；以色列强调军事技术与军事装备的发展对经济建设的带动和促进作用，因此推行"以军带民"模式（高青松、宋倩倩，2018）。阮汝祥（2009）详细分析了"军民一体化"（美国）、"军民分离"（俄罗斯）、"民技优先"（英、法、德）、"以民掩军"（日本）、"国防优先"（印度）和"以军带民"（以色列）的军民融合发展模式以及相关政策，并提出了民参军、市场化、核心技术、政策法规、竞争性政策等对我国推进军民融合的启示。侯光明等（2009）重点阐述和分析了世界主要国家国防科技工业的发展以及军民融合模式的多国比较研究，并研究我国军民融合发展历程和建设"工业化、现代化、信息化"融合的国防科技工业规划。杜兰英、陈鑫（2011），陈金涛、李亚文（2014）则具体分析了发达国家军民融合在战略规划、管理模式、技术推广、标准体系、两用技术等方面经验。二是侧重于不同行业与领域的国外军民融合模式与经验研究，如航天航空（王加栋、白素霞，2009）、太空（马鹏飞、葛腾飞，2017）以及网络安全（杜雁芸，2016）。

基于国外军民融合发展的经验，有学者提出了我国在军民融合实现路径方面的启示。寇伟（2011）认为，美国的军民技术融合一体化发展模式值得我国借鉴，可以通过建立相应的管理机构、信息交流平台和产业化服务系统，配套行之有效的政策和措施，实现军民技术的高度融合。杨志坚（2013）从协同视角对国内外军民融合的研究现状进行了梳理和总结，分析了我国军民融合中存在的问题，探讨了我国军民融合发展的主要路径，提出我国军民融合要在战略上协同、技术与标准上协同、法规上协同、信息上协同，通过军民各要素之间的协同创新，真正走出一条适合我国国情的军民融合道路。刘自斌等（2017）在分析军民融合发展基本理论和矛盾问题的基础上，借鉴世界典型国家先进经验，提出适合我国国情的军民融合发展战略路径，包括需求牵引、规划统领的融合引领之路，利益共赢、风险分担的市场运作之路，以及改革调整、开放合作的创新驱动之路。

总体来看，目前国内对军民融合国际经验的比较分析较为丰富，然而在研究

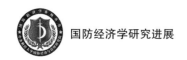

模式上，现有研究偏重对发展模式、做法、实施策略等方面的宏观、定性分析，缺乏微观、具体的研究；在研究内容上，现有研究较少论及各国在不同阶段军民融合政策上的演化过程，对于冷战结束前后军民融合大的趋势变化也鲜有讨论；在研究深度上，现有研究对基本理论问题关注较少，对各国军民融合发展中失败与成功经验如何为其特殊制度背景所塑造缺少讨论，使这些国际经验的实际借鉴意义大大降低了。这些都意味着目前国内关于军民融合国际比较研究仍然处于较为初步的阶段。

7.3.2　军民融合的层次

相比而言，国外学者对军民融合国际经验的比较分析更为细致与深入。可从其不同的分析层次来梳理、归纳。

第一个层次是具体的技术层次。这个层次的分析以具体军事（或民用）技术的"旋出"（spin-off）与"旋入"（spin-in）为对象。西方学界对于军民融合的兴趣开始于艾森豪威尔的"军工复合体"概念提出后，早期的研究并不关注军民融合，反而是担心国防部创造出来的国防经济体会过度扩张而伤害到私人经济（Melman，1970）。而最早期的军民融合研究就聚焦于这些特定技术的"旋出"，即军事技术转移到民用部门，推动民用部门发展（Christodoulou，1970；Flamm，1988；Mack-Forlist & Newman，1970；Hurt，2011；Fuchs，2011）。这主要集中在 20 世纪五六十年代出现的一些技术，包括航空、电子、互联网等技术。但这些"旋出"往往并非有意设计的结果，在技术研发时并没有考虑其民用用途。但后来学者的研究则认为这种"旋出"的例子在各国都很少，包括在美国、以色列、英国等国家也一样（Alic et al.，1992；Halperin & Tsidon，1992；Nelson，1993），甚至传统上认为这种成功"旋出"的案例实际上并不成立，高兹（Gholz，2011）考察了 20 世纪 60 年代美国的航空工业，发现当时波音公司在商业领域的成功与其参与军事生产并无关系，甚至其商业成功是在短暂放弃了防务业务之后取得的。而在冷战后，由于主要国家都大规模削减军事开支，这个时期私人部门在研发投入上远远超过了军工部门，并且技术发展的速度也远远超过了军工部门，因此技术主要是民用技术转向军用（Borrus & Zysman，1992；Stowsky，1992；Samuels，1994）。这种技术旋入在电子领域更为明显，很多技术也通过系统集成商而进入了军事工业的供应链（Gholz et al.，2018）。关注技术的文献还探讨了两用技术及其实现路径（Molas-Gallart，1997，2002），尤其日本特别强调两用技术（Alexander，1993；Samuels，1994）。

第二个层次是产业和公司。这个层次的分析以某个产业或者公司作为分析的单位，讨论其在军民融合中的作用和影响。传统的理论认为军事工业可以通过技术或者融资给民用部门的发展提供发展的基础（Gholz，2011），又或者通过民用订单来维持军工企业的发展（Bernstein & Wilson，2011）。同时，军工企业也培养了相当多的技术人才，从而为创新型经济的发展提供了充足的人力成本，这特别体现在以色列的创新体系之中（Vekstein & Mehrez，1997；Peled，2001）。冷战结束后面临困境的军工企业也在试图寻求新的出路，有些转向了民用物品的生产，但是很少成功（Gansler，1992；Watts，2008）。进入 21 世纪以后，美国国防部进行了一系列改革，试图利用私营企业的方式来管理国防，这催生了一个行业，即大规模使用私人防务公司（Scahill，2008；Singer，2005，2008），美军在战场来越来越依赖于这些私人防务公司，当然，这种依赖很大程度上出于政治需要，以减少国内对战争的反对。美国国防工业的系统集成商的模式也使国防工业与民用工业结合在一起，供应商往往不知道自己是国防供应链的一部分（Gholz et al.，2018）。

第三个层次是国家战略的层次。这个层次上的军民融合实际上是在安全与繁荣这两个国家的战略目标之间协调一致。在前两个层次的分析中，军民融合的正面作用并不明显或者至少是有争议的，但是在国家战略层次上分析的军民融合则要更为积极。虽然早年的研究表达了对国家日渐控制经济的担心，但是学者们很快发现，在美国这些奉行自由市场的国家中，国防开支和军事工业实际上起到了工业政策的作用，军事部门支持的研发实际上推动了民用部门的技术发展（Cypher，1987；Vogel，1987；Markusen，1992；Harman，1984；Block & Keller，2011）。军工部门投入巨资进行基础科学和技术的研发，而后再将这些技术授权给民用部门。这个层次的分析主要集中在军民融合带来的国家创新体制。这些理论在解释上的分歧主要在于是否认为国家是有意采用这个政策来推动国家经济的发展（Block & Keller，2011），还是基于地缘政治竞争对于先进技术的需要（Weiss，2014），也即是说这种类型的军民融合对国家经济的作用是主动的还是非意图的结果。

对这三个层次的军民融合的研究实际上并不是相分离的，如果在国家战略层次的军民融合真正有效，那么它必然需要依赖于军方研发技术的旋出或者对某个民用产业的推动。但是如前所述，军事技术的"旋出"要么是很少，要么是无效，这也就意味着国家层面的军民融合要么也不是那么有效，要么技术的转移并不是军民融合对于国家经济发展的主要推动力量。正如有学者已经指出的，军民融合对于高素质劳动力的培养以及许多实践知识的扩散等可能起了更大的作用。这也意味着当前的军民融合研究对于技术的过度关注可能遗漏了重要的变量。在军工生产方面的投入对于国家经济的推动不仅仅限于技术，还包含训练了一群高技术的劳动力，建立了完善的研发体制等，应该采用一种更为综合的技术观（Molas-Gallart，1997）。另外，在方法论上，目前的研究以历史和政策的讨论为主导，有大规模数据支撑的量化研究相对较少，这也使目前研究的视野过于狭窄，并间接导致了前一个问题。这种研究视野的狭窄还体现在目前对西方国家的研究缺乏国家间的比较，往往只关注于特定国家的情况。这种缺乏跨国比较的情况也使理论上的成果较为缺乏，当然，这也使本章的跨国比较研究更有意义。

冷战后，世界军事工业发生了一场大变革。许多大型的军工企业之间进行了合并重组等，市场以及供应链的全球化趋势越来越明显。而系统集成商的模式使军事工业与民用经济更为紧密地连接在一起。在人工智能等新技术领域，军事部门对于民用技术的依赖也越来越明显。这些趋势都将塑造着当前和未来的军民融合，而军民融合政策的成功也有赖于对这些趋势的把握和依据国情的制度设计。

7.4 军民融合的政策制度体系研究

军民融合的政策制度体系是军民融合的顶层设计，是军民融合发展中国家发挥主导作用的重要途径。我国军民融合的政策制度体系主要体现为国家为推进军民融合发展相继出台的一系列政策、制度。这些政策主体涵盖党中央、全国人大及其常委会、国务院及其各部委、中央军委及原四总部机关，以及地方各级党委、人大和政府部门；内容覆盖武器装备科研生产、人才培养、军队社会化保障与国防动员等多个领域；形式包括党的指导性文件，法律规章以及一系列政策性、规范性文件（游光荣、闫宏、赵旭，2017）。

近年来，我国的军民融合发展取得了丰硕成果，然而当前还面临着思想观念跟不上、顶层统筹管理体制缺乏、政策法规和运行机制落后、工作执行力度不够、利益藩篱阻力较强等问题，即体制性障碍、结构性矛盾和政策性问题（姜鲁鸣，2018）。国内现有研究对军民融合政策制度体系的讨论，从研究范式上看大体分为两种：一是对军民融合的体制、机制和政策法规的现状、问题进行总结与分析，并提出对策；二是通过梳理典型国家的国际经验，提出我国军民融合体制建设的建议。从内容上看，研究主要集中在军民融合的体制机制和政策法律建设上。

7.4.1　军民融合政策制度体系的现状及经验借鉴

在现状和问题梳理方面，游光荣、闫宏、赵旭（2017）较为全面地从顶层设计的国家战略、国防科技与武器装备领域、军事人才培养领域、军队保障领域、国防动员领域分类梳理了国家为推进军民融合发展所相继出台的一系列政策文件，指出当前军民融合发展政策制度体系存在的不足。一是政策制度体系不够完备，主要表现在：（1）缺少对军地双方均有较强法律约束力的顶层法律文件；（2）政策多、法律少，适用范围和影响力不足；（3）政策制度体系链条存在缺失；（4）缺乏落地配套政策与具体实施办法。二是政策制度缺乏统筹协调，存在职能重叠、政策交叉和职能分割、政策分立的情况。针对这些问题，他们建议进行全新的顶层设计和立法实践，健全军民融合发展体系，加强政策制度制定过程中的统筹与协调，并建立政策制度执行效果反馈修正机制。阮汝祥（2009）梳理了我国军民融合政策法规体系面临的新形势，认为我国目前的军民融合在体制不完善、机制不健全、政策法规自身方面存在问题，并从指导思想、基本原则和目标定位方面提出了构建军民融合政策法规体系的总体思路。我国建立健全军民融合政策法规体系的重点应在于管理体制和运行机制、市场监管、军品投资政策、军品税收政策、产品和技术标准、项目管理、信息发布、保密安全、国防知识产权管理、军地经济结合以及其他 11 个方面。姬文波（2017，2018）分不同时期对我国军民融合发展成果进行了梳理，并从军民融合顶层统筹、军民融合发展政策法规等角度出发介绍了我国军民融合发展管理体制现有成果。张军果（2016）阐述了军民融合深度发展体制机制的内涵、构成与目标定位，剖析了当前制约军民融合深度发展的体制机制障碍，强调从健全完善统筹规划机制、健全完善军地协同机制、健全完善竞争激励机制、健全完善经费保障机制、健全完善监督考评奖惩机制 5 个方面推动军民融合发展。

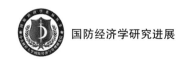

大部分研究针对军民融合某个领域的管理机制现状和问题进行了分析，国防科技工业和科技创新领域是研究重点。例如，杨国栋和刘传斌（2012）指出了我国国防科技工业军民融合发展面临的体制问题，涉及军民融合的领导体制、军民技术的双向转移机制、军民融合的竞争机制、军民融合的激励机制、军民融合的评价监督机制、军民融合的投融资机制等，并从宏观、中观和微观三个维度提出完善国防科技工业军民融合管理体制的建议。钱振勤等（2015）介绍了新中国成立以来国防科技管理体制的理事会变迁，并介绍了现阶段以"三位一体模式"为主体，以"国家发展战略"为主导，以"军民融合道路"为途径的中国特色国防科技管理体制。王超和张纪海（2011）分析了我国国防科技工业管理体制的现状及其存在的问题，并在此基础上，结合管理组织的三层设计理论，确定了国防科技工业组织层级，根据我国现行政府组织框架，进一步确定了我国国防科技工业管理体制下各机构的主要职责分工。

在经验借鉴方面比较有代表性的成果，如杜人淮（2010）深入研究了美国、英法、日本、俄罗斯等国家军民融合深入发展的基本做法，总结了：以有效保障国防安全为前提，制定和实施推进军民融合发展的战略规划；以提高资源配置效率为核心，改革和完善促进军民融合发展的体制机制；以强化相关制度建设为支撑，制定和完善保障军民融合发展的政策法规的有关建立军民融合发展管理体制的成功经验。吕彬、李晓松、姬鹏宏在《西方国家军民融合发展道路研究》一书的第四章从国家层面、部门执行、部门协调、地方实施四个层面介绍了美国、欧盟、俄罗斯、日本的军民融合发展管理体制，并对这些体制的共性、差异进行了比较。

总之，军民融合在政策制度体系方面存在的问题主要表现在四个方面：一是缺乏系统的管理制度安排，管理机构职责不清；二是资源配置渠道单一、资源配置不合理（杜兰英、陈鑫，2011）；三是军民双方在技术标准、保密解密、利益分配等方面的内在机制不协调；四是运行机制滞后，文件数量多、法律少，宏观政策多、操作细则少。

7.4.2　军民融合的体制机制建设

不同学者对军民融合体制机制的含义与内容有着不同的观点和论述。阮汝祥（2009）在《中国特色军民融合理论与实践》的第五章对军民融合进行了机制设计与评价。他认为，军民融合机制涵盖体制、战略、程序、制度等诸多方面，具体包括决策协调机制、保密监管机制、优先发展机制、公平竞争机制、双向传导机制等九个方面内容。张军果（2016）系统地界定了军民融合（深度）发展的体制、机制含义。他认为，军民融合发展的体制是国家为推进军民融合发展而设置的机构及其管理权限划分，包括国家层面以及军队各部门和地方各级政府协同的军民融合发展体制。而军民融合发展机制，是国防建设与经济社会发展深度融合的内在运行方式，主要包括军民融合深度发展的领导决策机制、军地协调机制、需求对接机制、资源共享机制、竞争协同机制、监督约束机制、成果转化机制、奖惩激励机制、经济补偿机制、经费保障机制等。进一步的，他给出了军民融合深度发展体制机制体系的主要内容：一是军民融合深度发展的领导管理体制；二是军民融合深度发展的工作协调机制；三是军民融合深度发展的运行及保障机制。

王军和何伟胜（2011）认为，要走中国特色军民融合式发展的路子，必须建立科学有效的运行机制，重点集中在组织协调机制、市场运行机制、军民融合发展运行机制、完善相关法律法规四个方面。杜人淮（2015）对国防工业的资源、产品、组织、制度和市场五个方面军民融合及实现进行探讨，认为在军民融合及其实现中，应当健全和完善军民融合体制机制。黄龙燊（2016）从人才支撑与培养体系和技术研发与转移体系两方面构建了军民融合技术创新体系，同时从评价机制、激励机制、监督机制三方面构建了军民融合的运行机制。

现有文献对军民融合体制机制建设的讨论，无论是基于军民融合总体发展，还是军民融合具体领域的角度，大都将重点放在了领导体制、激励机制和保障机制上。这些讨论仍然非常宏观，需要针对具体领域独特特点和发展目标进行深入探讨。

7.4.3　军民融合的法规建设

当前，我国就军民融合发展并未出台专门的法律规定，仅在《国防法》《国防动员法》《促进科技成果转化法》《专利法》等多部法律中，有部分规定涉及军民融合发展。整体而言，现行有关军民融合发展的法规建设从外在形式到实质内容都存在着很大缺陷。这主要表现在：一是法律碎片化，没有形成军民融合法治保障体系，既缺少统领性的军民融合发展基本法，也没有相关配套法律制度作

为支撑；二是立法层次低，权威有限，执行力度大打折扣；三是立法时间较早，急需修改（何湾，2018）。

很多学者发现了类似的问题，并有针对性地提出了建议。例如，徐辉（2015）分析了我国军民融合政策发展的现状，指出军民融合法规建设整体成效显著，政策法规的可操作性显著提高，政策法规的体系结构更加完整合理，政策法规建设呈现更加科学合理的发展趋势。但是，我国军民融合政策法规目前还存在以下问题：军民融合法律少、政策多；一些领域的政策未能实现有效突破；民参军政策还有待完善；国家定解密制度还有待完善。他建议加快军民融合基本法律的制定，强化军地政策法规衔接，重点难点法规试点先行，建立第三方评价机构，建立政策法规建设的组织保障体系，以此推进军民融合法律法规体系建设。董新泉（2018）认为，我国军民融合法律法规建设中存在以下突出问题：综合性法律立法滞后、法律法规偏向原则性但缺乏操作性、相关法规缺乏系统性和体系性、目前的军民融合立法不完善且存在法律空白、相关政策未能切实落实，实现有效突破。对此，董新泉（2018）提出的对策建议是：抓紧制定和颁布军民融合的综合性法律；加大军民融合专项立法力度；建立健全军民融合的法律体系；切实落实军民融合相关法律政策。

林高松（2017）首先从战略角度阐述了构建军民融合法规体系的重大意义，指出科学分析军民融合法规体系建设的基本范畴，理清军民融合发展的主要领域、基本内容、主要基础和基本思路，是军民融合发展法规体系建设的逻辑起点。在推进军民融合法律法规建设方面，林高松（2017）具体给出了军民融合法律体系建设的六项具体内容，包括规范国家军民融合体制机制、规范军民融合财力保障、规范军民融合人才培养、规范军民融合科学技术应用、规范军民融合基础设施建设以及规范军民融合信息技术运用。对于构建军民融合法规体系的实现路径，他建议科学构建军民融合发展法规体系框架，加强体制机制建设，组织法规制定修订，并且深入开展军民融合法规理论研究。

7.5　军民融合的关键领域研究

中共中央、国务院、中央军委印发的《关于经济建设和国防建设融合发展的意见》提出了军民融合的八大领域：基础领域、产业领域、科技领域、教育资源、社会服务、应急和公共安全、海洋开发和海上维权以及国家海外利益。学者们分别对这八大领域军民融合的现状进行了分析，并提出促进关键领域军民融合发展的现状。从文献数据来看，研究的重点仍然为产业领域和科技领域。本节主要介绍基础设施建设领域、产业领域和科技领域的研究议题，简要列举部分教育领域、社会服务领域方面的研究，而应急和公共安全领域、海洋开发和海上维权以及国家海外利益领域军民融合发展的研究由于文献数量非常少，或几乎是空白，本节不再进行介绍。

7.5.1　基础设施建设领域

对于基础设施领域军民融合发展的讨论主要集中在交通和信息领域。例如，吴健茹、管童伟和朱殿骅（2017）高度评价了军事设施建设对新时期军民融合的重要性，从交通基础设施建设、信息化基础设施建设、营房工程和安置保障住房工程建设出发，阐述了加强军事设施建设领域军民融合的具体路径，并给出了加强该领域军民融合的配套措施。张笑（2018）强调，应将交通领域军民融合作为整个军民融合深度发展的重要突破口，建设军民融合大交通体系。她提出聚焦保障军队战斗力，大力推进民用交通设施工具贯彻要求；依托国家路网基础，大力推进军地交通运输网络统筹纳入；强化应战应急一体，大力推进各种交通力量建设互补衔接；着眼战略投送能力，大力推进军民交通物流体系有机结合等建议。李远星（2016）指出，新形势下的国防交通基础设施建设应遵循国防交通基础设施融合的特点规律，并针对国防交通基础设施融合建设存在的问题，提出采取科学制定融合规划、合理规范融合建设标准、合理优选融合建设模式、健全完善融合建设机制等对策措施。

张建恒（2015）重点分析了移动通信系统、卫星通信系统、地理测绘信息系统、电磁频谱资源管理系统和网络信息安全防护系统等六个方面的信息基础设施建设，以信息基础设施建设领域为抓手，通过重点领域的先行突破，带动其他领域的加速发展，破解制约信息基础设施军民融合的"瓶颈"，打破军地分离体制，实现军地资源的优化配置，引领和带动其他领域快速发展。杨怡（2015）在分析信息基础设施军民融合建设定位的基础上，从资源层面提出了信息基础设施军民融合建设的资源融合架构，从技术层面分析军事信息基础设施建设中的技术融合架构，并在此基础上提出了推动共性技术深度融合、加快基础设施资源共

建、加强安全防护体系建设等具体措施和建议。

对于基础设施领域军民融合发展的问题和一般路径，罗荣华（2012）认为我国在民用基础设施建设兼顾军事需求方面存在着较为严重的缺失：没有形成科学的组织体系，缺乏长效沟通机制，相关法规制度不健全。因此，建立军地联合组织体系和一体联动的运行机制，完善相关法规制度是解决问题的根本所在。郭叶波等（2016）提出，重要基础设施建设军民融合创新发展应当实现的六大转变、构建的五大模式以及应当探索的十大路径。十大路径分别是：企事业单位有偿使用军队基础设施；军队基础设施有序移交地方使用；民用设施加改装；军方有偿使用民用设施；军地共同规划建设；国家统一规划建设；民用基础设施预留军用接口；重大关键基础设施满足军用标准；军用基础设施建设预留民用接口；民用通用基础设施兼顾民用需求。

7.5.2 产业领域

对产业领域军民融合发展的讨论大体可以分为两类：一类是讨论如何以军民融合发展方式促进国防工业发展；另一类则是讨论如何以军民融合方式促进产业结构升级或高端产业发展。

对于第一类研究，比较有代表的文献包括，王加栋（2009）围绕航空工业军民融合在国内外的探索和实践，以及国内外促进航空工业军民融合的体制、政策、军民融合做法、航空工业技术转民用及军民互动展开分析和研究，并在分析研究国内外促进航空工业军民融合的基础上，提出我国军民融合发展的对策和建议。伍学进和田碧（2011）从武器装备再制造的意义、我国武器装备再制造发展面临的障碍，以及对策思考的角度出发，介绍了构建武器装备再制造体系的必要性与优势，强调了推动装备再制造产业政策创新、创新军民两用再制造技术是推动我国武器装备再制造产业发展的必然措施。全林远、邵丹和辛伟刚（2011）梳理了我国军民融合型产业在改革开放进程中的形成与发展，强调了军民融合型产业在我国国防科技工业中的重要地位，分析了我国发展军民融合型产业所取得的成绩及存在的问题，并从五个方面论述了军民融合型产业转变发展方式的基本路径。桑凡等（2017）结合我国军民融合体系建设实际，客观分析了当前我国装备再制造军民融合发展的障碍，提出面向市场的"不同性质主体之间军民融合"的发展模式；完善军民融合型再制造保障模式的运行机制。

在第二类研究中，部分文献从经济理论角度分析了军民融合促进产业升级的内部机制和外部机制。一是通过军民技术流通，实现创新驱动：军民融合有助于打破军工与地方经济的二元结构，通过技术融合和产业集群可以促进产业结构优化（丁德科等，2011）；军民融合促进了高新技术的双向流动，有助于提高产业附加值和创新能力，契合国家产业结构战略调整的规划（梁光烈，2011）。二是军民融合促进产业升级的机制包括实现资源共享、优化供给结构：张兆垠（2011）认为，军民融合体系的核心要素是科技创新融合，有助于推动产业结构升级和实现包容性增长；许达哲（2015）认为，军民融合的推进有助于吸引大量的社会资本参与国防建设，促进产学研体系的建设以及新兴产业和高技术产业发展，对助推地区产业结构优化有重要意义。三是通过军民市场结合，升级需求结构（张近乐、蔡晨雨，2018）。湛泳和赵纯凯（2017）通过对军民融合产业外部性效应和发展脉络的分析与梳理，发现产业外部性是军民融合推动地区产业结构优化升级的关键因素。他们解释说，从内部机制看，军民融合产业发展契合了挑战转型和创新升级的发展逻辑；从外部机制看，军民融合集聚通过诱发政府职能转变的制度强化效应、优化资源有效配置的资本强化效应、提升地区科技创新能力的技术强化效应以及增强民营经济发展水平的市场强化效应来推动产业结构优化升级。谢罗奇和赵纯凯（2016）构建了军民融合发展与产业结构的相关理论模型，利用2007~2014年中国30个省份的面板数据，检验了军民融合发展对地区产业结构的影响，结果发现：从全国整体结果来看，军民融合发展有利于地区产业结构的提升，但也在一定程度上阻碍了产业结构的高级化进程；从分地区结果来看，强军民融合地区能显著提升该地区的整体产业结构，但对其产业结构高级化的不利影响也更大，而弱军民融合地区对整体产业结构的提升和高级化的影响均不显著。

有部分文献专门讨论了军民融合对战略性新兴产业发展的作用。彭春丽和黄朝峰（2014）基于产业融合分析框架，以战略性新兴产业军民融合式发展的典型产业——核能产业为研究对象，从技术融合、企业融合、需求融合和制度融合等方面，分析核能产业军民融合式发展现状与问题，提出了夯实技术基础、打造军民融合产业园、建立需求拉动机制以及完善军民融合制度建设等一系列促进战略性新兴产业军民融合深度发展的建议。张箐（2015）利用产业融合的理论知识，结合不同领域战略性新兴产业的基本特点，梳理了战略性新兴产业军民融合发展模式。并采取案例研究的方法列举了三种对战略性新兴产业军民融合的实例，对战略性新兴产业军民融合进行了探讨，并提出推进战略性新兴产业军民融合式发展的对策建议。彭中文和韩茹（2017）在梳理美国、日本、以色列等国家军民融合发展及其对新兴产业发展的助推实践的基础上，提出了以军民融合方式驱动新兴产业发展的政策选择，包括：在国家宏观政策层面超前部署军民融合战略和体系；在产业层面进一步加强军民产业标准管理，打造高品质军民融合型产业链，重点发展军民融合产业集群；在企业层面加强军工企业和民营企业之间的资源整合，深化军民研发合作共享机制。胡涓洲和李湘黔（2018）针对湖南省军民融合新兴产业发展，提出了三种主要模式，即军工依托型、民口嵌套型和军民共生型，并指出军民融合新兴产业仍需加强产业发展规划，坚持政府主导与市场牵引并举。

7.5.3　科技领域

科技领域的军民融合发展，最终目的是形成军民融合的科技协同创新体系。因此，在宏观层面上，现有研究主要围绕如何构建军民融合协同创新体系展开①。而在中观和微观层面上，科技领域军民融合的协调机制和交流机制（如军民融合协同创新平台）、激励机制（如知识产权保护），以及实现机制（如两用技术、技术扩散）等，也是重要的理论问题和现实问题。本书在后续章节中会具体、深入介绍军民融合协同创新体系和两用技术及军事技术扩散的相关研究。因此，本节主要围绕军民融合协同创新的含义、军民融合协同创新平台以及军民融合领域的知识产权保护三个大问题展开。

1. 军民融合协同创新的含义

简单来讲，协同创新就是科学、有效地组织与协调各种创新要素，如科技资本、科技人员等，进行创新生产，从而提升创新绩效。在理论研究中，协同创新主要讨论的是创新相关主体之间的整合与协调。如陈劲和阳银娟（2012）认为，协同创新是以知识增值为核心，企业、政府、知识生产机构（大学、研究机

---

① 现有文献关于军民融合协同创新体系的讨论较为丰富，同时基于这个问题的重要现实意义，本书专门另设一章对军民融合协同创新体系进行细致、深入的介绍和评述。为了避免内容重复，本节不再涉及这个主题。

构）、中介机构和用户等为了实现重大科技创新而开展的大跨度整合的创新组织模式，其中基于协同创新的产学研合作方式是国家创新体系中重要的创新模式。已有研究除考察产学研协同创新之外，基于"协同"的含义，将协同扩大到不同地域、不同部门、不同领域的协同，如区域协同创新，军民协同创新。因此，这样的协同创新可划分为两种方式：一种是单个区域、部门或领域创新系统内部企业、科研机构、政府、金融中介等创新主体之间通过协同互动等方式，组织创新资源获得创新成果；另一种则是跨区域、跨部门、跨领域创新系统之间的要素流动与创新主体之间的关联与协同（白俊红、蒋伏心，2015）。

长期以来，国防科技创新体系与民用创新体系是分离的。因为国防科技与武器装备研制生产紧密相连，涉及国家安全等核心问题，难以实现以市场为导向的资源优化配置，创新效率低下（张纪海、李冰，2017）。创建军民融合的协同创新体系，一方面是新时代下实现创新驱动国家发展战略的重要内容，有助于整合资源，实现资源共享和整合，提升国家创新效益；另一方面也可以更好地满足国防科技产品、技术、服务等创新需求。目前关于军民融合协同创新的讨论将重点放在了第二种方式上，即国防科研创新体系和民用科研创新体系之间的协同互动上，认为军民融合协同创新，就是要破除军和民两大创新体系之间的封闭隔离，把军事创新体系纳入国家创新体系之中，促进军民科技信息互通、资源共享、设施共用、技术互促，实现两大体系兼容发展，使军事创新获得民用创新的有力支撑和持续推动，使民用创新获得军事需求拉动（王伟海、罗敏，2018）。例如，王修来、张伟娜和毛传新（2008）提出技术兼容性和互补性作为军民共享的物质基础决定着合作的规模、重点和可能性，并从技术、经济、制度三维视角出发，研究了科技资源军民融合。他们分析指出比较优势和规模经济是军民融合的经济动因；制度因素主要影响军民融合的合作效率。技术、经济、制度因素及其相互关系三位一体共同决定着军民融合的内容、形式及其演变。黎琳、张远军（2015）运用博弈论工具分析军地企业科技资源融合配置的行为模型，探究了军地企业科技资源一体化配置的合理性以及存在的问题，并针对这些问题提出了相应的对策。为更好地推进军地企业科技资源的一体化配置，他们建议应该加强政府激励机制，搭建军地企业科技资源供需对接平台，构建军地企业利益相容机制，完善军品市场准入制度。董晓辉（2016）从军民用技术特性、产业组织形态、政府引导和市场机制作用等方面出发，深入总结比较分析军工优势技术溢出、民用先进技术转移、军民技术双向循环三种军民科技融合模式，有助于推动

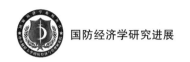

军民科技基础要素融合和协同创新，促进军民技术双向转移转化。

从研究内容来看，对于军民融合的协同创新应包括协同创新的模式（游光荣，2005；杨志坚，2013）、协同创新的机制（董晓辉，2016；郭永辉，2012）、协同创新的绩效（张旭等，2013）等方面；从研究视角来看，既有宏观层面的体系构建与制度设计（贺新闻，2010），也有中观层面的针对产业的研究（乔玉婷等，2016），还包括微观层面企业间的技术共享行为（赵黎明，2017）。这些内容在后续章节中会详细展开。

2. 军民融合协同创新平台建设

军民融合协同创新平台实现是军民融合开放式创新的重要渠道，主要为各创新主体提供信息、人才、金融等方面的支持。军民融合协同创新平台本质上是军品市场和民品市场融合对接进程中的一些协同创新模式（房银海、谭清美，2017）。当资源在民用领域和国防领域间实现充分互补时，协同效应更加明显。

现有研究讨论了军民融合协同创新平台的性质与构成。例如，谭清美等（2014）从产业层面对军民融合产业创新平台的概念进行了界定，认为军民融合产业创新平台是知识性、公共性、动态性和开放性的自适应系统，其组成包括模块供应商、模块集成商、基础设施、外部资源、科研组织和服务组织等。基于平台的公共性和军事性，谭清美等（2014）认为在平台初创阶段，为鼓励产品供给方积极参与国防供给，必须为其提供税收优惠或财政补贴，并予以信誉支持；随着平台逐步成熟，需求范围扩大，信誉效应不断显现，使供给方产品市场不断扩大，规模效益逐步可以实现。李黎晓等（2016）指出，军民融合协同创新平台除具有一般平台的开放、共享的共性，更具有军事、国家安全的特性。李黎晓等（2016）从建设标准化、规范化协同创新平台的技术输出、技术接受、过程服务、指导监督的要素，资源性、动态性、共享性、开放性的性质，技术成果信息汇交和发布、投融资服务、技术转移转化服务、协同创新标准论坛的系统架构，提出了军民融合创新平台构成和建设的相关建议。

军民融合协同创新平台的运行机制也是现有研究讨论的重点之一。王文涛和刘燕华等（2017）重点讨论了军民融合创新平台的对接功能，一是要对接军民技术、资金、人才以及法律法规和政策信息，二是要对接国防和经济建设需求信息，因此需要大力完善对接机制建设，依托国家自主创新示范区，拓展军民融合创新对接功能；加快军民融合的激励、金融、人才、税收、知识产权等政策的设计，设立军民融合专项资金；加强科技计划顶层设计的军民融合。房银海、王磊、谭清美（2017）基于"互联网＋"驱动军民融合产业创新平台运行机理，从科研创新、智能生产与服务支撑、信息传输、基础设施及环境支撑、平台规制五个方面建立了平台评价指标体系，通过构建灰熵层次分析模型并结合评价指标体系，对江苏军民融合产业示范基地进行实际评估。该研究表明，科研创新能力和智能生产与服务能力是军民融合产业创新平台需具备的核心能力，信息传输、基础设施及环境支撑和平台规制能力是平台顺利运行的重要保障。房银海和谭清美（2017）同样基于"互联网＋"驱动军民融合机理，深入军民融合协同创新内涵，探讨了智能生产与服务网络条件下军民融合协同创新平台存在的性质、特征及功能要素。他们将平台体系划分为国防经济系统、社会经济系统、军民融合资源库和智能生产与服务网络系统四大模块，在此基础上分析了军民融合协同创新机制，并提出军民融合成果转化路径，为军民融合发展提供了实践指导。尹兰香、张洋海、廖正华（2017）分析了我国军民融合存在组织制度机制建设不健全、政策法规标准体系不完善、信息不畅、人才匮乏等问题，对"军民科技创新服务平台体系"的构建进行了阐释，认为构建竞争机制、组织保障机制、协同整合机制、创新激励机制为一体的循环往复、螺旋式上升的军民融合科技创新服务平台体系，是解决各项问题的有效举措，更是实现军民融合深度发展的重要手段。

3. 军民融合领域的知识产权保护

基础的科学知识和技术创新具有突出的公共品性质，而知识的生产与传播、技术的创新与扩散往往都是企业和个人的决策行为。因此，知识产权保护是激励研究与开发活动和创新行为的重要制度安排。科技领域的军民融合要实现科技资源、要素和创新成果在国防和民用两个领域的共享和流通，必然涉及知识产权保护的问题。军民融合领域的知识产权保护制度设计不仅要激励创新和军民融合发展，还要考虑国防和军事领域技术与创新保护对于国家安全的意义。现有研究在"国防知识产权"的议题之下，主要讨论了我国国防知识产权制度的现状与问题、政策建议、国防知识产权保护的国际经验、国防知识产权转让以及国防专利等问题。

国防知识产权不仅是一种制度安排，还是一个法律范畴。我国的国防知识产权制度起始于 20 世纪五六十年代，体现在一系列法律法规中，其主导思想是基

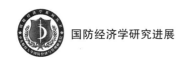

于技术对于军事安全和国家利益的重要意义，进行技术保护。学者们通过梳理，总结了我国国防知识产权制度存在的一些问题。一是尚未形成国防知识产权法规体系，制度的规范引导作用有限，国防知识产权管理机构设置不健全（刘国锋、李红军，2015；冯媛，2016）；二是缺乏国防知识产权军民融合应用的信息交流平台；三是尚未建立国防知识产权评估、评价和交易机制（冯媛，2016）；四是缺少国防知识产权在军民融合中应用的激励机制（刘宜鑫和黄如安，2014；冯媛，2016）；五是现有国防知识产权制度设计主要被限定在国防工业领域，不能完全满足军民融合战略的需求（冯媛，2016）。王九云等（2008）总结了国防知识产权的特殊性，包括发明者和使用者多涉及国防领域，取得或被确认等过程具有非普遍性和保密性，资金主要来自国家出资，功能中的突出表现是维护和巩固国防安全等。陈伟和赵富洋（2009）认为国防知识产权是实现国防科技工业自主创新的制度保证，分析和研究了国防科技工业自主创新和国防知识产权保护的关联作用。

现有文献也分析了典型国家国防领域知识产权的管理模式。易继明（2018）通过研究发现，美国国防领域知识产权管理有两个显著特征：第一，采用一元体制，即由国防部统一领导，采取立体式管理模式，包括权属管理、保密制度、促进成果转化及构建相关的纠纷解决机制，通过合同管理和全流程管理两种方式进行具体实施，其突出理念表现为激励创新与保密例外。第二，遵循了法制原则和市场原则，兼顾了国防利益与承包商利益。一方面，美国国防部通过多种法律保障和鼓励承包商积极参与军品研发；另一方面，美国国防部对相关承包商及分包商进行严格管理，明确承包商的权利及义务，从而保证采办活动有序进行。

基于我国军民融合知识产权制度的问题及国际经验，学者们提出了建设和完善军民融合知识产权制度的政策建议，主要是健全完善军民融合知识产权的法律、法规和政策体系，加强国防知识产权转化机制、完善国防知识产权融资等。例如，张春霞等（2015）阐述了军工企业国防知识产权管理现状，针对当前管理工作中存在的为管理而管理、工作主动性不足以及国防知识产权转化障碍等问题进行了分析，并从加强管理人员激励工作、推动管理规范化系统建设和搭建转化平台等方面提出了国防知识产权管理意见建议。郭永辉（2012）分析了国防工业合作创新的类型与发展特点，系统比较了国防知识产权与普通知识产权的主要差别，突出强调国防知识产权的政治性和公益性，针对国防知识产权制度影响国防工业合作创新的可能性，提出国防知识产权法律体系和管理制度改革、完善的建议。冯媛（2015）对武器装备创新市场化、军民融合和国际化发展趋势进行了分析，探讨了武器装备创新发展对国防知识产权制度的内在要求，分析了现有国防知识产权对武器装备创新的作用机制，指出其更多表现为一种约束机制。在此基础上，她又阐述了我国国防知识产权的制度变迁及特征，并针对产权模式、产权交易和产权保护等提出相应制度安排。刘国锋和李红军（2015）针对存在的问题，提出了加强国防知识产权立法理论研究和顶层设计，完善国防知识产权法规体系，增强国防知识产权法规配套衔接等对策建议，特别是要在完善法规内容时，重点关注国防知识产权归属、权利转移机制、纠纷解决机制、国防知识产权标准等核心条款。冯媛（2016）基于军民融合演变过程，研究了军民融合创新和国防知识产权制度创新的互动关系，并在此基础上对国防知识产权制度安排进行设计：变革国防知识产权的产权模式，明晰其权利归属；建立国防知识产权民用化法规和相关规划；建立科学合理的国防知识产权价值评估体系；加强国防知识产权的保密和解密工作；为国防知识产权运用于军民融合创新提供引导资金。戚刚等（2017）运用新制度经济学的工具方法，分析了制约当前我国国防知识产权转化的关键因素。最后从完善法律体系、保密解密机制、评估体系和建设信息平台、管理运营平台等方面提出推动我国国防知识产权转化的政策建议。

在国防知识产权运行机制，即国防知识产权的转移转化、交易流转、质押融资等方面，也有学者进行了探讨。杨筱、李振和曾立（2015）着眼于国防知识产权转化现状与问题，从经济学角度分析了国防知识产权资本运营的原理，认为应当根据国防知识产权的资本属性特征，更好地发挥市场对创新资源配置的决定性作用，降低交易费用，加强和改进国防知识产权资本运营管理，在政府、国防科研院所、企业等主体间架起互动沟通桥梁，处理好资金、技术和收益之间的关系，以更好地激励创新、驱动发展。杨筱（2015）进一步提出，可以借鉴一般知识产权运营的做法与经验，针对国防知识产权运行中出现的市场失灵，从创新政府治理模式、引入市场机制、增强法律法规建设、搭建公共服务平等途径入手，逐步理顺政府与市场的关系，进行国防知识产权运营的市场化改革。此外，林金枫等（2018）从国防知识产权运营机制的总体框架，可市场化国防知识产权的生成机制、价值生产机制、实现与传递机制等方面，设计了军民融合背景下国防知识产权运营机制，并从相关法规建设、培育中介服务机构等方面提出了保

障措施建议。

还有学者专门针对国防知识产权制度中的国防专利制度提出了政策建议。按照我国《国防专利条例》（2004）的规定，国防专利是涉及国防利益以及对国防建设具有潜在作用需求保密的发明专利。因此，国防专利具有两个明显特征：一是主要是在军事科技领域产生的技术成果；二是与一般专利相比具有严格的保密性要求。学界普遍认为，我国国防专利转化困难，利用效率不高（王林等，2006）。究其原因，一是国防科技领域壁垒严重，缺乏公平公正的交换机制（张近乐和杨云霞，2010）；二是国防知识产权保护制度落后，制约国防专利技术转化（张武军等，2011）；三是国防科研体制、技术标准、科研单位等与民用领域的协调性差、差异大，造成军民专利技术转移效果不好（杨志坚，2013；杨少鲜等，2014）。

何培育（2015）分析了我国新常态下国防专利转化的现实意义，并阐述了我国国防专利转化面临权利归属、保密机制、转化模式、服务机构等多方面的障碍，提出需要从完善相关立法、构建国防专利转化多方联动机制、发挥市场资源配置作用、加强国防专利转化中介服务建设等方面多措并举的建议。郭德忠（2016）从国家和研发单位利益平衡角度对国防专利制度改革提出了建议。他指出，国防专利制度中国家利益和研发单位的利益是不一致的：国家的核心利益在于保密监控、国家征用；研发单位的核心利益在于对国防专利的所有并获取经济收益，保密补偿居于次要地位；发明人的核心利益在于获得报酬和激励。因此，他建议将国防专利的归属权改为研发单位所有，在保障国家保密监控和征用实施的前提之下，扩大研发单位自主实施的权利。总体而言，现有研究的政策建议主要集中在国防专利的归属问题（段鹏飞，2015），国防专利的实施、转化和利用问题（如张艳丽，2009；旷毓君等，2014），国防专利的定密解密问题（杨梅兰，2015）以及侵权保护和纠纷解决机制问题（如唐代盛等，2015）。

7.5.4 其他领域

教育领域、社会服务领域、应急和公共安全领域、海洋开发和海上维权以及国家海外利益方面不是军民融合研究的传统内容，因此文献数量比较少，但属于军民融合深度发展的重要领域和新兴领域，具有深入研究价值。

1. 教 育 领 域

教育领域的军民融合发展研究聚焦于军民融合式人才培养方面。所谓军民融合式人才培养，是指以国民教育体系为依托，通过军队和社会共同培养的方式，为经济社会和国防建设培养人才，既包括社会为军队培养的人才，也包括军队为社会培养的人才（杨梅枝等，2011）。而当前文献研究的重点放在了如何依托国民教育体系培养军事人才方面。例如，杨梅枝等（2011）探讨了构建军民融合式人才培养体系问题，他们从顶层设计、法律法规、体制机制、培养模式等一系列人才培养环节讨论了如何实现军队和社会共享资源、互惠双赢、共同培养人才的体系建设。梅阳（2015）从经济学的分工理论出发，探讨了军民融合人才培养的理论动因，分析其在加强军事斗争人才准备、促进官兵队伍结构性变革和提升军民互惠格局方面的比较优势，针对当前军民融合人才培养现状及存在的问题，给出了加强顶层设计统筹规划，创新人才遴选任用机制、聚焦强军人才需求对接，盘活区域军地教育资源的对策思考。杜人淮（2017）认为完善军民融合的军事人才培养使用体系，需要加快推动军事人才军民融合发展体制和政策创新，创建军事后备人才培养制度，健全依托社会开展军事人才专业评价制度，强化军事人才军民融合培养使用的激励保障机制。

2. 社 会 服 务 领 域

社会服务领域的军民融合发展研究重点是军队生活服务保障、装备保障纳入社会服务保障体系之中。

郭祥雷和刘丽文（2008）指出，军民融合的装备保障体系建设主要包括法规制度建设、组织体系建设和信息环境建设在内的保障环境建设与包括产品保障的融合、物流保障的融合和维修保障的融合在内的保障内容建设两个方面。强调在推进装备保障军民融合过程中应注意明确界定责、权、利；确立明确的保障标准；实施有效的合同激励。陈传君（2009）在分析我军武器装备保障与维护军民融合的现状及主要问题的基础上，从设置管理机构、拓宽"绿色"通道、发展两用技术、规范动员工作和加强人才融合五个方面提出了我军武器装备保障与维护军民融合的对策及建议。曹成俊（2016）分析了装备领域实现军民融合深度发展的重要意义，提出了装备领域实现军民融合深度发展需把握的基本原则，并针对装备领域实现军民融合深度发展面临的挑战，

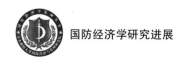

从聚焦打赢能力、规范运行程序、加强资源统筹、健全科学机制等主要方面，提出了相应的对策思考。

熊德禹和吕慧芳（2010）建议应从组织体系、技术体系、人才储备体系和力量体系四个方面，大力推进军民融合后勤保障体系建设。范德军（2016）认为军队后勤保障具有任务重、专业分工细和建设标准高的特点，必须借助社会、市场的力量，采取军民融合的方式。他提出，搞好规划计划、统一技术标准、坚持依法施治，建设平战一体的保障力量，精准直达的物资储备体系、军地共享的信息数据、军民通用的人才队伍为重点，推进后勤军民深度融合发展。

7.6　军民融合的绩效评估研究

当前军民融合已进入初步融合向深度融合过渡阶段，然而，如何判断和评估我国军民融合发展的水平、规模、布局、结构、速度和效益，并能更好地选择军民深度融合战略发展方向，对于摸清我国各层面、各部门、各地区和各领域军民融合发展现状，研究军民融合国家战略，制定科学政策以及提高军民融合发展质量都具有重要意义。

7.6.1　军民融合绩效评估研究综述

高度重视评估在军民融合发展中的作用效能，是美欧等国家的基本做法。经典的文献如美国国会技术评估局《军民融合潜力评估报告》（2004，2005），重点对阻碍美国国防科技工业同国家民用科技工业基础结合的各种因素进行了分析，并提出了相应的对策建议。该研究不足之处在于：多为定性描述和案例分析，对军民融合发展绩效没有定性描述和定量测度。国内对这方面研究的重要意义目前还认识不够，少数几篇定性描述和探讨的文献如元彦梅等（2015）、游光荣（2017）、王文华（2017）、顾建一（2018）的研究。而仅有的几篇定量研究文献可以归纳为以下两方面。

1. 基于军民融合度的评估

一些学者通过引入融入（或融合）度概念进行评估。如朱庆林（2002）认为国防动员建设融入国家经济建设存在一种可能性边界，即融入度。耿继超（2003）在此基础上提出了约束融入度的资产专用性系数（PSP）概念，得出 0 < PSP < 1 的结论。随后，马五星（2009）又提出了军民融合度概念，指出它介于 0 和 1 之间，越靠近 1 说明军民融合状况越好。为此，李健等（2012）又从个体、总体数量和整个系统三个维度分别对微观、中观和宏观军民融合度进行了初步尝试性研究。最近，李晓松（2013）界定了装备科研生产军民融合度概念，构建了基于模糊 Petri 网和系统动力学的装备科研生产军民融合度仿真分析模型。这些研究对评价我国军民融合现状提供了多个分析视角，具有一定的理论意义。

然而，这些研究不足之处在于：第一，融入（或融合）度概念相对比较模糊，不能对军民融合实质和内涵进行深入刻画；第二，测度方法或没有，或仅用一个比值表达而显得过于简单，或通过模拟仿真计算而显得过于复杂，而且仅用 0 和 1 之间的数来表示军民融合程度，没有等级划分和评价标准；第三，该概念指标单一，分析多侧重于民参军，对军转民和军民双向互动均没有涉及，更没有深化对军民融合深度发展的认识。

2. 基于军民融合指标体系的评估

还有一些学者通过建立指标体系进行评估。这方面的研究最早可以追溯到李荫涛（1991）从微观、中观和宏观三个层次对国防科技工业军民结合体制评价指标体系的初步研究。之后，李健和徐小华（2008）从体制机制、科研生产、后勤保障和人才培养四方面融合建立指标体系对军民融合现状进行了评价。兰卫国等（2011）根据协同理论，从剩余资源、整合、创新、信息化和风险五方面建立指标体系，利用灰色关联方法对军工集团军民融合度进行了评价。最近，哈尔滨工程大学（2013）分别从融合基础、深度和效果三方面对军民融合发展水平指标体系进行了初步探讨。任宏军（2014）从结合基础、产业结合和要素结合三个方面对我国军民结合发展水平进行了评价。杜人淮等（2017）从国防效益、经济效益、社会效益和综合效益四个方面对国防工业军民融合效益评价的基本方法进行了研究。马喜芳等（2017）从综合效益、主体价值、运行机制和成

长动力四个维度，构建了一个区域军民融合绩效评估体系。李晓松等（2017）首先从投入和产出效果两方面构建了宏观发展指数评价指标，然后从基础融合和市场融合效果两方面构建了中观指数评价指标，最后从规划融合和执行融合效果两方面构建了微观发展指数评价指标。李宏宽等（2018）考虑评估指标见的相互关联性，运用 DEMATEL-ANP 方法，从军民融合发展的基础、策略、环境三个方面构建我国军民融合发展水平指标体系，并对指标权重进行分析，运用灰色关联分析法对我国军民融合发展水平进行实证评估。这些研究从多个维度建立指标体系评价军民融合现状，对推动和丰富军民融合理论和实践有着非常重要的意义。

这些研究不足之处在于：第一，研究大多侧重于简单指标体系建立，没有指标解释和说明，没有具体评价方法以及评价等级和标准；第二，评价指标单一和片面，只侧重于体制评价，或重点领域评价，或企业评价，没有对更广领域、更高层次和更高水平的军民融合进行全方位和全要素的评估；第三，现有研究均不涉及对各部门、各层面和各领域的军民融合发展绩效测度与评估，更没有对军民融合发展绩效的整个评估理论和模型体系进行全面、系统而深入的研究。

7.6.2 军民融合绩效评估的指标体系

通过建立军民融合的指标体系是对军民融合绩效进行评估的重要方法之一。尽管这方面的研究数量不多，但不同研究采取的不同视角、构建的不同指标体系，对于后续研究是非常具有借鉴意义的。

1. 区域层面军民融合发展水平评估指标体系

哈尔滨工程大学课题组（2013）以国家行政区划定的区域为对象，对区域军民融合发展水平评估指标进行了研究。该课题组认为，军民融合发展水平评估工作应以区域为载体，以引导区域实现富国强军相统一为目标，围绕经济、科技、教育、人才和后勤保障等领域，以武器装备科研生产、军队人才培养、军队保障和国防动员为重点，大力推进军地资源开放共享、军民两用技术相互转移的质量和水平，提高国防实力和军事能力，大力推进建立适应社会主义市场经济规律、满足打赢信息化条件下局部战争需要的中国特色军民融合式发展体系，促进经济建设和国防建设融合互动发展，从整体层面推进军民深度融合，进而提升区域军民融合发展的质量和效益。

该课题组在借鉴国外军民结合发展潜力评估和开展军民融合发展工作的经验基础上，通过对区域军民融合发展规律的探讨和研究发现，融合基础、融合深度和融合效果三个要素与军民融合工作最为相关。以此三个方面作为三个一级指标，该课题组提出了"军民融合发展水平评估指标体系"的总体框架（见表 7 – 6 – 1）。

表 7 – 6 – 1　　　　　军民融合发展水平评估指标体系总体框架

一级指标	二级指标	三级指标
融合基础	国防工业开放程度	军民产品标准通用化水平
		军工企业股份制改造融资规模
		军民融合产业发展专项资金
	"民参军"规模与实力	武器装备科研生产许可证获得单位数量
		"民参军"企业年销售收入金额
		民用单位军品科技研发投入金额
融合深度	军品科研生产社会化	军工企业民品研发投入比率
		军工企业民品产值比重
		国有独资军工企业占军工企业改制比重
		民用单位科研人员参与军品科研比率
		民用单位军品科研生产能力
	军队人才社会化	地方高校培养军队干部数量
		军队特招地方专业技术人员入伍数量
		退役军人安置比率
	军队保障社会化	军民通用基础设施建设比率
		军民通用物资储备社会化比率
		军队医疗保障社会化比率
		武器装备维修社会化比率
		武器装备采购社会化比率
		战略交通运输力量社会化比率
	国防动员社会化	应急与应战一体化水平
		国防动员社会化网络建设水平

一级指标	二级指标	三级指标
融合效果	地方经济效益	具有军民两用技术特征的主导产业增加值占 GDP 比重
		军工企业工业增加值占 GDP 比重
		军民融合基地固定资产投资金额
	军工企业竞争力	军工企业 R&D 经费支出占工业增加值比重
		军工企业成本费用利润率
		军工企业全员劳动生产率
		单位工业增加值专利量

资料来源：哈尔滨工程大学. 关于军民融合发展水平评估指标体系的思考［J］. 中国军转民，2013：70.

表 7 - 6 - 1 中，融合基础指的是该区域为推进军民融合提供的基础和环境，包括国防工业开放程度、"民参军"规模与实力两个二级指标，旨在评估国防工业向民口单位开放的程度和支持力情况，以及"民参军"企业规模与实力。融合深度指的是该区域应用社会资源参与国防建设的能力和水平，包括军品科研生产社会化、军队人才社会化、军队保障社会化、国防动员社会化四个主要方面，旨在反映军工企业开发和生产销售民品的情况、军队人才与地方人才流动情况、军队武器装备和后勤保障社会化水平和军地国防动员一体化情况。融合效果指的是通过推进军民融合对区域经济社会发展的贡献水平，包括地方经济效益和军工企业竞争力两个指标，旨在评估区域和军工企业通过实施军民融合实现经济效益提升的情况。同时该课题组指出，就军民融合发展水平评估而言，其目的不仅仅是对各地区军民融合发展水平进行评比，更重要的是引导推进军民融合的方向、内容和切入点，推进区域军民深度融合，从而促进区域国防建设和经济发展协调和可持续发展。根据上述指标体系开展军民融合发展水平的评估，可以明确本区域军民融合发展的薄弱点，为政策的制定提供有力支撑。另外，可以找到与其他类似地方的差距，找到标杆，进行赶超。

马喜芳等（2017）引入平衡计分卡和 360°反馈方法作为理论基础，构建了一个区域层面的军民融合绩效评估体系。他们将军民融合区域战略目标分解为 4 个维度，即 4 个一级指标、17 个二级指标和 62 个三级指标。

区域军民融合绩效主要体现在军事效益与经济效益，而这些效益是由军民融合行为主体包括政府、军方、企业与科研单位（如高校）创造的，它们既是评估者，又是利益相关者。只有相关体制运作稳健，才能确保这些行为主体释放能量。最后，将成长动力落实到基础资源上，包括社会支持、人才培养，以及区域产业结构与技术创新等，后者才是军民融合深度发展的真正原动力。因此，马喜芳等（2017）考虑的四个维度分别是：维度一，综合效益，包括军事效益（要反映技术成本和整体贡献）和经济效益。维度二，行为主体，包括政府、军方、大学科研机构和企业（满意度）。维度三，运行机制，包括领导体制、法规政策、军民科技协同创新、国防动员、保障社会化及投资融资。维度四，成长动力，包括自然资源、社会环境、基础设施、人力资源、产业结构、技术创新和企业改革升级。

这四个维度具有层层递进的内部逻辑关系，弥补了绩效评估过度依赖财务指标、关注内部和侧重短期目标的不足，达到了财务与非财务、过程与结果、内部运营与外部客户、近期目标与远期关注的平衡。同时，它将区域军民融合中军转民、"民参军"包含的融合质量、水平、现状及潜力等科学地纳入体系中，从而指明了区域军民融合发展方向。

2. 国防工业军民融合效益评估指标体系

杜人淮和郭玮（2017）把国防工业军民融合效益界定为国防工业军民融合项目、活动等投入与其产生的国防贡献、经济贡献和社会贡献之间的对比关系。相应地，国防工业军民融合效益可进一步分解为军民融合国防效益、军民融合经济效益、军民融合社会效益以及进行整体考察的军民融合综合效益（见表 7 - 6 - 2）。

表 7 - 6 - 2　　　　　国防工业军民融合效益评估指标体系

一级评价指标	二级评价指标	三级评价指标
国防效益 （d）	军事效益 （d_1）	单位投入军队保障提升程度（d_{11}）
		单位投入军事技术进步提升程度（d_{12}）
		单位投入新装备提升程度（d_{13}）
		单位投入装备应急生产能力提升程度（d_{14}）
	安全效益 （d_2）	单位投入降低战争（或冲突）风险发生程度（d_{21}）
		单位投入降低动荡风险发生程度（d_{22}）

一级评价指标	二级评价指标	三级评价指标
经济效益 （e）	直接经济效益 （e_1）	单位投入直接人员工资福利增长程度（e_{11}）
		单位投入直接税后利润增长程度（e_{12}）
		单位投入直接收税增长程度（e_{13}）
		单位投入直接折旧变化程度（e_{14}）
	间接经济效益 （e_2）	单位投入间接人员工资福利增长程度（e_{21}）
		单位投入间接税后利润程度（e_{22}）
		单位投入间接税收增长程度（e_{23}）
		单位投入间接这就变化程度（e_{24}）
社会效益 （s）	科技效益 （s_1）	单位投入（发明、实用新型等专利）增长程度（s_{11}）
		单位投入科技进步增长程度（s_{12}）
		单位投入科技贡献增长程度（s_{13}）
		单位投入人力资本增长程度（s_{14}）
	民生效益 （s_2）	单位投入就业程度（s_{21}）
		单位投入医疗卫生发展程度（s_{22}）
		单位投入教育发展程度（s_{23}）
		单位投入交通发展程度（s_{24}）
	环境效益 （s_3）	单位投入绿化增长程度（s_{31}）
		单位投入减排增长程度（s_{32}）
		单位投入减灾增长程度（s_{33}）
综合效益 （a）	硬实力发展 效益（a_1）	单位投入现实硬实力增长程度（a_{11}）
		单位投入潜在硬实力增长程度（a_{12}）
	软实力发展 效益（a_2）	单位投入现实软实力增长程度（a_{21}）
		单位投入潜在软实力增长程度（a_{22}）

资料来源：杜人淮和郭玮．国防工业军民融合效益评价研究［J］．科技进步与对策，2017，34（16）：109.

（1）军民融合国防效益（d）。国防工业的首要职责是支撑国防军队建设。因此，国防效益是国防工业军民融合发展的首要也是重要的效益目标。所谓军民融合国防效益，是指国防工业（要素、项目或产品、活动、制度等）军民融合发展投入（人力、物力、财力等资源）与其获得的国防产出之间的对比关系。提高国防工业军民融合国防效益，就是要通过军民融合发展，以最低的资源投入获得尽可能大的国防产出。国防工业支撑国防军队建设的职责，决定了国防工业军民融合发展必须为生成和提高军队战斗力、维护和巩固国家安全提供物质技术支撑。因此，国防工业的最终产出是军队战斗力和国家安全，具体体现为国防工业开发和研制的军事技术、武器装备等物质技术手段状况。据此，可把国防工业军民融合国防效益细分为军民融合军事效益（d_1）和安全效益（d_2）。所谓军民融合军事效益，是指国防工业军民融合发展投入与其提供的军事技术和武器装备等形成的军队战斗力之间的对比关系；所谓军民融合安全效益，是指国防工业军民融合发展投入与其提供的军事技术和武器装备等获得的国家安全之间的对比关系。

（2）军民融合经济效益（e）。所谓国防工业军民融合经济效益，是指国防工业（要素、项目或产品、活动、制度等）军民融合发展投入（成本或费用）与其获得的经济产出（主要指产值，包括工资福利、税后利润、税收等）之间的对比关系。国防工业军民融合经济效益包括军民融合直接经济效益（e_1）和军民融合间接经济效益（e_2）。所谓军民融合直接经济效益，是指由军民融合发展直接产生的经济产出增加、成本或费用节约等；所谓军民融合间接经济效益，是指通过军民融合发展的外部性或外溢效应所产生的经济产出增加和成本节约等，是军民融合发展投入和直接经济产出经过多轮传递带来的新经济产出与成本节约。

（3）军民融合社会效益（s）。国防工业还需进一步为社会建设服务，并通过军民融合发展不断提高社会效益。所谓国防工业军民融合社会效益，是指国防工业（要素、项目或产品、活动、制度等）军民融合发展投入（人力、物力、财力等资源）与其获得的社会产出之间的对比关系。国防工业服务于社会建设，主要体现在促进科学技术发展、保障和改善民生、保护和优化生态环境等。据此，国防工业军民融合社会效益可进一步细分为军民融合科技效益（s_1）、军民融合民生效益（s_2）和军民融合环境效益（s_3）。所谓军民融合科技效益，是指国防工业军民融合发展投入与其产生的科技自主创新、科技进步发展等之间的对比关系；所谓军民融合民生效益，是指国防工业军民融合发展投入与其形成的就业、住房、教育、医疗卫生和社会保障等民生之间的对比关系；所谓军民融合环境效益，是指国防工业军民融合发展投入与其产生的减排、减灾等生态环境之间的对比关系。

（4）军民融合综合效益（*a*）。要提高国防工业军民融合效益，不能片面追求某一方面，而应该整体把握国防工业军民融合发展的整体效益。所谓军民融合综合效益，是指国防工业军民融合发展的整体投入与综合产出之间的对比关系，是国防工业军民融合深度发展产生的国防效益、经济效益、社会效益等总体考量。

总体上讲，国防工业军民融合发展对国防、经济、社会和整体的影响，既有正面效应，也有负面效应。因此，对国防工业军民融合发展效益的评价，只能基于军民融合发展效益与军民分离发展效益的比较，通过军民融合发展产出/军民融合发展投入与军民分离发展产出/军民分离发展投入的分析，借助军民融合发展的单位投入产出增长率等指标，评价国防工业军民融合发展的国防效益、经济效益、社会效益和综合效益。

3. 考虑指标关联性的我国军民融合评估体系

李宏宽等（2018）借鉴中国古代法家哲学思想中"法、术、势"的理论，认为事物的发展需要在秩序规则、权谋策略、外部形势上同时进行完善和提升并形成系统性的协同效应。将此理论与我国军民融合式发展所具有的规律和特点相结合，并通过对国内外长期从事军民融合工作的专家学者和政府、军队、企业内相关人员的调研访谈，以军民融合战略所肩负的统筹经济建设与国防建设的使命为导向，在考虑指标科学性、系统性、数据可获取性和可操作性的基础上，从基础、策略、环境三个维度更为全面地对我国军民融合发展水平评估指标体系进行构建（见表7-6-3）。

首先，军民融合式发展的基础是指军民融合行为活动的规范和实施能力，包括行为规范的秩序基础、设施装备等工具支持以及专业的人力资源支持，即行为规则、设施装备和机构人员三个方面，属于军民融合式发展的显性硬实力。其次，军民融合式发展策略是为了达到特定的政治、经济或军事等目的而采取的行为策略，包括装备及设施等器物的使用策略、协调内部资源与利益分配的策略以及国际外交中的合作与遏制策略，即御器策略、权衡策略和纵横策略三个方面，属于军民融合式发展的隐性硬实力。最后，军民融合式发展环境是指影响军民融合行为活动，并与自然和人文社会活动相关的外部因素，以及军民融合行为活动主体的认知能力，即自然之势、人为之势和度势之能三个方面，属于可以从根本上彻底颠覆游戏规则的决定性软实力。

表 7 - 6 - 3　　　　　　　　　我国军民融合发展水平评估指标体系

一级评估指标	二级评估指标	三级评估指标
军民融合式发展基础	影响军民融合发展的相关规则情况（RG）	科技计划领域政策体系对军民融合发展的适应性（RG1）
		武器装备科研生产领域政策体系对军民融合发展的适应性（RG2）
		军需物资采购领域政策体系对军民融合发展的适应性（RG3）
		基础设施建设领域政策体系对军民融合发展的适应性（RG4）
		战略物资产能储备及国防动员领域政策体系对军民融合发展的适应性（RG5）
		国防科技工业体系改革领域相关政策体系对军民融合发展的适应性（RG6）
		核安全及大型战略工程规划相关政策体系对军民融合发展的适应性（RG7）
军民融合式发展基础	支撑军民融合发展的硬件设施情况（FP）	具有军民两用潜力的重要设备设施储备情况（EP1）
		具有军民两用潜力的技术资源储备情况（EP2）
		军民共享实验室的建设情况（EP3）
		军民融合公共服务平台的建设情况（EP4）
	军民融合相关部门的组织结构和人员配置（OP）	军民融合相关企业的组织结构和人员配置对军民融合发展的适应性（OP1）
		军民融合相关科研部门的组织结构和人员配置对军民融合发展的适应性（OP2）
		军民融合相关政府职能机构的组织结构及人员配置和专业化情况（OP3）
		军队内军民融合相关部门的组织结构和人员配置对军民融合发展的适应性（OP4）
军民融合式发展策略	军民融合相关资源的利用效果（UE）	军民两用技术资源的现实运用效果（UE1）
		军民两用设备资源的现实运用效果（UE2）
		军民两用人力资源的现实运用效果（UE3）

续表

一级评估指标	二级评估指标	三级评估指标
军民融合式发展策略	军民融合对资源和利益分配的调节作用（DA）	军民融合对研发领域资源和利益在军民间分配的影响（DA1）
		军民融合对生产领域资源和利益在军民间分配的影响（DA2）
		军民融合对试验领域资源和利益在军民间分配的影响（DA3）
		军民融合对服务领域资源和利益在军民间分配的影响（DA4）
	军民融合对我国国际外交的影响（IR）	军民融合对我国对外技术交流与合作的影响（IR1）
		军民融合对我国对外贸易的影响（IR2）
		军民融合对我国对外军事交流与合作的影响（IR3）
军民融合式发展环境	军民融合发展所需自然资源的储备（NR）	民用开发可以作为军用基础的自然资源储备（NR1）
		军用开发能够带动民用发展的自然资源储备（NR2）
军民融合式发展环境	军民融合发展所需人文资源的储备（HR）	有关军民融合的社会舆论发展情况（HR1）
		军民融合和相关理论学说和思想体系的发展（HR2）
		支持军民融合行为活动的前沿基础技术积累情况（HR3）
	军民融合行为活动的评估认知能力（EV）	军民融合领域评估理论、方法的发展情况（EV1）
		从事针对军民融合行为活动的评估机构发展情况（EV2）

资料来源：李宏宽.考虑评估指标关联性的我国军民融合发展水平评估研究——基于 DEMATEL – ANP 模型与灰色关联分析法［J］.科技进步与对策，2018，35（9）：115.

7.7 本章小结

目前来看，国内学者对军民融合的研究还是较为丰富的。在中国知网文献数据库中，以"军民融合"及其相关关键词"军民结合""军民一体化""军民两用""寓军于民""民参军"为主题词的文献（截至 2018 年 8 月 5 日）已超过 24000 篇，其中期刊文献已超过 10000 篇（严明，2018）。关于军民融合的文献发表数量呈波动式上升，尤其在 2013 年以后，文献增长的数量非常快（韩国元等，2017）。这也表明，近年来，对军民融合的研究日益受到关注。这些文献研究的重点是军民融合的内涵及理论体系研究、军民融合发展的历史及现状、世界主要国家军民融合发展的经验借鉴研究、重点及新兴领域（特别是产业、科技和创新领域）的军民融合发展、军民融合绩效评估等几大方面（章磊等，2016；严明，2018）。

　　然而，我们通过对文献的梳理与分析发现，目前国内军民融合研究在内容上具有很大的相似性，重复度高（章磊等，2016）。在核心期刊上发表的高质量研究还比较少，仅 300 余篇（石学彬、陈荣，2018），表明研究深度和研究水平有待加强和提升（章磊等，2016；韩国元等，2017）。尽管如此，这些文献是深入研究军民融合的基础与理论起点。

第 8 章

军民融合创新体系的研究
议题与研究进展

8.1 引　　言

党的十八大以来，党中央正式将军民融合上升为国家战略。习近平在中央政治局第十七次集体学习时强调，要坚定不移走军民融合创新之路，在更广范围、更高层次、更深程度上将国防创新体系纳入国家创新体系中。军民融合创新体系不仅是国家创新体系的重要组成部分，更是军民融合理论发展、实践活动以及国家创新治理的重要议题。

国家创新体系的概念由弗里曼于 1987 年首次提出（Freeman，1987），他认为国家创新体系是由公共和私有领域的机构形成的网络系统，体系内各行为主体通过制度安排和相互作用，提升一国整体技术创新水平。伦德瓦尔（Lundvall）进一步丰富了国家创新体系的概念，认为创新体系是由生产、扩散和使用新的、经济上有用的知识的主体之间相互联系作用构成的复合体（Lundvall，1992），即国家创新体系，为整个国家内部相关要素和关系构成的系统。尼尔森（Nelson）认为，国家创新体系是一系列通过相互作用影响整个国家企业创新绩效的机制或机构的总和（Nelson，1993）。尽管理论界对于国家创新体系尚未形成一致定义，但达成了三点共识：第一，国家创新体系的研究层次是国家层次，研究对象是一国的创新体系；第二，国家创新体系的理论核心在于创新；第三，国家创新体系强调体系内的组织及组织之间的相互作用关系。

军民融合创新体系（civil-military integration innovation system）与国家创新体

系有着密切的关系，它是国家创新体系的重要分支，将技术创新看作国家经济增长的核心要素。国家创新体系的基本理论和分析框架也适用于军民融合创新体系的分析。但在分析军民融合创新体系时需要关注以下四点。第一，从国家创新体系的基本定义来看，军工企业、军工科研机构都属于国家创新体系的范畴。从这个意义上来讲，国家创新体系是比军民融合创新体系涵盖范围更大的概念。第二，军民融合创新体系更加强调国防部门的特殊性，构成主体不仅包括来自民用部门的各组织，还包括来自军队和军工部门的组织，军民融合创新体系研究的重心在于军民双方的融合。第三，军民融合创新体系的研究不仅要解决产业链上不同主体之间的关系，同时还要界定分别来源于军方和民用部门的同一类型的主体之间的关系，如军方科研院所和民用科研院所之间的协调。第四，军民融合的目的在于降低创新成本、提高资源配置效率、减少重复创新、实现国防和民用领域技术水平的整体提升，最终提升整个国家的创新能力和科技实力。因此，军民融合创新体系内的要素也有所不同，比如军民融合创新体系的目标更加复杂多元，需要兼顾国家安全和经济效益。

　　本章分为六节，对军民融合创新体系的经典和最新研究成果进行梳理和综述。8.1 节是引言，介绍国家创新体系和军民融合创新体系的基本概念。8.2 节基于当前公开发表的研究成果，刻画了国内外军民融合创新体系的全局概况，让读者能够对军民融合创新体系领域的研究形成整体的了解。8.3 节梳理了军民融合创新体系的理论源起，主要是针对现有研究中关于军民融合创新体系与国家创新体系的关系进行论述，在此基础上提出军民融合创新体系的概念。关于军民融合创新体系的结构和治理是现有研究主要关注的话题。8.4 节则重点挑选了几篇典型的文献，将其搭建的军民融合创新体系的治理结构遵循逐步递进的关系予以呈现。尽管军民融合创新体系的研究以定性和规范化分析为主，但是长远来看，定量、实证研究对于军民融合创新体系理论的发展具有决定性作用，对于提升创新体系的治理水平和效率至关重要，因此 8.5 节总结归纳了现有定量研究进展。8.6 节是本章小结。

8.2　军民融合创新体系研究概述

8.2.1　军民融合创新体系的国外研究

实现国防部门和民用部门的融合创新是世界性的话题。国外关于军民融合创新体系的研究主要出现在 20 世纪 90 年代。这主要是基于两方面的时代背景：一是冷战的结束标志着长达 40 年之久的世界军备竞赛正式落下帷幕。冷战期间，美国、苏联等国大力发展国防工业，但是随着军费开支的大幅度削减、军事需求的急剧下滑，国防工业面临着前所未有的巨大压力。公共政策部门、学术界纷纷开展了一系列关于军民融合发展的研究。二是国家创新体系概念的出现及快速发展。弗里曼于 1987 年首次提出国家创新体系的概念；伦德瓦尔（1992）给出了更为丰富的解释，认为创新体系是由生产、扩散和使用新的、经济上有用的知识的主体之间相互联系作用构成的复合体，国家创新体系即为整个国家内部相关要素和关系构成的系统；尼尔森（1993）认为国家创新体系是一系列通过相互作用影响整个国家企业创新绩效的机制或机构的总和。

军民融合发展的现实需要以及国家创新体系的理论发展，共同推动着全世界各界对军民融合创新体系实践和理论发展的高度关注。其中，1994 年，美国国会技术评估办公室（OTA）在《军民融合潜力评估报告》中率先使用了"军民一体化"一词，提出了要将国防工业和民用部门结合起来，形成一个统一的国家创新体系。总体来看，国外学者关于军民融合创新体系的研究主要关注军民融合创新体系的结构和制度建设方面的问题。

1. 军民融合创新体系的结构

根据军民组织之间联系的强弱，存在两种军民合作创新的模式——协同和融合。协同是指军民双方在完全保留自主权的情况下基于某一特定的任务开展创新合作；而融合则需要军民双方必须放弃自主权，组成"行动共同体"——即创新体系（Mukherjee，2017）。谭和李（Tan & Li，2016）又将这种"行动共同体"称为创新平台。创新平台是由不同的模块（如基础研究机构、政府监管部门、中介服务部门）组成，企业在整个创新平台中发挥着整合不同模块的作用。不同模块之间的联系体现为要素的双向流动（Qingmei & Dandan，2016）。创新体系的结构不是一成不变的，存在主动演化和被动演化。主动演化多与创新体系内核心技术的变化有关（Qingmei & Dandan，2016）；被动演化则是由政府政策主导（Bellais & Guichard，2006；Lavallee，2010）。

2. 军民融合创新体系中的制度环境建设

制度环境（政府政策）是军民融合创新体系研究的焦点，这些研究认为创新体系本质上是一种制度安排，政府作为经济和社会发展的"无形之手"，在军民融合创新体系的建设中发挥了极其重要的作用。正如美国国防经济学家雅克·S. 甘斯勒（Jacques S. Gansler）在《军事技术与民用技术之间的关系》一文中所说："军事经济与商业经济的阻断会损害双方的利益，只有政府才能拆去二者之间的栅栏。"历史和实践经验表明，由政府主导的制度环境建设是影响军民双方协同创新的重要因素（甘斯勒，2013）。更具体来讲，国家政策会直接影响军民双方的技术转移和合作，从而会影响整个创新体系的运行。以以色列国防工业的发展和 MAGNET 项目为例，维克斯坦（Vekstein，1999）指出，行之有效的技术政策能够极大促进技术的转移和扩散，从而弥补 R&D 投入的不足。技术转移可以分为国防部门向民用部门的转移或民用部门向国防部门的转移。军用技术向民用部门转移的主要障碍在于国防部门设立的独特的技术标准、采购要求等（Brandt，1994）。而军用技术的民用化主要制约因素在于知识产权保护（Bellais & Guichard，2006）。因此，应当制定积极地促进军民双方技术转移的政策。批评者认为，军民融合是一种"战略外包"，即将国家安全外包给民用部门。这种做法无疑会对国家安全造成潜在的威胁，因为民用部门与国防部门的根本目的是不一致的，甚至是相冲突的（Lavallee，2010）。但是支持者认为，国家安全不仅包括军事安全，还包括社会和经济安全，在注重军事安全的同时忽略其他安全并不能使国家安全利益最大化（Vekstein，1999；Bellais & Guichard，2006）。政府技术政策最直接的体现是政府对科研机构或企业的 R&D 投入，由此推动整个体系的创新活动。除此以外，国防采办对创新体系发挥需求拉动的作用，国防采办政策反映了政府的技术倾向以及长远规划，从而为科研机构和企业的研发活动提供间接的指引。以 NBER 数据库为样本，萨尔（Saal，2001）分析了政府采购对制造业生产率的影响。结果表明，政府采购对制造业生产率的提升有显著的正向影响，且这种影响在不同的发展阶段具有一致性。

8.2.2　军民融合创新体系的国内研究

本小节以中国知网收录的研究成果为基础，根据研究对象和层次、研究内容将现有的关于军民融合创新体系的主要研究进行归纳和综述。从研究对象和层次来看，现有的研究可以划分为两个层次，即以军民融合创新体系为对象的研究以及以军民融合创新体系的局部（如国防科技创新体系、高等学校协同创新体系）

为对象的研究。从研究内容来看，现有研究可以划分为三类：第一类是总结军民融合创新体系的总体或局部在建设中存在的问题并提出相应的对策和建议；第二类研究通过总结国外经验、国内其他区域经验或分析对象过往的经验，提炼对我国的启示和借鉴；第三类研究立足于军民融合协同创新发展的大背景，从理论角度分析军民融合创新体系总体或局部的结构、不同组成部分的关系等。表 8 - 2 - 1 基于研究层次和研究内容将文献进行了归纳。

表 8 - 2 - 1　　　　　　　　　研究问题和研究内容

研究内容	局部	总体
识别问题→ 对策建议	国防科技创新体系： 钱春丽（2009）、武博祎等（2010）、刘敏（2010）、杜人淮等（2015）	游光荣（2005）、 孙霞和赵林榜（2011）、 严剑峰和包斐（2014）
	高校、医院或区域创新体系； 刘勇等（2008）、钟灿涛等（2011）、李林等（2017）	
	主体与体系的关系： 黄永义等（2012）、董晓辉等（2015）	
经验总结→ 实践启示	游光荣（2006）、温新民等（2007）、沈兆欣等（2011）、李林等（2017）	甘志霞和吕海军（2004）、游光荣（2005）、彭中文等（2017）、李海海和孔莉霞（2017）、王文涛等（2017）
理论分析 （框架、运行机理、模式）	徐晖等（2007）、董晓辉等（2014）、范肇臻（2014）、杜人淮（2016）	简晓彬等（2013）、董晓辉（2016）、戚刚等（2017）

首先，从数量来看，关注局部创新体系在建设和发展中存在的问题并提出相应的对策建议的研究居多。如钱春丽（2009）分析了制约我国国防科技产业集群创新网络产生的原因，基于此提出管理国防科技产业集群的思路和措施。武博祎等（2010）通过分析我国国防科技工业能力发展过程中存在的问题并为能力的提升提出相应的政策建议。刘敏（2010）、杜人淮等（2015）分别以军民结合

高技术产业和国防工业为对象开展了类似的研究工作。相较而言，以军民融合创新体系为对象分析其存在的问题并提出相应对策的研究只有游光荣（2005），这一成果是对中国科技战略发展研究小组多年跟踪调查研究的提炼和总结，在宏观层面上对我国军民融合创新体系存在的问题做了较为全面的分析，并提出了相应的对策和建议。在第二类研究中，甘志霞和吕海军（2004）、温新民等（2007）、彭中文等（2017）、李海海和孔莉霞（2017）、王文涛等（2017）分别通过分析总结国外其他国家的做法为我国军民融合创新体系的构建提供经验支持。游光荣（2006）、沈兆欣等（2011）、李林等（2017）则分别通过总结以往或者其他区域的经验为创新体系的构建提供建议。第三类研究侧重于从理论角度分析创新体系的构成、主体间的关系以等。比如，徐晖等（2007）从理论角度分析了高等院校在国防科技创新体系中发挥的作用以及促进作用发挥应采取的措施。简晓彬等（2013）从宏观、中观和微观的角度论述了军民融合型经济发展对于制造业价值链攀升的作用。董晓辉等（2014）基于已有研究构建了军民两用技术产业集群协同创新系统，并分析了产业集群协同创新的驱动力、牵引力和支撑力。戚刚等（2017）则结合现有的协同创新和社会网络理论搭建了军民融合协同创新的网络结构和军民融合协同创新平台组织架构，并分析了创新体系的运行机制。

其次，从研究结论来看，现有研究主要解决了以下三个方面问题：第一，梳理了我国在构建军民融合创新体系的历史进程及当下实践中存在的障碍和不足。虽然从中华人民共和国成立至今，国防部门和民用部门的关系随着我国经济的发展不断变化，但是军民分割的局面尚未得到根本性改变（严剑峰和包斐，2014；孙霞和赵林榜，2011；王文涛等，2017）。其中存在诸多原因，这些障碍可以从管理体制、运行机制和政策体系三方面来归纳。管理体制障碍是指管理军民融合创新体系的组织格局（或结构），是一种显性地反映国家在推动军民融合过程中成立的有关管理部门的组成（孔伟艳，2010）。完善的管理体制是确保宏观统筹协调、打破封闭、促进协同的基础保障。如在对长江经济带军民融合协同创新进行分析时，李林等（2017）的研究结果表明，推进长江经济带军民融合协同创新首先要加强宏观层面的组织领导，完善军民融合协同创新的宏观管理体制。机制主要是指创新体系内不同主体或组成部分之间的相互作用规律；机制障碍主要是指妨碍创新体系内各主体或组成部分之间协同创新的因素，如成果转移机制（李林、胡宇萱、曾立，2017；王文涛等，2017；董晓辉、齐轶、夏磊，2015）。政策体系是指调节创新体系内不同主体或成员之间关系的手段和工具（朱水成，

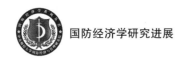

2003）。如知识产权的归属、利益分配政策的缺失极大地阻碍了高等院校在军民两用技术的研发攻关和科技成果转化中的动力，使基础研究无法为企业在竞争中的技术需求服务（董晓辉、齐轶、夏磊，2015；钟灿涛、宗悦茹、李君，2011；黄永义、于晨、张军，2012）；国防采办的特殊要求造成军工和民用企业的地位不对等，从而制约了军民的深度融合发展（刘敏，2010）。管理体制、运行机制和政策法规并非相互统一、共同决定了军民融合创新体系的运行效率、技术水平乃至国家的自主创新能力。

第二，通过总结历史、其他地区和国家经验，或通过理论分析为我国军民融合创新体系的构建提供措施建议。如温新民等（2007）分析了美国在 20 世纪 90 年代推动国防工业转轨进而促进军民融合过程中采取的一系列举措，为我国军民融合创新体系的建设提供了建议。李海海和孔莉霞（2017）从人才、政府、产业和制度四个方面分析了美国、日本、俄罗斯和以色列的军民科技协同创新模式，为我国构建军民融合的创新体系提供借鉴和参考。彭中文等（2017）总结了美国、日本和德国创新体系的协同模式、融合路线、体系建设的重点、激励机制、约束机制、政策保证，在此基础上构建了我国军民融合型科技工业协同创新体系的结构，论述了创新体系内各主体的职能、主体之间的合作机制以及相应的政策法规的制定；提出了我国军民融合创新体系运行的三种模式，即国防需求拉动的"军转民"模式、民用需求拉动的"民参军"模式和科学研究推动的"军民一体化"模式。

第三，搭建了我国军民融合创新体系的结构和组成框架。钱春丽等（2009）构建了国防科技产业集群创新网络结构，并分析了网络结构内政府、军工企业、国防院校、中介服务机构以及教育培训机构之间的关系，要素在不同类型组织之间的流动路径。刘敏（2010）分别构建了理想状态下、现实情况下以及产业经济学视角下的军民融合高技术产业创新体系，对体系内军工部门和民用部门之间的关系予以刻画。董晓辉和张伟超（2014）重点分析了创新体系的驱动力。严剑峰和包斐（2014）论述了创新体系内各主体的职责分工，基于此搭建了军民融合科技创新系统中各主体之间的关系图以及军民双方科研机构在从基础研究到产品开发的全过程的角色。杜人淮（2016）从理论角度分析了国防工业装备科研生产系统的作用机理，搭建了国防工业内部各主体之间、国防工业与国家科技创新体系、国防工业与国家经济建设以及国防工业与和谐社会建设融合的系统架构图。彭中文（2017）基于国外发达国家的经验，搭建了一个由政府、军方、企业和高校共同构成的协同创新体系，阐述了各创新主体在体系内应当承担的角色和地位，以及国防和民用需求对体系发展的拉动以及科学研究对创新体系发展的推动作用。

从上述文献综述可以发现，关于军民融合创新体系的研究存在以下三个较为重要的议题或争论。一是军民融合创新体系的理论源起，即军民融合创新体系与国家创新体系的关系。二是军民融合创新体系的治理结构，包括军民融合创新体系的构成、不同主体之间的互动机制等。三是军民融合创新体系的动力机制。

8.3　军民融合创新体系理论源起

8.3.1　军民融合创新体系与国家创新体系的关系

军民融合创新体系是国家创新体系的重要组成部分。关于国家创新体系和军民融合创新体系之间的关系，从以往研究中可以总结两种观点。一种观点认为，军民融合创新体系就是国家创新体系，只是在国家创新体系中更加强调军民融合发展（周舟和吴迪，2009）；另外一种观点认为，军民融合创新体系是国家创新体系的重要组成部分（游光荣，2005）。之所以会有这种分歧，其中一个原因在于国家创新体系的概念界定范围不同。徐辉和许嵩（2015）认为国家创新体系的概念有广义和狭义之分，狭义的国家创新体系特指民用科技创新体系；而广义的国家创新体系包括国防创新体系。事实上，自 20 世纪 90 年代国家创新体系的概念进入我国，在相当长的一段时间内学者们将国家创新体系与民用科技创新体系画等号。这是由国防建设和经济发展的历史背景决定的。我国国防科技创新一直在一个封闭的体系下运行，非军机构很难涉足国防科技创新，最终导致国防创新体系被排除在国家创新体系之外。但是从国家创新体系的基本定义来看，军工企业、军工科研机构都属于国家创新体系的范畴。另外，军民融合并不适应于一切领域和项目（游光荣，2005），因此建立军民融合创新体系要针对特定的领域和产业。从这个意义上来讲，国家创新体系是比军民融合创新体系涵盖范围更大的概念。

因此，国家创新体系和军民融合创新体系的关系可以借助赵富洋（2010）的示意图来表示（见图 8-3-1）。

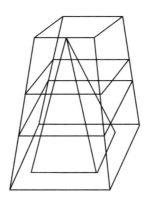

"梯形"——国家创新体系构成;"金字塔"——军民融合创新体系构成

图 8 - 3 - 1 国家创新体系与军民融合创新体系的关系

资料来源:赵富洋. 我国国防科技工业军民结合创新体系研究［D］. 哈尔滨工程大学博士学位论文,2010:16.

8.3.2 军民融合创新体系的概念

彭真怀(2003)是较早地提到军民融合科技创新体系概念的学者,他认为建立军民融合的科技创新体系实质上就是在全国范围内实现多种资源的优化组合,更好地服务国防现代化建设。游光荣(2005)认为军民融合创新体系是指在国家创新体系的框架下分析国防创新系统与民用创新系统的关系。根据国防创新系统和民用创新系统的地位变化,将国家创新体系的发展分为三个阶段,在不同的阶段国防创新体系在国家创新体系中的地位都不尽相同。在第一阶段(即1949~1977年),国防建设为重点,国防创新系统在整个国家创新体系中具有绝对的优势地位,国防创新体系与民用创新体系几乎完全分离,大学、企业和科研院所处于被动和相对封闭的状态,而且价值取向单一,行为规律单纯。在第二阶段(即1978~1991年),国防创新系统在国家创新系统中的位置逐渐削弱,民用创新系统的地位不断提高。国防创新体系逐步引入市场手段,但是国防创新体系的改革滞后于社会主义市场经济体制改革。在第三阶段(即1992年至今),国防建设和经济建设的关系有所调整,更加强调国防建设和经济建设相互促进、协调发展。

贺新闻和侯光明(2009)认为军民融合的科技创新体系是将民用领域的大学、科研院所、企业和中介机构纳入国防科技创新体系中来,形成一个复杂的大系统，实现军队现代化建设目标。周舟和吴迪（2009）则认为军民融合式技术创新体系是通过打破军地各种限制、实现科技创新资源的流动与贡献，同时为国防建设和经济建设服务的一个一体化的国家创新体系。沈兆欣（2011）等认为军民融合创新体系具有区域特征，他们认为军民融合科技创新体系是指军民两用技术领域，科学创新与技术创新的整合而构成的创新系统，是由与军民两用技术创新全过程有关的组织、机构和实现条件所组成的网络体系。将军民融合创新体系看作针对特定领域的创新体系，是国家创新体系的重要组成部分。孙霞和赵林榜（2011）从国防创新体系的角度出发，认为军民融合的科技创新体系就是将民用企业纳入军品市场，充分发挥企业在国防科技创新体系中的主体作用。严剑峰和包斐（2014）从国家创新体系的层面对军民融合创新体系进行了定义，他们认为军民融合型国家创新体系就是打破现有体制下部门、行业、所有制分隔局面，改革并重塑各个创新主体，整合军地科技创新资源，使其形成一个既有分工又密切协同的科技创新体系，同时满足国防和民用领域的要求。同时应在投入、创新过程和产出三个层面都要实现融合。

8.4　军民融合创新体系的治理结构

关于军民融合创新体系的组织结构，不同学者有比较一致的认识。贺新闻和侯光明（2009）认为，军民融合的国防科技创新系统的组织结构包括研究机构、大学、军队业务领导部门、政府职能管理部门和中介机构。周舟和吴迪（2009）认为军民融合技术创新体系的主体应包括企业（国有军工企业和领用技术研发创新的民营企业）、大学、科研院所、政府与中介机构。孙霞和赵林榜（2011）认为军民融合科技创新体系的组织结构包括大学（包括民用、军工和军队高等院校）、科研院所（民用科研机构、军工科研机构和军队科研机构）、企业（包括军工企业、军队下属企业及参与武器装备科研生产的民用企业、国有企业和合资企业等）以及政府职能部门。黄花（2012）将军民融合创新体系的参与者归纳为四类，即政府、企业、大学和科研机构以及中介机构。综合已有文献，军民融合创新体系的组织应该包括大学、科研院所、企业、军队业务领导部门和政府职能部门、中介机构五大类。

军民融合创新体系的运行不是简单的军民各方资源的叠加，而是高度依赖于

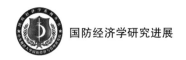

各个行动者的协调和制衡（张明亲、谢立仁、张冬敏，2015）。白礼彪等（2019）对军民融合创新体系中各主体的角色和功能进行分析，构建了"五主体动态模型"。他们认为，军方应是军民融合创新体系的主导者，是整个创新体系需求的提出方，指明协同创新体系发展的方向，进而引领军民融合协同创新，为军民融合创新提供动力；政府是军民融合创新体系的设计者和规划者，通过整合、统一与协调地区发展目标，推动军民融合创新要素的有序流动，促进知识在不同主体之间传递共享，通过政策法规等为军民融合协同创新提供良好的环境保障；企业（包括军工企业和民用企业）是军民融合协同创新的实施者，它们按照军方提出的创新要求，在政府政策的推动和监管下进行技术创新和产品研制、加工，是整个创新体系中最核心的行动者；大学及科研机构（包括军方和民用部门的大学和科研机构）是军民融合创新体系的参与者，它们是整个创新体系内知识创造、基础研究和技术最关键的来源，根据政府、军方的需求进行理论和技术创新，为整个创新体系持续注入知识和技术；最后一类组织是中介机构，它们在整个创新体系中担当服务者的角色，是连接军方、军工企业与民用企业、大学与科研机构的重要桥梁，为整个创新体系内的知识传播、技术转移和转化、资金筹措、产品推广、人才培训、企业孵化等提供专业化的服务。他们提出的"五主体动态"模型如图 8 – 4 – 1 所示。他们进一步分析了同类主体（如企业与企业）以及不同主体（如企业与政府）之间的创新机制。

刘校广和杨乃定（2011）从整个创新链角度分析了不同主体在资源投入、创新活动和市场产出三个维度的联结机制。整个创新链被划分为基础研究、应用研究、技术开发、产品开发和生产制造五个环节。这五个环节并不是严格地按照顺序开展的，后一阶段的活动通常为前一阶段提供反馈从而促进前一阶段的活动。大学、科研机构和企业分别在创新链的不同环节发挥作用，中介机构承担知识产权和技术交易的协调工作，政府则在总体上进行指令性的引导和规划。创新体系内各主体的互动关系如图 8 – 4 – 2 所示。

刘效广和杨乃定（2011）的模型强调的是不同主体在创新链的不同环节的角色，但是这种模型没有详细指出不同主体之间的互动机制。与之不同，严剑峰和包斐（2014）根据不同主体之间的关系类型，对创新体系的互动机制进行刻画。例如，政府部门对国家实验室、高校及附属科研机构是直接领导的关系；产业界和科研机构是基于合同的研发合作关系（见图 8 – 4 – 3）。但是这种模型仍然比较笼统，不够详细。

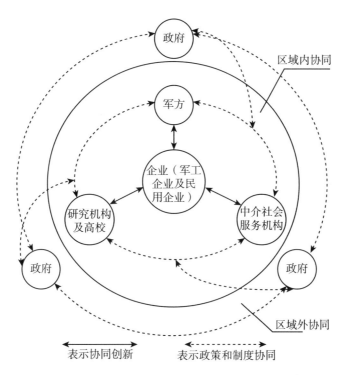

图 8 – 4 – 1　军民融合创新体系"五主体动态"模型

资料来源：白礼彪，白思俊，杜强，马飞. 基于"五主体动态模型"的军民融合协同创新体系研究［J］. 管理现代化，2019，39（1）：47.

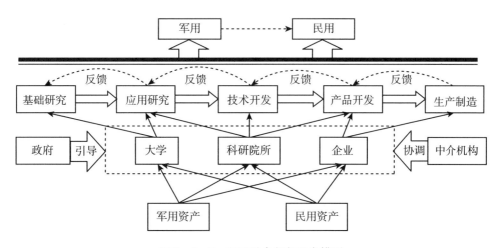

图 8 – 4 – 2　军民融合创新平台模型

资料来源：刘效广，杨乃定. 军民融合视角下国防科技工业自主创新路径研究［J］. 科学学与科学技术管理，2011：60.

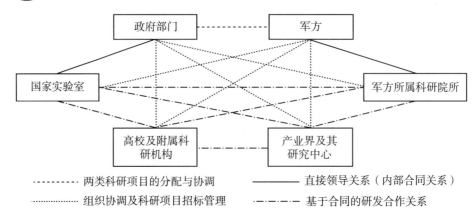

图8-4-3 军民融合创新体系目标模型

资料来源：严剑峰，包斐．军民融合型国家科技创新系统体系构成与运行研究［J］．科技进步与对策，2014，31（22）：91．

郭永辉（2016）提出了更详细的三层次治理模型，不仅构建了军民融合创新体系的总体框架，还分别从宏观、中观和微观三个层面对创新体系内利益相关者网络关系进行刻画。他提出军民融合创新体系总体上包括内部治理和外部治理。其中，内部治理是指创新主体之间的关系，主要是创新组织者联合其他军民单位组织，通过契约、信任和声誉等机制来维持军民融合创新体系的稳定性和高效性。这些创新主体是价值链条上的主要节点，追求利益最大化是其参与军民融合创新的主要目的。与创新体系内部治理不同，外部治理主要是政府、协会等利益相关者，通过政策机制、市场机制和社会机制对创新体系施加外部影响，以促进创新体系持续健康地发展。其中，政策机制是创新体系所处的政策环境，主要是政府对政策创新体系的规制；市场机制是中介机构、金融机构等营利组织向军民融合技术创新体系投入技术、知识、人才、资本等创新资源，从而对创新体系产生作用；社会机制是相关协会、创新用户等组织和个人通过投入信息等资源，自下而上地参与军民融合创新体系的治理。创新体系内不同的利益相关者都有自身的诉求和责任，由于其向创新体系投入资源的不同而承担不同的角色和功能。比如，政府是宏观政策、法律制度的制定者，也是资金、土地、创新平台等资源的提供者；金融机构、中介机构和行业协会作为中观层面的组织，为创新体系诸如资本、行业信息、技术、人才等资源。军工企业、民口企业、高校和科研院所作为微观层面的创新主体，是军民融合创新最核心的执行者。郭永辉（2016）提出的军民融合创新体系的总体治理框架如图8-4-4所示。

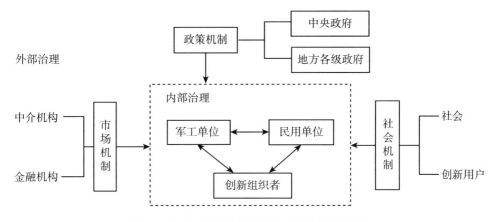

图8－4－4　军民融合创新体系总体治理框架

资料来源：郭永辉．军民融合创新的利益相关者治理模式［J］．中国科技论坛，2016（11）：136．

　　包括宏观、中观和微观各层次主体的联系以及要素（如政策、技术、资金）的流动路径的更加详细的治理模型如图8－4－5所示。如政府在整个创新体系中发挥宏观调控职能，为创新体系输入政策、需求、资金、基础设施等；金融机构能够为企业提供上市、融资等金融服务，但是要换取资本的增值。此外，郭永辉（2016）根据军工和民用单位在治理结构中位置的不同将其划分为军工单位主导的治理模式和民用单位主导的治理模式，并对其进行详细的阐述。

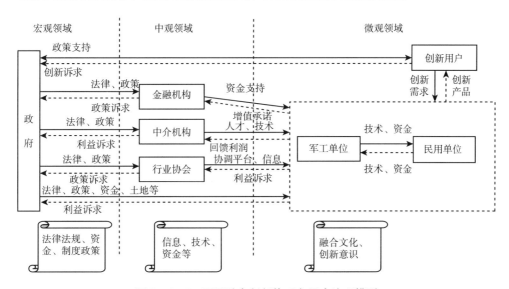

图8－4－5　军民融合创新体系多层次治理模型

资料来源：郭永辉．军民融合创新的利益相关者治理模式［J］．中国科技论坛，2016（11）：136．

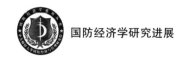
此外，还有学者分析了军民融合创新体系内的信息共享机制（郭永辉、水丹萍，2017）、成果转化机制等（白鹏飞、段倩倩、陈黛，2017）。

8.5 军民融合创新体系的定量研究

目前，军民融合创新体系的研究主要以定性和规范分析为主，定量研究从数量上来看相对较少。定性和规范研究能够回答军民融合创新体系"是什么"的问题，但是对于解释"为什么"和"怎么样"的问题仍然需要大量的定量或实证研究作支撑。随着军民融合理论的发展和完善，定量和实证分析的必要性和紧迫性也日益增加。目前，国内关于军民融合创新体系的定量研究主要集中在以下两个方面：一是对军民融合创新体系的评价，二是对军民融合创新体系的运行机制进行分析。

8.5.1 对军民融合创新体系的评价

近年来，随着军民融合实践和理论的发展，关于军民融合创新体系的评价日益受到学者们的关注，在现有关于军民融合创新体系的定量研究中也占有较大份额。总的来看，现有的评价可以归纳为：基于过程的评价、基于构成的评价以及同时包含构成要素和过程的混合评价体系。

基于构成的评价主要关注创新体系的构成，通过对各组成部分的评价来达到对整个创新体系评价的目的。如赵富洋（2010）通过对创新体系构成要素的分析，从创新体系主体系统、支撑系统和运行系统3个维度来设计指标体系对军民融合创新体系进行评价。总体来看，指标体系包括3个一级指标，即主体系统、支撑系统和运行系统。其中，主体系统包括19个二级指标，涵盖R&D人员投入、科学家与工程师人数占比、R&D经费投入、两用技术R&D投入占比、专利申请书、专利授权书、两用技术新产品销售收入占总收入之比等。支撑系统包括7个二级指标，即实验设备情况、中介服务机构数量、中介服务人员数量、金融机构数量、军民融合创新信息通畅程度、政府政策扶持力度、军民融合创新资金到位速度。运行系统包括4个二级指标，即军地资源结合程度、国防科技工业对区域经济贡献度、军民两用技术推广情况以及创新体系科技贡献率。随后，他采用群组决策特征根法（group eigenvalue method，GEM）对军民融合创新体系评价

指标体系各指标的重要性进行评价，最终识别出关键指标。最终产生的军民融合
创新体系建设水平评价指标体系如表 8 - 5 - 1 所示。

表 8 - 5 - 1   **军民融合创新体系建设水平评价指标体系**

一级指标	二级指标
主体系统投入指标	两用技术 R&D 投入占 R&D 总投入之比
	军民融合 R&D 人才投入占比
主体系统产出指标	军民两用技术立项总数
	军民两用技术专利申请数
	军民融合创新产品销售收入占销售总收入之比
支撑系统投入指标	中介服务机构数量
	金融机构数量
支撑系统产出指标	军民融合创新信息通畅程度
	军民融合创新资金到位速度
运行系统投入指标	虚拟投入
运行系统产出指标	军地资源结合程度
	军民两用技术推广情况
	创新体系科技贡献率

资料来源：赵富洋. 我国国防科技工业军民结合创新体系研究 ［D］. 哈尔滨工程大学博
士学位论文，2010.

基于过程的评价关注的是从创新要素投入到创新要素产出全过程的各个阶段
的评价。与赵富洋（2010）建立的指标体系不同，陈春阳（2017）从投入、转
换过程和产出 3 个维度建立了包含创新环境水平、创新投入水平、创新管理水
平、创新技术水平、创新产出水平 5 个一级指标在内的指标体系，每个一级指标
还包括多个二级指标，指标体系及计算方法如表 8 - 5 - 2 所示。

表 8 - 5 - 2   **军民融合协同创新能力评价指标体系及计算方法**

一级指标	二级指标	计算方法
军民融合协同创新环境水平	军民融合协同创新主体数量	（创新主体数量/区域军民单位总数量）×100
	军地协同创新推进项目数	（协同推进数量/区域总项目数）×100
	政策法规的支持度	定性指标

续表

一级指标	二级指标	计算方法
军民融合协同创新投入水平	协同创新经费投入	（创新直接投入经费/区域 GDP）×100
	协同创新科研技术人才投入	（创新人员综述/参与单位员工综述）×100
	协同创新平台建设投入	$\sum$［等级分（0–100）×该等级合作额比例］
军民融合协同创新管理水平	创新长远规划水平	等级分（0–100）×该等级合作额比例
	创新激励机制水平	等级分（0–100）×该等级合作额比例
	军民融合协同创新监管制度	定性指标
军民融合协同创新技术水平	设施设备先进性程度	定性指标
	创新研发人才规模	定性指标
军民融合协同创新产出水平	创新产品率	（创新开发产品数/参与企业产品总数）×100
	创新产品成功率	（成功创新产品数/创新产品总数）×100
	新增专利数	专利拥有数
	创新成果转化率	（实际转化数/创新成果总数）×100
	创新产品利润率	（实际转化利润额/创新产品转化利润总数）×100

资料来源：陈春阳. 军民融合协同创新能力评价体系研究［D］. 西南科技大学硕士学位论文，2017.

随后，陈春阳（2017）以成都市、绵阳市、德阳市的相关数据为例进行定量分析。首先，该研究建立梯阶层次结构模型，运用专家调查法来确定指标体系中各指标的权重。最终得到各一级指标体系的权重分别是，军民融合协同创新管理水平权重0.4382，军民融合协同创新技术水平权重0.2191，军民融合协同创新环境水平权重0.1459，军民融合协同创新投入水平权重0.105，军民融合协同创新产出水平权重0.0919。在此基础上，陈春阳（2017）分别对成都市、绵阳市、德阳市三市的军民融合协同创新能力进行评价，发现成都市的创新能力（0.562）明显高于绵阳市（0.2513）和德阳市（0.1867）。

赵晓琴（2018）对军民融合创新体系的评价采取的是构成和过程相结合的思路。整个指标体系包含4个维度：军民融合创新投入能力、军民融合网络创新能力、军民融合创新产出能力、军民融合创新环境能力。每个维度还包含多个二级指标。整个指标体系如表8－5－3所示。

表 8 – 5 – 3 　　　　　　　　　**军民融合创新体系评价指标体系**

一级指标	二级指标
军民融合创新投入能力	R&D 人员投入
	R&D 人员投入占比
	R&D 资金投入
	R&D 资金投入占比
	军民融合大型科学仪器共享程度
军民融合网络创新能力	规上科技服务业企业数量
	规上科技服务业企业营业收入
	创新协同度
	网络组织对军民融合创新的贡献
军民融合创新产出能力	专利数量
	军民融合产业集群竞争力
	军民融合特色收入占总收入的比重
军民融合创新环境能力	政策发展规划
	产业发展环境
	人才发展环境
	公众对军民融合创新的了解程度

资料来源：赵晓琴. 军民融合创新能力评价研究［D］. 西南科技大学硕士学位论文，2018.

　　除了对军民融合创新体系整体进行评价之外，还有一些研究对军民融合创新体系的局部进行评价分析。如张朝凡（2018）构建指标体系对军民融合创新体系中的信息服务平台进行评价和分析，房银海等（2017）构建指标体系对军民融合产业创新平台进行评价，骆付婷（2017）从知识转移视角对军民融合创新体系的创新协同度进行评价分析。

8.5.2　军民融合创新体系的运行机制分析

　　与多数研究从定性角度分析军民融合创新体系的机制不同，赵黎明等（2017）构建了微分博弈模型，考察了在纳什非合作博弈、斯塔克尔伯格（Stackelberg）

主从博弈和协同合作博弈三种情形下军工企业和民用企业的最优策略、最优收益及体系整体收益情况，为揭示影响企业技术共享行为的关键因素及作用机理提供了重要的理论支撑。该研究将创新体系简化为包含单个军工企业（D）和单个民用企业（C）。假定参与人完全理性，以自身收益最大化为目标，拥有完全信息，且军工企业在技术共享上的努力程度为 $E_D(t)$，民用企业在技术共享上的努力程度为 $E_c(t)$。双方技术共享的成本 $C_D(t)$ 和 $C_c(t)$ 的表达式分别为：

$$C_D(t) = \frac{\mu_D}{2}E_D^2(t) \,;\; C_c(t) = \frac{\mu_c}{2}E_c^2(t) \tag{8.5.1}$$

其中：μ_D 和 μ_c 分别表示军工企业和民用企业的技术共享成本系数，$C_D(t)$ 和 $C_c(t)$ 分别为军工企业和民用企业的技术共享成本，且均为各自技术共享努力程度的凸函数，即企业在技术共享上付出的努力越多，进一步改进技术共享行为的成本越高。

假设 $K(t)$ 表示军民融合创新体系的技术水平，通过军工企业和民用企业的研发合作和技术融合，可不断提高体系的技术水平。因而，利用随机微分方程表示军民融合创新体系技术水平随时间的变化规律为：

$$\dot{K}(t) = \frac{dK(t)}{dt} = \alpha E_D(t) + \beta E_C(t) - \delta K(t) \tag{8.5.2}$$

其中：体系的初始状态 $K(0) = K_0 \geqslant 0$；α、β 分别表示军工企业和民用企业在技术共享上付出的努力对技术创新的影响程度，即技术创新能力系数；技术若不及时更新会随着时间的推移而被逐渐淘汰，因而用 $\delta > 0$ 表示军民融合创新体系中技术水平的衰减程度，即技术衰减系数。

t 时刻创新体系的总收益 $\pi(t)$ 可表示为：

$$\pi(t) = \varepsilon E_D(t) + \gamma E_c(t) + \eta K(t) \tag{8.5.3}$$

其中：ε、γ 分别表示军工企业和民用企业在技术共享上付出的努力对创新体系总收益的影响，$\eta > 0$ 表示技术创新对总收益的影响程度。

ω 为整个创新体系的收益在军工企业和民用企业的收益分配系数，即民用企业收益分配系数为 ω，那么军工企业收益分配系数为 $1-\omega$。考虑军工企业鼓励民用企业进行技术共享，那么军工企业会承担民用企业技术共享成本的 $\theta(t)$，$\theta(t) \in [0,1]$ 为军工企业对民用企业的补贴引资。设双方贴现率 ρ 相同且均为正。军工企业和民用企业的目标均为在无限时区内寻求使各自收益最大化的最优技术共享努力策略。军工企业的目标函数为：

$$J_D = \int_0^\infty e^{-\rho t}\Big[(1-\omega)\big(\varepsilon E_D(t) + \gamma E_c(t) + \eta K(t)\big)$$
$$-\frac{\mu_D}{2}E_D^2(t) - \theta(t)\frac{\mu_c}{2}E_C^2(t)\Big]\mathrm{d}t \tag{8.5.4}$$

民用企业的目标函数是：

$$J_C = \int_0^\infty e^{-\rho t}\Big[\omega\big(\varepsilon E_D(t) + \gamma E_c(t) + \eta K(t)\big) - \frac{\mu_c}{2}\big(1-\theta(t)\big)E_C^2(t)\Big]\mathrm{d}t$$
$$\tag{8.5.5}$$

在无限时区的任何时段内，军工企业和民用企业实际上面对的是相同的博弈，因此赵黎明等（2017）将策略局限在静态策略，相应的均衡状态也就是静态反应均衡。随后赵黎明等（2017）求解了在纳什非合作博弈、斯塔克尔伯格主从博弈和协同合作博弈三种情形下军民融合创新体系、军工企业和民用企业各自的收益函数。通过比较，得出如下结论：

（1）在三种博弈情形下，军工企业和民用企业各自的技术共享成本系数、技术衰减系数越高，双方技术共享努力程度越低；技术创新能力系数和边际收益系数、技术创新影响系数越大，双方技术共享努力程度越高。

（2）军工企业和民用企业在斯塔克尔伯格主从博弈情形下，双方的最优收益及体系整体收益均严格优于纳什非合作博弈，说明"补贴因子"作为一种有效调节机制，可促使军民融合协同创新体系及参与人双方的收益均有所增加，是帕累托有效的。

（3）在斯塔克尔伯格主从博弈情形下民用企业的技术共享行为相比纳什非合作情形得到明显改善，改善强度等于军工企业对其技术共享行为成本的分摊比率，即最优"补贴因子"，而军工企业的技术共享行为保持不变。

（4）军工企业和民用企业在协同合作博弈情形下，双方技术共享努力程度及体系整体收益均严格优于非合作博弈，达到系统帕累托最优。

（5）为了保证军工企业和民用企业在体系整体收益最高的情形（即协同合作博弈）下也能达到个体的帕累托最优，确定了收益分配系数 ω 的取值范围，给出了实现双方技术共享行为协调的分配机制。

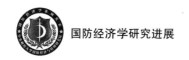

整体来看，关于军民融合创新体系的定量研究虽然日渐受到重视和关注，但是有价值、有突破的定量研究并不多见。

8.6 本章小结

军民融合创新体系是推动军民深度融合发展的核心，是提升我国科技创新实力的重要举措。军民融合创新体系是国家创新体系研究和实践框架下的重要组成部分，是国家创新治理的重要议题。本章针对军民融合创新体系的理论研究中存在的重要争论、重要议题进行梳理。

从目前国内对军民融合创新体系研究的内容看，现有研究主要关注我国军民融合创新体系中存在的问题和障碍，并从体制机制、政府政策等方面提出对策和建议，着重回答了"为什么"和"是什么"的问题，即构建军民融合创新体系对于国家经济发展和国防建设的重要意义（为什么），以及目前我国在构建军民融合创新体系时存在的问题和障碍（是什么）。但是关于创新体系内在机制的研究——即对"怎么样"的关注不够。这些研究为深入推进军民融合创新体系提供了理论起点和一定的借鉴意义。

然而这些研究存在以下两个方面的不足。第一，对我国在构建军民融合创新体系中存在的问题的识别没有扎实的调研和访谈做支撑，使提出的对策和建议比较宏观、笼统，很难为创新体系内各利益相关主体提供可操作性的参考和指导。第二，缺乏系统的理论研究。系统的理论分析是了解军民融合创新体系的一般化规律和本质特征的必要条件。需要通过系统的理论分析解决军民融合创新体系"应该是什么"的问题。体系的本质在于协同和整合，体系内分布在不同组织内部的资源只有通过有效的整合才能促进技术创新，要素的整合需要不同组织、不同产业甚至不同地域之间的协同和合作。因此，军民融合创新体系的理论研究不能局限于体系和宏观层面的分析，应当建设一个包络多个层次和维度的复杂理论体系，揭示不同组织、组成部分之间的关系，以此实质性地推进与国家新时期发展战略中地位相符的军民融合创新体研究。

第 **9** 章

军事技术扩散的机制与测度研究

9.1 引 言

　　创新是经济长期增长的源泉，也是国家竞争力的核心。国防和军事技术往往代表着一国的技术前沿，国防领域也汇集着巨大的科技资源与资金，是技术创新的重要基础。随着国防预算的削减和新型武器装备系统研发、采购成本的大幅提升，世界各国普遍进行了国防工业改革，包括建立一个统一的国家工业基础，以满足在国防建设需要的同时兼顾社会经济效益。典型的通常做法之一便是大力发展可同时在国防和民用部门使用的"两用技术"。发展"两用技术"最初的表现形式主要是将国防领域的先进技术通过转移、转化到民用部门，以促进国家整体科技水平的提升。有证据表明，美国在科技、经济实力上的绝对领先地位与其在冷战期间国防部门持续大力的研发投入密切相关（卢小高等，2014），军事技术的溢出或扩散是其主要的实现路径。

　　从国防经济学角度看，研究军事创新和军事技术向民用领域的扩散与溢出有着重要的意义：首先，军事技术溢出到民用部门，增加了民用部门的知识积累和技术基础，有利于促进民用部门的技术创新。这对于一般意义上的技术进步是非常重要的。其次，从政策视角看，如果军事技术或军事知识方面投资的收益，包括广义的社会收益增加，将是支持一国国防工业发展的重要战略因素。军民技术融合不仅包含军事技术向民用领域的溢出，应该包含另一方面，即民用技术和科技资源向军事领域的扩散及应用，但现有文献的研究重点仍然是两用技术和军事

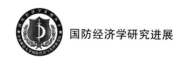

技术的溢出效应。因此，本章将着重梳理军事技术向民用领域溢出的机制、途径、以及理论上可行的量化和测度方法。这些内容对于进一步探讨民用技术和创新的军事应用、军民技术融合、军民技术共享等问题具有相当的借鉴意义。

本章分为五节。9.1 节是引言，探究军事技术扩散，尤其是向民用部门的扩散，要从两用技术开始，因为技术的两用性是军事技术扩散的前提，而军事技术扩散又是两用性的直接体现。9.2 节介绍两用技术的概念演化及对其价值的研究。9.3 节介绍军事技术扩散的机制、途径、形式和影响因素。9.4 节探讨军事技术扩散的测度方法，着重介绍基于专利的量化方法及在现有研究中的应用。9.5 节是本章小结，并探讨未来研究方向。

9.2 "两用技术"

随着世界范围内新军事变革和科学技术的快速发展，高新技术在军事和民用部门的应用呈现出趋同势头，军用技术和民用技术之间的界限不再明显，并且某些领域的民用技术甚至已超越军事部门，如信息通信、生物医疗、新材料和新能源等领域。民用部门日益庞大且活跃的研发活动是国家科技实力的主要保障，这也为"两用技术"注入了新的动力。那么，"两用技术"有何特征？哪些因素又将影响技术的"两用性"？两用技术的真正价值如何评价，是否比单一的军事或民用技术更具有创新潜力和经济效应？本节将根据现有研究进展回答这些问题。

9.2.1 "两用技术"的概念

对"两用技术"，学术界并未给出一致定义，这主要是因为"技术"一词难以简单界定。广义的技术包括"识别技术问题的能力、开发新概念的能力、对于技术问题给出可行解决方案的能力、改进概念解决问题的能力以及利用概念解决问题的能力"（Autio & Laamanen，1995），也包括技能和知识及其运用。狭义的技术有时被理解为某种产品或工艺，有时也被看成是开发和生产某些产品的"生产模式"（Galtung，1979）。不同的技术定义有着不同的扩散途径，使"两用技术"的认定、范围和特征均存在着差异（Molas-Gallart，1997）。所以在两用技术的讨论中，一般对技术采取综合、泛化的理解，即软件、科学知识、技能、研究开发和生产过程、设计、管理技巧和观念、为解决技术问题而开发出的产品等，均为技术的具体表现形式。

"两用技术"的概念在 20 世纪 70 年代末、80 年代初被人所熟知，从军备控制的角度看，技术或装备的两用性为国际控制武器扩散带来了很大挑战（Krieger，1981）。美国在 1992 年首次提出了"两用技术"一词；1994 年的《国防科学技术发展战略》中明确提出，"两用技术"是指军用和非军用的技术、加工和产品。1997 年美国《国防授权法》将军民两用技术重新定义为既满足军事需求，又有充分商业应用、可以支持可行的生产基础的技术（葛永智、侯光明、唐志超，2008）。但大部分学术研究是从"产业"的视角来看待它，认为它具有很大的外溢性，其应用超出研发时期的初始目标（Molas-Gallart，1997）。"两用技术"最初被定义为由军事（或航天）部门和民用部门共同开发和使用的技术（Cowan & Foray，1995），也就是具有军事和商业应用的技术（Alic et al.，1992）。而后来的一些文献，例如，莫拉斯·加拉特（Molas-Gallart，1997）认为，"两用技术"可以从两个方面来理解，既包括军事技术应用于民用创新（spill-off，旋出），也包括民用技术用于军事目的（spin-on，旋入）。并且这种技术向另外一个部门的溢出效应，可以是已经发生的，也可以是潜在的（Kulve & Smith，2003；Reppy，1999；Smith，2001；Stowsky，2004）。类似的，有学者认为军民"两用技术"是指军用技术由军用技术部门或民用技术部门开发、使用，既能满足军事需求，同时又具有商业应用潜质，能够同时满足国防建设和经济建设双重需求的技术（侯光明，2009）。基于这样的理解，胡冬梅等（2018）认为"两用技术"包含三个方面内容，即先军用后民用的军转民技术、先民用后军用的民转军技术、专门开发的可满足军民两方面用途的两用技术。甘志霞和吕海军（2018）指出，将"两用技术"置于军用技术和民用技术的中间位置，是人们对"两用技术"的一种误解。因为技术能力的军用和民用并不是相互隔离的。他们从广义技术观点上解释了"两用技术"，即如果把技能看作技术的一部分，那么管理大型项目的组织技能、研究和设备测试技能、整合复杂系统的技能也具有两用性质。他们还指出，产品、技能和设备从一种用途转化为另一种用途的方式是多样化的，并且因部门而不同，这种多样化导致了"两用技术"转移机制的多样化。

一些学者还进一步区分了"两用技术"与"多用技术"（Cowan & Foray，1995；Molas-Gallart，1997，1999）。哈里斯（Harris，2013）总结了学者在这方面的共识，认为"多用技术"是指一项技术被转移到其他领域应用时并不会改

变该项技术初始的设计目的；而"两用技术"则不同，它专门是指技术转移后有意改变初始应用目的技术。也就是说只有"多用技术"在改变初始设计目的被应用的情况下，它才是两用技术。

阿科斯塔等（Acosta et al. , 2018）从技术扩散的角度，基于专利引用情况给出了"两用技术"的定义，即"两用技术"包括引用了军事专利或混合专利的民用专利、引用了民用专利或混合专利的军事专利以及混合专利本身。更进一步地，李和佐恩（Lee & Sohn, 2017）仍然是基于专利引用情况使用三个指标度量了一项技术的"两用程度"，它们分别是军事技术的民用性（用一项专利除了军事代码外的其他国际专利代码数表示），与其他行业技术的融合潜力（用国际专利代码共线网络衡量），以及向民用部门的扩散程度（一项军事专利被民用专利引用的比例）。

冷战时期的大规模国防研发投入带来的军事技术进步产生了很大的溢出效应，在民用领域得到了广泛应用，如商业航天技术、互联网技术、全球定位系统等（Mowery, 2010）。现有研究发现，军事研发活动对于某些 OECD 国家民用部门的技术进步有着重要影响（Mowery, 2012）。尽管这种情况已经发生了改变，有不少证据表明民用技术也被广泛用于军事目的（Cowan & Foray, 1995；Avadikyan, Cohendet & Dupouët, 2005；Mowery, 2010），但关于"两用技术"，特别是"两用技术"转移的学术研究还是把关注点放在了军事技术向民用领域的溢出上（Acosta, Coronado & Marín, 2011），原因之一是军事技术的溢出具有较强的政策含义，可以进一步考察与国防相关的研发投资和研发活动对于民用创新和技术进步的影响，对于与国防工业、国防采办和国防支出的相关政策均具有借鉴意义。

9.2.2　影响技术两用性的因素

随着两用技术和民用技术的不断发展，国家安全需求的变化以及国防开支的减少，国防技术创新态势也发生了变化，对"两用技术"的重视也日益提高（Mérindol & Versailles, 2010）。考恩和福莱（Cowan & Foray, 1995）发现，较多的国防研发会对民用研发活动产生挤出效应，这是促使国家开始在军事研发项目中注重发展两用技术的重要原因之一。而且，冷战后国防预算不断下降，而新武器系统成本却不断攀升，给各国政府保持一定的国防创新能力提出了挑战

（Molas-Gallart，1997）。将国防工业基础的就业、技术和工业结构转化为灵活的、能够支持国防和非国防需要的商业基础设施成为国防工业改革的方向（Brandt，1994）。这使军用技术与民用技术之间的关系发生了变化，二者之间的界限越来越模糊，通用性变得越来越强。民用部门技术的快速发展，技术更替迭代周期缩短，客观上促进了军方对民用技术的需求，带动了"两用技术"的发展（Molas-Gallart，1997；Brandt，1994）。

事实上，"两用技术"已经成为很多国家的一项重要政策议题（Harris，2013）。两用性是某些技术固有的特征吗？还是由于需求等因素变化使某些技术有了更广泛的应用空间？技术的两用性有程度上的差异吗？有哪些因素会影响两用性大小？

考恩和福莱（1995）认为，技术的两用性并不是一项技术本身所固有的属性，一项技术潜在的两用性和已实现的两用性是有区别的。潜在两用性会受到技术生命周期不同阶段和研发活动的不同类型影响。考恩和福莱（1995）指出，新技术的出现是一个过程，可以概括为实验和标准化（或合理化）两个阶段。在技术生命周期的早期阶段，军事部门和民用部门都对新技术一无所知，对于技术的了解和学习是关于其基本原理和一般信息的，所以学到的知识都可以直接应用于另一部门。因此，在技术的早期实验阶段，具有很强的溢出效应，两用性很强。然而，随着技术的发展，各个领域的技术越来越专业化和特定化，由于技术需求不同，技术的共同要素逐渐减少，在这个阶段，专业化程度不断增强，技术的溢出效应较弱，军事研发不再为信息基础设施做出贡献，两用性降低（见图 9 - 2 - 1）。

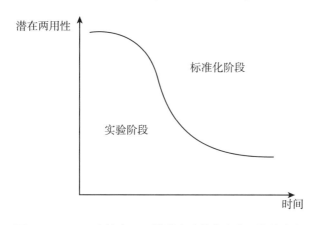

图 9 - 2 - 1　军事技术两用性潜力随技术生命周期的变化

技术创新来源于研究与发展活动，研发项目的性质不同也会导致技术两用性程度的不同。产品导向型的研发项目聚焦于某一特点的技术和产品需求，在从实验到标准化阶段，技术的两用性迅速下降，因此技术溢出潜力非常有限。而过程导向型的研发项目在技术的标准化阶段只需满足产业部门利用此项技术的基本要求，如可靠性、速度、工艺技术、精确度等，因此技术的两用性潜力会大得多。因此，对于产品导向型的项目，适当减少军事和民用领域之间产品标准差距，有助于技术两用性的实现。

如果说考恩和福莱（1995）讨论的是影响技术潜在两用性的因素，那么对影响军事技术两用性实现的因素，我们放在下文中，与影响军事技术转移的因素一起介绍。军事技术成功被民用领域应用，既意味着军事技术的溢出作用发生了，也表明技术的两用性实现了。

9.2.3 技术的两用性与价值

大力发展两用技术是各国普遍的战略选择，这有利于整合军事和民用部门资源，实现资源共享、技术共享，从而提高科研投入的效益。那么技术两用性的价值如何量化评估呢？现有研究大多采用案例分析法，主要分析了在信息通信领域和半导体行业军事技术成功的溢出作用（Alic，1994；Stowsky，2004；Ruttan，2006）。李和佐恩（Lee & Sohn，2017）是目前为止唯一采用量化分析方法，运用专利数据研究两用性对军事技术价值影响的文章。

李和佐恩（2017）采用了三种方法测度技术的两用性。第一，基于两用技术的基本定义，使用军事专利和军事及民用混合专利是否被民用部门前向引用（该专利被其他专利引用）表示。第二，一项技术如果具有两用性，它应当有可能被不同领域应用，因此这些不同技术领域的相关知识应当有共同之处。因此李和佐恩定义了军事技术的潜在收敛能力，具体量化方法是将每一个国际专利分类代码的4位数编码作为网络的一个节点，将出现在同一项技术（即同一项专利）中的不同节点连接起来。采用网络分析法，每个节点的点度中心性反映了该节点的重要性，点度中心性越高则表明该技术与其他领域技术的融合潜力越大，两用性程度就越高。第三，军事技术扩散指标，使用该军事技术被民用部门前向引用数量占该专利被前向引用总数的比例来表示，该比例越高意味着两用性程度越高。

由于军事技术以军事专利来表示，因此军事技术的价值可以采用衡量专利价值的方法。由于专利的市场价值几乎无法观测，在经济学中一般使用专利更新决策、持有专利的企业的价值、专利卷入诉讼的情况以及专利交易拍卖数据等方式表示专利价值。但军事专利很少在市场上直接进行交易，并且按照专利法律的要求，专利申请人必须支付一定的费用才能在规定时期内享有专利保护。在保护期结束时，专利权人自己根据专利收益和专利费用的比较来权衡是否延长保护期。若专利在期满前所有人持续支付专利费至保护期满则比提前终止的专利价值更高。专利的更新决策就成为测度专利价值的一种方法，李和佐恩（2017）建立了一个二元变量来区分"专利更新至期满"的专利和"法定保护期前终止"的专利，前者的价值要高于后者。

　　李和佐恩（2017）从美国专利和商标局（USPTO）数据库中识别出 1976 ~ 2014 年 25668 项军事专利（国际专利分类法编码为 F41 和 F42），其中 9278 个为有效专利，16224 个为失效专利。他们选取了 16224 个失效专利中"更新至期满"的专利和"法定保护期前终止"的专利作为研究对象。他们使用 Logistics 模型，在控制了专利权利要求数量、专利族规模及分布、专利背景、专利创新性、专利族所属国家、转让情况、申请人类型、专利广度、技术特征等条件后，考察了技术两用性程度对军事技术价值的影响。实证结果支持了两用性和军事技术价值之间的正相关关系。首先，一项军事技术若可以同时在军事部门和民用部门使用，其价值要高于仅能在军事部门使用的专利的价值。其次，同其他领域技术的融合潜力越高，则该专利的价值越大，这意味着在实施军民两用研发项目时应当要考虑"如何将军事目标与商业目标相结合"。但民用部门前向引用比率对军事技术价值的影响结果不显著。该实证结果还发现，技术广度与军事专利价值呈负相关，这说明兼顾多用途可能会影响研发效率，所以没有必要发展具有广泛用途的军民两用技术。专利所有权转让情况与专利价值正相关，说明技术成果交易本身就代表着该技术是被认可的，因此具有更高价值。李和佐恩（2017）还通过对专利的文本分析，根据关键词出现频率，将每一项专利对应于不同的军事技术领域，发现一般性军用技术、通信技术、导弹技术和电力技术领域的专利价值更高。

9.3 军事技术的扩散机制

军事技术在民用部门的应用既是军事技术扩散的过程，也是军事技术两用性实现的过程。军事研发活动的最初目的是为了保证在未来一段时间内具备一定的军事准备能力，但国防开支的庞大规模令人们关注它所带来的经济影响，其中很重要的一项内容就是由军方资助并产生的知识和技能是否可以在民用领域提供的服务和产品，这种影响取决于军事技术和相关知识在其他创新领域的扩散程度。

9.3.1 军事技术扩散的含义

扩散是一种创新在社会系统成员之间传递的过程，其中创新包括技术、组织和程序等（Rogers，2003）。施密特（Schmid，2017）舍弃了罗杰斯（Rogers，2003）关于扩散中的"软件"部分，只关注"硬件"的传播，将技术扩散定义为"一种技术创新在社会系统成员之间随时间传播的过程"。而与军事技术扩散非常相近的一种说法是军事技术的"溢出"，然而两者的含义并不完全相同。扩散更侧重于宏观视角，指技术在不同部门或地域范围的传播，它不仅用于描述技术从军事部门应用于民用部门，还可用来描述一项技术从一国转移到另一个国家；而溢出更侧重于微观视角，既包含着技术在物理意义上的转移，还包括技术和知识被新领域或新使用者学习、吸收，产生新的知识或创新。尽管有含义上的细微差异，但在涉及军事技术扩散的研究时，两者经常混用。比如，葛永智、侯光明、唐志超（2008）将军民两用技术双向溢出定义为，"由于技术的外部性而生产军品厂商所拥有的技术和生产民品厂商所拥有的技术之间相互影响、相互渗透、相互模仿创新并从中获益的过程"。刘赣州等（2011）指出，"军事技术溢出效应是指国防科技工业利用技术、人才和设备的优势，通过技术自愿的或非自愿扩散，在产生适合国防应用的新技术的同时，也大量地向民用领域扩散流动，并促进了民用技术和生产力水平的提高，是经济外在性的一种表现"。在这里，我们关心的是军事技术和创新对民用部门的影响，因此不对两个术语详细区分。

军事技术扩散往往通过军事研发的溢出效应产生。森佩雷（Sempere，2018）将溢出效应分为两种类型："纯溢出"和"付费溢出"。纯溢出效应是技术的无偿使用，例如，知识以思想、技术、蓝图等形式被泄露，技术的原始发明人没有从技术扩散中获得应有的收益，会导致创新动力不足（Grossman & Helpman，1992）。而后者则与之相反，它会对创新者进行补偿，以此激励创新。付费溢出是指技术溢出的过程需要资金支付，最主要表现形式是贸易，还包括研究合作、（外国）直接投资、兼并和收购、雇用工人、支付许可费、专利购买、支付咨询服务和外部研发经费的筹措等（Sempere，2018）。需要付费的技术扩散或溢出效应的具体形式包括：研发合作、外国直接投资、并购、科研人员流动、技术许可、购买专利、咨询服务、外部研发融资，以及购买（资本型）商品，其中包含的商品则会随之转移，这也是使用最广泛的技术扩散形式（Keller，2004）。

9.3.2　军事技术扩散的过程与机制

如果从动态角度看，军事技术扩散实际上是一个由知识产生到知识转移再到知识被吸收、转化和利用的完整过程。第一阶段知识的产生来源于研发活动，它不仅取决于从事研发企业所拥有的知识储备、研发投入的力度、技术可扩散的程度，还取决于研发活动的类型（Sempere，2018）。基础性研发活动产生的知识更容易取得突破性技术进步，会产生更大的溢出效应（Nelson，1959）；而通用型技术应用比较广泛，对此类技术的研发获得的知识也更加容易扩散（Bresnahan & Trajtenberg，1995）。

第二阶段是知识的扩散和传播阶段。知识扩散的途径主要有以下五种：一是通过市场交易，如申请专利使用、获得授权或许可；二是建立有效的沟通机制，促进企业内部与外部的信息交流；三是通过贸易，购买包含着新技术的产品；四是通过一些非正式的渠道，如学术活动、学术论文、参加培训等方式获得新知识；五是通过活跃的劳动力市场，在科技人员流动中实现技术扩散（Sempere，2018）。而针对军事技术向民用部门的扩散，考恩和福莱（1995）总结了三种途径：第一，将军用装备设计直接转化为商业应用，如潜艇柴油发动机应用于火车机车；第二，改进产品和工艺使其在经济部门中具有更广泛应用；第三，将能够取得经济效益的一般性技术向民用部门扩散。而森佩雷（2018）认为，在

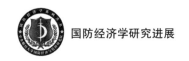

技术发展和扩散的过程中，伴随着不断地试错以至最终确定技术标准。在这个过程中，存在着两种学习模式：第一种是从多样性中学习，通过探索各种选择以排除某些不可行的技术发展方向；第二种是集约学习，即重点发展一种最有可能的技术方向。这种学习是具有溢出性的，特别是当军事技术领域的学习集中在关于技术的基本原理或一般性知识上时，军事研发活动的溢出作用就会很大。

第三阶段知识被新部门、新领域最终吸收、开发和利用。以多种不同方式利用新知识是技术扩散的目的。已有研究发现，吸收和利用来自其他企业的知识可以提升本企业的创新能力（Griliches，1991；Nelson，1982）。利用新知识提高产品多样性是横向创新，提高产品质量是纵向创新。然而对于知识的吸收能力才是溢出效应发生的关键。知识的吸收能力主要取决于知识基础。对新知识的吸收和利用往往需要一定的时间和资源，来学习并理解、评估其效用、估计市场机会和有效需求，以改造产品、技术或工艺成功地适应新的环境。新知识与行业现有的知识越接近，这个行业吸收新知识的能力越强，学习起来越快，那么新知识的溢出效应也就越高。而技术越复杂，为吸收新技术所需的研发规模就越大（Sempere，2018）。

9.3.3 军事技术扩散的影响因素

如果说考恩和福莱（1995）分析了影响军事技术潜在两用性的因素，那么影响军事技术扩散和吸收的因素也可以理解为影响军事技术两用性实现的因素。

从宏观经济角度看，一个国家的特征影响着两用技术的存在及扩散，因为其法律框架、生产结构和产业传统都是重要的影响因素（Acosta，2011）。在利用专利进行分析的基础上，阿科斯塔（2018）发现不同国家在两用技术方面的表现差异很大，英国、法国和美国的军事专利具有较高的民用潜力，而日本是军事技术转民用最积极的践行者。在中国，由于国防及民用创新系统分离的格局尚未改善，两用技术研发的知识产权归属、技术控制、安全保密、管理效率和信息不对称等问题，导致军民两用技术的研发攻关动力不足，科技成果应用效果不显著（钱春丽等，2009；张祥等，2015）。

从技术本身特点以及不同领域特征差异的角度看，库尔夫和史密斯（Kulve & Smith，2003）以及阿瓦迪吉安、科恩德和杜普埃（Avadikyan，Cohendet &

Dupouet，2005）通过案例分析总结出有利于两用技术出现的四个因素。第一，技术差异越大，产生新技术的可能性就越大。第二，从民用部门向军事部门的知识流动减小了军民技术差距，以一体化方式的双向技术溢出有利于技术扩散和两用技术的出现。第三，如果军事技术的特点更加符合民用需求，则军事技术的两用性会更强。第四，如果军事分包合同授予了众多小型企业，则非常有利于军事技术通过学习扩散的过程。

军事技术扩散是技术扩散的一种，影响技术扩散的相关变量同样也适用于国防领域的技术。如王亚玲（2012）将技术扩散的影响因子分为三个方面：技术势差、空间距离和扩散通道。技术势差，即科学技术的应用在不同领域、不同行业、不同地域之间存在的技术水平上的差异和不平衡。技术势差越大，越有利于技术扩散。空间距离，根据凯尔德·沃尔夫冈（Kellerd Wolfgang）的实证研究，空间距离每增加 1200 公里，技术扩散就减少 50%。因此，接受者距离技术扩散源越近，越有可能从技术扩散中获利。扩散通道，主要是指扩散和接受两地的经济制度、法律等社会环境系统，以及中介机构、技术市场等。技术扩散通道越畅通，越有利于技术扩散的产生。

军事技术扩散是一个从知识产生到知识溢出再到知识被吸收、开发和利用的过程，塞佩雷（2018）梳理了可能影响军事技术向民用部门扩散效率的因素，它们可以被分为四个方面。一是国防研发的性质，由于存在研发成功与否的不确定性，国防研发的复杂性以及所需的大量资金等，可能会阻碍军事技术扩散的进程。二是研发项目适用于民用需求的机会。国防研发往往是任务导向型而不是具有广泛商业吸引力的产品和服务，且军事需求通常与民用需求不同。即使军事和民用技术有共同的要求，军方也会提出"额外的性能要求"，而这种深奥的性能将比民用市场承受更多的边际成本。三是与产品、技术或工艺的转让和适应民用环境有关的时间长、费用大、风险高。这个过程之所以复杂，可能因为隐性知识的传播需要更多的努力和互动。这些隐性知识具有较高的国防用途，专业性较强，保密性较高。四是国防企业的性质。尽管一项技术可以被迅速传播，但是若其对于提高国外部队作战能力至关重要的话，也会受到限制。塞佩雷引用了斯托斯基（Stowsky，2004）提供的两个例子：第一个是国防通信机构试图阻止互联网的商业使用，第二个是对超高速集成电路技术（very high speed integrated circuit，VHSIC）的严格的预发布和出口控制。另外，塞佩雷以欧洲国防市场为例，认为欧洲国防市场垄断局面的存在，使欧洲公司基本上靠政府租金为生，导

致它们与民用市场隔绝（Sempere, 2018）。对于中国来说，目前国防知识产权保密制度存在保密主体权责不一、低密高定、定密标准精细化程度不够、解密制度不完善等问题，在很大程度上制约了军民技术双向转移和科技成果转化（杨杰翔, 2018）。

因此，塞佩雷（2018）认为政府可以通过以下做法来促进国防研发溢出效应的产生：促进民间和国防部门之间在公司内部或行业间的联网和通信渠道，进行法律改革，允许利用政府对具有明显双重性质的产品的产权，或开发具有潜在双重性的可访问的一般技术数据库。类似的，我国学者如齐晓丰（2011）也指出，为了鼓励国防科技向民用领域转移扩散，同时支持民用高技术资源向国防科技领域渗透，政府需要为民用企业搭建一个与军方和军工单位交流的信息平台。可喜的是，目前中国这类平台的建设正不断完善，如"国家两用技术交易中心""全军武器装备采购信息网""国家军民融合公共服务平台"等。另外，使产品或技术适应民用的艰巨任务和往往不确定的结果意味着寻找溢出效应的动机不足，因此提高溢出效率也需要为公司的研发和其他补充性投资提供资金，以便吸收和利用这些知识。

9.4　军事技术扩散的测度方法

上述文献关于军事技术扩散影响因素的结论既有来自理论分析的，也有来自实证经验的。运用实证分析方法，则不可避免地要处理军事技术扩散的量化问题。技术扩散和溢出效应由于无法直接观测，且相关数据比较难以获得，能够全面、清晰、准确反映技术扩散的量化方法还有待完善。

9.4.1　军事技术扩散的测量方法

塞佩雷（2018）根据已有研究情况，总结了五种测量军事技术扩散的方法。

第一种是从投入角度测量，即使用科研机构和企业的研发投入数据。在学术文献中可以使用研发投入的绝对量，或者研发投入占销售收入或增加值的比例来表示。这种测量方法的优势是数据相对容易获得，无论国家、行业还是（政府的）国防研发支出都有相关统计数据。但其不足之处是，首先，研发活动往往是创新活动的开始，它在多大程度上可以转换为创新仍然存在着创新效率的问题，而且，即使研发活动带来新技术，它仍然无法体现出技术扩散和溢出的意义。其次，研发数据在使用时也存在着准确性问题。技术效率提升是由无数小的改进长期积累而成，如何把仅促成某项新技术产生的研发投入剥离开，不重不漏地统计是非常困难的（Sveikauskas，2007；Hall，Mairesse & Mohnen，2010）。

第二种是从创新产出角度测量，即采用一段时期内得到的专利数量来衡量。这种方法的问题主要是，首先，并不是所有的创新与发现都申请了专利，专利数量无法代表研发活动的总产出（Keller，2004；Nadiri，1993）；其次，专利有质量和类型的差异，因此专利的经济价值无法通过数量体现出来，比如基础性专利经济价值小，而应用性经济价值高（Sveikauskas，2007）；最后，事实上，知识资本也存在折旧，但如何测定折旧率也是一个问题，有研究测算这个折旧率大约在 10%（Sveikauskas，2007）至 15%（Hall，Mairesse & Mohnen，2010）之间。

第三种是直接测度知识的转移，现有研究采用了三种方法。一是基于不同行业间的投入产出关系，估算行业间的信息流动。然而这种方法最多只能表示行业间通过付费方式获得的技术转移，无法体现出纯溢出效应。二是使用专利引用数据来表示某项技术被使用的情况。这种方法具有一定优势，它包含了重要的技术，以及采用这种技术的企业或行业信息，不仅表示出该技术相距技术前沿的关系，也能展现该项技术对于企业的重要性以及企业吸收能力的相关信息（Belderbos & Mohnen，2013）。除使用专利引用数据外，使用专利、许可和版权费用也是可选的测度方法（Keller，2004）。但专利本身作为创新指标的不足之处也成为这种测度方法的局限性。三是其他一些指标，如贸易、中间投入品交易情况、资本投资、交叉雇用研发人员、参加讲习班、参加研讨会或贸易展览会、合作许可和技术获取等（Belderbos & Mohnen，2013）。

第四种是测度吸收新知识的成本，即利用、模仿和学习新技术所需的研发投入。

第五种是估算新知识带来的财富和福利水平的提升情况，比如估算研发和创新活动对于全要素生产率增长的贡献（Griliches，1986）。当然这种方法比较粗略，在计算过程中要考虑通货膨胀、经济周期和时滞等因素对结论的影响。

通过专利的前向引用来衡量军事技术扩散是近年来学术研究的主流方法（Acosta，2011，2013，2018；Lee，2017；Schmid，2017；Harris，2013），下面

将重点介绍基于军事专利的文献。

9.4.2 军事专利的界定

在现有文献中，对军事专利的界定分为两类：一类以阿科斯塔等（2011，2013，2018）的研究为代表，依据"国际专利分类"（international patent classification, IPC）确定军事专利；另一类以施密特（2017）的研究为代表，依据"德温特技术分类系统"（derwent technology classification system）确定军事专利。

阿科斯塔等（2011，2013，2018）根据"国际专利分类"对专利分类及其编码的解释，考察了军事技术中的 F41（武器）和 F42（弹药）分类，以及"其他军事技术"。其中，F41 和 F42 中的这些专利是非常明确的具有军事用途的技术；"其他军事技术"是 F41 和 F42 之外具有防御性或进攻性目的的发明。由此，阿科斯塔等（2011）将所有专利划分为三类：如果一项专利只有 F41 和（或）F42 代码，则它属于军事专利；如果一项专利有 F41 和（或）F42 代码，以及其他民用专利代码，则它属于混合型专利；如果一项专利没有 F41 和 F42 代码，则它属于民用专利。

在"国际专利分类"中的其他类别下，或许也存在着用于军事用途的发明，但它们被归于其他类别之下，因为这些技术从其本身的属性、用途看并不具有防御性或进攻性目的，详见表 9 - 4 - 1 中的"其他军事专利"。所以阿科斯塔等（2011，2013，2018）认为 F41 和 F42 是可以代表军事专利的。据他们估算，F41 和 F42 下的军事专利占其所研究时期（1998～2003 年）"国际专利分类"中所有军事专利总数的 89%。表 9 - 4 - 1 给出了依据"国际专利分类"所确定的军事专利。

表 9 - 4 - 1 界定军事专利的第一种方法：国际专利分类中的军事专利

代码	内容
F41	武器
F41A	对于轻武器和火炮，如加农炮，两者通用的功能特征或零部件；轻武器或火炮的安装
F41B	不用炸药或易燃推进装药的发射投射体用的武器；不包含在其他类目中的武器

续表

代码	内容
F41C	小武器,如手枪或步枪;所用的附件
F41F	自身管发子弹或导弹的发射装置;导弹或鱼雷发射装置
F41G	武器瞄准器;制导
F41H	装甲、装甲炮塔;装甲车或战车;一般的进攻或防御手段
F41J	靶;靶场;弹头收集器
F42	弹药;爆破
F42B	爆炸装药;火药;弹药
F42C	弹药引信;所用的解除保险或保险装置
F42D	爆破
其他军事专利	
A45F 3/06	旅行或露营物品;携带在身上的袋子或包裹……特别适于军事用途
A63H 13/08	具有自我移动部分的玩具人物……能够进行军事演习
A62D 101/02	通过化学变化变得无害或危害较小的有害化学武器,化学战物质
B63G	舰艇、扫雷装置、潜艇、航空母舰上的进攻性或防御性安排
B64D 7/00	在飞行中坠落、喷射、释放或接收物品、液体等……物品是爆炸物
B64D 1/04	在飞行中坠落、喷射、释放或接收物品、液体等……炸弹释放;炸弹门
B64D 1/06	军用装备;飞机武器装备的改编
E04H 9/04	建筑物、建筑群或避难所,适于承受或提供保护,以防异常的外部影响,如战争行动、地震、极端气候、空袭或其他战争行动
E06B 5/10	特殊用途的门、窗或类似封闭物;因此用于防止空袭或其他类似战争行动的边界建筑物;用于其他保护目的

对于阿科斯塔等(2011,2013,2018)界定军事专利的方法,施密特(2017)指出了其中的问题,他认为"国际专利分类"没有明确区分军事技术和民用技术:首先,F41 和 F42 中仍包含一些民用技术;其次,这两个分类中没有包括一些非武器类的军事技术,例如防御性技术、指挥和控制技术,以及军事运载技术。因此,他采取了另外一种专利分类编码——"德温特技术分类系统",其中,W07 是"电子军事装备和武器",包括目标指示系统、瞄准装置、导弹方向

控制、军事训练器材、装备和安全装置、电子武器、人员和装备防护、战场通信、军事侦察。并且这一类别对应于"国际专利分类"中的 F41、F42B 和 C 类。

9.4.3 基于专利引用的技术扩散测度方法

在经济学文献中，专利的前向引用是表示技术扩散的重要方法之一。因为被授予专利的发明通常在不同部分包含着公共和私人知识，这些都体现在该项发明对其他专利的引用中。在申请专利时，一般都会要求申请人在专利文件中提供参考文献或者引用情况，以表明该项发明同现有专利的关系。对之前专利的引用，表明这些专利为本项发明提供了知识和技术基础。因此，使用前向引用可以表示并测度技术扩散情况，一项专利如果被其他专利频繁引用，表明蕴含在该专利中的知识扩散到了其他领域或发明中。同样的，在界定好军事专利的基础上，使用军事专利前向引用数据可以探讨一系列与军事技术扩散相关的问题。

常用的专利前向引用信息来源主要有两个：一是汤森路透专利引用指数，该数据库提供了某项给定专利被其他专利引用情况，而这些引用专利来自美国、德国、日本、英国、专利合作条约以及欧洲专利局注册/授权的专利；二是世界专利统计数据库（PATSTAT）。

为了考察军事技术扩散的特点和程度，阿科斯塔等（2011）选取了 1998 ~ 2003 年同时在欧洲专利局和美国专利和商标局申请注册的 582 项军事技术专利，从汤森路透出版的德温特创新指数（Derwent Innovation Index）数据库（包含不同国家/地区的专利所有版本）获得专利引用数据，并通过 IPC 分类系统将这 582 项军事专利分为武器专利（仅包含 F41）、武器和军火专利（F41 和 F42）、混合专利（除了 F41 和 F42 外，还包含民用专利代码）三种类型。通过分析统计数据，他们发现：从专利引用情况看，有 1756 项专利引用了这 582 项军事专利中的 531 项（其中 51 项未受到任何引用）；其中 679 项专利（占比 37.7%）将这些军事技术用于民用目的（非 F41 和 F42 的 IPC 代码），而 1077 项专利将其用于军事或混合用途（民用和军用）。在这 679 项民用专利中，92% 的专利所引用的原始专利属于混合专利、6.3% 属于武器专利、1.6% 属于武器和军火专利。被引用最多的专利是混合型专利，专利的平均被引率为 3.5，仅包含武器编码的专利平均被引率为 2.4，武器及军火编码的专利平均被引率为 2。

从专利所属国家分布看，在 582 项军事专利中，39.9% 来自美国，22.5% 来自德国，与之相比，1756 项申请专利中的 889 项（50.6%）来自美国，16.8% 来自德国，其余来自其他国家。美国是引用军事技术最多的国家，在 1756 次引用中占 50.6%，其次是德国，占 16.8%。

此外阿科斯塔等（2011）还采用实证分析考察了影响军事技术向民用领域扩散的因素。他们采用多层 Logit 模型，被解释变量代表军事技术的民用情况，设置为二元变量：如果一项引用专利仅包含民事代码，即该专利具有民事用途，则二元变量的取值为 1。如果引用专利包含一些或其他军用 IPC 代码，则意味着该军事专利用于非民事目的，则其值为 0。自变量则包括两类：一类捕捉原始专利特征，包括专利类型、专利国籍、专利所有者类型（政府或私人）、专利所有者的技术经验（用观察期内所申请的总专利数量代表）、专利注册年份；另一类捕捉引用专利特征，包括引用专利的国籍、引用者的类型、引用者的技术经验。

回归结果如下：（1）仅涉及武器的专利在民用领域的使用少于武器和弹药专利的使用，而这些武器和弹药专利的使用程度要低于混合起源（民事和军事）的专利使用。（2）军事专利的国籍和引用专利的国籍是其民事用途的决定性因素；英国、法国和美国的军事专利是被民事用途引用最多的，而日本的专利是那些对所有军事专利最大限度地应用于民事用途的。这也意味着英、美、法的军事技术向民用技术扩散的潜力最大，而日本是世界上军事技术向民用部门扩散最大的执行者和受益者。（3）机构起源（政府、部门、研究机构或公司）并不能决定民事用途对于军事技术的引用。同样，拥有原始军事技术专利的公司/机构的技术技能并不是其决定性因素，而使用军事技术的公司/机构的技术经验确实决定了其民用潜力。

施密特（2017）选取了 35 个大型国防机构在 2006～2010 年所申请的 17733 个专利，使用德温特专利分类系统（W07）筛选得到 2112 项军事专利。与阿科斯塔等（2011）研究不同的是，施密特（2017）考察了军事技术及民用技术扩散的差异性、军事技术的扩散特点，检验了以下四个假说：

H1：军事技术比民用技术更不易扩散。

H2：企业开发的军事技术将比政府机构开发的更容易扩散。

H3：军事技术的扩散将与开发这些技术的组织的技术经验呈正相关。

H4：军事技术的扩散将与知识产权制度（保护）力度正相关。

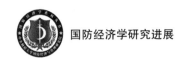

施密特（2017）使用包含了军事技术和民用技术 17735 个专利的前向引用数作为因变量，考虑了技术类型（军事技术还是民用技术）、政府资助、技术经验、国家知识产权保护力度的影响，通过负二项式回归模型发现：军事专利的平均扩散率与民用专利的平均扩散率在统计上没有差别，拒绝了 H1；没有证据表明政府作为所有者的专利扩散情况超过私人实体企业拥有的专利，拒绝了 H2；受让人的技术经验的确增加了专利的扩散性，支持 H3；在整个样本中，知识产权保护力度与技术扩散呈正相关，但去掉美国样本后却是负向显著，表明需要进一步验证这个结论的稳健性。另外，专利的技术覆盖范围、技术领域和管辖范围将促进军事技术扩散的效率。

阿科斯塔等（2018）从专利角度分析了大型国防承包商的技术创新行为，使用专利的后向引用数据从公司维度分析了影响技术两用性的因素。他们首先考察了 2002～2011 年 SIPRI100 大军火生产和服务公司的专利申请情况，通过与欧洲专利局数据进行匹配，最终确定了 71 家公司。他们分析了这些公司专利申请及引用情况同公司特征之间的关系，发现：（1）防务公司规模与民用专利数量之间存在着显著的正向关系，但军事和混合专利却比表示公司规模的指标——员工数量和军事销售额无关。这似乎表明军事技术和民用技术的产生机制不同。在民用部门，与客户和供应商的接触会产生可能对开发新技术有用的知识流动，而军事部门并非如此。（2）越是专注于军事生产的防务公司，产生的军事专利和混合专利越多。这是因为专注于军事生产的公司更能从学习、知识转移和积累等专业化中获益。（3）产生"两用技术"的公司与未产生"两用技术"的公司有显著不同的特征。产生"两用技术"的公司通常有更高的军事销售额、更多的员工和更多的专利。这个结果表明，对于产生"两用技术"而言，真正重要的是企业的技术规模，包括它拥有的专利数量。（4）美国和欧洲在知识及"两用技术"的生产上有很大的差异。当然，在专利数量上美国领先于欧洲。但如果看技术生产率指标（用公司人均专利数表示），欧洲从事"两用技术"的企业要高于美国的同类型企业。此外，欧洲公司人均民用专利的军事引用率要高于美国公司。

哈里斯（2013）以挪威国防工业为研究对象，依据国际专利分类界定了军事专利，考察了 1970～2011 年的 139 项军事专利，使用专利引用数据衡量技术扩散，分析了外部合作、技术广度、民用导向、技术经验对军事技术向民用领域扩散的影响。其基本发现是在挪威，国防机构与外部合作的情况对军事技术扩散的影响并不确定；军事专利所包含的技术范围越广，越会促进军事技术的扩散；引用者的技术经验或研发强度越高，越有利于军事技术向民用部门扩散；国防公司的民用市场导向越强，军事技术的民用扩散情况就会越好。

类似的，阿科斯塔等（2019）同样使用专利引用数据测度技术扩散，探讨了美国大型国防承包商生产两用技术能力的影响因素，以及它们将军事技术知识用于民用发明和将民用技术知识用于军事技术能力（即两用技术转移）的影响因素。

9.5　本章小结

无论是"两用技术"还是军民技术的转移与扩散都包含着两方面的内容，一方面是军事技术的民用应用，另一方面是民用技术的军事应用。通过对现有文献的回顾，我们发现，学术研究的重点仍然是军事技术对民用技术的溢出作用上。而另一个方面的研究仅停留在案例分析，尚缺乏深入、成系统的探讨。但随着军民技术不断超越军事技术，如何激励和促进民用领域向军事领域的技术溢出不仅是一个重要的学术议题，也是一个重要的政策议题。本章梳理了两用技术、军事技术扩散机制及影响因素方面的研究，可以为探讨民用技术扩散提供框架与借鉴。

此外，在研究方法上，本章关注的是围绕军事技术扩散展开的量化分析。从专利角度界定军事技术，在成熟的专利经济分析的基础上，运用相关理论方法，比如采用专利引用数量衡量技术扩散，使用专利更新决策代表专利价值，为分析军事技术扩散和溢出效益提供了一个新角度。当然，这种方法有其自身的局限性，如阿科斯塔等（2013）所述，专利引用数据存在着测量偏差，专利引用数据的差异源于不同国家专利制度的不同要求，比如美国专利和商标局（USPTO）在法律上要求申请人提供引用专利情况，而欧洲专利局则没有这样的要求。此外，人们通常认为，研究军事技术最大的障碍是数据的保密性问题，使用专利数据同样会受到保密的影响。一般来说，如果一项军事专利对国家安全较为重要，它便不可公开。有些国家的法律赋予军事当局要求专利保密的权力。但也有学者认为受到保密要求影响的专利数量并不多（Acosta et al.，2013），尽管没有正式的官方统计数字，阿科斯塔等（2013）指出，在美国，

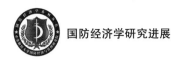

每 10000 项专利申请中，受到保密要求影响的专利数只有 3 项，在英国和西班牙，这个数字分别为 15 项和 17 项。事实上，秘密专利不仅出现在军事专利中，与核技术或电子技术相关的专利也存在这一问题。专利是为了知识和技术传播而采取的保护方法，从这个意义上讲，军事专利更好地代表了军事技术中可以扩散至民用部门的那部分技术。并且专利方法很好地解决了量化技术扩散的问题，使我们可以用更加规范的方式对军事技术有关议题展开研究。

第 *10* 章

经济制裁的研究脉络与当代议题①

10. 1　引　　言

冷战之后，国家或国际组织越来越倚重经济制裁来推进对外政策。以联合国为例，安理会在整个冷战时期仅仅对南罗德西亚、南非两国实施过制裁，而在冷战之后对包括伊拉克、朝鲜、伊朗、海地等在内的 20 多个国家（或实体）进行过制裁。而且，像美国、欧盟、联合国这些主要制裁发起者均完善了经济制裁的法律体系，形成了较为成熟的经济制裁制度体系。

然而，经济制裁虽然重要，但又令人感到困扰。不同群体、不同学者对经济制裁概念的认识不尽相同，甚至分歧巨大。清晰的概念界定是科学研究的基本前提。本章分为五节：10. 1 节是引言。10. 2 节比较各种经济制裁概念及相近术语，找出经济制裁的界定性要素，以此确定哪些经济措施属于（或不属于）本章的讨论对象。西方国家中英、美是经济制裁研究的发源地和重镇。因此，10. 3 节和 10. 4 节以外文文献为主，系统梳理自 20 世纪 20 年代以来的经济制裁研究历程，并归纳各个阶段的重点研究议题、方法和特色。10. 5 节将对当今经济制裁研究的热点议题和发展趋势做出简要的评估和展望。

---

①　本章写作得到国家社科基金青年项目"美欧在对外制裁问题上的战略协作及我国应对策略研究"（项目编号：15CGJ005）、教育部人文社科研究青年项目"偏好、模式与实施效果：美欧俄经济制裁方略的比较研究"（项目编号：13YJCGJW008）的支持，在此表示感谢。

10.2　经济制裁的概念

对于国际问题学者而言，"经济制裁"是一个重要却又令人感到困扰的术语①。早在 20 世纪 80 年代，大卫·鲍德温（David A. Baldwin）就曾感慨道，人们在使用"经济制裁"一词时存在如此多的差异，以至于我们有足够理由来避免使用它（Baldwin，1985）。但不幸的是，在研究经济治国方略的文献中，经济制裁一词屡屡可见，我们又难以避免会用到它。清晰的概念界定是开展研究的基本前提。因此，本章将在比较各种经济制裁概念、相近术语的基础上，找出经济制裁的界定性要素，以此确定哪些经济措施属于或不属于本章的研究对象。

10.2.1　消极（或负面）的经济措施

与贸易自由、金融开放原则恰好相反，经济制裁是一种限制贸易往来、金融流动的措施。在贸易方面，这些限制措施包括：设定进出口配额；颁布限制性进出口执照；实施部分或全面进出口禁运；出台歧视性关税政策，如取消最惠国待遇或普通优惠关税；限制或取消捕鱼权；暂停或取消联合项目；暂停或取消贸易协定；颁布技术出口禁令；把与制裁对象开展业务往来的实体或个人列入黑名单；减少、暂停或取消技术援助、培训项目；颁布保险和其他金融服务禁令；对制裁对象的出口征税以补偿其受害者。在金融方面，这些限制措施包括：减少、暂停或取消发展援助、军事援助资金；减少、暂停或取消特许的或者基于市场利率提供的信贷措施；冻结或没收对象国政府或国民的银行资产；没收或征用制裁对象的其他资产；冻结利息及其他转移支付；拒绝为制裁对象再融资、重新安排其债务偿付，包括本金和利息；阻止国际组织向制裁对象提供贷款、补助、津

---

① 与经济制裁类似或交替使用的术语还包括：经济胁迫、经济治国方略等。

贴、资助等援助（Doxey，1996）。①

　　作为一种消极或负面的经济措施，经济制裁与经济激励（或积极制裁）存在着实质差别。与中文"制裁"不同，英语中的"sanction"一词不仅有"制裁、惩罚"的含义，还有"支持、许可"的意思。基于此，有些学者将"制裁"分为积极制裁和消极制裁，前者主要通过激励来改变对方的特定政策或行为，而后者则主要依靠惩罚来影响对方（阮建平，2009；张金翠，2010；Baldwin，1971；Galtung，1967）。诚然，经济激励在对外政策中非常重要，甚至在特定情况下必不可少。然而，惩罚和激励的逻辑完全不同，发起国采取这两种策略所面临的成本也相差甚远。更为重要的是，当今各国或国际组织在使用经济制裁一词时，普遍指的是消极的、负面的经济限制措施而非经济激励。在此背景下，积极制裁的提法徒增概念的混乱，对经济制裁理论和政策研究并没有太多意义。因此，本章的"经济制裁"仅指消极制裁，把与经济制裁相对应的措施称为经济激励而非积极制裁。

10.2.2　工具属性与价值属性

　　英文"sanction"一词源于拉丁文"sancire"，它是指对违反法律、法规特别是违背神意行为的惩罚。因此，在英文语境中，制裁不是简单地惩罚违反规则者，更是一种对不道德、挑战道德良知以及危害共同体集体利益的"错误行为"的惩处（Nossal，1989）。当今，在主权国家内部，人们在使用制裁时仍然承袭这种传统，用来表示针对违法行为所实施的强制措施。甚至在作为无政府社会的国际政治语境中，也有学者如玛格丽特·多柯西（Margaret P. Doxey）从这层意义上界定制裁：国际制裁应该被定义为针对违背国际准则或国际义务之行为所威胁或实施的惩罚（Doxey，1996）。根据这种界定，西方国家对苏联发起的战略禁运就不能被视为制裁，阿拉伯联盟对以色列及其盟国、贸易伙伴实施的抵制同样不能被称为制裁。此外，一些学者根据正义战争理论提出"正义制裁"的概

---

①　不过，贸易限制措施多被视为金融制裁。当然，今天的金融制裁措施已经远远超出这些方面，如徐以升、马鑫把美国实施金融制裁的手段总结为五类：（1）冻结或冻结并没收资产；（2）冻结或取消国家间或国际机构融资；（3）切断美元获取能力和使用美元渠道；（4）禁止全球金融机构与被制裁对象交易；（5）制裁对方银行体系。参见徐以升、马鑫：《金融制裁：美国新型全球不对称权力》，中国经济出版社 2015 年版，第 47～58 页。

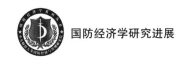

念，这同样反映了制裁的历史渊源和价值属性（Gordon，1999；石斌，2010）。

在看到（经济）制裁价值属性的同时，我们也应该看到，更多的学者和文献仅仅把它当作发起方实施经济胁迫的手段、一项对外政策工具，或者说一种经济治国方略。而且，在国际实践中，更为普遍的是，一国出于一己私利而非单纯地为了维护国际法或国际规则的权威发起经济制裁，尽管它们常常假借后者为名。再者，与国内法不同，一国如果没有签署、批准某项国际条约、协定就没有义务遵守其规定的相关要求。一些被视为违反了国际法或国际规范的行为，可能在其他国家看来并非如此。出于简约的考虑，也基于大多数学者的看法和既有国际实践，本章暂且排除经济制裁的价值属性，仅仅把它当作国家或国家集团实现其对外政策目的的一种工具。

10.2.3　经济制裁目的的性质

如上面所述，经济制裁是发起者通过限制与对方的贸易、金融交往来影响其特定政策或行为的对外政策工具。但是，经济制裁的目的是影响对方什么领域的政策或行为呢？或者说，经济制裁目的的性质是什么？这一问题对于区分经济制裁与贸易战、经济战争等类似术语至关重要，同时也引起过很大争论。在有些学者看来，经济制裁的目的既可以是政治性的，也可以是经济性的。例如，加利·霍夫鲍尔（Gary Hufbauer）等的经济制裁数据集就收录了这样的案例：1965 年美国对智利发起制裁，强迫后者把铜的单价降低 0.02 美元并保证未来不会抬价。考虑到加利·霍夫鲍尔等人的经济制裁数据集（以下简称为 HSE数据集）广为使用，可以说有不少研究都是建立在这种认识的基础上的（Drury，2005）。

对于不加区别政治与经济目的的做法，罗伯特·佩普（Robert Pape）曾提出非常严厉的批评，他认为经济制裁不同于贸易战，其目的是政治性而非经济性的（Pape，1997）。首先，面对经济制裁和贸易纠纷，对象国基于完全不同的逻辑进行决策。对象国根据财富最大化原则来决定是否在贸易纠纷中做出让步，但通过权衡经济损失的政治影响来决定如何回应经济制裁发起国的要求。其次，在贸易战中，使用武力的可能性基本可以排除。但对于经济制裁而言，它既可以是武力手段的替代，也可以是使用武力的前奏。如果认为经济制裁的目的也可以是经济性的，这就混淆了经济制裁和贸易战与武力关系方面的区别。最后，如果对出于政治目的和出于经济目的的经济限制措施不加区别，把数量庞大的国际经济谈判也纳入经济制裁的范畴，那么研究范围就大规模地拓宽了。此外，理查德·哈斯（Richard Haass）也主张对二者进行区分，认为出于经济目的的报复行为一般有相应的规则可遵循，而出于政治目的的经济制裁一般没有基于双方同意的政治或法律框架。经济报复通常只有在被认为违反贸易规则的条件下才对具体国家实施，而且，其目的不在于破坏国际贸易体系，而在于校正由于违反规则而导致的贸易扭曲（阮建平，2009）。

然而，在国际关系实践中，把一项经济限制措施的经济目的和政治目的明确区别开来即便不是不可能，也是难度极大的。丹尼尔·德雷兹内（Daniel Drezner）就曾指出，美国国会把人权因素纳入劳工规则的界定之中，这就使区分经济问题（劳工规则）和政治问题（人权）变得非常困难（Drezner，2000）。类似情况还反映在美国近期经济制裁制度的变化中。根据美国总统奥巴马在2015年4月签署的行政命令，美国将对严重危害其国家安全、对外政策和经济利益的网络活动实施经济制裁。这些可能引发美国经济制裁的网络活动除了包括针对美国关键基础设施的网络攻击之外，还包括借助互联网非法获得资金、经济资源、商业机密以及旨在谋取商业竞争优势或个人资金收益的金融信息的各种活动。可见，这进一步模糊了经济制裁政治目的和经济目的的界限。而且，在今天看来纯粹出于经济目的的举措，如开放市场、提高贸易便利，在未来可能成为一国谋取政治影响的途径。更为重要的是，一国实施经济限制措施的目的究竟是政治性的还是经济性的，在很多时候取决于对象国的认知和解读。正因为如此，库珀·杜瑞（Cooper Drury）在界定经济制裁时并没有否定其经济目的，只是把日常的经济谈判、妥协和讨价还价排除在分析之外（Drury，2005）。

关于经济制裁目的的争议还体现在是否应该或如何区分经济制裁和经济战争上。内勒（Naylor，2001）认为经济制裁和经济战争没有区别，因为不论出于何种（不同）目的，二者都给双方带来了巨大的人员损失。玛格丽特·多柯西（1980）以经济限制措施的发起者作为区分依据，把国际组织发起的经济限制措施称为经济制裁，把其他行为体发起的经济限制措施看作经济战。佩普（Pape，1997）和杜瑞（Drury，2005）则对二者做了严格区分，指出，经济制裁的目的在于改变或者威慑对方特定政策或行为，而经济战则是一国在战时或在和平时期的军备竞赛中采取的、旨在通过削弱对方经济实力并最终削弱其军事实力的经济限制措施，它仅仅是"以武力为中心的强制战略的一个组成部分，而不是

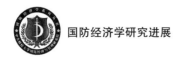

一种独立的强制战略"。

结合上文讨论,本章所要讨论的经济制裁是指:国家或国际组织通过限制或威胁限制与对方的贸易、金融往来,以影响(威慑或威逼)对方政治与安全领域中特定政策或行为的一项对外政策工具。尽管贸易战、金融战、货币战在长期内具有政治与安全影响,但它们一般不是直接出于政治或安全动机,而且其实施大都遵循一定的国际经济规则、程序,因此不属于经济制裁的范畴。

10.3 经济制裁研究的历史脉络

人们对经济制裁的探讨源远流长,但成规模的学术研究开始于20世纪二三十年代,发展于第二次世界大战之后至20世纪80年代。自此之后,经济制裁辩论更加激烈,研究方法也变得更加科学和严谨。进入21世纪以来,经济制裁研究拓展了研究范围,产生了一些新的研究议题。

10.3.1 第二次世界大战之前

在20世纪二三十年代,饱受过第一次世界大战之苦的欧美各国"和平主义"思潮盛行。由美、法外长发起,签字国涵盖了欧美主要大国的《凯洛格 - 白里安公约》(Kellogg-Briand Pact)——也称《非战公约》规定,各缔约国废弃战争,不以战争作为推行国家政策的工具。一旦有侵略者挑起战争,国际社会应该联合应对。其中,对侵略者集体实施经济制裁是国际联盟提供的一个重要应对手段。[①] 那么,经济制裁能否以及如何承担起维和止战的重任呢?在此背景下,针对经济制裁奏效的前提条件(Clark,1932)、经济制裁的内涵、法理依据、类型与问题等,欧美学术界包括政界展开了第一次经济制裁大讨论(Forster,1926;Holland,1935)。

这一时期是经济制裁研究的起步阶段,相关探讨密切关注当时国际形势,侧

---

① 《国际联盟盟约》第16条规定(一)联盟会员国如有不顾本约……所规定而从事战争者,则据此事实,应视为对于联盟所有其他会员国有战争行为。其他会员国应即与之断绝各种商业上或财政上之关系,禁止其人民与破坏盟约国人民之各种往来,并阻止其他任何……联盟会员国或非会员之人民与该国人民之财政上、商业上或个人之往来。

重对策而非学理性分析，并不追求发展经济制裁的一般理论。在研究方法上，几乎全为定性分析和规范分析，如法律文本解读、案例研究、过程追踪等。注重在国际法框架之下进行解读是本时期研究的一大特色，英国及《国际事务》杂志则是经济制裁研究的主要阵地。尽管该时期最重要的一个案例——国际联盟制裁意大利以失败告终，但"制裁能够作为一项维护和平、威慑侵略的国际手段而发挥作用"是当时欧美各界的一个基本共识。

10.3.2　第二次世界大战后至 20 世纪 80 年代

尽管关于经济制裁的学术讨论可追溯到 20 世纪二三十年代，但自此之后直到第二次世界大战结束，经济制裁的实际案例并不多。第二次世界大战之后，特别是到了 20 世纪 60 年代，经济制裁才越来越多地用于应对国际政治纠纷（Wallensteen，1968）。也正是在这段时期，联合国安理会开始对南罗德西亚（现津巴布韦）和南非实施制裁——这也是安理会在冷战时期仅有的两次制裁实践。

面对经济制裁被频繁应用的国际现实，人们自然要问："经济制裁有效吗？"围绕这一问题，欧美学界展开了第二次经济制裁大讨论。制裁的有效性是此次大讨论的核心议题。然而，研究的结论却比较令人悲观，大多数学者给出了否定的回答，"经济制裁难以奏效"成为 20 世纪六七十年代制裁研究的一个基本共识（Gary，1984）。彼得·华伦斯坦（Peter Wallensteen）系统地研究了 1932～1967年的 18 次经济制裁，认为只有两次制裁——1933 年英国制裁苏联和 1960 年、1962 年美国、美洲国家组织制裁多米尼加——取得成功（Wallensteen，1968）。而且，判定成功的标准仅仅是对象国在制裁实施之后满足了制裁国的要求，至于这种让步是否由制裁引起的则无法确定。

至于制裁为何难以奏效，该时期研究大致给出了三种解释。弗雷德里克·霍夫曼（Fredrik Hoffmann）以英国及国际联盟制裁意大利、英国及联合国制裁南罗德西亚为案例，比较了制裁方实施制裁的政治进程，认为制裁方在感到需要"做些事情"但又不愿"做太多"时才会选择使用制裁这种工具。如果感到问题特别严重时，相关国家不会选择使用制裁，因为它"起作用太慢、太复杂又不保险"（Hoffmann，1967）。因此，这就出现一个悖论，一旦制裁付诸实施，其宣示的目标就注定难以实现，因为决定实施制裁（而非其他手段）本身就意味

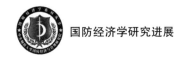

着制裁方的动力不足。

玛格丽特·多柯西（1980）的研究也得出制裁难以迫使相关国家遵守国际行为规范的结论。不过，她认为（国际）制裁难以奏效的原因在于：制裁面临执行难题，各个制裁国在制裁目标设定、措施选择、严厉程度、成本分担以及制裁监督方面存在的分歧制约了各国执行制裁的程度；对象国拥有多种应对制裁的方法，诸如采取规避措施、实施反制制裁、求助第三方、对外宣传等，通过积极应对，对象国可以化解制裁压力。

传统制裁理论认为经济制裁与对象国国内政治团结存在负相关性，经济制裁造成的损失越大，对象国国内越不团结。在批评该理论的基础上，约翰·加尔通（1967）提出修正后的制裁理论，并解释了为何制裁常常难以奏效。他认为，在外部制裁面前，对象国国内出现的可能不是政治分裂，而是政治团结。如果对象国民众认为制裁针对的是本国所有人而非统治阶层，他们在制裁之前就对制裁国存在负面情绪，或者认为本国所为是正确的且没有更好的选择，那么制裁就会激起政治团结，使制裁难以奏效（Drury，2005）。

除了有效性问题之外，本时期也有学者探讨了制裁的经济影响、形式、目标或功能。如罗宾·伦威克（Robin Renwick）就指出，尽管对意大利、南罗德西亚的国际制裁失败了，但它在表达制裁方对对象国行为的反对立场（并进行惩罚）方面却发挥了作用，因而不能因为制裁未能改变对象国行为而忽视制裁的价值（Robert Jackson，1983）。

总体来看，与前一阶段相比，该时期制裁研究具有以下三个特点：寻求发展关于经济制裁的一般理论，为经济制裁研究提供整体分析框架；议题非常集中，重点探讨经济制裁的有效性，而且一致认为制裁未能奏效；方法十分相似，以比较案例研究为主，以对意大利、南罗德西亚、南非的制裁为主要分析案例。同时，伴随着行为主义的兴起，一些新的方法如定量分析、计算机模拟也有时被用来分析经济制裁问题（Hübner-Dick & Seidelmann，1978；Wallensteen，1968）。

10.3.3　20 世纪 80 年代至 21 世纪初期

自 20 世纪 80 年代中期（尤其是冷战之后）至 21 世纪初，经济制裁的实施频次迅速增加。根据加利·霍夫鲍尔等（2011）统计，20 世纪 80 年代共计发生

31 次制裁，90 年代则达到 52 次；整个 20 世纪 50 年代一共才有 13 次制裁，而 1992 年一年就发生了 13 次制裁。多边制裁增长得更为迅猛，以联合国制裁为例，安理会在整个冷战时期仅仅发起两次制裁——南罗德西亚制裁（1966 年）和南非制裁（1977 年），而在 1990～1999 年的 10 年间就对伊拉克（1990 年）、南斯拉夫（1991 年、1992 年、1998 年）、利比亚（1992 年）等 12 个国家实施了制裁（David & Lopez，2000）。与此对应，学界对经济制裁的关注也大幅增加，并表现出一些新的特征。

1. "白热化"的经济制裁有效性大辩论

针对 20 世纪六七十年代形成的主流共识——制裁无效，达乌迪和达贾尼（Daoudi & Dajani）率先提出质疑，拉开第三次经济制裁大讨论——也是最激烈、最具火药味的辩论——的序幕。这两位作者考察并比较了单边、多边和全体制裁，对主流共识提出质疑，认为经济制裁是有用的、有效的，当然这不是依据宣称的目标，而是依据"制裁能够慢慢侵入对象国，假以时日可对其造成极大伤害……国际经济制裁犹如癌症，它杀死对象国经济结构中难以用肉眼发现的微小细胞，这些细胞的不断死亡将腐蚀对象国政治生态，使其难以满足国内日常需求，从而削弱对象国国内团结，并最终致其崩溃"（Kressler，1985）。

更重要的挑战来自加利·霍夫鲍尔等人。此前关于经济制裁的分析大都基于单个或者少数几个案例，由此得出的一般性结论单从方法论上讲就难以令人信服。加利·霍夫鲍尔等则建立了一个自 1914 年至今、包括 100 多个经济制裁案例的数据库，并以此为基础，利用统计分析方法系统地研究了经济制裁的有效性及其影响因素。加利·霍夫鲍尔等（2011）的研究发现，在所有 115 次制裁中，有 40 次取得成功，制裁成功率达到 34%，远比主流共识想象的要高。由于这是首次对经济制裁进行大样本检验，加利·霍夫鲍尔等的研究及其经济制裁数据库影响巨大，成为此后经济制裁研究的必引之作。

加利·霍夫鲍尔等的研究一石激起千层浪，它将经济制裁大讨论的激烈程度推升到一个新的水平。最尖锐的批判来自罗伯特·佩普，他在《国际安全》杂志发文指出，加利·霍夫鲍尔等的研究存在两个严重的方法论缺陷：一是没能严格区分基于政治目的的经济制裁和由经济利益引发的普通贸易纠纷；二是没能把武力因素剥离开来，把实际上是由（伴随制裁而使用的）武力手段引起的对象国行为改变当成制裁的功用。经过重新评估，罗伯特·佩普（1997）认为，在

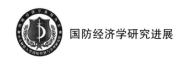

被加利·霍夫鲍尔等视作成功的 40 次制裁中，其实只有 5 次可以算作成功，制裁成功率不足 5%。罗伯特·佩普的尖锐批判引起不小的震动。以《国际安全》杂志为主要平台，争论双方围绕经济制裁的界定、成功的标准、争议性案例、制裁的价值进行了数个回合的论战（Elliott，1998；Pape，1998；Drury，1998；Baldwin，1999）。

就此次制裁大讨论，大卫·鲍德温在《制裁大辩论与选择的逻辑》一文中指出，学者们虽相互争论却"询问着不同的问题、使用着不同的概念、在不同分析语境下展开讨论……一句话，他们在谈论不同的事情"。他认为，制裁研究的深化需要事先考虑以下四个方面：第一，必须承认"制裁是否奏效"与"是否应使用制裁"是两个不同的问题；第二，必须承认成本因素的重要性；第三，必须承认有必要比较不同政策手段的利害得失；第四，必须承认"成功"作为一个维度多元概念的复杂性。用狭隘的行为主义术语对成功进行简单界定的做法忽视了成本因素，并把冲突视为零和博弈，这是不充分的。如果不考虑以上四点，再多制裁辩论也难以产生有用的政策性知识（Baldwin，1999）。大卫·鲍德温一文敏锐地点出了该阶段制裁研究的弊病，指出了未来研究需要注意的问题，也为持续近 30 年的第三次制裁大讨论画上句号。

2. 国际经济制裁合作

冷战之后，多边制裁（包括全体制裁）数量迅速增多。然而，多边制裁是否比单边制裁更加有效呢？或者说，制裁合作是制裁取得成功的必要条件吗？长期以来，学者们大都认为多边制裁更加有助于实现对外政策目标，因为在单边制裁中，对象国一般能够很容易地找到替代方（Kaempfer & Lowenberg，1999）。罗伯特·哈斯曾明确指出，无论从道义还是物质层面来讲，美国实施单边制裁都是"可悲的"。单边制裁不但很难实现对外政策目标，而且给美国企业带来巨大损失。所以美国仅应作为多边行动中的一员来实施制裁。

然而，本阶段的经验研究却得出完全相反的结论：多边制裁并不比单边制裁有效，甚至其有效性更差。对此，威廉·垦普斐和安东·洛温伯格（Kaempfer & Lowenberg，1999）利用公共选择的视角给出了解释，多边制裁联盟执行合作的困难以及对象国因制裁形成的国内利益制约了多边制裁的政治影响。除了比较单边制裁与多边制裁的有效性之外，也有学者探讨了制裁合作的条件。丽萨·马丁（Lisa Martin，1993）指出，制裁合作的形成与维持依赖于主导制裁国通过自我施加的成本并借助国际制度做出可信承诺。丹尼尔·德雷兹内（Drezner，2000）同样发现国际组织对于制裁合作至关重要，没有制度支持的合作不但无用而且有害。如果没有国际组织的支持，受国内政治压力和其他制裁国家意图不确定性的影响，制裁国将从制裁合作的承诺中后退，并最终瓦解制裁联盟。

3. 聪明制裁和联合国制裁

随着联合国制裁的急速增多，这一阶段出现了许多专门针对联合国制裁的研究。其中，乔治·洛佩斯和大卫·科特赖特（George Lopez & David Cortright）的《制裁的十年：评估 20 世纪 90 年代的联合国战略》（*The Sanction Decade：Assessing UN Strategies in the 1990s*）是经典代表。通过大量访谈联合国、制裁对象国官员和其他相关方，该书首次全面评估了 20 世纪 90 年代联合国制裁的有效性及其政治、经济和人道主义影响，并结合 11 个具体案例提出了改进联合国制裁的建议。

尽管联合国制裁数量激增，然而，以制裁的关键目标来看，单独实施的联合国制裁未能迫使对象国做出实质让步。而且，联合国制裁还导致或加剧了对象国的经济和社会问题，产生像人道伤亡、犯罪化一样的大量非故意负面后果。在此背景下，学界开始探索如何使制裁变得更聪明，如何在严厉惩罚对象国当权阶层的同时最大限度地避免伤及无辜民众，也即"聪明制裁"或"定向制裁"（Tostensen & Bull，2002）。学界的探索取得很大政策影响，进入 21 世纪以来，联合国实施的所有制裁都是定向制裁，综合制裁无论从理念上还是政策上都已成为历史。

4. 研究方法多元化

以加利·霍夫鲍尔等人的研究为始，定量分析成为研究经济制裁问题的主流方法之一。加利·霍夫鲍尔等建立的经济制裁数据集则为后来学者提出和检验假说提供了条件。此外，博弈论也在经济制裁研究中被广泛应用，用于发展和验证关于制裁有效性、制裁时长影响因素以及制裁合作等广泛议题的理论（Morgan & L. Schwebach，1997；Dorussen & Mo，2001）。为提高研究的科学性和可信性，本时期还出现不少多元并用各种研究方法的作品，它们通过博弈论提出理论模型，然后再使用回归分析和案例研究进行验证。在这方面，丽萨·马丁的《强制合作：解释多边经济制裁》（1992）和丹尼尔·德雷兹内的《制裁悖论：经济治国方略与国际关系》（1999）可视作经典之作。

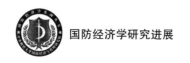

10.4　经济制裁研究的当代议题

进入21世纪，各国或国际组织仍然频繁地利用经济制裁来应对重大国际事件。与此对应，学界对经济制裁研究的热度也有增无减，除了继续探讨制裁的有效性（Miller，2014；Marinov，2005；Major & McGann，2005）、人道主义影响（Allen & J Lektzian，2012；Wood，2008；Andreas，2005）和制裁合作（Early，2009；McLean & Whang，2010；Bapat & Morgan，2009）等老议题之外，还重点研究了国内政治制度对经济制裁的影响、威胁但未付诸实施的制裁等问题。

10.4.1　国内政治制度与经济制裁

根据民主和平论，国内政治制度是影响国际冲突与和平的重要因素。影响国际军事冲突的国内政治制度是否同样会对国际经济冲突——经济制裁产生影响呢？对此，大卫·莱克茨安和马克·苏瓦（Lektzian & Souva，2003）借助关于民主和平的制度理论，给出了肯定回答。二人发现，"民主国家"比"非民主国家"更易于实施"经济制裁"。"民主国家"之所以更倾向于实施制裁，一是因为"民主国家""获胜联盟"规模更大，其对外政策决策需要反映更多利益集团的利益；二是因为与"非民主国家"不同，民主化、人权也是"民主国家"对外政策的重要目标，这自然增加了它们实施对外制裁的倾向性。但是，由于拥有共同的政治制度、价值观和利益，"民主国家"之间很少相互制裁，其制裁对象主要是"非民主国家"（Cox & Drury，2006）。

国内政治制度还对经济制裁的持续时长具有重要影响。菲奥娜·麦吉利夫雷和阿兰·斯塔姆（McGillivray & Stam，2003）研究了不同政体类型中的领导人更替对经济制裁时长的影响。他们发现，如果制裁双方均为"民主国家"，经济制裁持续时长与领导人更替无关。但是，如果双方均为"非民主国家"，领导人更替则对经济制裁持续时长具有显著影响。其原因在于，政体类型不同，则领导人"支持联盟"的规模不同，或者说领导人代表的利益群体大小不等。"民主国家"领导人"支持联盟"规模较大，在领导人更替之后，新老领导人"支持联盟"

即使不同也存在很大重合，因此领导人更替不会对该国经济制裁政策（或应对经济制裁的政策）产生重大影响。相反，在"非民主国家"，由于"支持联盟"很小，领导人更替常常意味着"支持联盟"的完全改变。领导人"支持联盟"的改变将带来经济制裁政策（或应对经济制裁的政策）的重大变化。

除了影响经济制裁的实施、持续，国内政治制度还影响经济制裁的效果。大卫·莱克茨安和马克·苏瓦（2007）提出经济制裁的制度理论，认为"民主国家"与"非民主国家"获胜联盟的组成和规模不同，"民主国家"的获胜联盟较大，对"民主国家"的制裁容易引起政策改变，也即制裁容易奏效；"非民主国家"的获胜联盟较小，对"非民主国家"的制裁难以伤及拥有巨大决策影响力的获胜联盟，因而难以转化为政治压力，也即制裁难以奏效。苏珊·艾伦（Allen，2008）的研究得出了类似的结论，认为经济制裁可能会引起对象国国内的反政府活动，但它受到对象国国内政治结构的制约。如果对象国是"专制国家"，经济制裁很难引发大规模平民政治运动。只有对象国存在一定程度的政治开放性和政治参与机会，对其制裁才可能提高其国内民众参与反政府活动的意愿。亚伯·埃斯克里巴 – 福尔奇和约瑟夫·赖特（Escribà-Folch & Wright，2010）则专门考察了经济制裁对"专制政体"稳定性的影响，他们把"专制政体"进一步区分为"个人式政体""一党制政体""军政府政体"，发现"个人式政体"更易受到外部制裁的影响并做出让步，而后两者的稳定性受制裁影响不大，它们通过增税、资源再分配等方式反而能够在制裁背景下巩固统治。

10.4.2　威胁但未实施的经济制裁（或称制裁威胁）

在过去大半个世纪的时间里，人们对经济制裁问题的探索从未间断。然而，过去的研究存在一个重大弊病，即只关注真正付诸实施的经济制裁而忽视了制裁威胁，该弊病也常被称为选择偏见，它严重限制了人们对经济制裁有效性的认识。

丹尼尔·德雷兹内（Drezner，2003）较早注意到并详细分析了这个问题，他指出，由于制裁威胁大多是在闭门谈判中而非公开发出的，而且许多制裁威胁随后并没有真正付诸实施，因此人们自然会产生选择偏见，容易看到实施的制裁而非制裁威胁。通过统计分析 195 例制裁——包括威胁和实施的制裁，他发现有相

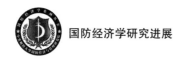

当数量的制裁仅仅停留在威胁阶段，它们因对象国让步而没有真正付诸实施。该发现具有重大理论和政策意义，它首先证明过去几十年的经济制裁研究是有显著缺陷的，人们因忽视制裁威胁而低估了制裁的有效性。学者们经常使用的霍夫鲍尔等人的经济制裁数据集也是有问题的，制裁威胁仅仅占其总数据的 4.4%。在政策方面，这一研究则使政策决策者重新审视经济制裁的价值，更加倚重经济制裁特别是制裁威胁在应对国际纠纷中的作用。

针对 HSE 数据集的不足，克里夫顿·摩根（Clifton Morgan）等在 2009 年重新开发了一个经济制裁数据库，涵盖了 1971～2000 年 888 个案例，既包括实施的制裁也包括制裁威胁。到了 2014 年，该数据库得以进一步更新，覆盖时间扩展为 1945～2005 年，制裁数量也提高到 1412 个。通过对新数据库的分析，摩根等获得一些新的发现，如制裁成功率明显高于传统认识，制裁发起频率在 20 世纪 90 年代达到峰值，制裁平均持续时长仅为 2.43 年（比人们感觉到的要短）、多边制裁缓慢增多等。黄（Whang，2013）等人探讨了制裁威胁取得成功的因果机制，将影响制裁威胁成功的机制归纳为信息机制和胁迫机制，前者是指通过展示制裁方决心来获取对象国让步，后者强调对象国对制裁方的依赖以及制裁方对这种依赖的利用。通过把两种机制融合到一个统一的模型中，他认为胁迫机制而非信息机制是影响制裁威胁成功与否的因素。

10.4.3 经济制裁研究外延的拓展

第一，从经济制裁的纵向周期——"发起、执行、终结"来看，该阶段的研究从原来重视执行阶段（如有效性、合作、影响）扩展到兼顾发起和终结阶段，包括制裁发起的影响因素（Lektzian & Souva，2007；Hafner-Burton & Montgomery，2008；Whang，2010）和制裁结束的条件（Dorussen & Mo，2001；McGillivray & Stam，2004）。第二，从研究内容来看，经济制裁研究出现一种内生化趋势，即从仅仅关注有效性、功能与目标、制裁合作，发展到把制裁本身之外的内容纳入经济制裁研究范围之内，如经济制裁对美国对外直接投资的影响、对对象国媒体开放性的影响、经济制裁与内战持续时间的关系等（Biglaiser & Lektzian，2011；A Escribà-Folch，2010；Peksen，2010）。从这两点来看，经济制裁仍然是一个充满巨大研究潜力的国际关系议题。

10.5　本章小结

　　就社会科学而言，理论研究与时代背景及政策实践紧密相关。在 20 世纪，国际政治多次发生巨变，经济制裁实践也出现诸多变化，关于经济制裁的理论研究自然会随之变化。近 10 多年来，经济制裁的次级性质和金融措施明显增多；经济制裁的主流理念完成转变，从全面经济制裁转为定向制裁或聪明制裁；经济制裁的主体趋于多元，除了美国、欧盟、联合国之外，一些新兴经济体也时常发起经济制裁。这些新的变化既挑战着传统的经济制裁理论，也孕育着新的理论增长点。具体而言，新兴经济体发起的经济制裁与美欧经济制裁存在哪些区别？如何评估次级制裁和金融制裁的有效性？在定向制裁理念兴起之后，如何权衡经济制裁的有效性和人道主义影响？当前经济制裁研究对这些问题的解答并不充分，需要理论界做出进一步的探讨。

第 *11* 章

经济全球化影响冲突的
理论与研究进展

11.1 引　言

　　全球化是当代社会的主要特征之一。但是全球化的进程并不始于当代,人类的先祖从非洲走出的时候即开始了全球化的过程。人类的历史从来都是交往和互动的历史,不管是在人与人、社会与社会还是人与自然之间。当然,我们今天的全球化在深度、广度和地域范围上都是历史上前所未有的。美国著名的政治学家罗伯特·基欧汉 (Robert Keohane) 和约瑟夫·奈 (Joseph Nye) 将全球化划分为四个方面:经济、社会、环境和军事的全球化 (Keohane & Nye, 2012)。而经济全球化又是其中最为重要的方面,甚至可以说是其他全球化的主要驱动力。由于通信、交通成本的飞速下降,商品、服务、资本和人员的跨国流动在当今世界比以往任何时候都要频密,而这也就带来了各国在经济上的相互依赖。与全球化类似,冲突也是一个伴随人类社会产生而出现的社会现象,是人类社会发展最重要的推动力之一,并塑造了人类社会组织的基本组织形式。

　　经济全球化与冲突之间的复杂关系也可以追溯到人类历史的早期,古代帝国的扩张征服往往与贸易范围的扩大同时发生。但古罗马的历史学家普罗塔克也相信国际贸易会带来"合作与和平",而没有了这种贸易,人会变得"野蛮和贫穷" (Brooks, 2005)。在近代,经济全球化更是与殖民主义、殖民战争难以分开,后发国家尤其注意到了经济与冲突的密切联系 (Brooks, 2005)。但也正是在近代,越来越多的思想家相信经济联系的加强会使人类社会变得更为和平。启蒙思想家如孟德斯鸠、亚当·斯密、康德等都认为贸易将减少人类的冲突，尤其是英国的古典自由主义者——曼彻斯特学派。在 20 世纪初，诺曼·安吉尔（Norman Angell）的《大幻觉》一书认为，战争的巨大经济成本使发动战争无利可图，因此，发达国家之间的经济相互依赖是它们之间和平的保证。但颇有讽刺意味的是，紧接着就发生了两次世界大战。

在第二次世界大战以后经济全球化重新出现，至少在美国为首的西方阵营中，跨国的经济联系日渐加强，并在 20 世纪六七十年代引发了学术界关于经济相互依赖的争论（Cooper，1968；Deutsch，1967；Feld，1967；Krause，1968；Rosecrance & Stein，1973；Katzenstein，1975；Baldwin，1980）。

经济的相互依赖实质上即是经济的全球化，只是经济全球化在冷战结束后才成为描述经济联系的流行词①（Barbieri & Schneider，1999；Keohane & Nye，2011）。学者们争论，当时的经济相互依赖是否不如 19 世纪末 20 世纪初的相互依赖程度高（Deutsch，1967），还是代表了一种独特的新的现象（Cooper，1972；Katzenstein，1975）。这场争论的集大成代表作是 1978 年基欧汉和奈的《权力与相互依赖》（Power and Interdependence）。他们将相互依赖与相互联系区分开来：相互依赖必须涉及成本，即它是一种包含成本的相互联系，从这种关系中转移出去需要付出一定的成本。相互依赖意味着一方的变化将带来另一方做相应的需要付出一定成本的调整。相互依赖又进一步可以分为两类，即敏感性和脆弱性。敏感性指的是一方发生的变化传导到另一方的速度，比如美国的利率政策变化迅速导致了另一国的货币贬值。而脆弱性指的是一国因另一国的变化而不得不做出的调整成本的大小。例如，一方制裁另一方，被制裁的一方找到替代商品来源的难易程度即是它脆弱性的度量。这场对相互依赖的争论最终使人们认识到西方世界的经济联系已经达到了一个新的历史高度，进而对这种相互依赖的影响进行了一系列研究，其中一个最重要的研究议题即是这种经济相互依赖或者说经济全球化对冲突影响的研究。当然，由于冷战时期政治经济学研究与安全研究的历史分离（Kirshner，1998；Mastanduno，1998），关于经济相互依赖与冲突的研究在 20 世纪 90 年代以后才大量出现。而这种广泛的兴趣又与冷战结束后西方世界充斥着的胜利情绪有关，即在所谓的"历史终结论"以及"民主和平论"的背景下出现。

---

① 在本章中，如无特别说明，经济全球化与经济相互依赖同义互换使用。

本章介绍关于经济相互依赖（全球化）影响冲突的国内外研究，共分四节。11.1 节是引言，介绍问题缘起。11.2 节讨论理论建构，即经济全球化与冲突相联系的理论逻辑及其发展演进。11.3 节聚焦于经济全球化影响冲突的经验证据。11.4 节总结本章并讨论未来研究方向。

11.2　经济全球化与冲突的理论逻辑

经济全球化，或者经济相互依赖与冲突的理论分析，关注的是这两个变量之间的因果机制，即经济上的相互依赖如何通过特定的机制带来冲突的变化。前一节的引言已经提到，对经济联系与冲突关系的思考已经有很长的历史了。在近代，多数的思想家们认为随着经济联系的增加，人类社会会变得更加和平。这种看法虽然为大多数人持有，也符合我们当代人的直觉，但是学界对此并没有达成完全一致。很多学者也指出了经济上的联系也可能成为冲突的导火索，毕竟殖民主义战争的历史距我们并不遥远。另外也有一些学者则试图综合这两种看法，勾画出经济相互依赖影响冲突的条件。最后，也有很多学者认为经济全球化与冲突之间并没有必然的联系，没有确定的关系，或者只是巧合。

经济全球化与冲突的关系研究在国内也获得了一定的关注。有多篇的研究综述文章介绍了国外关于这一领域的研究（丁韶彬，2004；周宝根，2007；邝艳湘，2007，2011），较为系统地介绍了各种理论观点，但是对方法的系统讨论较少。而在西方的分析框架下，国内学者在理论和实证上也做了一些新的尝试补充了现有理论，特别是补充了发展中国家以及中国的角度而且国内学者的历史感和整体感更强，没有局限于西方当代的视野中。但是，总体来说，"还停留于学习和初步探索阶段"（邝艳湘，2011），同时，不同学者的研究之间缺乏延续性，后来的研究几乎没有对其他学者的研究的批评和发展。

11.2.1　经济相互依赖减少冲突

古典政治经济学者亚当·斯密和大卫·李嘉图都认识到国家间的互相合作在经济上对双方都是有利的。尤其是大卫·李嘉图的比较优势理论证明，即便一个国家在所有生产领域都有绝对优势，也能通过将生产聚焦在具有比较优势的领域来使整体社会福利增加（体现在可以消费的商品总数的增加上）。现代经济学家也都基于类似的逻辑认为，日益增加的经济联系对于各方都是有利的。因此，任何打断这种经济联系的行为都必然带来损失。虽然在贸易关系被干扰后，双方可以通过调整而减少或者避免损失，但是这种调整的成本本身即是效用损失。双方一旦进行冲突就会给双方带来这种损失，表明冲突有巨大的机会成本。考虑到这种机会成本，两个国家将尽量避免冲突，而两个国家的经济相互依赖越为紧密，冲突带来的损失就越大，这种和平效应就越为明显（Angell，1911；Nye，1971；Polachek，1980；De Vries，1990）。这是古典自由主义者和多数认为经济和贸易的发展会减少国家间冲突观点的理论基础。

　　在更早期的经济相互依赖与冲突的文献中，大部分的论证都是基于这种机会成本的论证。但是这个论证逻辑中，国家被视为一个单一行为体，而在现实中，国家是一个复杂的不同的利益团体的结合。经典的贸易模型赫克歇尔－奥林模型（Heckscher-Ohlin Model）告诉我们，国际贸易会在出口国国内产生分配效应。由于不同国家各自的资源禀赋不同，一国国内的不同经济部门在国际贸易中的地位并不相同，有些会从中受益，有些则会在国际竞争中处于不利地位（Rowe，1999）。因此，进一步的理论发展是将这种国内利益分野考虑在内。经济全球化的发展将使国内特定的社会团体受益，而它们将会致力于维系这种经济关系。并且经济联系的进一步发展也将加强这些社会团体的力量，所以它们有动机和能力去影响政府的政策以避免两国之间发生冲突影响了这种关系。当然，这种论证必然会涉及国内的政治制度的问题，毕竟社会团体的力量需要通过政治制度的中介才能影响政策结果（Bliss & Russett，1998；Gelpi & Grieco，2008）。因此，在"民主"国家中，这些社会团体的影响比较显著，所以这些国家一般不愿意与贸易伙伴发生冲突。而在"专制"国家中，这些团体的利益很难影响国家政策，因此经济相互依赖的和平效应就不明显。这种差别被用来解释了第一次世界大战之前，欧洲国家经济的相互依赖并没有阻止战争发生。因为虽然经济上的相互依赖制约了英国制衡德国的政策，但是未能影响德国的政策（Papayoanou，1996）。

　　此外，有学者进一步指出，只有自由贸易才能减少冲突的发生（McDonald，2004）。两国的贸易水平可以很高、相互依赖的程度很深，但是两国的贸易制度可能并非开放的自由贸易，比如在坚持贸易保护主义的两个国家之间也可能会有很大的贸易量。保护主义大国之间的贸易和经济相互联系不一定能减少冲突的发

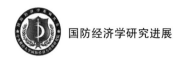

生。因为在保护主义大国内，依赖于国家政策保护的特定行业往往支持政府的任何决策，包括战争的决定，同时保护主义也减少了支持自由贸易的国内力量以及他们限制激进外交政策的可能。实际上，这个逻辑可以解释为什么近代经济全球化与殖民战争的同时兴起，因为近代早期的重商主义以及宗主国与殖民地之间并非自由贸易，所以那个时代的经济全球化无法减少冲突与战争。

基于机会成本理论，1995 年詹姆斯·费伦（James Fearon）发表了他的经典论文，阐述了理性主义的战争理论后的一个新的变体，即信号理论。费伦的理性主义战争理论区分了战争的起源以及战争的手段问题，他认为原有的理论讨论了战争起源的问题，却没有分析为什么双方选择战争而不是谈判作为解决利益分歧的手段（Fearon，1995）。他认为理性的个体之间不应该发生战争，因为战争是非常昂贵的，理性的个体之间应该可以通过谈判达到战争以后的结果，这样就可以避免战争的高昂损失，最大化了效用。但是战争又确实不断地发生。他认为最大的问题之一在于私人信息，即只有自己知道，别人不知道的信息。战争双方都无法掌握对方所有的信息，因此对对方的决心和能力不能确切地知晓，而且为了在战前谈判中获得更为有利的地位，双方都有动机去扭曲信息来获得更大的谈判优势。因此，双方就会产生对对方的误判，并导致战争。这种理论将战争爆发的主要问题归结为信息问题，冲突双方无法有效传递可信信息。理性个体之间可信地传播信息的一个方法就是通过增加信息的成本。而这也正是这种新的经济相互依赖带来和平效应的理论的切入点。因为经济相互依赖的存在，冲突的发生就意味着要承担经济调整的成本，这种情况下，一方如果威胁要发生冲突，那么也就意味着它愿意承担这种损失，这就使它的威胁更有可信度（Morrow，1999，2003）。因此，在经济相互依赖的国家之间信息的传递比较有效，这就会使经济相互依赖的国家之间冲突更少（Reed，2003）。在前文基于机会成本的论证中，经济相互依赖一般更多地被理解为贸易联系，而这种基于可信信息的理论中，经济相互依赖的理解更为宽泛，包含了经济全球化的各个方面，而且由于金融货币市场对于危机的反应更为迅速而且流动性更强，它的信息传递效果更强（Gartzke，Li & Boehmer，2001；Gartzke & Li，2003；Gartzke，2007）。

还有一种经济相互依赖促进和平的理论在当代的文献中被提及，但是讨论较少。即贸易往来促进了国家间的交往（Nye，1971），这种合作外溢到其他领域，促进共同利益的形成并甚至可能会促进共同体的出现。这主要是新功能主义的逻辑（Haas，1958）。而且，相互的经济联系也增加了国家之间交往的议题领域，

使两国可以通过在不同领域内的利益交换来增加合作避免冲突（Gasiorowski &
Polachek，1982；Doyle，1986）。

此外，制度化的经济相互依赖，即各种区域或者全球性的经济制度也有利于
减少冲突。因为一方面它们可以增加预期收益，另一方面也提供了更多的渠道去
交换信息以及联系不同的议题做交易（Mansfield & Pevehouse，2000）。

大部分已有研究都将经济全球化或者相互依赖等同于贸易，但是经济全球化
在当代的一个重要发展是全球供应链的形成和全球化的生产（Brooks，2005），
而这种全球化的生产也有其和平效应。布鲁克斯（Brooks，2005）认为对于大国
而言，这种全球化的生产会减少冲突的发生。全球化的生产会通过改变行动者的
动机、本质和能力来影响国际安全。首先，如罗斯克兰斯（Rosecrance，1986）
所注意到的，在现代经济中军事征服成本太高，已经不能给征服者带来经济收
益，在全球化生产的时代更是如此。同时，军工生产也进入了全球化的生产。一
旦发生了冲突就意味着供应链中断，至少大国之间的冲突会是如此。武器生产中
断的风险也就会使国家更不敢轻易发动冲突。而为了吸引外资的流入，即便是敌
对的国家也推动区域一体化的进程，而一定条件下区域一体化对于区域和平是有
利的。不过，布鲁克斯也注意到全球化生产的和平效应可能只对发达国家有效，
而在不发达国家中则不明显或者是有反效果，因为全球化的生产供应链带来的和
平条件在不发达国家中都不具备。

类似于布鲁克斯关注到经济全球化在当代最明显地体现在全球化的生产，蒂
斯和皮特森（Thies & Peterson，2015）也讨论了当代全球化的一个新特点——产
业内贸易的安全效应。因为这种贸易是类似但却又有差异的同属于一个工业类型
的产品①，所以传统的比较优势理论并不适用。在这种贸易中商品的相互替代性
较弱，因此竞争性关系也更弱，所以这种贸易的部门更不会追求国家采取保护主
义措施，因而国家间也就更少冲突。这种贸易带来的国家间的不对称依赖关系是
最少的，因而也避免了现实主义者关于相互依赖增加冲突的一个重要批评。这些
产品对品牌上的强调也使其带有文化交流的潜力，增加了贸易伙伴间的理解，为
避免冲突做出了贡献。

---

①　比如，美国虽然生产并出口汽车，但是其也进口大量的汽车。虽然同属于一个工业品，但是这些
汽车产品又有差别。当然，很多时候差别更多的是品牌价值和含义上的，而这也使产品的进出口有文化交
流的潜力。

11.2.2 经济相互依赖增加冲突

在很多学者看来，增强经济联系并不能减少冲突，毕竟与近代资本主义全球市场扩张相伴随的，除了科技和经济发展，也有种族屠杀、奴役与战争。国际关系学派中的现实主义者，如赫什曼（Hirshman，1945）很早就意识到了经济相互依赖的关系很多时候并不是对等的，即一方对另一方的依赖程度更高，而依赖程度的不对等将给占优势的国家以一定的强制权力（Keohane & Nye，1973；Bergsten，Keohane & Nye，1975）。不对等的依赖会使一方产生脆弱性，而在无政府状态中的国家为了自身的安全，比如会试图去增强自己对环境的控制来减少脆弱性，尤其是对于至关重要的经济资源的控制，这种控制的努力就会带来冲突的增加（Krickovic，2015）。

同时，现实主义者也认为，相对于绝对收益，国家之间更为关心的是相对收益。虽然如自由主义者所言，经济交换确实可以带来总收益的增加，但是收益在国家之间的分配并不均等。一个国家除了关心它能从经济依赖中获得多少，更关心的是相对于另一方获得了多少，相对于对方的实力是增加了还是减少了。这种对于相对收益的关注使经济相互依赖更容易带来冲突。从根本上来说，国际市场上的资源总是稀缺的，国家间总是需要竞争这些资源的，它们因而会有动机去采取各种保护主义的政策，这就会引发冲突（Choucri & North，1975；Park，Abolfathi & Ward，1976）。各种贸易纠纷的发生就是最好的证明。

另外，由于国家间的互动随着经济联系的加强而快速增加，国家间发生纠纷进而导致冲突的可能性也会因此增加，正如沃尔兹（1979）指出，"高度依赖意味着高度联系，这增加了偶然冲突的机会"。

经济的相互依赖对于国内经济带来的冲击还可能会带来国内动荡，进而引发国际冲突（Keohane，2005）。民粹主义的兴起及反全球化的运动实际上也佐证了这一种可能性。

布鲁克斯（2005）认为在全球化的生产链条中，发展中国家由于能够从全球市场获得更多原本不能生产的先进武器，可以激化这些国家之间的军备竞赛，使某些国家获得更大的优势而破坏了地区的实力平衡，同时也可能使大规模杀伤性武器更容易扩散，这些都会带来更多的冲突和不稳定。同时，由于发展中国家之间的冲突往往是区域性的，不影响国际体系的稳定性，也难以使发达国家联合起来将它们剔除出武器工业链条。

殖民扩张的历史充分表明了贸易并不一定会减少冲突,为了控制原料产地和市场,资本主义国家发动了一场又一场战争。当一个国家发现自己过于依赖另一国的时候,它可能会采取军事征服的手段来减少这种依赖。

在国内研究中,卢林(1990)关于相互依赖带来更多冲突的理论与现实主义类似,他认为相互依赖关系中的各个国家都试图最大化自己的收益和政策自主性,而让对方承担更多相互依赖所伴随的代价以及自主性的丧失,在这种争夺过程中就会产生许多冲突。卢林(1990)还注意到相互依赖对发展中国家的不利影响。陈白琳(1991)进一步分析了发展中国家与发达国家之间相互依赖的不对等性。常欣欣(2001)也类似地指出,经济相互依赖中的不对等关系,特别是南北国家之间存在不平等依赖关系被发达国家所滥用,造成了国际经贸中的不平等交换,这是国际冲突的一个重要来源。一方面,经济相互依赖不足以约束发达国家的行为;另一方面,这种相互依赖又加大了国际贫富差距,使穷国状况进一步恶化,带来更多冲突。此外,处于不利和被压迫地位的第三世界国家也有反抗的动力,因而带来了更多的冲突。

相比之下,经济相互依赖增加冲突的理论分析比较少,其中对因果机制的说明也并不是特别清楚。

11.2.3 经济全球化影响冲突的综合理论

有些理论试图统一前面两种分别代表自由主义和现实主义关于经济相互依赖与冲突的关系,我们把它们称为统一理论或综合理论。科普兰(Copeland,1999,2014)的贸易预期理论便是其中之一。他认为贸易和平论以及冲突论都有一定的道理,但在不同的条件下成立。当两国预期未来的贸易增加,它们预期的收益会更大,这时贸易就能减少冲突。而如果预期未来贸易萎缩,那么国家就会担忧失去市场和原料产地,进而通过冲突的手段来避免这种结果。

另一种统一理论则认为,经济相互依赖会带来更多的冲突,但是又会限制这些冲突的升级。因为经济依赖带来的互动增加会增加发生摩擦和冲突的机会,但是冲突的巨大机会成本又会使双方避免将冲突升级。

还有一些理论认为,经济全球化与冲突之间的关系需要额外的要素才能确定。比尔斯和费舍尔(Bearce & Fisher,2002)的研究指出经济地理、与全球化相关的技术进步以及防御的优势等都影响了贸易与冲突的关系。李伯曼（Liberman，1996）指出，在多极世界体系中，国家不会那么关注贸易带来的相对实力的变化，因为多极体系中，同盟以及实力比较都是多方向的，相对于两极体系而言，国家不会只关注于另一方。因此，贸易带来和平还是冲突需要考虑国际实力结构。郎平（2005）从决策的角度考虑了贸易与和平的关系，认为贸易能否带来和平需要取决于经济利益与安全利益之间的排序以及所涉及的安全利益是否属于核心利益。郎平（2006）也认为贸易收益与战争收益的比较决定了贸易是否具有和平效应。而她还认为制度化的相互依赖，如各种区域和全球性的贸易机制，可以建立稳定的收益预期、加强信息交流渠道以及加强互信而具有一定的和平效应（郎平，2016）。

帕帕约安努（Papayoanou，1997）将经济相互依赖与现实主义理论的权力理论相结合来解释守成大国与修正国家之间的和平与冲突。如果两个敌对国家之间存在着经济的相互依赖，那么守成大国就难以有效地制衡修正国家，修正国家则会采用有侵略性的政策。而守成大国之间的经济相互依赖则有利于它们形成一个制衡的同盟。在这种情况下，只有当守成国家之间经济相互依赖度高，并且守成国家与修正国家之间的经济相互依赖度低的情况下，守成国家才能有效地制衡，使修正国家不会采取侵略性的政策。与西方基于国内政治结构的理论类似，陈琪（2005）认为经济相互依赖可以影响大国的制衡政策，并影响维护现状大国之间结盟的难易程度。如果经济相互依赖程度高，那么维持现状国出于利益考虑就难以制衡修正主义国家，而这种利益上的权衡也会是一个信号，让其他维持现状的大国能否相信其制衡的承诺。陈琪（2005）以这个理论分析了从 19 世纪末到冷战时期的大国制衡行为。

11.2.4　经济相互依赖与冲突无直接关系

还有一种观点认为经济相互依赖与冲突之间并无直接关系。如沃尔兹在他的《国际关系理论》一书中就认为，冲突与战争是由国际社会的结构所决定的，经济关系与冲突之间没有联系。

布赞（Buzan，1984）认为，经济因素对战争与和平的影响不大。第二次世界大战以后的和平并不是经济全球化或相互依赖所导致的，而是由于其他原因，包括核威慑平衡、两极结构以及军事征服的意义下降等。即便经济上的互相依赖的确降低了军事征服的意义并且极大地提高了国家使用武力的成本，它也有增加国家间冲突的方面。这有两方面的原因：一方面是国际贸易进一步固化了核心国家与边缘国家的区分，使边缘国家一直落后和贫弱，而让发达国家更容易使用武力干涉这些国家。另一方面更为主要的是，这一套自由经济体系本身不稳定：这一套体系需要制度和规则等的支持，而提供这些制度和规则有赖于霸权国家的支撑，但是大国兴衰的变化又会使体系中发生权力转移，使体系领导也得发生转换。在这种转换过程中，体系的崩溃会带来冲突和战争，驱使国家使用武力（Buzan，1984）。两次世界大战正是这种不稳定体系崩溃的结果。

支持经济相互依赖带来和平的理论认为，其中的和平效果是来自战争所带来的损失的威慑作用，对于损失的恐惧使国家放弃了冲突作为手段。但是如果只是基于损失的考虑，那么这种和平效应毫无保障，因为并没有任何机制能保证冲突的成本（或损失）一定不会大于冲突带来的收益。这种收益与损失的比较必须依赖于具体环境下的具体计算，在理论上并不能获得确定的解（Gartzke，Li & Boehmer，2001）。高兹（Gholz，2007）在反驳布鲁克斯论点的时候暗示了这一点。他认为，生产供应链的全球化并没有使战争变得毫无价值，在某些特定的战略环境中，军事征服可能依然会有其价值，如征服可以将某些不可替代的产业链条控制起来变得有利可图。

此外，军工生产的国际化并不会因为一旦发生冲突可能会带来武器供应链的中断而减少大国冲突，因为这种军工生产的系统集成商充分考虑了生产中的风险，并且军工生产商并不关心成本，国际化的动力也不足，因此国际化的程度并不高。所以军工生产国际化会阻遏冲突的发生并没有太多根据（Gholz，2007）。

而基于国内利益集团的论证也忽略了一个问题，即那些支持经济全球化的社会团体并不一定能最大化地影响政策，即便是在一个所谓的"民主"国家之中，各种反全球化的势力完全可能控制政策结果并引发各种争端冲突。而经济全球化加强的不仅仅是那些支持全球化的力量，也加强了那些反全球化的力量。因此，究竟经济相互依赖是否能带来冲突的减少需要考察一个国家内部的具体政治和各种社会力量之间的博弈（Solingen，2003）。

莫罗（Morrow，1999，2003）从另一个角度论证了经济相互依赖与冲突之间没有确定的关系。因为经济依赖所带来的潜在损失虽然可能使国家不敢轻易发生冲突，但也可能使其中一个国家更愿意去发生冲突，因为它可能会认为对于贸易中断的恐惧会使另一个国家不敢对它的冲突做出过多回应。也就是

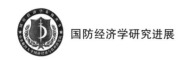
说，预期到对方的软弱会使一方更愿意发起冲突。论述经济依赖会带来更多和平的理论并无法排除这种可能性，因此经济全球化与冲突的关系只能是不确定的。

还有学者指出了和平论者的另一个理论预设的谬误。和平论者认为发生了冲突会导致贸易中断带来巨大损失①，但有研究表明，即便在战争中，敌对国家之间仍有可能发生贸易（Morrow，1997；Barbieri & Levy，1999；Levy，2003）。因此，基于机会成本论证的逻辑链条就断裂了。当然，一旦发生冲突，双方贸易即便能够在一定程度上保留，也必然会使双边贸易的潜力无法充分发挥。毕竟，冲突会增加成本和不确定性，这对于经济发展而言都是不利的因素。

11.3 经济全球化影响冲突的实证研究方法

当代关于经济全球化与冲突关系的研究发展主要体现在对不同理论假设的实证研究上，尤其是基于量化方法的研究。这些量化研究也使这个论题成为国际政治和安全领域最为成功的经验研究问题。当然，除了大量的量化研究外，也有一些学者通过历史案例的定性研究方法来推动这一理论问题的研究进展。接下来的内容将就这些实证研究的主要方法以及发展作一回顾。

11.3.1 量化研究方法

对经济全球化与冲突关系的实证研究主要采用计量经济学方法开始于 20 世纪 80 年代，可分为两个阶段。这两个阶段研究的主要差别在于对因变量的测量使用了不同的数据库。第一阶段的研究主要利用了事件数据库来度量"冲突"，利用"冲突"事件的数量来度量因变量。因此，这一波研究的事件跨度主要受到这些事件数据库的范围影响，相对有限，往往只是冷战后的一段时期，并且涉及的国家只有美、苏及其盟友。而在 20 世纪 90 年代中后期兴起的第二波研究则利用了新收集的军事争端（militarized interstate dispute，MID）数据库，

---

① 多茹森（Dorussen，1999）的研究表明，在两国进行自由贸易但冲突发生后即中断贸易的情况下，贸易遏制冲突的效应最强。

这个数据库收集了国家之间发生的"威胁使用武力和实际使用武力的事件"的次数，因此可以作为因变量"冲突"的测量。2000 年后，又有学者认为事件数据库实际上更好，因为它能区分不同的"冲突"以及测量"合作"（Pevehouse，2004）。由于军事争端数据库的出现及其他的数据包括各种经济数据更为容易获得，所以这一波研究的事件跨度和涉及的国家数目都要更为庞大。经典的奥尼尔和罗赛特（Oneal & Russet，1997）的研究追溯到了 1885年，而且也包含了大部分的国家。这一时期的研究往往基于康德的"永久和平论"并结合了"民主和平论"。康德认为，共和政府、国际组织以及国家间的经济联系是实现世界永久和平的三个支柱，而民主和平论则认为民主国家之间不会发生战争。同时，这一波研究使用的方法也更为多元和复杂，学者们大量引入了许多新的计量经济学方法和其他领域的研究方法，如社会网络分析（Maoz et al.，2006）。

1. 模型设定和变量选择

对经济全球化影响冲突的第二阶段实证研究主要采用 probit 模型或 logit 模型，并以国家对 – 年份作为基本分析单位。但是对这些国家对的选择也有所不同，并因此影响了结果。有的研究包含了所有可能的国家对，这样能极大地增加样本量。但是由于许多国家之间根本没有发生冲突的可能性，比如一个加勒比岛国与一个非洲内陆国家之间，加入这种国家对并没有意义。因此，更多学者只选择那些"政治上相关的国家对"，即国界相邻的国家对或其中一个国家为全球大国的国家对。这种国家对之间有发生冲突的现实可能。后来的有些研究还进一步细化了这种政治相关的国家对，包括含有所在区域的大国的国家对。

对于因变量的测量在不同研究中也有所差异，虽然基本都采用了相同的数据库。采用军事争端数据库的研究的因变量一般采用的是冲突开始，即某一年是否开始了一场冲突，或者是某一年是否处于冲突关系中，又或者是冲突持续的时间。而基于事件数据库的因变量一般是计算那一年的冲突数量。同时，对于什么构成了一个冲突不同的研究也有不同的取舍。比如，有些将威胁使用武力也视为发生了冲突，而有些则认为只有真正发生了伤亡的冲突才是"冲突"。

对于关键自变量，即经济相互依赖的测量多数是双边贸易占一国 GDP 的比重。当然也有用贸易集中度作为测量，即两个国家的双边贸易量占一国总贸易量的比重，后者更好地反映了相互依赖中的脆弱性，因为它反映了一国对另一国的贸易有多么依赖。同时，有学者也注意到不同商品之间贸易的效应可能不同（Blanchard & Ripsman，1996），因此，研究的自变量应该进一步分解到商品层次（Dorussen，2006）。当然，经济全球化并不仅仅限于贸易，还包括资本市场、全球化的生产供应链整合等。李和加茨克（Li & Gartzke，2003）使用货币政策上的联系来衡量两国之间的经济相互依赖。还有学者使用是否同在一个自由贸易区来测量经济相互依赖。由于分析的单位是一对国家，因此自变量的测量就有两个值，即这一对国家各自的贸易占 GDP 的比重。其他控制变量的测量也有这个问题，包括政体等。这里，学者们普遍采用了"薄弱环节假说"，即取最弱一环的数值来检验。因为在一对关系中，最弱一环能最有效地测试结论。如果经济相互依赖能降低冲突，那么经济依赖不那么强的一方的值就应该被用于计量模型，因为按照要检验的理论，它更有可能发动战争。"民主"也一样，如果民主程度高的国家更少冲突，那么按照薄弱环节假设，就应该采用"民主"程度低的国家的值用于计量检验。

其他常见的控制变量还包括：

（1）政体：测量民主程度的高低，主要采用的是 Polity 的数据。

（2）国际组织：两国是否参与了同一个国际组织。

（3）军事盟友：是否为军事同盟。

（4）国家能力：两国综合国力的大小比较。

（5）是否接壤：相邻关系是影响冲突发生的最重要因素之一。

（6）距离：两国的距离对是否发生冲突也有影响，因为距离直接影响冲突的成本。

（7）人均 GDP：测量经济发展水平。

（8）经济增长：GDP 增长率。

2. 结果及其解释

大部分的量化研究证实了经济全球化的确可以减少冲突，但是也有一些表明经济相互依赖会增加冲突，或者证明两者的关系并非简单的单向线性关系，需要加入更多条件。这种结果上的不一致本身也成为一个重要的研究问题。主要的研究及其结果见表 11 – 3 – 1。

表 11 - 3 - 1 　　　　　　　　　　经济相互依赖与冲突的量化实证研究

结果	代表性研究
减少冲突	Polachek, 1980, 1999; Gasiorowski & Polachek, 1982; Mansfield, 1994; Oneal, Maoz & Russett, 1996; Oneal & Ray, 1997; Oneal & Russett, 1997, 1999, 2001, Polachek, Robst & Chang, 1999; Hegre, 2000; Mansfield & Pevehouse, 2000; Gartzke, Li & Boehmer, 2001; Mousseau, Hegre & Oneal, 2003; Gartzke & Li, 2003; Gelpi & Grieco, 2008; Reed, 2003; Mcdonald, 2004; Dorussen, 2006; Gartzke, 2007; Hegre, Oneal & Russett, 2010; Thies & Peterson, 2015
增加冲突	Barbieri, 1996; Barbieri & Schneider, 1999; Pevehouse, 2004
增加与减少同时存在	Gasiorowski, 1986; Vries, 1990; Crescenzi, 2003
无影响	Reuveny & Kang, 1996; Beck Katz & Tucker, 1998; Keshk, Pollins & Reuveny, 2004; Kim & Rousseau, 2005
涉及方法论讨论	Reuveny & Kang, 1996; Morrow, 1997; Beck Katz & Tucker, 1998; Reuveny, 2001; Oneal & Russett, 2001; Gleditsch, 2002; Gartzke & Li, 2003; Reed, 2003; Kim & Rousseau, 2005; Ward, Siverson, Cao, 2007; Hegre, Oneal & Russett, 2010

这些研究结论上的差异大体可归结为以下几点：

第一，对于关键变量的定义和测量上的不同（Gartzke & Li, 2003）。前文已经提过对于冲突和贸易的测量不同学者都多有不同。大部分研究在选择冲突和贸易的测量时似乎有相当的随意性，而这种差异必然会反映在结果上。

第二，其他变量的选择以及计量方法的不同。除了相互依赖以外，不同学者的研究包含的其他自变量和解释变量也有所不同，而不同学者构建的回归方程及计量方法的选择都是根据自己的需要做出的，因此结果也难以避免的有所差异。

第三，数据来源及其处理不同。不同学者的研究可能基于不同的数据库。比如，因变量冲突，有些学者选择了事件数据库，也有学者选择了军事争端数据库。对于缺失数据的处理也有不同，有些研究提供了估计值，有些则全部忽略。

第四，选取了不同时间段和样本国家。由于学者们的研究问题以及数据的可获得性等问题，不同学者选取的国家以及时间范围都不尽相同。包含国家和时间

跨度最长的是奥尼尔和罗赛特等人的一系列研究，更多数的研究是局限在第二次世界大战后的部分时间段。样本的差别难免带来结果的差别，当然这种差别也部分说明了结论缺乏可靠性。

第五，方法上的错误。有许多研究也存在方法上的错误，最为著名的是贝克等（Beck，Katz & Tucker，1998）论证的依赖性的问题。在方法上的明显失误自然会带来结果上的差异。在下一部分将具体讨论这些问题。

3. 问题及其改进

对于这些定量分析，许多研究指出了已有研究中一些方法上的问题，这些错误威胁到研究结论的可信度，不过也使进一步的研究成为可能。

首先，被指出来的严重问题是数据之间的时间依赖问题。关于经济相互依赖与冲突关系的量化研究多数都采用了面板数据模型且因变量是二元变量的方法。而以国家对－年份作为基本单位的观测基本都违反了数据之间相互独立的假定，因为同一对国家之间不同年份的数据显然很难是相互独立的，过去的冲突必然会对将来的冲突有所影响。这种数据间的关系会导致方差被严重低估而导致 t 值偏高，使显著性的结果不可靠（Beck，Katz & Tucker，1998）。贝克等人（1997）认为奥尼尔和罗赛特关于民主和平以及相互依赖的和平效应的经典文章（Oneal & Russet，1997）就是犯了这个错误。使用了他们的修正方法——加入时间虚拟变量后，经济相互依赖带来冲突减少的结果即不再显著。后来的研究都采用了这个修正方法，包括奥尼尔和罗赛特（1999，2001）。但是后来的研究又进一步指出数据之间的依赖性问题不仅限于时间依赖，还包括其他多种依赖，比如，同一个发起国或者目标国，伊拉克战争产生的一系列国家对，如美伊－1991、英伊－1991 这种观测数据之间并不是相互独立的。这些都会扭曲实证结果（Ward et al.，2007）。

其次，因变量冲突和关键自变量经济相互依赖之间也存在内生性问题（Stein，2003）。两者之间关系的方向并不是单向的，经济相互依赖会减少冲突，但是冲突也会影响到经济联系，双边关系良好的国家间更高的经济相互依赖更有可能导致冲突减少贸易（Keshk et al.，2004）。这种内生性问题的存在使没有将这个因素考虑进去的研究的结论不可靠。学者们尝试利用落差分配模型（Oneal & Russet，2001）和构造工具变量（Hegre et al.，2011）的方法来解决这个问题，并发现经济相互依赖减少冲突的结论依然成立。金和罗素（Kim &

Rousseau，2005）则利用联立方程来解决内生性问题，但是他们的结果则发现经济相互依赖并没有和平效应。

另一个严重问题是变量选择和缺失的问题，各个研究之间对变量的取舍大相径庭，甚至是一些较为关键的变量。比如，海格等（Hegre et al.，2011）就指出一些挑战他们结论的研究遗漏了关键变量，如距离。这种对于变量尤其是控制变量的近乎随意选择的问题极大地伤害了量化研究的客观性和可信性。学者们无法就回归方程应该包含的变量达成一致，又如何能得到一致认可的结论？而对于缺失数据的处理也会极大的影响结果，因为缺失数据的往往是那些更可能发生冲突的国家（Gleditsch，2002）。

最后，核心变量的定义与测量也存在着过分狭窄的问题。对于冲突的测量几乎仅限于事件数据库和军事争端数据库，并且几乎全部的研究都只关注于冲突的数量，而没有将冲突的不同程度考虑进去，没有理由认为不同的冲突性质相同（Reed，2003）。而对于经济全球化和相互依赖的测量也几乎全部是围绕着贸易，只有少数学者将资本和货币市场考虑进来，布鲁克斯（2005）、蒂斯和皮特森（Thies & Peterson，2015）等则考虑了当代全球化的安全影响。而且，贸易的结构以及不同类型的贸易都没有考虑进来，只有少量的研究者考察了不同商品的贸易对冲突的影响可能不同（Benson，2005；Dorussen，2006）。数据的质量也是一个重大问题（Morrow，1997；Mansfield & Pollins，2001），数据本身是国家能力的一个重要体现，因此发展中国家数据的可靠性并不那么高。

在实证研究上，国内学者也做出了一些尝试。蔡洁和周世民（2008）扩宽了经济相互依赖的概念，考察了对外直接投资对冲突的影响。利用经合组织国家以及中国、新加坡 1990～2000 年 FDI 数据与冲突数据，他们证明了 FDI 可以减少冲突。这里的冲突使用了计算机自动编码的事件数据。利用类似的模型和亚洲国家的数据（1991~2000 年），庄宗明和蔡洁（2008）又考察了贸易与冲突的关系，结果也支持贸易的和平效应。邝艳湘和向洪金（2009）基于鲁文尼和姜熙俊（1996）的方法，利用 9 对东亚国家的数据（1980~2001 年）证明了经济与冲突之间的格兰杰因果关系，并且在不同国家之间这种联系的强度并不一样，总体上政治对经济的影响要比经济对政治的影响大。他们还进一步分析了 3 个具体的案例：中越关系和两段不同时期的中日关系。邝艳湘（2009）还比较了冷战前后经济相互依赖的和平效应的大小，发现冷战后效应更为明显。邝艳湘（2010）利用 1949～2008 年的中美关系数据来验证了马克·克里森兹（Mark

Crescenzi）的退出模型。郎平（2009，2010，2016）的一系列研究是利用发展中国家建立区域性贸易体制的例子来说明制度化的相互依赖的和平效应。庞铭辉和敖杏林（2016）则利用清华大学的中国与周边国家关系数据的构建方法来构建中国与周边国家的关系值，并以此为因变量来检验了经济相互依赖的和平效应，并证实了这种效应的存在。李增钢（2017）则利用中国与日本、菲律宾和越南等国海洋争端的例子说明经济相互依赖的和平效应的条件性，即经济联系并不能总是阻止冲突的发生。

11.3.2　定性研究方法

定性方法在经济相互依赖与冲突关系的文献中使用相对较少，但是这些文献往往在理论建构上要更为完整和系统。一个原因是定量方法无法涵盖很多背景性的因素，如国际体系结构、外交等，而这些因素实际上对于战争与和平都是非常重要的（Levy，2003）。并且，定量研究由于方法的限制，对于冲突的理解非常单一和粗糙，大部分只能区分发生冲突与否，或者是冲突与合作两分法，但在现实中，冲突与合作往往是多元和复杂的。在定性方法中可以包含所有这些因素做系统性的考察，因此定性方法在提出进一步的研究问题以及探讨现象的因果逻辑上具有独特的优势。

表11 - 3 - 2列举了关于经济自由化与冲突关系的主要定性研究，与前文的定量研究相比，数量相对要少得多。但是与定量研究多为假设验证不同，这些采用定性方法的研究在理论上要更有创见并更为完善。科普兰（Copeland，1999，2014）的贸易预期理论利用对未来贸易的预期这一变量综合了自由主义与现实主义关于经济依赖与冲突的理论，提出了一个不仅在理论建构上很有新意并且也符合人们常识的理论。而布鲁克斯（2005）关于全球化生产的安全影响则是第一部关注于当代全球化的著作，其理论构想以及论证的巧妙细致与完善都要远超大多数的定量研究。布莱斯 - 巴纳森（Press-Barnathan，2006）则用定性方法研究了一个被忽略的方面，即经济联系如何在两国从冲突走向和平的过程中发挥作用。

同时，有些问题也需要定性方法才能有效地进行研究。对于支持经济相互依赖带来和平的自由主义理论而言，一个最大的挑战是如何解释第一次世界大战前欧洲国家之间的经济相互依赖并没有能够阻止世界大战的爆发。现实主义者经常以此为例证明经济相互依赖并不能带来和平。虽然解释这段历史对于经济全球化的和平效应非常重要，但是定量的方法显然无法提供解答。而麦克唐纳（McDonald，2004，2009）的自由贸易和平论则巧妙地论证了私人产权、自由市场和贸易才能有真正的和平效应，而第一次世界大战前在多数国家并没有真正的自由市场和贸易，国家对于经济的干涉非常严重，甚至包括在法国这种一般意义上的传统资本主义国家。这种研究只有通过定性的方法深入历史细节才能进行。

表 11 - 3 - 2　　　　　　　　　主要的定性研究

著作	理论内容	案　例
Papayoanou，1996，1999	贸易与大国权力制衡	第一次世界大战前英国和德国；19 世纪 90 年代法俄同盟；第二次世界大战前各国对德国的制衡；第二次世界大战结束后西方与东方对抗与和平
Copeland，1999，2015	贸易预期理论	1970 ~ 1974 年战略缓和；1985 ~ 1991 年冷战结束
McDonald，2004，2009	自由市场和平论	俄勒冈危机；委内瑞拉危机；第一次世界大战前欧洲
Brooks，2005	全球化生产的安全效应	美国军工生产的国际化；南锥体共同市场
Press-Barnathan，2006	经济因素在国家从冲突到和平的转变过程中的作用	埃及和以色列；约旦和以色列；日本和菲律宾、印度尼西亚

11.4　本章小结

对经济相互依赖与冲突的研究反映了冷战后国际政治经济学和安全研究领域相互融合的趋势（Blanchard，Mansfield & Ripsman，1999；Kirshner，1998），但是对目前的研究而言还不能令人满意，有着当今美国国际问题研究的通病，即过于注重简单的假设验证而缺乏理论建构的深度（Walt & Mearsheimer，2013）。本

章最后来讨论一下将来研究的一些可能的方向。

现有研究过于集中于对商品贸易的分析，而经济全球化在当今已经更为复杂和多样，服务、金融、互联网等为核心的全球化对冲突的影响都没有得到很好的讨论。当然，这也跟研究方法的偏向有关，最新的现象往往没有现成的数据可供使用，也使偏爱计量方法的研究者无从下手。大数据、深度算法等新工具的出现有可能会改变这种状况。最近一二十年人类积累了海量的数据，而利用好这些数据可以开拓出新的研究方法和方向。比如，新的机器生成的事件数据库（如ICEWS、GDELT 等）使研究可以覆盖更多的国家和更长的时间段。

此外，我们也需要更多的定性研究以发展出更好的理论。盲目使用计量方法虽然产生了大量文章，但是如果没有一个很好的因果机制解释，很难说它们在多大程度上推进了我们对问题的认识。理论的匮乏也使定量研究狭窄，有大量研究是基于对奥尼尔和罗赛特的经典文章的简单修补，这也招致了相当的批评（Schrodt，2014）。定性研究在因果机制说明上的优势值得研究者进一步投入更多的精力。

从人类历史看，经济全球化与相互依赖与冲突、战争发生的关系似乎是多种多样的，既有残酷的殖民战争，也有第二次世界大战以后的长期和平。这似乎意味着两者的关系与特定的时代背景、条件相关联。正如本章前面所提及的，经济联系加强所带来的收益以及冲突所带来的损失之间的比较必然是依赖于具体环境的，并没有任何经验事实或者理论逻辑可以预先决定特定结果的出现。并且，这种比较必然还要取决于进行这种收益、损失比较的比较者的主观立场。在这种意义上讲，经济全球化即便能减少冲突，也必然需要满足特定的条件，而将来的研究则需要进一步地探讨这些条件和理论的边界。

参考文献

［1］［美］加利·霍夫鲍尔等著. 反思经济制裁（第三版）［M］. 杜涛译. 上海：上海人民出版社，2011.

［2］［美］理查德·A. 毕辛格主编. 现代国防工业：政治、经济与技术议题［M］. 陈波，郝朝艳主译. 北京：经济科学出版社，2014.

［3］安孟长，徐曼. 我国军民融合发展的政策研究［J］. 军民两用技术与产品，2014（18）：8－10.

［4］白俊红，蒋伏心. 协同创新、空间关联与区域创新绩效［J］. 经济研究，2015，50（7）：174－187.

［5］白礼彪，白思俊，杜强，马飞. 基于"五主体动态模型"的军民融合协同创新体系研究［J］. 管理现代化，2019，39（1）：45－50.

［6］白鹏飞，段倩倩，陈黛. 军民融合视角下的国防基础研究成果转化动力机制研究［J］. 科技管理研究，2017（18）：102－106.

［7］蔡洁，周世民. 国际直接投资消减国际冲突的实证分析［J］. 南开经济研究，2008（3）：104－117.

［8］曹成俊. 加快推进装备保障军民融合深度发展的思考［J］. 装备学院学报，2015，26（7）：13－16.

［9］曹景建，姜大立，邹春荣. "军民融合"及其相近概念浅析［J］. 物流工程与管理，2009，31（2）：94－96.

［10］常欣欣. 试论不对称的经济相互依赖与和平的关系［J］. 中共中央党校学报，2001（2）：76－82.

［11］陈白琳. 论南北经济相互依赖的不对称性［J］. 当代财经，1991（3）：10－11.

［12］陈炳福，赵黎明. 西方对中国国防支出评估的方法与问题［J］. 世界经济与政治，2006（5）：37－41.

［13］陈炳福. 中国国防支出的增长、波动及影响因素分析［J］. 东南大学学报（哲学社会科学版），2010，12（5）：53－55，127.

［14］陈波. 国防经济思想史［M］. 北京：经济科学出版社，2010.

［15］陈传君. 我军武器装备保障与维护军民融合存在的问题及对策［J］. 军事经济研究，

2009, 30 (5): 71 – 73.

[16] 陈春阳. 军民融合协同创新能力评价体系研究 [D]. 西南科技大学硕士学位论文, 2017.

[17] 陈解. 装备采购合同问题研究 [D]. 国防科学技术大学硕士学位论文, 2005.

[18] 陈金涛, 李亚文. 美、日、俄军民融合主要做法分析及启示 [J]. 经济研究导刊, 2014 (8): 247 – 248.

[19] 陈劲, 柳卸林. 自主创新与国家强盛: 建设中国特色的创新型国家中的若干问题与对策研究 [M]. 北京: 科学出版社, 2008.

[20] 陈琪. 遏制与绥靖: 大国制衡行为分析 [M]. 西安: 陕西人民出版社, 2005.

[21] 陈昱澍, 李善东. 富国强军: 军民融合深度发展 [M]. 北京: 长征出版社, 2015.

[22] 褚倩倩. 关于推进军民融合深度发展的思考 [J]. 北京理工大学学报 (社会科学版), 2016 (4): 109 – 112.

[23] 邓传东, 孙超, 邱绍宇. 习近平军民融合深度发展战略思想的形成与发展浅析 [J]. 中国军转民, 2017 (11): 50 – 54.

[24] 丁德科, 刘敏, 张兴先. 军民融合: 西部产业结构优化升级的战略抉择 [J]. 西安交通大学学报 (社会科学版), 2011 (1): 51 – 56.

[25] 丁韶彬. 自由主义国际关系理论的新发展——三角和平论评析 [J]. 欧洲研究, 2004 (3): 54 – 64, 156.

[26] 董问樵. 国防经济论 [M]. 北京: 商务印书馆, 1939.

[27] 董晓辉. 军民融合产业集群协同创新的研究评述和理论框架 [J]. 系统科学学报, 2013 (4): 60 – 64.

[28] 董晓辉, 齐轶, 夏磊. 军民融合视域下推动高校协同创新的战略思考 [J]. 科学管理研究, 2015, 33 (6): 20 – 23.

[29] 董晓辉. 我国军民科技深度融合发展基本态势与主要模式研究 [J]. 科技进步与对策, 2016, 33 (23): 111 – 115.

[30] 董晓辉, 张伟超. 军民两用技术产业集群协同创新动力研究 [J]. 科学管理研究, 2014, 32 (1): 1 – 5.

[31] 董新泉. 我国军民融合法律法规建设问题研究 [J]. 南京理工大学学报 (社会科学版), 2018, 31 (2): 16 – 19.

[32] 杜兰英, 陈鑫. 发达国家军民融合的经验与启示 [J]. 科技进步与对策, 2011, 28 (23): 126 – 130.

[33] 杜人淮, 郭玮. 国防工业军民融合效益评价研究 [J]. 科技进步与对策, 2017, 34 (16): 106 – 111.

[34] 杜人淮. 国防工业全要素军民融合深度发展及其实现机制 [J]. 南京政治学院学报, 2015, 31 (4): 57 – 63.

[35] 杜人淮, 申月. 国防工业军民融合自主创新若干问题探讨 [J]. 科技进步与对策, 2015, 32 (20): 113 – 119.

[36] 杜人淮. 推进国防工业多领域军民融合深度发展及其机理 [J]. 南京政治学院学报, 2016, 32 (3): 46 – 53, 140 – 141.

［37］杜人淮. 中国特色军民融合式发展：内涵、特征与实现形式［J］. 南京政治学院学报, 2013, 29（6）：78－82.

［38］范德军. 努力构建军民深度融合的后勤保障体系［J］. 国防, 2016（12）：55－59.

［39］范肇臻. 论国防科技工业创新驱动发展战略的支持系统构建［J］. 求是学刊, 2014, 41（4）：59－65.

［40］房银海, 谭清美. 军民融合创新平台功能集成战略研究［J］. 软科学, 2017, 31（10）：23－28.

［41］房银海, 王磊, 谭清美. 军民融合产业创新平台运行机制与评价指标体系研究——以江苏省为例［J］. 情报杂志, 2017, 36（12）：198－206.

［42］冯媛, 郭永辉. 国防知识产权制度与武器装备创新发展互动关系研究［J］. 科技进步与对策, 2015, 32（10）：88－92.

［43］冯媛. 国防知识产权制度下航空武器装备创新治理模式研究：基于利益相关者视角［J］. 科技进步与对策, 2016, 33（1）：95－100.

［44］冯媛. 军民融合创新的国防知识产权制度供给与设计［J］. 情报理论与实践, 2016, 39（6）：43－46, 31.

［45］甘志霞, 吕海军. 从军民融合的战略高度推进国家创新体系的建设［J］. 中国科技论坛, 2004（2）：39－41, 44.

［46］甘志霞, 吕海军. 军民两用技术转移机制和政策研究［J］. 中国国情国力, 2018（12）：43－45.

［47］高青松, 宋倩倩. 军民融合研究进展及评述［J］. 经济体制改革, 2018（2）：63－69.

［48］葛永智, 侯光明. 国防科技研发对国民经济增长溢出效应评价研究［J］. 北京理工大学学报, 2010, 12（5）：9－12.

［49］顾建一. 关于开展军民融合综合评估的几点思考［J］. 军民融合, 2018（1）.

［50］顾桐菲. 国防科研投资的经济效应分析及改革建议［J］. 军事经济研究, 2010（12）：26－29.

［51］郭德忠. 从利益平衡角度论国防专利制度的改革［J］. 知识产权, 2017（2）：88－93.

［52］郭剑文. 论军工企业纵向一体化兼并及其效应［J］. 军事经济研究, 2007（10）：36－39.

［53］郭韬, 王姝蒙, 闫立飞. 军民两用技术成果推广机理及过程分析［J］. 科技进步与对策, 2011, 28（23）：1－5.

［54］郭祥雷, 刘丽文. 论装备保障中的军民融合［J］. 军事经济研究, 2008（9）：35－36.

［55］郭叶波, 刘鹤, 苗野. 重要基础设施建设军民融合创新发展的思路与对策［J］. 中国经贸导刊, 2016（4）：75－77.

［56］郭永辉. 国防工业合作创新中的国防知识产权分析［J］. 图书情报工作, 2012, 56（24）：108－113, 147.

［57］郭永辉. 军民融合创新的利益相关者治理模式［J］. 中国科技论坛, 2016（11）：134－140.

［58］郭永辉, 水丹萍. 军民融合战略下的航空工业集成创新的信息治理模式［J］. 情报理论与实践, 2017（10）：91－95.

［59］哈尔滨工程大学. 关于军民融合发展水平评估指标体系的思考［J］. 中国军转民, 2013：66－73.

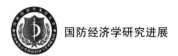

国防经济学研究进展

[60] 韩国元, 孔令凯, 武红玉, 梅发燕. 基于 CNKI 数据的军民融合研究进展及未来趋势 [J]. 国防科技, 2017, 38 (4): 94 - 103.

[61] 韩景倜, 罗春香. 国防开支与经济增长关系分析——基于面板数据的费德尔 - 拉姆模型 [J]. 经济管理, 2010 (3).

[62] 何朝胜. 装备采办合同定价中的行为分析和激励机制研究 [D]. 国防科学技术大学硕士学位论文, 2004.

[63] 何昉, 曹冰雪, 杨晓维. 国防 R&D、通用目的技术与经济增长 [J]. 北京理工大学学报 (社会科学版), 2018 (3): 113 - 121.

[64] 何培育. 新常态下国防专利转化的现实瓶颈与对策研究 [J]. 科技进步与对策, 2015, 32 (022): 105 - 109.

[65] 何湾. 我国军民融合立法问题研究 [D]. 华东政法大学硕士学位论文, 2018.

[66] 何永波. 军民结合、寓军于民、军民融合、军民一体化区别与联系 [J]. 中国科技术语, 2013, 15 (6): 29 - 32.

[67] 贺新闻, 侯光明. 基于军民融合的国防科技创新组织系统的构建 [J]. 中国软科学, 2009 (S1): 332 - 337.

[68] 贺新闻, 侯光明, 王艳. 国防科技工业的工业化路径: 基于军民融合的战略视角 [J]. 科技管理研究, 2011 (2): 47 - 51.

[69] 贺新闻, 王艳, 侯光明. 从军民融合的视角看国防科技工业的"三化"融合发展 [J]. 中国软科学, 2010 (10): 1 - 5.

[70] 侯光明. 国防科技工业军民融合发展研究 [M]. 北京: 科学出版社, 2009.

[71] 胡冬梅, 王建卿, 王海涛, 刘蕾. 军民两用技术研究现状及发展思路 [J]. 科技导报, 2018, 36 (10): 14 - 19.

[72] 黄朝峰, 董晓辉, 曾立. 军民融合发展战略的重大意义、内涵与推进 [J]. 国防科技, 2015, 36 (5): 19 - 23.

[73] 黄花. 国防科技工业军民融合创新体系研究 [D]. 中南大学, 2012.

[74] 黄龙燊. 国防科技工业军民融合创新体系的建设 [J]. 军民两用技术与产品, 2016 (10): 211.

[75] 姬文波. 从"军民结合"到"军民融合"——改革开放以来中国国防科技工业领导管理体制的调整与完善 [J]. 党史博览, 2018 (2): 4 - 10.

[76] 姬文波. 中国国防科技工业领导管理体制的调整与改革 (1966 - 1986) [J]. 西部学刊, 2017 (9): 34 - 38.

[77] 吉炳安, 罗云峰, 汤懿芳. 基于定额的国防采购中 R&D 成本补偿模型研究 [J]. 管理工程学报, 2007, 21 (1): 127 - 130.

[78] 简晓彬, 周敏, 朱颂东. 军民融合型经济对制造业价值链攀升的作用分析 [J]. 科技进步与对策, 2013, 30 (8): 117 - 123.

[79] 姜鲁鸣, 王碧波. 中国国防支出 (1980 - 2003) 对经济综合影响的量化分析 [M]//姜鲁鸣. 中国国防经济学: 2005. 北京: 中国财政经济出版社, 2005.

[80] 姜鲁鸣. 新时代中国军民融合发展战略论纲 [J]. 改革, 2018 (3): 24 - 34.

［81］焦旭金，王泽方. 我国国防科研支出对经济增长作用分析［J］. 中国国防经济，2009（2）.

［82］寇伟. 美国构建军民技术融合系统的经验及启示［J］. 现代企业教育，2011（24）：14 - 16.

［83］库仑. 战争与和平经济理论［M］. 陈波等译. 北京：经济科学出版社，2010.

［84］邝艳湘. 国际贸易和平效应的演化——理论与实证研究［J］. 数量经济技术经济研究，2009（5）：81 - 93.

［85］邝艳湘. 经济相互依赖的和平效应——文献述评与展望［J］. 复旦国际关系评论，2011（1）：163 - 192.

［86］邝艳湘. 经济相互依赖、退出成本与国家间冲突升级——基于动态博弈模型的理论分析［J］. 世界经济与政治，2010（4）：123 - 138，159 - 160.

［87］邝艳湘，向洪金. 贸易与国际冲突的因果检验［J］. 国际政治科学，2009（2）：1 - 26.

［88］旷毓君，翟晓鸣. "国防专利沉睡"之因及治理之策［J］. 科技进步与决策. 2014，10（23）138 - 142.

［89］旷毓君，张霖，胡庆元. 基于斯坦克尔伯格博弈的装备采办最优合同设计［J］. 军事经济研究，2008（2）：31 - 34.

［90］兰卫国等. 基于灰色关联分析的军工集团军民融合度评价研究［A］. 国防科技工业科学发展论坛论文集［C］，2011：428 - 433.

［91］郎平. 贸易何以促成和平——以中美关系为例［J］. 世界经济与政治，2006（11）：4 - 5，24 - 31.

［92］郎平. 贸易是推动和平的力量吗？［J］. 世界经济与政治，2005（10）：5，45 - 51.

［93］郎平. 区域贸易制度的和平效应分析——来自发展中国家的视角［J］. 当代亚太，2016（3）：101 - 125，156.

［94］郎平. 特惠贸易安排的和平效应源于制度层面吗——以西非国家经济共同体为例［J］. 世界经济与政治，2010（8）：139 - 155，160.

［95］黎琳，张远军. 基于军民融合的军地企业科技资源一体化配置研究［J］. 国防科技，2015，36（5）：9 - 13.

［96］李海海，孔莉霞. 国外军民科技协同创新的典型模式及借鉴［J］. 经济纵横，2017（10）：122 - 128.

［97］李宏宽等. 考虑评估指标关联性的我国军民融合发展水平评估研究——基于DEMATEL-ANP模型与灰色关联分析法［J］. 科技进步与对策，2018，35（9）：113 - 122.

［98］李健等. 微观、中观和宏观的军民融合度研究［J］. 军事经济研究，2012（4）：11 - 13.

［99］李健，徐小华. 军民融合评价指标体系初探［J］. 中国国防经济，2008（4）.

［100］李黎晓等. 标准化助力军民融合协同创新平台建设［A］. 中国标准化协会. 标准化助力供给侧结构性改革与创新——第十三届中国标准化论坛论文集［C］. 中国标准化协会，2016：4.

［101］李林，胡宇萱，曾立. 科技兴军视角下区域军民融合创新体系研究［J］. 科学管理研究，2017，35（2）：62 - 65，84.

［102］李林，曾立，张帆. 长江经济带军民融合协同创新体系建设研究［J］. 科技进步与对策，2017，34（14）：154 - 160.

[103] 李双杰, 陈渤. Feder – Ram 模型及对中国国防支出与经济增长相关性的实证分析和应用 [J]. 数量经济技术经济研究, 2002 (8): 90 – 93.

[104] 李晓松. 装备科研生产军民融合度模型研究 [J]. 装备学院学报, 2013, 24 (1): 31 – 36.

[105] 李荫涛. 国防科技工业军民结合体制评价指标体系研究的进展 [J]. 军事经济研究, 1991 (7): 60 – 63.

[106] 李远星. 统筹推进国防交通建设与国家交通发展 [J]. 国防, 2016 (6): 64 – 66.

[107] 李增刚. 经济相互依赖、国内政治与国家间冲突——兼论中国与周边海洋权益争端国家间关系 [J]. 财经问题研究, 2017 (5): 3 – 11.

[108] 连玮佳, 李健. 中国国防支出对经济增长影响评估: 三部门模型的推导与分析 [J]. 军事经济研究, 2008 (5): 11 – 15.

[109] 梁光烈. 坚持走中国特色军民融合式发展之路 [J]. 求是, 2011 (15): 9 – 12.

[110] 林高松. 构建军民融合法规体系的战略思考 [J]. 法学杂志, 2017, 38 (5): 10 – 18.

[111] 林金枫, 孔令凯, 韩国元. 军民融合背景下国防知识产权运行机制研究 [J]. 国防科技, 2018, 39 (2): 41 – 46.

[112] 林学俊. 党的军民融合式发展战略思想形成发展探析 [J]. 学理论, 2012 (6): 9 – 11.

[113] 刘昌臣, 吉炳安, 罗云峰. 基于 R&D 成本补偿的国防采购激励机制研究 [J]. 系统工程学报, 2007, 22 (1): 53 – 56.

[114] 刘赣州, 范肇臻. 国防科技对民用技术自主创新的传导机制 [J]. 经济管理, 2011, 33 (9): 174 – 179.

[115] 刘国锋, 李红军. 我国国防知识产权法规体系的现状、问题与对策研究 [J]. 装备学院学报, 2015, 26 (1): 50 – 54.

[116] 刘敏. 军民结合高技术产业的创新体系建设 [J]. 西安交通大学学报 (社会科学版), 2010, 30 (5): 34 – 38.

[117] 刘涛雄, 胡鞍钢. 国防开支对中国经济增长影响评估的两部门外部性模型 [J]. 清华大学学报 (自然科学版), 2005 (12) 1692 – 1695.

[118] 刘效广, 杨乃定. 军民融合视角下国防科技工业自主创新路径研究 [J]. 科学学与科学技术管理, 2011, 32 (09): 59 – 64.

[119] 刘宜鑫, 黄如安. 深化国防知识产权制度改革的探讨 [J]. 郑州航空工业管理学院学报, 2014, 32 (5): 136 – 139.

[120] 刘勇, 程旭东, 王茜. 军民融合的军队医学科技创新体系建设研究 [J]. 技术与创新管理, 2008 (6): 578 – 581.

[121] 刘自斌, 于博然, 刘杰. 实施军民融合发展战略的模式与路径 [J]. 宏观经济管理, 2017 (11): 29 – 33.

[122] 卢林. 国际相互依赖理论的发展轨迹 [J]. 世界经济研究, 1990 (3): 49 – 52.

[123] 卢小高, 李湘黔, 黄朝峰. 美国国防研发投资: 战略、特点与启示 [J]. 科技进步与对策, 2014, 31 (13): 113 – 118.

[124] 鹿庚, 钟乐. 国防科研投资与经济增长关系的协整分析 [J]. 军事经济研究, 2011

（5）：12－15.

［125］吕彬，李晓松，姬鹏宏. 西方国家军民融合发展道路研究［M］. 北京：国防工业出版社，2015：16－22.

［126］罗荣华. 民用基础设施建设兼顾军事需求的协调机制研究［J］. 军事经济研究，2012，33（9）：13－14.

［127］骆付婷. 基于知识转移的军民融合技术协同创新模式与评价研究［D］. 西南科技大学硕士学位论文，2017.

［128］马惠军. 国防研发投资研究［M］. 北京：中国财政经济出版社，2009.

［129］马鹏飞，葛腾飞. 美国太空军民融合研究［J］. 国防科技，2017，38（2）：20－23.

［130］马五星. 国防动员军民融合问题研究［J］. 军事经济研究，2009（5）：28－30.

［131］马喜芳，郭世贞，张天辉. 基于BSC的区域军民融合绩效评估体系构建［J］. 科技进步与对策，2017，34（20）：113－120.

［132］毛飞，邓阳. 我国国防科研支出对经济增长贡献的定量分析［J］. 军事经济研究，2002（3）.

［133］梅阳. 进一步完善军民融合人才培养研究［J］. 国防科技，2015，36（5）：14－18.

［134］牛晓健，陶川，钱科. 中国的国防支出会构成军事威胁吗？——基于新中国建立以来国防支出和经济增长关系的实证研究［J］. 复旦学报（社会科学版），2009（6）：28－34＋90.

［135］庞铭辉，敖杏林. 经济相互依赖——和平之路抑或冲突之源——中国与周边国家的实证研究（1981～2007）［J］. 当代亚太，2016（3）：126－152，156－157.

［136］彭春丽，黄朝峰. 战略性新兴产业军民融合式发展的产业融合分析——以核能产业为例［J］. 科技进步与对策，2014（11）：97－101.

［137］彭中文，韩茹. 军民融合驱动新兴产业发展的国际镜鉴与政策选择［J］. 改革，2017（9）：27－37.

［138］彭中文，刘韬，张双杰. 军民融合型科技工业协同创新体系构建研究——基于国际比较视角［J］. 科技进步与对策，2017，34（11）：1－6.

［139］戚刚等. 基于交易成本理论的国防知识产权转化研究［J］. 科学管理研究，2017，35（6）：4－7.

［140］齐国先. 军品贸易与国家安全［D］. 中央财经大学博士学位论文，2015.

［141］齐晓丰. 军民用技术双向转移政策与难点分析［J］. 军民两用技术与产品，2011（11）：17－19.

［142］钱春丽，王永军. 国防科技产业集群创新网络构建与管理研究［J］. 科技管理研究，2009，29（8）：440－442.

［143］钱振勤等. 我国国防科技管理体制的形成特点及其改革［J］. 国防科技，2015（4）：80－85.

［144］乔玉婷，李志远，谭林. 创新驱动发展战略下军队科技成果转化的第三方运营模式研究［J］. 科学管理研究，2016，34（1）：5－8.

［145］全林远，邵丹，辛伟刚. 略论军民融合型产业发展［J］. 装备指挥技术学院学报，2011（2）：1－5.

［146］任宏军. 我国军民结合发展评价研究［D］. 哈尔滨工业大学硕士学位论文, 2014.

［147］阮建平. 战后美国对外经济制裁［M］. 武汉: 武汉大学出版社, 2009.

［148］阮汝祥. 中国特色军民融合理论与实践［M］. 北京: 中国宇航出版社, 2009.

［149］桑凡, 郑汉东, 李恩重, 史佩京, 徐滨士. 军民融合型装备再制造保障模式探索研究［J］. 军民两用技术与产品, 2017 (9): 53 – 56.

［150］森武夫. 战时统制经济论［M］. 北京: 商务印书馆, 1935.

［151］尚喆. 基于试验方法的竞争性国防采办方法研究［D］. 国防科学技术大学硕士学位论文, 2005.

［152］申晓勇, 刘存福. 改革开放四十年军民融合发展的演进与展望［J］. 武汉科技大学学报 (社会科学版), 2018, 20 (6): 611 – 616.

［153］沈兆欣, 魏欣亚, 缪寅宵等. 军民融合创新体系建设研究——以丰台区为例［J］. 科技进步与对策, 2011, 28 (23): 13 – 15.

［154］石斌. 有效制裁与"正义制裁"——论国际经济制裁的政治动因与伦理维度［J］. 世界经济与政治, 2010 (8).

［155］石学彬, 陈荣. 近十年来我国军民融合研究的轨迹、特征和未来走向——基于 CSSCI 数据库论文的文献计量分析［J］. 科学管理研究, 2018, 36 (6): 22 – 25.

［156］舒本耀. 军民融合式发展思想研究［J］. 装备学院学报, 2013, 24 (1): 6 – 10.

［157］舒本耀. 中国军品价格规制设计与制度创新［M］. 北京: 经济科学出版社, 2008.

［158］孙霞, 赵林榜. 军民融合国防科技创新体系中企业的地位与作用［J］. 科技进步与对策, 2011, 28 (23): 91 – 95.

［159］谭清美, 王斌, 王子龙, 等. 军民融合产业创新平台及其运行机制研究［J］. 现代经济探讨, 2014 (10): 62 – 64.

［160］唐代盛, 孟睿. 国防专利权保护机制研究［J］. 南京理工大学学报. 2015, 9 (5): 86 – 92.

［161］唐宜红, 齐国先. 全球军品贸易政策变迁及对我国的启示［J］. 国际贸易, 2015 (3): 25 – 31.

［162］唐智, 李东. 国防产业纵向一体化的经济学分析［J］. 产业市场, 2009 (11): 57 – 58.

［163］王超, 张纪海. 军民融合式国防科技工业管理体制研究［A］. 中国工程科技论坛第 123 场——2011 国防科技工业科学发展论坛论文集［C］, 北京理工大学, 2011: 257 – 263.

［164］王加栋, 白素霞. 美俄航空工业军民融合发展战略及其对我国的启示［J］. 工业技术经济, 2009, 28 (2): 41 – 45.

［165］王加栋. 航空工业军民融合发展研究［D］. 四川省社会科学院硕士学位论文, 2009.

［166］王九云, 缪蕾, 白莽. 国防知识产权特点成因与启示［J］. 管理世界, 2008 (9): 172 – 173.

［167］王军, 何伟胜. 探索构建军民融合技术创新体系及运行机制［J］. 国防科技工业, 2011 (10): 52 – 53.

［168］王林, 黄怡苏, 胡隽. 对国防知识产权归属制度的思考［J］. 科技进步与对策, 2006 (4): 44 – 46.

［169］王万珺, 陈晓. 国防支出与经济增长均衡关系的理论和实证研究——基于门槛回归模型的检验分析［J］. 财经研究, 2011 (1): 16 – 26.

［170］王伟海，罗敏. 军民融合创新体系的战略框架［J］. 开放导报，2018（4）：15－18.

［171］王文华. 美国构建军民融合评价机制的主要做法［J］. 中国军转民，2017（8）：59－61.

［172］王文涛，刘燕华等. 国家军民融合创新对接平台构建研究［J］. 经济与管理，2017，31（4）：1－5，101.

［173］王修来，张伟娜，毛传新. 技术、经济、制度三维视角下的科技资源军民融合研究［J］. 科技与经济，2008，21（6）：10－13.

［174］王亚玲. 军民科技融合发展的制约因素及对策研究［J］. 西安交通大学学报（社会科学版），2012，32（4）：57－62

［175］魏华，陈波. 国防研发对经济增长影响研究评述［J］. 科技进步与对策，2015（2）：156－160.

［176］魏华，张树军. 我国国防支出对技术进步影响的实证分析［J］. 中国国防经济，2011（2）：37－39.

［177］温新民，左金风. 军民一体化基础上的国防技术创新体系建设［J］. 科学学与科学技术管理，2007（S1）：74－77.

［178］文海鸿，杨燕，刘凤娟. 军民融合深度发展战略目标的内涵探析［J］. 海军工程大学学报（综合版），2017，14（3）：64－67.

［179］吴健茹，管童伟，朱殿骅. 对加强军事设施建设领域军民融合的思考［J］. 中国军转民，2017（9）：74－76.

［180］伍学进，田碧. 军民融合式装备再制造的发展障碍及对策研究［J］. 科技进步与对策，2011（12）：69－72.

［181］武博祎，齐中英. 我国国防科技工业能力协调发展体系的构建［J］. 经济管理，2010，32（8）：153－158.

［182］谢罗奇，赵纯凯. 军民融合对地区产业结构的影响及效应——基于中国省际面板数据的实证分析［J］. 广东财经大学学报，2016（6）：4－15.

［183］熊德禹，吕慧芳. 军民融合后勤保障体系建设初探［J］. 军事经济研究，2010，31（7）：57－59.

［184］徐晖，党岗，吴集. 促进研究型大学融入国防科技创新体系的思考［J］. 科学学研究，2007（S1）：50－52.

［185］徐辉. 我国军民融合政策法规现状及对策研究［J］. 军民两用技术与产品，2015（11）：8－10.

［186］徐辉，许嵩. 军民融合深度发展的科技协同创新体系研究［J］. 科技进步与对策，2015（18）：104－108.

［187］许达哲. 走军民融合深度发展之路［J］. 求是，2015（13）：51－53.

［188］严成樑，龚六堂. 最优财政政策选择：从增长极大化到福利极大化［J］. 财政研究，2012（10）：16－19.

［189］严德俊. 我国装备价格形成机制问题研究［D］. 哈尔滨工业大学硕士学位论文，2006.

［190］严剑峰，包斐. 军民融合型国家科技创新系统体系构成与运行研究［J］. 科技进步与对策，2014，31（22）：89－96.

［191］严明. 我国军民融合相关研究的文献计量分析［J］. 西南民族大学学报（人文社科版），

2018，39（10）：235 – 240.

［192］杨国栋，刘传斌. 国防科技工业军民融合发展面临的体制机制问题及对策 ［J］. 军事经济研究，2012（4）：7 – 10.

［193］杨杰翔. 加强军民技术转移政策制度建设研究 ［J］. 中国军转民，2018（1）：14 – 16.

［194］杨梅兰. 我国国防专利解密制度的检讨与重构 ［J］. 南京航空航天大学学报. 2015，9（3）：67 – 72.

［195］杨梅枝，刘永涛，焦永. 我国军民融合式人才培养体系建设研究 ［J］. 科技进步与对策，2011（23）：165 – 171.

［196］杨少鲜，皮成功，贾小漫. 基于 C – K 理论的军民两用技术与产品创新 ［J］. 科技进步与对策，2014，31（7）：84 – 88.

［197］杨顺. 军品采购招投标机制设计与研究 ［D］. 吉林大学博士学位论文，2006.

［198］杨筱. 国防知识产权交易治理研究 ［D］. 国防科学技术大学博士学位论文，2015.

［199］杨筱，李振，曾立. 国防知识产权市场运营模式研究 ［J］. 科技进步与对策，2015，32（13）：145 – 150.

［200］杨志坚. 协同视角下的军民融合路径研究 ［J］. 科技进步与对策，2013，30（4）：99 – 102.

［201］叶继涛. 区域优势产业军民融合理论及创新对策研究 ［J］. 科学学研究，2007（S1）：68 – 72.

［202］叶学华，卢守信，王建军，李泽富. 军民通信融合发展初探 ［J］. 电子世界，2016（9）：73 – 75.

［203］易继明. 美国国防领域知识产权的管理模式 ［J］. 社会科学家，2018（6）：9 – 16，18，161.

［204］尹兰香，张洋海，廖正华. 浅谈军民融合科技创新服务平台体系的构建 ［J］. 台州学院学报，2017，39（5）：85 – 88.

［205］游光荣. 对军民融合发展现状及评估的思考 ［J］. 中国国情国力，2017（1）：16 – 18.

［206］游光荣. 加快建设军民融合的国家创新体系 ［J］. 科学学与科学技术管理，2005（11）：6 – 13.

［207］游光荣，闫宏，赵旭. 军民融合发展政策制度体系建设：现状、问题及对策 ［J］. 中国科技论坛，2017（1）：150 – 156.

［208］于川信. 对军民融合国家战略的基本理解 ［J］. 中国军转民，2017（2）：10 – 13.

［209］元彦梅，余江华. 对军民融合发展绩效评估问题的探讨 ［J］. 中国军转民，2015：56 – 58.

［210］曾立，张允壮. 国防 R&D 投资对经济增长影响的实证分析 ［J］. 军事经济研究，2006，27（10）：16 – 18.

［211］湛泳，赵纯凯. 军民融合推动产业结构优化升级的路径与机制——基于产业外部性视角 ［J］. 北京理工大学学报（社会科学版），2017，19（1）：116 – 123.

［212］张朝凡. 军民融合信息服务平台的评价指标体系构建与实证研究 ［D］. 西南科技大学硕士学位论文，2018.

［213］张春霞，宋志强，李红军，王湛. 军工企业国防知识产权管理问题研究 ［J］. 装备学院学报，2015，26（1）：59 – 62.

[214] 张纪海，李冰. 国防科技协同创新体系的系统分析 [J]. 北京理工大学学报（社会科学版），2017，19 (5)：113 - 120.

[215] 张纪海，乔静杰. 军民融合深度发展模式研究 [J]. 北京理工大学学报（社会科学版），2016 (5)：111 - 116.

[216] 张嘉国. 习近平军民融合深度发展思想研究 [J]. 人民论坛·学术前沿，2017 (17)：48 - 56.

[217] 张建恒. 信息基础设施建设军民融合深度发展的重点领域研究 [J]. 无线互联科技，2015 (18)：115 - 117.

[218] 张金翠. 美国对华军事制裁 [M]. 北京：社会科学文献出版社，2010.

[219] 张近乐，蔡晨雨. 军民融合促进产业结构转型路径研究——以陕西省为例 [J]. 科技进步与对策，2018，35 (7)：148 - 152.

[220] 张近乐，杨云霞. 国防科技工业知识产权转化和应用的策略探析 [J]. 湖南大学学报（社会科学版），2010，24 (1)：145 - 148.

[221] 张军. 军民融合深度发展的体制机制构建研究 [J]. 中国军事科学，2016 (5)：80 - 87.

[222] 张军果. 论军民融合式发展的科学内涵及其时代价值 [J]. 装备学院学报，2014，25 (1)：9 - 13.

[223] 张明亲，谢立仁，张冬敏. 基于 ANT 的军民融合技术创新动力机制研究 [J]. 西安交通大学学报（社会科学版），2015 (5)：48 - 53.

[224] 张箐. 产业融合视角下战略性新兴产业军民融合发展模式研究 [D]. 北京理工大学硕士学位论文，2015.

[225] 张玮. 论军火贸易的国际法规制及其对我国军火贸易政策的影响 [J]. 国际贸易，2014 (2).

[226] 张五六. 国防支出与经济增长关系非对称性的研究 [J]. 中国软科学，2012 (3)：23 - 30.

[227] 张武军，翟艳红，任燕，雷冀. 军民融合中的大学知识产权保护研究 [J]. 科技进步与对策，2011，28 (23)：150 - 153.

[228] 张笑. 关于军民融合大交通体系建设的几点思考 [J]. 国防科技，2018，39 (1)：5 - 8.

[229] 张艳丽. 我国国防专利权归属与行使制度分析 [J]. 北京理工大学学报（社会科学版），2009，11 (6)：5 - 8，18.

[230] 章磊，张净敏，闫莉，田海堂. 基于社会网络分析的国内军民融合研究综述——2000 - 2014 年文献计量证据 [J]. 装甲兵工程学院学报，2016，30 (3)：11 - 16.

[231] 赵澄谋，姬鹏宏，刘洁，等. 世界典型国家推进军民融合的主要做法分析 [J]. 科学学与科学技术管理，2005，26 (10)：26 - 31.

[232] 赵富洋. 我国国防科技工业军民结合创新体系研究 [D]. 哈尔滨工程大学博士学位论文，2010.

[233] 赵黎明，陈炳福. 中国国防支出经济效应研究 [M]. 北京：中国经济出版社，2010.

[234] 赵黎明，孙健慧，张海波. 基于微分博弈的军民融合协同创新体系技术共享行为研究 [J]. 管理工程学报，2017，31 (3)：183 - 191.

[235] 赵晓琴. 军民融合创新能力评价研究 [D]. 西南科技大学硕士学位论文，2018.

［236］钟灿涛，宗悦茹，李君. 高校科研活动实现军民融合的难点及其对策分析［J］. 科技进步与对策，2011，28（23）：144 – 149.

［237］周宝根. 国际经济与国际安全的关系一项研究述评［J］. 国际论坛，2007（1）：43 – 49，80.

［238］周舟，吴迪. 军民融合式技术创新主体的构成［J］. 科技信息，2009（28）：75 + 79.

［239］朱庆林，常进. 国民经济动员教程［M］. 北京：军事科学出版社，2002.

［240］朱水成. 公共政策与制度的关系［J］. 理论探讨，2003（3）：87 – 90.

［241］庄宗明，蔡洁. 国际贸易消减国际冲突的理论与经验分析——以亚洲国家为例［J］. 世界经济，2008（9）：85 – 95.

［242］Abdukadirov S. Terrorism：The Dark Side of Social Entrepreneurship［J］. Studies in Conflict & Terrorism，2010，33（7）：603 – 617.

［243］Abu-Qarn A S，Abu-Bader S. On the Dynamics of the Israeli-Arab Arms Race［J］. The Quarterly Review of Economics and Finance，2009，49（3）：931 – 943.

［244］Acemoglu D，Johnson S，Kermani A，James K，Mitton T. The Value of Connections in Turbulent Times：Evidence from the United States［C］. MIT，2013.

［245］Acosta M，Coronado D，et al. Factors Affecting the Diffusion of Patented Military Technology in the Field of Weapons and Ammunition［J］. Scientometrics，2013，94（1）：1 – 22.

［246］Acosta M，Coronado D，et al. Patents and Dual-use Technology：An Empirical Study of the World's Largest Defence Companies［J］. Defence and Peace Economics，2018，29（7）：821 – 839.

［247］Acosta M，Coronado D，Marín R. Potential Dual-use of Military Technology：Does Citing Patents Shed Light on this Process?［J］. Defence and Peace Economics，2011，22（3）：335 – 349.

［248］Aerospace Industries Association. Ways to Reduce Costs Immediately［R］. 2010.

［249］Akerman A，Seim A L. The Global Arms Trade Network 1950 – 2007［J］. Journal of Comparative Economics，2014，42（3）：535 – 551.

［250］Alexander A J，Butz W，Mihalka M. Modeling the Production and International Trade of Arms：An Economic Framework for Analyzing Policy Alternatives［R］. RAND – N – 1555 – FF/RC. Rand Corp Santa Monica CA，1981.

［251］Alexander A. Of Tanks and Toyotas：An Assessment of Japan's Defense Industry［R］. Rand Corp，Santa Monica CA，1990.

［252］Alic J A，Branscomb L M，Brooks H. Beyond Spinoff：Military and Commercial Technologies in a Changing World［M］. Harvard Business Press，1992.

［253］Ali H E，Abdellatif O A . Military Expenditures and Natural Resources：Evidence from Rentier States in the Middle East and North Africa［J］. Defence and Peace Economics，2015，26（1）：5 – 13.

［254］Allen S H，Lektzian D J. Economic Sanctions：A Blunt Instrument?［J］. Journal of Peace Research，2012，50（1）：121 – 135.

［255］Allen S H. The Domestic Political Costs of Economic Sanctions［J］. Journal of Conflict Resolution，2008，52（6）：916 – 944.

［256］Alptekin A，Levine P. Military Expenditure and Economic Growth：A Meta-Analysis［J］.

European Journal of Political Economy, 2012, 28 (4): 636 – 650.

[257] Altman S H. Earnings, Unemployment, and the Supply of Enlisted Volunteers [J]. Journal of Human Resources, 1969: 38 – 59.

[258] Anderton C H. Economics of Arms Trade [C]. In Handbook of Defense Economics, 1995: 523 – 561.

[259] Anderton C H. The Inherent Propensity toward Peace or War Embodied in Weaponry [J]. Defence Economics, 1990, 1 (1): 197 – 218.

[260] Andreas P. Criminalizing Consequences of Sanctions: Embargo Busting and Its Legacy [J]. International Studies Quarterly, 2005: 335 – 360.

[261] André Jordaan. International Trade and Military Expenditure: Friends or Foe? [C]. Proceedings of International Academic Conferences, 2014.

[262] Angell N. The Great Illusion: A Study of the Relation of Military Power in Nations to Their Economic and Social Advantage [M]. New York and London, GP Putnam's Sons, 1911.

[263] Anton J, Yao A. Measuring the Effectiveness of Competition in Defense Procurement A Survey of the Empirical Literature [J]. Journal of Policy Analysis and Management, 1990, 9 (1): 60 – 79.

[264] Anton J, Yao A. Second Sourcing and the Experience Curve Price Competition in Defense Procurement [J]. Rand Journal of Economics, 1987, 18 (1): 57 – 76.

[265] Anton J, Yao A. Split Awards, Procurement and Innovation [J]. Rand Journal of Economic, 1989, 20 (3): 538 – 552.

[266] Apergis E, Apergis N. The 11/13 Paris Terrorist Attacks and Stock Prices: The Case of the International Defense Industry [J]. Finance Research Letters, 2016, 17 (C): 186 – 192.

[267] Apergis N, Bonato M, Gupta R, Kyei C. Does Geopolitical Risks Predict Stock Returns and Volatility of Leading Defense Companies? Evidence from a Nonparametric Approach [J]. Defence and Peace Economics, 2018, 29 (6): 684 – 696.

[268] Arce D G, Sandler T. Terrorist Signalling and the Value of Intelligence [J]. British Journal of Political Science, 2007: 573 – 586.

[269] Arnold – Forster W. The Problem of International Sanctions [J]. Journal of the British Institute of International Affairs, 1926, 5 (1): 1 – 15.

[270] Arunatilake N, Jayasuriya S, Kelegama S. The Economic Cost of the War in Sri Lanka [J]. World Development, 2001, 9 (29): 1483 – 1500.

[271] Asal V H, Ackerman G A, Rethemeyer R K. Connections Can Be Toxic: Terrorist Organizational Factors and the Pursuit of CBRN Weapons [J]. Studies in Conflict & Terrorism, 2012, 35 (3): 229 – 254.

[272] Asher H. Rand Memorandum R – 291 [R]. Santa Monica, CA: RAND, 1956.

[273] Ash J K, Udis B, McNown R. Enlistments in the All-Volunteer Force: A Military Personnel Supply Model and Its Forecasts [J]. American Economic Review, 1983, 73 (1): 145 – 155.

[274] Aslam F, Kang H G. How Different Terrorist Attacks Affect Stock Markets [J]. Defence and Peace Economics, 2105, 26: 634 – 648.

［275］Augier M, McNab R, Guo J, et al. Defense Spending and Economic Growth: Evidence from China, 1952 – 2012 ［J］. Defence and Peace Economics, 2017, 28 (1): 65 – 90.

［276］Augustine N R. Reshaping an Industry: Lockheed Martin's Survival Story ［J］. Harvard Business Review, 1997, 75 (3): 83 – 94.

［277］Autio E, Laamanen T. Measurement and Evaluation of Technology Transfer: Review of Technology Transfer Mechanisms and Indicators ［J］. International Journal of Technology Management, 1995, 10 (7/8): 643 – 664.

［278］Avadikyan A, Cohendet P, Dupouet O. A Study of Military Innovation Diffusion Based on Two Case Studies ［M］//Innovation policy in a knowledge-based economy. Springer, Berlin, Heidelberg, 2005: 161 – 189.

［279］Bajari P, Tadelis S. Incentives Versus Transaction Costs: A Theory of Procurement Contracts ［J］. Rand Journal of Economics, 2001, 32 (3): 387 – 407.

［280］Bajusz W, Louscher D J. Arms Sales and the US Economy: The Impact of Restricting Military Exports ［M］. Boulder, Westview Press, 1988.

［281］Balcilar M, Bonato M, Demirer R, et al. Geopolitical Risks and Stock Market Dynamics of the BRICS ［J］. Economic Systems, 2018, 42 (2): 295 – 306.

［282］Baldwin D A. Baldwin, Economic Statecraft ［M］. Princeton, Princeton University Press, 1985.

［283］Baldwin D A. Interdependence and Power: A Conceptual Analysis ［J］. International Organization, 1980, 34 (4): 471 – 506.

［284］Baldwin D A. The Power of Positive Sanctions ［J］. World Politics: A Quarterly Journal of International Relations, 1971: 19 – 38.

［285］Baldwin D A. The Sanctions Debate and the Logic of Choice ［J］. International Security, 1999, 24 (3): 80 – 80.

［286］Baltagi B, Egger P, Pfaffermayr M. Panel Data Gravity Models of International Trade ［C］. CESifo Working Paper No. 4616. Munich, 2014.

［287］Bapat N A, Morgan T C. Multilateral Versus Unilateral Sanctions Reconsidered: A Test Using New Data ［J］. International Studies Quarterly, 2009: 1075 – 1094.

［288］Barbieri K. Economic Interdependence: A Path to Peace or A Source of Interstate Conflict? ［J］. Journal of Peace Research, 1996, 33 (1): 29 – 49.

［289］Barbieri K, Levy J S. Sleeping with the Enemy: The Impact of War on Trade ［J］. Journal of Peace Research, 1999, 36 (4): 463 – 479.

［290］Barbieri K, Schneider G. Globalization and Peace: Assessing New Directions in the Study of Trade and Conflict ［J］. Journal of Peace Research, 1999, 36 (4): 387 – 404.

［291］Baron P, Besanko D. Monitoring of Performance in Organizational Contracting: The Case of Defense Procurement ［J］. The Scandinavian Journal of Economics, 1988, 90 (3): 329 – 356.

［292］Baron P, Myerson B. Regulating a Monopolist with Unknown Costs ［J］. Econometrics, 1982, 50 (4): 911 – 930.

[293] Barro R J. Government Spending in a Simple Model of Endogeneous Growth [J]. Journal of Political Economy, 1990, 98: 103 – 125.

[294] Barros C P, Gil-Alana L. Stock Market Returns and Terrorist Violence: Evidence from the Basque Country [J]. Applied Economics Letters, 2009, 16 (15): 1575 – 1579.

[295] Barton D M, Sherman R. The Price and Profit Effects of Horizontal Merger: A Case Study [J]. The Journal of Industrial Economics, 1984: 165 – 177.

[296] Batchelor P, Dunne J P, Saal D S. Military Spending and Economic Growth in South Africa [J]. Defence and Peace Economics, 2000, 11 (4): 553 – 571.

[297] Batchelor P, Dunne P, Lamb G. The Demand for Military Spending in South Africa [J]. Journal of Peace Research, 2002, 39 (3): 339 – 354.

[298] Bearce D H, Fisher E O. Economic Geography, Trade and War [J]. Journal of Conflict Resolution, 2002, 46 (3): 365 – 393.

[299] Beck N, Katz J N, Tucker R. Beyond Ordinary Logit: Taking Time Seriously in Binary Time-Series-Cross-Section Models [J]. American Journal of Political Science, 1998, 42 (4): 1260 – 1288.

[300] Belderbos R, Mohnen P. Intersectoral and International R&D Spillovers [R]. Bruegel, 2013.

[301] Belin J, Guille M, Lazaric N, et al. Defense Firms Adapting to Major Changes in the French R&D Funding System [J]. Defence and Peace Economics, 2019, 30 (2): 142 – 158.

[302] Bellais R, Guichard R. Defense Innovation, Technology Transfers and Public Policy [J]. Defence and Peace Economics, 2006, 17 (3): 273 – 286.

[303] Benoit E, Defence and Economic Growth in Developing Countries [M]. Boston: D. C. Heath, 1973.

[304] Benoit E. Growth and Defence in LDCs [J]. Economic Development and Cultural Change, 1978, 26 (2): 271 – 280.

[305] Benson M A. The Relevance of Politically Relevant Dyads in the Study of Interdependence and Dyadic Disputes [J]. Conflict Management and Peace Science, 2005, 22 (2): 113 – 133.

[306] Bergsten C F, Keohane R O, Nye J S. International Economics and International Politics: A Framework for Analysis [J]. International Organization, 1975, 29 (1): 3 – 36.

[307] Berhold M. A Theory of Linear Profit – Sharing Incentives [J]. Quarterly Journal of Economics, 1971, 85 (3): 460 – 482.

[308] Bernstein M A, Wilson M R. New Perspectives on the History of the Military-Industrial Complex [J]. Enterprise and Society, 2011, 12 (1): 1 – 9.

[309] Berteau D, Levy R, Ben-Ari G, et al. Defense Industry Access to Capital Markets: Wall Street and the Pentagon, An Annotated Brief [J]. Center for Strategic & International Studies, Washington, DC, 2011.

[310] Biglaiser G, Lektzian D. The Effect of Sanctions on US Foreign Direct Investment [J]. International Organization, 2011, 65 (3): 531 – 551.

[311] Bilmes L, Stiglitz J E. The Economic Costs of the Iraq War: An Appraisal Three Years after the Beginning of the Conflict [J]. NBER Working Paper, 2006 (w12054).

［312］Biswas B, Ram R. Military Spending and Economic Growth in Less Developed Countries: An Augmented Model and Further Evidence ［J］. Economic Development and Cultural Change, 1986, 34 (2): 361 –372.

［313］Blanchard J, Mansfield E D, Ripsman N M. The Political Economy of National Security: Economic Statecraft, Interdependence and International Conflict ［J］. Security Studies, 1999, 9 (1 –2): 1 –14.

［314］Blanchard J, Ripsman N M. Measuring Economic Interdependence: A Geopolitical Perspective ［J］. Geopolitics and International Boundaries, 1996, 1 (3): 225 –246.

［315］Blanton S L. Foreign Policy in Transition? US Arms Transfers, Democracy and Human Rights ［J］. International Studies Quarterly, 2005, 49 (4): 647 –667.

［316］Blanton S L. Promoting Human Rights and Democracy in the Developing World: US Rhetoric versus US Arms Exports ［J］. American Journal of Political Science, 2000, 44 (1): 123 –131.

［317］Blanton S L. The Transfer of Arms and the Diffusion of Democracy: Do Arms Promote or Undermine the "Third Wave" ［J］ The Social Science Journal, 1999, 36 (3): 413 –429.

［318］Bliss H, Russett B. Democratic Trading Partners: The Liberal Connection, 1962 –1989 ［J］. Journal of Politics, 1988, 60 (4): 1126 –1147.

［319］Block F, Keller R. State of Innovation ［M］. Boulder and London: Paradigm Publishers, 2011.

［320］Blume A, Tishler A. Security Needs and the Performance of the Defense Industry ［C］. Working Paper, Israel Institute of Business Research, Faculty of Management, Tel Aviv University, 2001.

［321］Bois C, Buts C. Military Support and Transnational Terrorism ［J］. Defence and Peace Economics, 2016, 27 (5): 626 –643.

［322］Borrus M, Zysman J. Industrial Competitiveness and National Security ［C］. In Folly Martin H et al (ed) Rethinking America's Security: Beyond Cold War to New World Order, 1992, 136 –75.

［323］Bove V, Brauer J. The Demand for Military Expenditure in Authoritarian Regimes ［J］. Defence and Peace Economics, 2016, 27 (5): 609 –625.

［324］Bove V, Deiana C, Nisticï R. Global Arms Trade and Oil Dependence. The Journal of Law, Economics and Organization, 2018, 34 (2): 272 –299.

［325］Bower G. Procurement Policy and Contracting Efficiency ［J］. International Economic Review, 1993, 34 (4): 873 –901.

［326］Braddon D. Commercial Applications of Military R&D: US and EU Programs Compared ［D］. University of the West of England, 1999.

［327］Brady R, Victoria A, Greenfield. Competing Explanations of U. S. Defense Industry Consolidation in the 1990s and Their Policy Implications ［J］. Contemporary Economic Policy, 2010, 28 (2): 288 –306.

［328］Brandt L. Defense Conversion and Dual-Use Technology: The Push Toward Civil-Military Integration ［J］. Policy Studies Journal, 1994, 22 (2): 359 –370.

［329］Brauer J. Arms Industries, Arms Trade, and Developing Countries ［C］. Handbook of Defense Economics, 2007: 973 –1015.

［330］Brauer J. Arms Industries, Arms Trade, and Developing Countries ［C］. In Sandler T, Hartley K. (eds), Handbook of Defense Economics, Vol. 2, Amsterdam: Elsevier, 2007: 973 – 1015.

［331］Brauer J, Dunne J P. Arms Trade Offsets: What Do We Know? ［C］. In Handbook on the Political Economy of War, edited by C. Coyne and R. L. Mathers, 243 – 265. Cheltenham Glos: Edward Elgar, 2011.

［332］Brauer J. Military Spending and Democracy ［J］. Defence and Peace Economics, 2015, 26 (4): 409 – 423.

［333］Brender A. On the Determinants of Bilateral Arms Trade Flows ［J］. Working Paper, University of Hamburg DFG Graduate School, 2018.

［334］Bresnahan T F, Trajtenberg M. General Purpose Technologies: Engines of Growth? ［J］. Journal of Econometrics, 1995, 65 (1): 83 – 108.

［335］Brito D L, Intriligator M D. Arms Races and Proliferation ［C］. Handbook of Defense Economics, 1995: 109 – 164.

［336］Brooks S G. Producing Security: Multinational Corporations, Globalization, and the Changing Calculus of Conflict ［M］. Princeton, Princeton University Press, 2005.

［337］Brzoska M, Pearson F. Arms and Warfare: Escalation, De-escalation, and Negotiation ［M］. Columbia, University of South Carolina Press, 1994.

［338］Bös D. Incomplete Contracting and Target-cost Pricing ［J］. Defence and Peace Economics, 1996, 7 (4): 279 – 296.

［339］Bös D, Lülfesmann C. The Hold-Up Problem in Government Contracting ［J］. Scandinavian Journal of Economics, 1996, 98 (1): 53 – 74.

［340］Buts C, Du Bois C. Military Deployment and International Terrorism: Do Location and Mission Type Matter? ［J］. Defence and Peace Economics, 2017, 28 (6): 621 – 633.

［341］Buzan B. Economic Structure and International Security: The Limits of the Liberal Case ［J］. International Organization, 1984, 38 (4): 597 – 624.

［342］Buzan B, Herring E. The Arms Dynamic in World Politics ［M］. Boulder, Colorado, Lynne Rienner Publishers, 1998.

［343］Caldara D, Iacoviello M. Measuring Geopolitical Risk ［J］. Board of Governors of the Federal Reserve Board, Washington, DC, 2016.

［344］Carlaw K, Lipsey R. Sustained Endogenous Growth Driven by Structured and Evolving General Purpose Technologies ［J］. Journal of Evolutionary Economics, 2011, 24 (4): 563 – 593.

［345］Carmichael J. The Effects of Mission-oriented Public R&D Spending on Private Industry ［J］. Journal of Finance, 1981, 36 (3): 617 – 627.

［346］Carrington T. Pentagon Contracts Offer Higher Profits ［J］. Wall Street Journal, 1986, 32.

［347］Catrina C. Main Directions of Research in the Arms Trade ［J］. The Annals of the American Academy of Political and Social Science, 1994: 190 – 205.

［348］Chalmers M, Davies N V. The Economic Costs and Benefits of UK Defence Exports ［J］. Fiscal Studies, 2002, 23 (3): 343 – 367.

［349］Cheung T M. Dragon on the Horizon: China's Defense Industrial Renaissance ［J］. Journal of Strategic Studies, 2009, 32（1）: 29 – 66.

［350］Cheung T M. Fortifying China: The Struggle to Build a Modern Defense Economy ［M］. Cornell University Press, 2008.

［351］Cheung T M. The Chinese Defense Economy's Long Match from Imitation to Innovation ［J］. Journal of Strategic Studies, 2011, 34（3）: 325 – 354.

［352］Che Y K. Design Competition Through Multidimensional Auctions ［J］. Rand Journal of Economics, 1993, 24（4）: 668 – 680.

［353］Che Y K, Iossa E, Rey P. Prizes versus Contracts as Incentives for Innovation ［C］. CEPR Discussion Papers, 2017.

［354］Che Y K, Sákovics J. A Dynamic Theory of Hold – Up ［J］. Econometrica 2004, 72（4）: 1063 – 1103.

［355］Choucri N, North R C. Nations in Conflict: National Growth and International Violence ［M］. San Francisco: WH Freeman, 1975.

［356］Chowdhury A R, Murshed S M. Conflict and Fiscal Capacity ［J］. Defence and Peace Economics, 2016, 27（5）: 583 – 608.

［357］Christodoulou A P. Conversion of Nuclear Facilities from Military to Civilian Uses: A Case Study ［C］. Hanford, Washington, Praeger Publishers, 1970.

［358］Chu A C, Lai C. On the Growth and Welfare Effects of Defense R&D ［J］. Journal of Public Economic Theory, 2012, 14（3）: 473 – 492.

［359］Chu D S C, Waxman M C. Shaping the Structure of the American Defense Industry ［C］. The Defense Industry in the Post-Cold-War era: Corporate Strategies and Public Policy Perspectives, 1998: 35 – 44.

［360］Chuliá H, Climent F, Soriano P, et al. Volatility Transmission Patterns and Terrorist Attacks ［J］. Quantitative Finance, 2009, 9（5）: 607 – 619.

［361］Ciccone S, Kaen F R. The Financial Performance of Aircraft Manufacturers During World War II: the Vicissitudes of War ［J］. Defence and Peace Economics, 2016, 27（6）: 743 – 773.

［362］Clark E. Boycotts and Peace, A Report by the Committee on Economic Sactions ［M］. New York and London: Harper and Brothers, 1932.

［363］Clark M J, et al. Readings in the Economics of War ［M］. The University of Chicago Press, 1918.

［364］Collier P, Hoeffler A. Aid, Policy and Peace: Reducing the Risks of Civil Conflict ［J］. Defence and Peace Economics, 2002, 13（6）: 435 – 450.

［365］Collier P, Hoeffler A. On the Incidence of Civil War in Africa ［J］. Journal of Conflict Resolution, 2002, 46（1）: 13 – 28.

［366］Comola M. Democracies, Politics and Arms Supply: A Bilateral Trade Equation ［J］. Review of International Economics, 2012, 20（1）: 150 – 163.

［367］Compton R, Paterson B. Military Spending and Growth: The Role of Institutions ［J］. Defence

and Peace Economics, 2016, 27 (3): 301 – 322.

[368] Cooper R N. Economic Interdependence and Foreign Policy in the Seventies [J]. World Politics, 1972, 24 (2): 159 – 181.

[369] Cooper R N. The Economics of Interdependence: Economic Policy in the Atlantic Community [M]. New York: McGraw – Hill, 1968.

[370] Copeland D C. Economic Interdependence and War [M]. Princeton University Press, 2004.

[371] Copeland D C. Trade Expectations and the Outbreak of Peace: Détente 1970 – 74 and the End of the Cold War 1985 – 91. Security Studies, 1999, 9 (1 – 2): 15 – 58.

[372] Corato D, Cesare D, Michele M. Multidimensional Auctions for Longterm Procurement Contracts with Early-Exit Options: The Case of Conservation Contracts [J]. European Journal of Operational Research, 2018, 1 (16): 368 – 380.

[373] Coughlan P, Gates W. Innovations in Defense Acquisition Auctions: Lessons Learned & Alternative Mechanism Designs [R]. Acquisition Research (Graduate School of Business & Public Policy), 2008.

[374] Cowan R, Foray D. Quandaries in the Economics of Dual Technologies and Spillovers from Military to Civilian Research and Development [J]. Research Policy, 1995, 24: 851 – 868.

[375] Cox D G, Drury A C. Democratic Sanctions: Connecting the Democratic Peace and Economic Sanctions [J]. Journal of Peace Research, 2006, 43 (6): 709 – 722.

[376] Cozzi G, Impullitti G. Government Spending Composition, Technical Change, and Wage Inequality. Journal of the European Economic Association, 2010, 8 (6): 1325 – 1358.

[377] Craft C, Smaldone J P. The Arms Trade and the Incidence of Political Violence in Sub-Saharan Africa, 1967 – 97 [J]. Journal of Peace Research, 2002, 39 (6): 693 – 710.

[378] Craft C. Weapons for Peace, Weapons for War: The Effects of Arms Transfers on War Outbreak, Involvement, and Outcomes [M]. New York, NY: Routledge, 1999.

[379] Crescenzi M J. Economic Exit, Interdependence, and Conflict: An Empirical Analysis [J]. Journal of Politics, 2003, 65 (3): 429 – 444.

[380] Cummins M. Incentive Contracting for National Defense A Problem of Optimal Risk Sharing [J]. The Bell Journal of Economics, 1977, 8 (1): 168 – 185.

[381] Currie L. Review of Single Source Pricing Regulations [M]. London: Ministry of Defence, 2011.

[382] Curwen P A. The Social Networks of Small Arms Proliferation: Mapping an Aviation Enabled Supply Chain [D]. Master's thesis, Naval Postgraduate School, 2007.

[383] Cypher J M. Military Spending, Technical Change, and Economic Growth: A Disguised Form of Industrial Policy? [J]. Journal of Economic Issues, 1987, 21 (1): 33 – 59.

[384] Daddi P, d'Agostino G, Pieroni L. Does Military Spending Stimulate Growth? An Empirical Investigation in Italy [J]. Defence and Peace Economics, 2018, 29 (4): 440 – 458.

[385] d'Agostino G, Dunne J P, Pieroni L. Optimal Military Spending in the US: A Time Series Analysis [J]. Economic Modelling, 2011, 28 (3): 1068 – 1077.

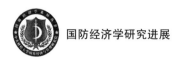

［386］David C, Lopez G A. The Sanctions Decade: Assessing UN Strategies in the 1990s ［M］. Boulder, CO: Lynne Rienner, 2000.

［387］Davis S, Murphy K, Topel R. War in Iraq Versus Containment ［C］. In Guns and Butter, ed. G D Hess. Cambridge, MA: MIT Press, 2009.

［388］Deger S. Economic Development and Defence Expenditure ［J］. Economic Development and Cultural Change, 1986, 35 (1): 179 - 196.

［389］Deger S. Military Expenditure and Third World Countries: The Economic Effect ［M］. Routledge and Kegan Paul, London, 1986.

［390］Deger S, Sen S. Military Expenditure: The Political Economy of International Security ［M］. Oxford University Press on Demand, 1990.

［391］Deger S, Smith R. Military Expenditure and Growth in Less Developed Countries ［J］. Journal of Conflict Resolution, 1983, 27 (2): 335 - 353.

［392］De Luca G, Sekeris P G. Deterrence in Contests ［J］. Economica, 2013, 80 (317): 171 - 189.

［393］Deutsch K W, Eckstein A. National Industrialization and the Declining Share of the International Economic Sector, 1890 - 1959 ［J］. World Politics, 1961, 13 (2): 267 - 299.

［394］Deutsch K W. France, Germany and the Western Alliance: A Study of Elite Attitudes on European Integration and World Politics ［M］. New York: Charles Scribner's Sons, 1967.

［395］Devarajan S, Swaroop V, Heng-fu Zou. The Composition of Public Expenditure and Economic Growth ［J］. Journal of Monetary Economics, 1996, 37 (2): 313 - 344.

［396］DeVore M R. International Armaments Collaboration and the Limits of Reform ［J］. Defence and Peace Economics, 2014, 25 (4): 415 - 443.

［397］De Vries M S. Interdependence, Cooperation and Conflict: An Empirical Analysis ［J］. Journal of Peace Research, 1990, 27 (4): 429 - 444.

［398］Dorussen H. Balance of Power Revisited: A Multi-country Model of Trade and Conflict ［J］. Journal of Peace Research, 1999, 36 (4): 443 - 462.

［399］Dorussen H, Mo J. Ending Economic Sanctions: Audience Costs and Rent-Seeking as Commitment Strategies ［J］. Journal of Conflict Resolution, 2001: 395 - 426.

［400］Doxey M P. Economic Sanctions and International Enforcement ［M］. Springer, 1980.

［401］Doxey M P. International Sanctions in Contemporary Perspective ［M］. Macmillan Press, 1996.

［402］Doyle M W. Liberalism and World Politics ［J］. American Political Science Review, 1986, 80 (4): 1151 - 1169.

［403］Draca M. Regan's Innovation Dividen? Technological Impacts of the 1980s US Defense Build-Up ［C］. Working Paper of the University of Warwick, 2013.

［404］Drezner D W. Bargaining, Enforcement, and Multilateral Sanctions: When is Cooperation Counterproductive? ［J］. International Organization, 2000 (54): 73 - 102.

［405］Drezner D W. The Hidden Hand of Economic Coercion ［J］. International Organization, 2003,

57 (3): 643 – 659.

［406］ Drezner D W. The Sanctions Paradox: Economic Statecraft and International Relations ［M］. Cambridge: Cambridge University Press, 1999.

［407］ Drury A C. Revisiting Economic Sanctions Reconsidered ［J］. Journal of Peace Research, 1998, 35 (4): 497 – 509.

［408］ Drury A. Economic Sanctions and Presidential Decisions: Models of Political Rationality ［M］. New York: Palgrowe Macmillan, 2005.

［409］ Dunne J P, Braddon D. Economic Impact of Military R&D ［R］. Flemish Peace Institute Research Report, 2008.

［410］ Dunne J P, García Alonso M, Levine P, Smith R. Determining the Defence Industrial Base ［J］. Defence and Peace Economics, 2007, 18 (3): 199 – 221.

［411］ Dunne J P, Garcia-Alonso M, Levine P, et al. Military Procurement, Industry Structure and Regional Conflict ［R］. School of Economics, University of Kent, 2005.

［412］ Dunne J P, Lamb G. Defense Industrial Participation: The South African Experience ［J］. Arms Trade and Economic Development. Theory, Policy and Cases in Arms Trade Offsets, 2004: 284 – 298.

［413］ Dunne J P, Perlo-Freeman S, Smith R. Determining Military Expenditures: Dynamics, Spillovers and Heterogeneity in Panel Data ［C］. Paper Prepared for Economic Society South Africa Conference at the University of Stellenbosch, 2011.

［414］ Dunne J P, Perlo-Freeman S, Smith R P. The Demand for Military Expenditure in Developing Countries: Hostility Versus Capability ［J］. Defence and Peace Economics, 2008, 19 (4): 293 – 302.

［415］ Dunne J P, Perlo-Freeman S. The Demand for Military Spending in Developing Countries ［J］. International Review of Applied Economics, 2003, 17 (1): 23 – 48.

［416］ Dunne J P, Smith R P. The Econometrics of Military Arms Races ［C］. Handbook of Defense Economics, 2007: 913 – 940.

［417］ Dunne J P, Smith R P, Willenbockel D. Models of Military Expenditure and Growth: A Critical Review ［J］. Defence and Peace Economics, 2005, 16 (6): 449 – 461.

［418］ Dunne J P, Tian N. Military Expenditure, Economic Growth and Heterogeneity ［J］. Defence and Peace Economics, 2015, 26 (1): 15 – 31.

［419］ Dunne J P, Uye M. Military Spending and Development ［J］. Working Papers, 2009.

［420］ Early B R. Sleeping with Your Friends' Enemies: An Explanation of Sanctions-Busting Trade ［J］. International Studies Quarterly, 2009: 49 – 71.

［421］ Eckbo B E. Horizontal Mergers, Collusion, and Stockholder Wealth ［J］. Journal of Financial Economics, 1983, 11 (1): 241 – 273.

［422］ Elliott K A. The Sanctions Glass: Half Full or Completely Empty? ［J］. International Security, 1998, 23 (1): 50 – 65.

［423］ Elveren A Y. Military Spending and Income Inequality: Evidence on Cointegration and Causality for Turkey, 1963 – 2007 ［J］. Defence and Peace Economics, 2012, 23 (3): 289 – 301.

[424] Englebrecht H C, Hanighen F C. Merchants of Death: A Study of the International Armament Industry [M]. New York: Routledge & Sons, 1934.

[425] Erdogdu O S. Political Decisions, Defense and Growth [J]. Defence and Peace Economics, 2008, 19 (1): 27 – 35.

[426] Escribà-Folch A, Wright J. Dealing with Tyranny: International Sanctions and the Survival of Authoritarian Rulers [J]. International Studies Quarterly, 2010, 2 (54): 335 – 359.

[427] Eyre D P, Suchman M. Status, Norms and the Proliferation of Conventional Weapons: An Institutional Theory Approach [M]. in The Culture of National Security: Norms and Identity in World Politics. New York: Columbia University Press, 1996.

[428] Ezcurra R. Interregional Inequality and Civil Conflict: Are Spatial Disparities a Threat to Stability and Peace? [J]. Defence and Peace Economics, 2019, 30 (7): 759 – 782.

[429] Fearon J D. Rationalist Explanations for War [J]. International organization, 1995, 49 (3): 379 – 414.

[430] Feder G. On Exports and Economic Growth [J]. Journal of Economic Development, 1983, 12 (2): 59 – 73.

[431] Feenstra R C. Advanced International Trade: Theory and Evidence [M]. 2nd ed. Princeton, NJ: Princeton University Press, 2015.

[432] Feinstein A, Holden P, Pace B. Corruption and the Arms Trade: Sins of Commission [C]. In SIPRI Yearbook 2011, 2011.

[433] Ferguson T, Voth H J. Betting on Hitler—the Value of Political Connections in Nazi Germany [J]. Quarterly Journal of Economics, 2008, 123 (1): 101 – 137.

[434] Fisman D, Fisman R J, Galef J, et al. Estimating the Value of Connections to Vice-President Cheney [J]. The BE Journal of Economic Analysis & Policy, 2012, 12 (3): 1 – 20.

[435] Fisman R. Estimating the Value of Political Connections [J]. American Economic Review, 2001, 91 (4): 1095 – 1102.

[436] Fleurant A, Wezeman P D, Wezeman S T. Nan Tian. Trends in International Arms Transfers, 2016 [R]. SIPRI, 2017.

[437] Forsberg T. The Rise of Nordic Defence Cooperation: a Return to Regionalism? [J]. International Affairs, 2013, 89 (5): 1161 – 1181.

[438] Forster W A. Sanctions [J]. Journal of the British Institute of International Affairs, 1926, 5 (1): 1 – 15.

[439] Freeman C. Technology Policy and Economic Performance: Lessons from Japan [M]. London and New York: Pinter Publishers, 1987.

[440] Fuchs E. DARPA Does Moore's Law: The Case of DARPA and Optoelectronic Interconnects [C]. In State of Innovation, Routledge, 2011: 141 – 156.

[441] Fuhrmann M. Atomic Assistance: How "Atoms for Peace" Programs Cause Nuclear Insecurity [M]. Ithaca, NY: Cornell University Press, 2010.

[442] Galtung J. Development, Environment, and Technology: Towards a Technology for Self-

reliance: Study [M]. New York: United Nations, 1979.

[443] Galtung J. On the Effects of International Economic Sanctions: With Examples from the Case of Rhodesia [J]. World Politics: A Quarterly Journal of International Relations, 1967: 378 – 416.

[444] Galvin H. The Impact of Defence Spending on the Economic Growth of Developing Countries: A Cross-Section Study [J]. Defence and Peace Economics, 2003, 14 (1): 51 – 59.

[445] Gansler, J. Democracy's Arsenal: Creating A Twenty-First-Century Defense Industry [M]. Cambridge, MA: MIT Press, 2011.

[446] Gansler J. Restructuring the Defense Industrial Case [J]. Issues in Science and Technology, 1992, 8 (3): 50 – 58.

[447] García-Alonso M C, Hartley K. Export Controls, Market Structure and International Coordination [J]. Defence and Peace Economics, 2000, 11 (3): 481 – 503.

[448] García-Alonso M D C, Levine P. Arms Trade and Arms Races: A Strategic Analysis [C]. Handbook of Defense Economics, 2007: 941 – 971.

[449] Garfinkel M R, Skaperdas S, Syropoulos C. Trade and Insecure Resources [J]. Journal of International Economics, 2015, 95 (1): 98 – 114.

[450] Garfinkel M R, Skaperdas S. The Oxford Handbook of the Economics of Peace and Conflict [M]. Oxford University, 2012.

[451] Gartzke E, Li Q, Boehmer C. Investing the Peace: Economic Interdependence and International Conflict [J]. International Organization, 2001, 55 (2): 391 – 438.

[452] Gartzke E, Li Q. Measure for Measure: Concept Operationalization and the Trade Interdependence-Conflict Debate [J]. Journal of Peace Research, 2003, 40 (5): 553 – 571.

[453] Gartzke E. The Capitalist Peace [J]. American Journal of Political Science, 2007, 51 (1): 166 – 191.

[454] Gary A. C. Economic Sanctions: Ideals and Experience by M. S. Daoudi and M. S. Dajani [J]. World Affairs, 1984, 147 (2): 127.

[455] Gasiorowski M J. Economic Interdependence and International Conflict [J]. International Studies Quarterly, 1986, 30 (1): 23 – 28.

[456] Gasiorowski M J, Polachek S W. Conflict Interdependence: East-West Trade and Linkages in the Era of Détente [J]. Journal of Conflict Resolution, 1982, 26 (4): 709 – 729.

[457] Gaughan P A. Mergers, Acquisitions, and Corporate Restructurings [M]. John Wiley & Sons, Hoboken, New Jersey, 1999.

[458] Gelpi C F, Grieco J. Democracy, Interdependence, and the Sources of the Liberal Peace [J]. Journal of Peace Research, 2008, 45 (1): 17 – 36.

[459] Gerner, D. Arms Transfers to the Third World: Research on Patterns, Causes and Effects [J]. International Interactions, 1983, 10 (1): 5 – 37.

[460] Gholz E. Eisenhower Versus the Spin-off Story: Did the Rise of the Military-Industrial Complex Hurt or Help America's Commercial Aircraft Industry? [J]. Enterprise & Society, 2011, 12 (1): 46 – 95.

[461] Gholz E. Globalization, Systems Integration, and the Future of Great Power War [J]. Security Studies, 2007, 16 (4): 615 – 636.

[462] Gholz E, James A D, Speller T H. The Second Face of Systems Integration: An Empirical Analysis of Supply Chains to Complex Product Systems [J]. Research Policy, 2018, 47 (8): 1478 – 1494.

[463] Gholz E, Sapolsky H M. Restructuring the Defense Industry [J]. International Security, 2000, 24 (3): 5 – 51.

[464] Gleditsch K S. Expanded Trade and GDP Data [J]. Journal of Conflict Resolution, 2002, 46 (5): 712 – 724.

[465] Goel R K, Payne J E, Ram R. R&D Expenditures and U. S. Economic Growth: A Disaggregated Approach [J]. Journal of Policy Modeling, 2008, 30 (2): 237 – 250.

[466] Goolsbee A. Does Government R&D Policy Mainly Benefit Scientists and Engineers? [J]. NBER Working Paper, 1998.

[467] Gordon J. Economic Sanctions, Just War Doctrine, and the "Fearful Spectacle of the Civilian Dead" [J]. Crosscurrents, 1999: 387 – 400.

[468] Greene K V, Newlon D H. The Pareto Optimality of Eliminating A Lottery Draft [J]. Quarterly Review of Economics and Business, 1973, 13 (4): 61 – 70.

[469] Griliches Z. Issues in Assessing the Contribution of Research and Development to Productivity Growth [J]. Bell Journal of Economics, 1979, 10 (1): 92 – 116.

[470] Griliches Z, Lichtenberg R. R&D and Productivity Growth at the Industry Level: Is There Still a Relationship [C]. in R&D, Patents, and Productivity. University of Chicago Press, 1984: 465 – 502.

[471] Griliches Z. Productivity, R&D and Basic Research at the Firm Level in the 1970s [J]. American Economic Review, 1986, 76 (1): 141 – 154.

[472] Griliches Z. The Search for R&D Spillovers [J]. Scandinavian Journal of Economics, 1992, 94 (1): 29 – 47.

[473] Grillot S R, Stapley C S, Hanna M E. Assessing the Small Arms Movement: The Trials and Tribulations of a Transnational Network [J]. Contemporary Security Policy, 2006, 27 (1): 60 – 84.

[474] Grossman G, Helpman E. Quality Ladders in the Theory of Growth [J]. Review of Economic Studies 1991, 58 (1): 43 – 61.

[475] Grossman GM, Hart O D. The Costs and Benefits of Ownership: A Theory of Vertical and Lateral Integration [J]. Journal of Political Economy, 1986, 94 (4): 691 – 719.

[476] Guellec D, Van Pottelsberghe B. The Impact of Public R&D Expenditure on Business R&D [J]. Economics of Innovation and New Technology, 2003, 12 (3): 225 – 243.

[477] Guellec D, Van Pouelsberghe B. R&D and Productivity Growth: Panel Data Analysis of 16 Countries [J]. OECD Economic Studies, 2001 (33): 103 – 126.

[478] Guffarth D, Barber M J. The European Aerospace R&D Collaboration Network [R]. University of Hohenheim, Center for Research on Innovation and Services (FZID), 2013.

[479] Gul T, Hussain A, Bangash B, Khattak S W. Impact of Terrorism on the Financial Markets of

Pakistan [J]. European Journal of Social Sciences, 2010, 18 (1): 98 – 108.

[480] Haas E B. The Uniting of Europe: Political, Social, and Economic Forces, 1950 – 1957 [M]. London: Stanford University Press, 1958.

[481] Hafner-Burton E M, Montgomery A H. Power or Plenty: How Do International Trade Institutions Affect Economic Sanctions? [J]. Journal of Conflict Resolution, 2008, 52 (2): 213 – 242.

[482] Hall B H, Mairesse J, Mohnen P. Measuring the Returns to R&D [M]//Handbook of the Economics of Innovation. North-Holland, 2010: 1033 – 1082.

[483] Hall B H. The Effect of Takeover Activity on Corporate Research and Development [C]. In Corporate Takeover: Causes and Consequences, edited by A. J. Auerbach. University of Chicago Press, 1988.

[484] Hall B, Toole A. Is Public R&D a Complement or Substitute for Private R&D? A Review of the Econometric Evidence [J]. Research Policy, 2000, 29 (4 – 5): 497 – 529.

[485] Halperin A, Tsiddon D. The Conversion of the Israeli Defence Industry: The Labor Market [C]. Israeli International Institute for Applied Economic Policy Review, 1992.

[486] Hanson G H, Xiang C. The Home-Market Effect and Bilateral Trade Patterns [J]. American Economic Review, 2004, 94 (4): 1108 – 29.

[487] Harkavy R E. The Arms Trade and International Systems [M]. Cambridge, MA: Ballinger, 1975.

[488] Harris L J K. Dual-use Technology Transfer Between Defence and Non-defence Markets [D]. Imperial College London, 2013.

[489] Hartley K, Braddon D. Collaborative Projects and the Number of Partner Nations [J]. Defence and Peace Economics, 2014, 25 (6): 535 – 548.

[490] Hartley K. Collaboration and European Defence Industiral Policy [J]. Defence and Peace Economics, 2008, 19 (4): 303 – 315.

[491] Hartley, K. Industrial Policies in the Defense Sector [C]. In Handbook of Defense Economics, 1995, Vol. 1, edited by T. Sandler and K. Hartley. Amsterdam: Elsevier, 459 – 489.

[492] Hartley K, Martin S. The Political Economy of International Collaboration [J]. Defence Science and Technology: Adjusting to Change, 1993: 171 – 205.

[493] Hartley K, Russett B. Public Opinion and the Common Defense: Who Governs Military Spending in the United States? [J]. American Political Science Review, 1992, 86 (4): 905 – 915.

[494] Hartley K, Sandler T. Handbook of Defence Economics Vol. 1 [M]. North Holland: Amsterdam, 1995.

[495] Hartley K. The Cold War, Great – Power Traditions and Military Posture: Determinants of British Defence Expenditure after 1945 [J]. Defence and Peace Economics, 1997, 8 (1): 17 – 35.

[496] Hartley K. The Economics of European Defense Industrial Policy [C]. In The Emergence of EU Defense Research Policy. Springer, Cham, 2018: 77 – 92.

[497] Hartley K. The Evaluation of Efficiency in the Arms Industry [C]. In Structural Change, Economic Interdependence and World Development. Palgrave Macmillan, London, 1987: 181 – 201.

［498］ Hartley K. The Profitability of Non-Competitive Defence Contracts: The UK Experience ［J］. Defence and Peace Economics, 2018, 29 (6): 577 – 594.

［499］ Hartley K. UK Defence Inflation and Cost Escalation ［J］. Defence and Peace Economics, 2016, 27 (2): 184 – 207.

［500］ Hart O, John M. Incomplete Contracts and Renegotiation ［J］. Econometrica, 1988, 56 (4): 755 – 785.

［501］ Hart O, Moore J . Property Rights and the Nature of the Firm ［J］. Journal of Political Economy, 1990, 98 (6): 1119 – 1158.

［502］ Hasan M R, Murshed S M. Does Civil War Hamper Financial Development? ［J］. Defence and Peace Economics, 2017, 28 (2): 188 – 207.

［503］ Hastings J V. The Geography of Nuclear Proliferation Networks ［J］. Nonproliferation Review, 2012, 19 (3): 429 – 450.

［504］ Hausch C D B . Cooperative Investments and the Value of Contracting ［J］. American Economic Review, 1999, 89 (1): 125 – 147.

［505］ Hayward K. I Have Seen the Future and It Works: The US Defence Industry Transformation-Lessons for the UK Defence Industrial Base ［J］. Defence and Peace Economics, 2005, 16 (2): 127 – 141.

［506］ Hayward K. The World Aerospace Industry: Collaboration and Competition ［M］. London: Duckworth, 1994.

［507］ Hübner-Dick G, Seidelmann R. Simulating Economic Sanctions and Incentives: Hypothetical Alternatives of United States Policy on South Africa ［J］. Journal of Peace Research, 1978, 15 (2): 153 – 174.

［508］ Healy P M, Palepu K G, Ruback R S. Does Corporate Performance Improve After Mergers? ［J］. Journal of Financial Economics, 1992, 31 (2): 135 – 175.

［509］ Hegre H. Democracy and Armed Conflict ［J］. Journal of Peace Research, 2014, 51 (2): 159 – 172.

［510］ Hegre H, Oneal J R, Russett B. Trade Does Promote Peace: New Simultaneous Estimates of the Reciprocal Effects of Trade and Conflict ［J］. Journal of Peace Research, 2010, 47 (6): 763 – 774.

［511］ Helpman E, Melitz M, Rubinstein Y. Estimating Trade Flows: Trading Partners and Trading Volumes ［J］. Quarterly Journal of Economics, 2008, 123 (2): 441 – 487.

［512］ Hendel U. Look Like the Innocent Flower, but be the Serpentunder 't': Mimicking Behaviour of Growth-oriented Terrorist Organizations ［J］. Defence and Peace Economics, 2016, 27 (5): 665 – 687.

［513］ Hensel N. An Empirical Analysis of The Patterns In Defense Industry Consolidation and Their Subsequent Impact ［D］. Naval Postgraduate School, 2007.

［514］ Hensel N. Can Industry Consolidation Lead to Greater Efficiencies? Evidence from the U. S. Defense Industry ［J］. Business Economics, 2010, 45 (3): 187 – 203.

［515］ Hewitt, D. Military Expenditures Worldwide: Determinants and Trends, 1972 – 1988 ［J］. Journal of Public Policy 1992, 12 (2): 105 – 152.

［516］Hirschman A O. National Power and the Structure of Foreign Trade ［M］. Berkeley, LA: University of California Press, 1945.

［517］Hirshleifer J. Theorizing about conflict ［C］. In: Hartley, K. , Sandler, T. (Eds.), Handbook of Defense Economics, North – Holland, Amsterdam, 1995: 165 – 189.

［518］Hirst F W. The Political Economy of War ［M］. London: Dent & Sons, 1915.

［519］Hitch C J, McKean R N. The Economics of Defense in the Nuclear Age ［M］. Harvard University Press, 1960.

［520］Hoffmann F. The Functions of Economic Sanctions: A Comparative Analysis ［J］. Journal of Peace Research, 1967, 4 (2): 140 – 159.

［521］Hoff R V. Analysis of Defense Industry Consolidation Effects on Program Acquisition Costs ［D］. Naval Postgraduate School, 2007.

［522］Holland TH. The Mineral Sanction as an Aid to International Security ［M］. Eolin burg: Oliver and Boyd, 1935.

［523］Holmstrom B, Kaplan S N. Corporate Governance and Merger Activity in the United States: Making Sense of the 1980s and 1990s ［J］. The Journal of Economic Perspectives, 2004, 15 (2): 121 – 144.

［524］Holmstrom, B. Managerial Incentive Problems: A Dynamic Perspective ［J］. Review of Economic Studies, 1999, 66 (1): 169 – 182.

［525］Holmstrom B, Milgrom P. Multitask Principal-Agent Analyses: Incentive Contracts, Asset Ownership, and Job Design ［J］. Journal of Law, Economics & Organization, 1991, 7 (S1): 24 – 52.

［526］Hou N, Chen B. Military Expenditure and Economic Growth in Developing Countries: Evidence from System GMM Estimates ［J］. Defence and Peace Economics, 2013, 24 (3): 183 – 193.

［527］Hunter A P, Sanders G. Evaluating Consolidation and the Threat of Monopolies Within Industrial Sectors ［M］. Rowman & Littlefield, 2018.

［528］Hurt S L. The Military's Hidden Hand: Examining the Dual-Use Origins of Biotechnology in the American Context, 1969 – 1972 ［M］//State of Innovation. Routledge, 2015: 39 – 64.

［529］Iansa O, Saferworld S. Africa's Missing Billions: International Arms flows and the Cost of Conflict ［J］. Briefing Paper, London, Oxfam, 2007.

［530］Intriligator M D , Brito D L . Can Arms Races Lead to the Outbreak of War? ［J］. Journal of Conflict Resolution, 1984, 28 (1): 63 – 84.

［531］Intriligator M D , Brito D L . Formal Models of Arms Races ［J］. Conflict Management and Peace Science, 1976, 2 (1): 77 – 88.

［532］Intriligator M D. On the Nature and Scope of Defence Economics ［J］. Defence and Peace Economics, 1990, 1 (1): 3 – 11.

［533］Intriligator M D. Strategic Considerations in the Richardson Model of Arms Race ［J］. Journal of Political Economy, 1975, 83 (2): 339 – 354.

［534］Isard W, Anderton C H. A Survey of Arms Race Models ［C］. In W Isard, Arms Races, Arms Control and Conflict Analysis. Cambridge University Press, 1988.

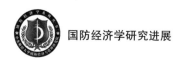
[535] James A D. The Defence Industry and "Transformation" A European Perspective [J]. Security Challenges, 2008, 4 (4): 39 – 55.

[536] James A. European Armaments Cooperation-Lessons for a Future European Armaments Agency. The International Spectator, 2003, 38 (4): 59 – 75.

[537] Jones P R. Defense Alliances and International Trade [J]. Journal of Conflict Resolution, 1988, 32 (1): 123 – 140.

[538] Jose A, Zuniga-Vicente C, A, Forcadell J, Galan I. Assessing the Effect of Public Subsidies on Firm R&D Investment: A Survey [J]. Journal of Economic Survey, 2014, 28 (1): 36 – 67.

[539] Kaempfer W H, Lowenberg A D. Unilateral Versus Multilateral International Sanctions: A Public Choice Perspective [J]. International Studies Quarterly, 1999: 37 – 58.

[540] Karagianni S, Pempetzoglu M. Defense Spending and Economic Growth In Turkey: A Linear And Non-Linear Granger Causality Approach [J]. Defence and Peace Economics, 2009, 20 (2): 139 – 148.

[541] Katzenstein P J. International Interdependence: Some Long-Term Trends and Recent Changes [J]. International Organization, 1975, 29 (4): 1021 – 1034.

[542] Kay M. The Innovating Firm: A Behavioral Theory of Corporate R&D [M]. London: Macmillan, 1979.

[543] Keller W. International Technology Diffusion [J]. Journal of Economic Literature, 2004, 42 (3): 752 – 782.

[544] Kemp G. Arms Traffic and Third World Conflicts [M]. New York: International Conciliation. Carnegie Endowment for International Peace, 1970.

[545] Keohane R O. After Hegemony: Cooperation and Discord in the World Political Economy [M]. Princeton, NJ, Princeton University Press, 2005.

[546] Keohane R O, Nye J S. Power and Interdependence 4th edition [M]. New York: Longman, 2011.

[547] Keshk O M G, Pollins B M, Reuveny R. Trade Still Follows the Flag: The Primacy of Politics in a Simultaneous Model of Interdependence and Armed Conflict [J]. Journal of Politics 2004, 66 (4): 1155 – 1179.

[548] Keynes J M. How to Pay for the War [M]. London: Macmillan, 1940.

[549] Keynes J M. The Economic Consequences of the Peace [C]. Reprinted in Keynes, Collected Writings. Vol. 2, 1919.

[550] Keynes J M. The Income and Fiscal Potential of Great Britain [J]. Economic Journal, 1939, XLIX (196).

[551] Kim H M, Rousseau D L. The Classical Liberals Were Half Right (or Half Wrong) [J]. Journal of Peace Research, 2005, 42 (5): 523 – 543.

[552] Kinne B J. Agreeing to Arm: Bilateral Weapons Agreements and the Global Arms Trade [J]. Journal of Peace Research 2016, 53 (3): 359 – 377.

[553] Kinsella D, Montgomery A. Arms Supply and Proliferation Networks [C]. In Oxford Handbook

of Political Networks, Oxford University Press, 2018.

［554］Kinsella D. Rivalry, Reaction, and Weapons Proliferation: A Time-Series Analysis of Global Arms Transfers ［J］. International Studies Quarterly 2002, 46 (2): 209 – 230.

［555］Kinsella D. The Arms Trade ［C］. In: Coyne, Christopher, Mathers, Rachel L. (Eds.), Handbook on the Political Economy of War. Edward Elgar, Cheltenham, UK, 2011.

［556］Kinsella D. The Impact of Superpower Arms Transfers on Conflict in the Middle East ［J］. Defence and Peace Economics, 1994, 5 (1): 19 – 36.

［557］Kirshner J. Political Economy in Security Studies after the Cold War ［J］. Review of International Political Economy, 1998, 5 (1): 64 – 91.

［558］Klein T. Military Expenditure and Economic Growth: Peru 1970 – 1996 ［J］. Defence and Peace Economics, 2004, 15 (3): 275 – 288.

［559］Kline P, Moretti E. Can Public Investment Shift Regional Growth Equilibria? One Hundred Years of Evidence from the Tennessee Valley Authority ［R］. Mimeo UC Berkeley, 2011.

［560］Kluth M. European Defence Industry Consolidation and Domestic Procurement Bias ［J］. Defense & Security Analysis, 2017, 33 (2): 158 – 173.

［561］Knight M, Loayza N, Villanueva D. The Peace Dividend: Military Spending Cuts and Economic Growth ［R］. The World Bank, 1999.

［562］Kollias C, Naxakisb C, Zarangasb L. Defence Spending and Growth in Cyprus: A Causal Analysis ［J］. Defence and Peace Economics, 2004, 15 (3): 299 – 307.

［563］Kollias C, Paleologou S M. Growth, Investment and Military Expenditure in the European Union-15 ［J］. Journal of Economic Studies, 2010, 37 (2): 228 – 240.

［564］Kollias C, Paleologou S M, Stergiou A. Military Expenditure in Greece: Security Challenges and Economic Constraints ［J］. The Economics of Peace and Security Journal, 2016, 11 (1): 28 – 34.

［565］Kollias C, Papadamou S, Stagiannis A. Stock Markets and Terrorist Attacks: Comparative Evidence from a Large and a Small Capitalization Market ［J］. European Journal of Political Economy, 2011, 27 (S1): S64 – S77.

［566］Kovacic W E, Smallwood D E. Competition Policy, Rivalries, and Defense Industry Consolidation ［J］. Journal of Economic Perspectives, 1994, 8 (4): 91 – 110.

［567］Krause K. Arms and the State: Patternsof Military Production and Trade ［M］. Cambridge, UK: Cambridge University Press, 1992.

［568］Krause K. Military Statecraft: Power and Influence in Soviet and American Arms Transfer Relationships ［J］. International Studies Quarterly, 1991, 35 (3): 313 – 336.

［569］Kressler R B P. Economic Sanctions: Ideals and Experienced by M. S. Daoudi; M. S. Dajani ［J］. Southern Economic Journal, 1985, 52 (1): 297 – 298.

［570］Krickovic A. When Interdependence Produces Conflict: EU-Russia Energy Relations As a Security Dilemma ［J］. Contemporary Security Policy, 2015, 36 (1): 3 – 26.

［571］Krugman P. Scale Economies, Product Differentiation, and the Pattern of Trade ［J］. American Economic Review, 1980, 70 (5): 950 – 959.

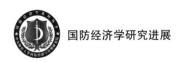

［572］Kulve H, Smit W A. Civilian-military Co-operation Strategies in Developing New Technologies ［J］. Research Policy, 2003, 32 (6): 955 – 970.

［573］Laffont J, Tirole J. A Theory of Incentives in Procurement and Regulation ［M］. Cambridge, MA: MIT Press, 1993.

［574］Laffont J, Tirole J. The Dynamics of Incentive Contracts ［J］. Econometrica, 1988, 56 (5): 1153 – 1175.

［575］Laffont J, Tirole J. Using Cost Observation to Regulate Firms ［J］. The Journal of Political Economy, 1986, 94 (3): 614 – 641.

［576］Lai C N, Huang B N, Yang C W. Defense Spending and Economic Growth across the Taiwan Straits: A Threshold Regression Model ［J］. Defence and Peace Economics, 2005, 16 (1): 45 – 57.

［577］Larsen P B. Issues Relating to Civilian and Military Dual Uses of GNSS ［J］. Space Policy, 2001, 17 (2): 111 – 119.

［578］Laurance E J. The International Arms Trade ［M］. Free Press, 1992.

［579］Lavallee T M. Civil-Military Integration: The Politics of Outsourcing National Security ［J］. Bulletin of Science, Technology & Society, 2010, 30 (3): 185 – 194.

［580］Lebovic J H, Ishaq A. Military Burden, Security Needs, and Economic Growth in the Middle East ［J］. Journal of Conflict Resolution, 1987, 31 (1): 106 – 138.

［581］Lee A. Three Essays on Public Procurement ［D］. Thesis Columbia University, 2005.

［582］Lee B K, Sohn S Y. Exploring the Effect of Dual Use on the Value of Military Technology Patents Based on the Renewal Decision ［J］. Scientometrics, 2017, 112 (3): 1203 – 1227.

［583］Lee C C, Chen S T. Do Defence Expenditures Spur GDP? A Panel Analysis from OECD and Non-OECD Countries ［J］. Defence and Peace Economics, 2007, 18 (3): 265 – 280.

［584］Lehtonen J M, Isojärvi H. Nordic Armaments Co-operation Savings Potential ［J］. Journal of Military Studies, 2015, 6 (2): 1 – 28.

［585］Lektzian D, Souva M. An Institutional Theory of Sanctions Onset and Success ［J］. Journal of Conflict Resolution, 2007, 51 (6): 848 – 871.

［586］Lektzian D, Souva M. The Economic Peace Between Democracies: Economic Sanctions and Domestic Institutions ［J］. Journal of Peace Research, 2003, 40 (6): 641 – 660.

［587］Levine P, Sen S, Smith R. A Model of the International Arms Market ［J］. Defence and Peace Economics, 1994, 5 (1): 1 – 18.

［588］Levine P, Smith R. Arms Export Controls and Proliferation ［J］. Journal of Conflict Resolution, 2000, 44 (6): 885 – 895.

［589］Levine P, Smith R. The Arms Trade and Arms Control ［J］. The Economic Journal, 1995, 105 (429): 471 – 484.

［590］Levine P, Smith R. The Arms Trade ［J］. Economic Policy, 1997, 12 (25): 336 – 370.

［591］Levy J S. Economic Interdependence, Opportunity Costs, and Peace ［C］. In Economic Interdependence and International Conflict: New Perspectives on Enduring Debate, 2003: 127 – 147.

［592］Levy M, Terleckyj E. Effects of Government R&D on Private R&D Investment and Productivity:

A Macroeconomic Analysis [J]. Bell Journal of Economics, 1983, 14 (2): 551 – 561.

[593] Liberman P. Trading with the Enemy: Security and Relative Economic Gains [J]. International Security, 1996, 21 (1): 147 – 175.

[594] Lichtenberg E R. A Perspective on Accounting for Defense Contracts [J]. The Accounting Review 1992, 67 (4): 741 – 752.

[595] Lichtenberg R. Assessing the Impact of Federal Industrial R&D Expenditure on Private R&D Activity in the U. S. [C]. In The Relation Between Defence and Civil Technologies, Philip Gummett and Judith Reppy (eds) Dordrecht: Kluwer Academic Publishers, 1988: 68 – 87.

[596] Lichtenberg R. The Economics of Defense R&D [C]. In Hartley, K and Sandler, T. (eds) Handbook of Defense Economics, 1995, Volume 1. Elsevier: New York.

[597] Lichtenberg R. The Private R&D Investment Response to Federal Design and Technical Competitions [J]. American Economic Review, 1988, 78 (3): 550 – 559.

[598] Lichtenberg R. The Relationship between Federal Contract R&D and Company R&D [J]. American Economic Review, 1984, 74 (1): 73 – 78.

[599] Liston-Heyes C. Management Systems and Defence Procurement [J]. Defence and Peace Economics, 1995, 6 (1): 1 – 11.

[600] Looney R E, Mehay S L. United States Defence Expenditures: Trends and Analysis [C]. In: K. Hartley and T. Sandler, eds., The Economics of Defence Spending: An International Survey 1989: 13 – 40.

[601] Lucier C E. Changes in the Values of Arms Race Parameters [J]. Journal of Conflict Resolution, 1979, 23 (1): 17 – 40.

[602] Ludendorff E. The Nation at War (Der Totale krige) [M]. London: Hutchinson, 1936.

[603] Luechinger S, Moser C. The Value of the Revolving Door: Political Appointees and the Stock Market [J]. Journal of Public Economics, 2014, 119 (1): 93 – 107.

[604] Lundavall B. National Systems of Innovation. Towards a Theory of Innovation and Interactive Learning [M]. London: Printer Publishers, 1992.

[605] Lyon P. Does Dual Sourcing Lower Procurement Costs? [J]. Journal of Industrial Economics, 2006, 54 (2): 223 – 252.

[606] Mack-Forlist D M, Newman A. The Conversion of Shipbuilding from Military to Civilian Markets [M]. California: Praeger Publishers, 1970.

[607] Maizels A, Nissanke M K. The Determinants of Military Expenditures in Developing Countries [J]. World Development, 1986, 14 (9): 1125 – 1140.

[608] Majeski S J. Mathematical Models of the US Military Expenditure Decision-Making Process [J]. American Journal of Political Science, 1983: 485 – 514.

[609] Major S, McGann A J. Caught in the Crossfire: "Innocent Bystanders" as Optimal Targets of Economic Sanctions [J]. Journal of Conflict Resolution, 2005, 49 (3): 337 – 359.

[610] Malizard J. Defense Spending and Unemployment in France [J]. Defence and Peace Economics, 2014, 25 (6): 635 – 642.

［611］ Malizard J. Does Military Expenditure Crowds-Out Private Investment? A Disaggregated Perspective for the Case of France ［C］. AFSE Meeting, 2013.

［612］ Malizard J. Military Expenditure and Economic Growth in the European Union: Evidence from SIPRI's Extended Dataset ［J］. Economics of Peace and Security Journal, 2016, 11 （2）: 38 – 44.

［613］ Maniruzzaman T. Arms Transfers, Military Coups, and Military Rule in Developing States ［J］. Journal of Conflict Resolution, 1992, 36 （4）: 733 – 755.

［614］ Mankiw N G, Romer D, Weil D N. A Contribution to the Empirics of Economic Growth ［J］. The Quarterly Journal of Economics, 1992, 107 （2）: 407 – 437.

［615］ Mansfield E D, Pevehouse J C. Trade Blocs, Trade Flows, and International Conflict ［J］. International Organization, 2000, 54 （4）, 775 – 808.

［616］ Mansfield E D, Pollins B M. The Study of Interdependence and Conflict: Recent Advances, Open Questions, and Directions for Future Research ［J］. Journal of Conflict Resolution, 2001, 45 （6）: 834 – 859.

［617］ Mansfield E, Switzer L. Effects of Federal Support on Company-Financed R&D: The Case of Energy ［J］. Management Science, 1984, 30 （5）: 562 – 571.

［618］ Mantin B , Asher T. The Structure of the Defense Industry and the Security Needs of the Country: A Differentiated Products Model ［J］. Defence and Peace Economics, 2004, 15 （5）: 397 – 419.

［619］ Maoz Z, Kuperman R D, Terris L, Talmud I. Structural Equivalence and International Conflict: A Social Networks Analysis ［J］. Journal of Conflict Resolution, 2006, 50 （5）: 664 – 689.

［620］ Marinov N. Do Economic Sanctions Destabilize Country Leaders? ［J］. American Journal of Political Science, 2005, 49 （3）: 564 – 576.

［621］ Markesun A, Costigan S. Arming the Future: a Defense Industry for the 21st Century ［M］. New York: Council on Foreign Relations Press, 1999.

［622］ Markusen A. Dismantling the Cold War Economy ［J］. World Policy Journal, 1992, 9 （3）: 389 – 399.

［623］ Martin L L. Credibility, Costs, and Institutions: Cooperation on Economic Sanctions ［J］. World Politics, 1993: 406 – 432.

［624］ Martin S, Hartley K, Stafford B. The Economic Impacts of Restricting UK Arms Exports ［J］. International Journal of Social Economics, 1999, 26 （6）: 779 – 802.

［625］ Martínez-Zarzoso I, Johannsen F. The Gravity of Arms ［J］. Defence and Peace Economics, 2019, 30 （1）: 2 – 26.

［626］ Mawdsley J. Arms, Agencies, and Accountability: the Case of OCCAR ［J］. European Security, 2003, 12 （3）: 95 – 111.

［627］ Mawdsley J, Brzoska M, Brauer P, et al. Comparing British and German Offset Strategies ［M］. London: Routledge, 2004.

［628］ Maye D L. Autarky or Interdependence: US vs. European Security and Defense Industries in a Globalized Market ［J］. Journal of Strategic Security, 2017, 10 （2）: 33 – 47.

［629］ Mazur D J. Defense Mergers and Acquisitions: in the Name of Efficiency ［D］. Naval

Postgraduate School, 2006.

[630] Mazzucato M. The Entrepreneurial State: Debunking Public vs. Private Sector Myths [M]. London: Anthem Press, 2013.

[631] McAfee P, McMillan J. Bidding for Contracts: A Principal-Agent Analysis [J]. Rand Journal of Economics, 1986, 17 (3): 326 – 338.

[632] McAfee P, McMillan J. Incentives in Government Contracting [M]. University of Toronto Press, 1988.

[633] McDonald P J. Peace through Trade or Free Trade? [J]. Journal of Conflict Resolution, 2004, 48 (4): 547 – 572.

[634] McDonald P J. The Invisible Hand of Peace: Capitalism, the War Machine, and International Relations Theory [M]. Cambridge: Cambridge University Press, 2009.

[635] McGahan A S, Porter M E. What Do We Know about Variance in Accounting Profitability [J]. Management Science, 2002, 48 (7): 834 – 851.

[636] McGillivray F, Stam A C. Political Institutions, Coercive Diplomacy, and the Duration of Economic Sanctions [J]. Journal of Conflict Resolution, 2004, 48 (2): 154 – 172.

[637] McGowan A S, Vendrzyk V P. The Relation between Cost Shifting and Segment Profitability in the Defense-Contracting Industry [J]. The Accounting Review, 2002, 77 (4): 949 – 969.

[638] McGuire M. A Quantitative Study of the Strategic Arms Race in the Missile Age [J]. The Review of Economics and Statistics, 1977: 328 – 339.

[639] McGuire M C. Defence Economics and International Security [C]. In Hartley ed. Handbook of Defence Economics, New York, 1995.

[640] McGuire M C. Secrecy and the Arms Race: A Theory of the Accumulation of Strategic Weapons and How Secrecy Affects It [M]. Cambridge, MA: Harvard University Press, 1965.

[641] McLean E V, Whang T. McLean E V, Whang T. Friends or Foes? Major Trading Partners and the Success of Economic Sanctions [J]. International Studies Quarterly, 2010, 54 (2): 427 – 447.

[642] Melander E, Möller F, Öberg M. Managing Intrastate Low – intensity Armed Conflict 1993 – 2004: A New Dataset [J]. International Interactions, 2009, 35 (1): 58 – 85.

[643] Melman S. Pentagon Capitalism: The Political Economy of War [J]. Journal of Contemporary Asia, 1970, 26 (4): 431 – 451.

[644] Meng B, Lucyshyn W, Li X. Defense Expenditure and Income Inequality: Evidence on Co-integration and Causality for China [J]. Defence and Peace Economics, 2015, 26 (3): 327 – 339.

[645] Miller N L. The Secret Success of Nonproliferation Sanctions [J]. International Organization, 2014: 913 – 944.

[646] Mityakov S, Tang H, Tsui K K. International Politics and Import Diversification [J]. The Journal of Law and Economics, 2013, 56 (4): 1091 – 1121.

[647] MoD. The Commercial Toolkit: Pricing [R]. London: Ministry of Defence, 2011.

[648] Molas-Gallart J. Coping with Dual-Use: A Challenge for European Research Policy [J]. Journal of Common Market Studies, 2002, 40 (1): 155 – 165.

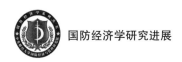

［649］Molas-Gallart J. Which Way To Go? Defence Technology and the Diversity of 'Dual-use' Technology Transfer ［J］. Research Policy, 1997, 26 （3）: 367 – 385.

［650］Montgomery A H. Stop Helping Me: When Nuclear Assistance Impedes Nuclear Programs ［C］. In The Nuclear Renaissance and International Security, edited by A. Stulbergand M. Fuhrmann, pp. 177 – 202. Stanford, CA: Stanford University Press, 213.

［651］Morales-Ramos E. Defence R&D Expenditure: the Crowding-Out Hypothesis ［J］. Defenceand Peace Economics, 2002, 13 （5）: 365 – 383.

［652］Morelli M, Sonno T. On Economic Interdependence and War ［J］. Journal of Economic Literature, 2017, 55 （3）: 1084 – 1097.

［653］Moretti E, Claudia S, Reenen J. The Intellectual Spoils of War? Defense R&D, Productivity and Spillovers ［C］. London School of Economics, 2016.

［654］Morgan T C, Bapat N, Krustev V. The Threat and Imposition of Economic Sanctions, 1971—2000 ［J］. Conflict Management and Peace Science, 2009, 26 （1）: 92 – 110.

［655］Morgan T C, Schwebach V L. Fools Suffer Gladly: The Use of Economic Sanctions in International Crises ［J］. International Studies Quarterly, 1997: 27 – 50.

［656］Morrow J D. Assessing the Role of Trade as a Source of Costly Signals ［C］. In Economic Interdependence and International Conflict: New Perspectives on Enduring Debate, 2003: 89 – 95.

［657］Morrow J D. How Could Trade Affect Conflict? ［J］. Journal of Peace Research, 1999, 36 （4）: 481 – 489.

［658］Morrow, J. D. When Do "Relative Gains" Impede Trade? ［J］. Journal of Conflict Resolution, 1997, 41 （1）: 12 – 37.

［659］Mosley H. The Arms Race: Economic and Social Consequences ［M］. Lexington, MA: Lexington Books, 1985.

［660］Mousseau M, Hegre H, Oneal J R. How the Eealth of Nations Conditions the Liberal Peace ［J］. European Journal of International Relations, 2003, 9 （2）: 277 – 314.

［661］Mouzakis F. Domestic Procurement as An Alternative to Importing Arms ［C］. In Arming the South, Palgrave, Basingstoke, 2002.

［662］Mowery C, Rosenberg N. Paths of Innovation ［M］. Oxford University Press New York, 1999.

［663］Mowery D C. Defense-Related R&D as a Model for "Grand Challenges" Technology Policies ［J］. Research Policy, 2001, 41 （10）: 1703 – 1715.

［664］Mowery D C. Military R&D and Innovation ［C］. In Handbook of the Economics of Innovation. edited by B H Hall, N Rosenberg, Chapter 29, Vol. 2, 1219 – 1256. Amsterdam: North Holland, 2010.

［665］Mérindol V, Versailles D W. Dual-use as Knowledge-Oriented Policy: France during the 1990 – 2000s ［J］. International Journal of Technology Management, 2010, 50 （1）: 80 – 98.

［666］Mukherjee A. Fighting Separately: Jointness and Civil-Military Relations in India ［J］. Journal of Strategic Studies, 2017, 40 （1 – 2）: 6 – 34.

［667］Murdoch J C, Pi C R, Sandler T. The Impact of Defense and Non-defense Public Spending on Growth in Asia and Latin America ［J］. Defence and Peace Economics, 1997, 8 （2）: 205 – 224.

[668] Murshed S M. Explaining Civil War: A Rational Choice Approach [M]. Cheltenhan: Edward Elgar Publishing, 2010.

[669] Mylonidis N. Revisiting the Nexus between Military Spending and Growth in the European Union [J]. Defence and Peace Economics, 2008, 19 (4): 265 – 272.

[670] Nadiri M I. Innovations and Technological Spillovers [J]. NBER Working Paper, 1993.

[671] Nelson R. National Innovation Systems: A Comparative Analysis [M]. Oxford University Press, 1993.

[672] Nelson R. The Simple Economics of Basic Scientific Research [J]. Journal of Political Economy, 1959, 67 (3): 297 – 306.

[673] Nelso, R R. The Role of Knowledge in R&D Efficiency [J]. The Quarterly Journal of Economics, 1982, 97 (3): 453 – 470.

[674] Neumayer E, Plümper T. Foreign Terror on Americans [J]. Journal of Peace Research, 2011, 48 (1): 3 – 17.

[675] Nossal K R. International Sanctions as International Punishment [J]. International Organization, 1989: 301 – 322.

[676] Odehnal J. Expenditures and Free-Riding in NATO. [J]. Peace Economics, Peace Science and Public Policy, 2015, 21 (4): 479 – 487.

[677] Oden M. Defense Mega-Mergers and Alternative Strategies: The Hidden Costs of Post Cold-War defense Restructuring [C]. In The Defense Industry in the Post-Cold-War Era: Corporate Strategies and Public Policy Perspectives, edited by Susman I, O'Keefe S. London: Pergamon Press, 147 – 72, 1998.

[678] Olson M, Zeckhauser R. An Economic Theory of Alliances [J]. Review of Economics and Statistics, 1969, 48 (3): 266 – 279.

[679] Oneal J R, Ray J L. New Tests of the Democratic Peace: Controlling for Economic Interdependence, 1950 – 1985 [J]. Political Research Quarterly, 1997, 50 (4): 751 – 775.

[680] Oneal J R, Russett B. Clear and Clean: The Fixed Effects of the Liberal Peace [J]. International Organization, 2001, 55 (2): 469 – 485.

[681] Oneal J R, Russett B. The Classical Liberals were Right: Democracy, Interdependence, and Conflict, 1950 – 1985 [J]. International Studies Quarterly, 1997, 41 (2): 267 – 293.

[682] Oneal J R, Russett B. The Kantian peace: The Pacific Benefits of Democracy, Interdependence, and International Organizations [J]. World Politics, 1999, 52 (1): 1 – 37.

[683] Ostrom C W, Marra R F. US Defense Spending and the Soviet Estimate [J]. American Political Science Review, 1986, 80 (3): 819 – 842.

[684] Pamp O, Thurner P W. Trading Arms and the Demand for Military Expenditures: Empirical Explorations Using New SIPRI-Data [J]. Defence & Peace Economics, 2017, 28 (4): 1 – 16.

[685] Papayoanou P A. Interdependence, Institutions, and the Balance of Power: Britain, Germany, and World War I [J]. International Security, 1996, 20 (4): 42 – 76.

[686] Papayoanou P A. Power Ties: Economic Interdependence, Balancing, and War [M]. University of Michigan Press, 1999.

［687］Pape R A. Why Economic Sanctions Do Not Work ［J］. International Security, 1997, 22 (2): 90 – 136.

［688］Pape R A. Why Economic Sanctions Still Do Not Work ［J］. International Security, 1998, 23 (1): 66 – 77.

［689］Park T W, Abolfathi F, Ward M. Resource Nationalism in the Foreign Policy Behavior of Oil Exporting Countries (1947 – 1974) ［J］. International Interactions, 1976, 2 (4): 247 – 262.

［690］Pearson F S, Baumann R A, Bardos G N. Arms Transfers: Effects on African Interstate Wars and Interventions ［J］. Journal of Conflict Studies, 1989, 9 (1): 36 – 62.

［691］Peck J, Scherer M. The Weapons Acquisition Process: An Economic Analysis ［M］. Cambridge: Harvard University, 1962.

［692］Peksen D. Coercive Diplomacy and Press Freedom: An Empirical Assessment of the Impact of Economic Sanctions on Media Openness ［J］. International Political Science Review, 2010, 31 (4): 449 – 469.

［693］Peled D. Defense R&D and Economic Growth in Israel: A Research Agenda ［R］. Samuel Neaman Institute for Advanced Studies in Science and Technology, 2001.

［694］Perkins R, Neumayer E. The Organized Hypocrisy of Ethical Foreign Policy: Human Rights, Democracy and Western Arms Sales ［J］. Geoforum, 2010, 41 (2): 247 – 256.

［695］Perry M, Sakovics J. Auctions for Split-Award Contracts ［J］. Journal of Industrial Economics, 2003, 51 (2): 215 – 242.

［696］Pettersson T, Eck K. Organized Violence, 1989 – 2017 ［J］. Journal of Peace Research, 2018, 55 (4): 535 – 547.

［697］Pevehouse J C. Interdependence Theory and the Measurement of International Conflict ［J］. Journal of Politics, 2010, 66 (1): 247 – 266.

［698］Pierre A. J. The Global Politics of Arms Sales ［M］. Princeton, NJ: Princeton University Press, 1981.

［699］Pigou A C. The Political Economy of War ［M］. New York: Macmillan, 1921.

［700］Polachek S W. Conflict and Trade: An Economics Approach to Political International Interactions ［J］. Peace Economics, Peace Science, and Public Policy, 1999, 5 (2): 1 – 32.

［701］Polachek S W. Conflict and Trade ［J］. Journal of Conflict Resolution, 1980, 24 (1): 57 – 78.

［702］Polachek S W, Robst J, Chang Y C. Liberalism and Interdependence: Extending the Trade-Conflict Model ［J］. Journal of Peace Research, 1999, 36 (4): 405 – 422.

［703］Press-Barnathan G. Economic Cooperation and Transition to Peace: The Neglected Dimension of Commercial Liberalism ［J］. Journal of Peace Research, 2006, 43 (3): 261 – 278.

［704］Qingmei T, Dandan L. Research on Structure and Operation of Industrial Innovation Platform of Civil-military Integration ［J］. Journal of Grey System, 2016, 28 (1): 158 – 164.

［705］Ramos E M. Country Survey XIX: Mexico ［J］. Defence and Peace Economics, 2004, 15 (1): 83 – 99.

［706］Ram R, Defense Expenditure and Economic Growth ［C］. In Hartley K, Sandler T. (eds.)

Handbook of Defense Economics Vol. 1, Elsevier, Amsterdam, 1995, 251 – 273.

［707］Reed W. Information and Economic Interdependence ［J］. Journal of Conflict Resolution, 2003, 47 (1): 54 – 71.

［708］Regan P M, Frank R W, Aydin A. Diplomatic Interventions and Civil War: A New Dataset ［J］. Journal of Peace Research, 2009, 46 (1): 135 – 146.

［709］Reppy J. Dual-use technology: Back to the Future. Arming the Future: A Defense Industry for the 21st Century ［M］. New York, NY: Council on Foreign Relations Press, 1999: 269 – 284.

［710］Reppy J. On the Nature and Scope of Defence Economics: A Comment ［J］. Defence Economics, 1991, 2 (3): 269 – 271.

［711］Reuveny R. Disaggregated Bilateral Trade and Conflict: Exploring Propositions in A Simultaneous Framework ［J］. International Politics, 2001, 38 (2): 401 – 428.

［712］Reuveny R, Kang H. International Trade, Political Conflict/Cooperation, and Granger Causality ［J］. American Journal of Political Science, 1996, 40 (3): 943 – 970.

［713］Review Board. Report on the 2014 Annual Review of the Profit Formula for Non-competitive Government Contracts ［R］. Review Board for Government Contracts. London: TSO, 2014.

［714］Richardson L F. Arms and Insecurity: A Mathematical Study of the Causes and Origins of War ［M］. Boxwood Press, 1960.

［715］Riordan H. Incentives for Cost Reduction in Defence Procurement ［C］. In: J. Leitzel and J. Tirole (eds.), Incentives in Procurement Contracting, Westview Press, Boulder, CO, 1993, 135 – 146.

［716］Riordan H, Sappington M. Second Sourcing ［J］. RAND Journal of Economics, 1989, 20 (1): 41 – 58.

［717］Rob R. The Design of Procurement Contracts ［J］. The American Economic Review, 1986, 76 (3): 378 – 389.

［718］Rogers E M. Diffusion of Innovations ［M］. Free Press, 2003.

［719］Rogerson W P. Economic Incentives and the Defense Procurement Process ［J］. The Journal of Economic Perspectives, 1994, 8 (4): 65 – 90.

［720］Rogerson W P. Incentives, the Budgetary Process, and Inefficiently Low Production Rates in Defense Procurement ［J］. Defence Economics, 1991, 3 (1): 1 – 18.

［721］Rogerson W P. Onthe Optimality of Menus of Linear Contracts ［J］. 1987, Discussion Paper 714R.

［722］Rogerson W P. Overhead Allocation and Incentives for Cost Minimization in Defense Procurement ［J］. The Accounting Review, 1992, 67 (4): 671 – 690.

［723］Rogerson W P. Quality vs. Quantity in Military Procurement ［J］. The American Economic Review, 1990, 80 (1): 83 – 92.

［724］Roll R. The Hubris Hypothesis of Corporate Takeovers ［J］. Journal of Business, 1986, 59 (1): 197 – 216.

［725］Rosecrance R, Stein A. Interdependence: Myth or Reality? ［J］. World Politics, 1973, 26

(1): 1 – 27.

[726] Rosecrance R. The Rise of the Trading State: Commerce and Conquest in the Modern World [M]. New York: Basic Books, 1986.

[727] Ross A L. Do-it-yourself Weaponry [J]. Bulletin of the Atomic Scientists, 1990, 46 (4): 20 – 22.

[728] Rowe D M. World economic expansion and national security in pre-World War I Europe [J]. International Organization, 1999, 53 (2): 195 – 231.

[729] Russett B, Oneal JR. Triangulating Peace: Democracy, Interdependence, and International Organizations [M]. New York: W. W. Norton, 2001.

[730] Ruttan V W. Is War Necessary for Economic Growth? Military Procurement and Technology Development [M]. New York: Oxford University Press, 2006.

[731] Saal D S. The Impact of Procurement-Driven Technological Change on U. S. Manufacturing Productivity Growth [J]. Defence and Peace Economics, 2001, 12 (6): 537 – 568.

[732] Sakiru A S. Determinants of Military Expenditure and the Role of Globalisation in a Cross-Country Aanalysis [J]. Defence and Peace Economics, 2017 (2): 1 – 18

[733] Samuels R J. "Rich Nation, Strong Army": National Security and the Technological Transformation of Japan [M]. Ithaca: Cornell University Press, 1994.

[734] Sandler T, Hartley K. The Economics of Defense [M]. Cambridge: Cambridge University Press, 1995.

[735] Savun B, Phillips B J. Democracy, Foreign Policy, and Terrorism [J]. Journal of Conflict Resolution, 2009, 53 (6): 878 – 904.

[736] Scahill J. Blackwater: The Rise of the World's Most Powerful Mercenary Army [M]. Hachette UK, 2008.

[737] Schelling T. The Strategy of Conflict [M]. Cambridge: Harvard University Press, 1960.

[738] Scherer F M, Ross D. Economic Performance [M]. Boston: Houghton-Mifflin, 1990.

[739] Scherer F M. The Weapons Acquisition Process: Economic Incentives [M]. Cambridge: Harvard University Press, 1964.

[740] Schmid J. The Diffusion of Military Technology [J]. Defence and Peace Economics, 2018, 29 (6): 595 – 613.

[741] Schrodt P A. Seven Deadly Sins of Contemporary Quantitative Political Analysis [J]. Journal of Peace Research, 2014, 51 (2): 287 – 300.

[742] Schumpeter J A. Capitalism, Socialism and Democracy [M]. Harper, 1942.

[743] Scott J P. Does UK Defence Spending Crowd-Out UK Private Sector Investment [J]. Defence and Peace Economics, 2001, 12 (4): 325 – 336.

[744] Sempere C. A Survey of Performance Issues in Defence Innovation [J]. Defence and Peace Economics, 2017, 28 (3): 319 – 343.

[745] Sempere C M. What Is Known About Defence Research And Development Spill-Overs? [J]. Defence and Peace Economics, 2018, 29 (3): 225 – 246.

［746］ Sezgin S. An Empirical Analysis of Turkey's Defence-Growth Relationships with A Multi-Equation Model (1956 – 1994) ［J］. Defence and Peace Economics, 2001, 12 (1): 69 – 86.

［747］ Sezgin S. An Empirical Note on External Debt and Defence Expenditures in Turkey ［J］. Defence and Peace Economics, 2004, 15 (2): 199 – 203.

［748］ Sharon L B. An Analysis of Vertical Integration in the Defense Industry and Its Effects on DoD Acquisition Programs ［D］. Naval Postgraduate School, 1999.

［749］ Simon Y. Prospects for the French Fighter Industry in a Post-Cold War Environment: Is the Future More than A Mirage? ［R］. Santa Monica, CA: Rand, 1993.

［750］ Singer P W. Corporate Warriors: The Rise of the Privatized Military Industry ［M］. Cornell University Press, 2008.

［751］ Singer P W. Outsourcing War ［J］. Foreign Affairs, 2005, 84 (2): 119 – 132.

［752］ Sislin J. Arms as Influence: The Elusive Link between Military Assistance and Political Compliance ［D］. Department of Political Science, Indiana University, 1993.

［753］ Sislin J, Pearson F S. Arms and Ethnic Conflict. Lanham ［M］. MD: Rowman & Littlefield, 2001.

［754］ Smith, R. Military Expenditure and Capitalism: A Reply ［J］. Cambridge Journal of Economics 1978 (2): 299 – 304.

［755］ Smith R. Military Expenditure and Investment in OECD Countries 1954 – 1973 ［J］. Journal of Comparative Economics, 1980, 4 (1): 19 – 32.

［756］ Smith R, Tasiran A. The Demand for Arms Imports ［J］. Journal of Peace Research, 2005, 42 (2): 167 – 181.

［757］ Smith R. The Defense Industry in An Age of Austerity ［J］. The Economics of Peace and Security Journal, 2013, 8 (1): 18 – 22.

［758］ Smith R. The Demand for Military Expenditure ［C］. In Handbook of Defense Economics, 1995: 69 – 87.

［759］ Snider L. Do Arms Exports Contribute to Savings in DefenseSpending?: A Cross – Sectional Pooled Times Series Analysis ［C］. In: D. Louscher and M. Salomone, eds., Marketing Security Assistance, Lexington Books, Lexington, MA. 1987.

［760］ Solingen E. Internationalization, Coalitions, and Regional Conflict and Cooperation ［C］. in Economic Interdependence and International Conflict: New Perspectives on Enduring Debate, 2003: 60 – 85.

［761］ Solow R M. A Contribution to the Theory of Economic Growth ［J］. Quarterly Journal of Economics, 1956, 70 (1): 65 – 94.

［762］ Stanley J. Pearton M. The International Trade in Arms ［M］. New York: Praeger, 1971.

［763］ Stein AA. Trade and Conflict: Uncertainty, Strategic Signaling, and Interstate Dispute ［C］. In Economic Interdependence and International Conflict: New Perspectives on Enduring Debate, 2003: 111 – 126.

［764］ Stigler G J, Friedland C. Profits of Defense Contractors ［J］. American Economic Review, 1971, 61 (4): 692 – 694.

[765] Stillman R. Examining Antitrust Policy Toward Mergers [J]. Journal of Financial Economics, 1983, 11 (1 – 4): 225 – 240.

[766] Stowsky J. From Spin-off to Spin-on: Redefining the Military's Role in American Technology Development [R]. University of California, 2005.

[767] Stowsky J. Secrets to Shield or Share? New Dilemmas for Military R&D Policy in the Digital Age [J]. Research Policy, 2004, 33 (2): 257 – 269.

[768] Sturmey S G. Cost Curves and Pricing in Aircraft Production [J]. The Economic Journal, 1964, 74 (296): 954 – 982.

[769] Suzuki S. Major Arms Imports and the Onset of Civil and Ethnic Wars in the Postcolonial World, 1956 – 1998: A Preliminary Reassessment [J]. The Social Science Journal, 2007, 44 (1): 99 – 111.

[770] Sveikauskas L. R&D and Productivity Growth: A Review of the Literature [R]. US Bureau of Labor Statistics, 2007.

[771] Tambudzai Z. Military Burden Determinants in Southern Africa, 1996 – 2005: A Cross-section and Panel Data Analysis [C]//Paper is to be presented at Economic Development in Africa Conference. Venue: St Catherine. s College. Ref. 2007 (76).

[772] Tambudzai Z. Zimbabwe's Military Expenditures, 1980 – 2003: A Study from the Comparative SADC Perspective [J]. Africana Bulletin, 2005 (53): 135 – 167.

[773] Tan G. Entry and R&D Costs in Procurement Contracting [J]. Journal of Economic Theory, 1992, 58 (1): 41 – 60.

[774] Thies C, Peterson T M. Intra-Industry Trade: Cooperation and Conflict in the Global Political Economy [M]. California: Stanford University Press, 2015.

[775] Thomas J, Tung S. Cost Manipulation Incentives under Cost Reimbursement: Pension Costs for Defense Contractors [J]. The Accounting Review, 1992, 67 (4): 691 – 711.

[776] Thurner P W, Schmid C S, Cranmer S J, Kauermann G. Network Interdependencies and the Evolution of the International Arms Trade [J]. Journal of Conflict Resolution, 2018, 2 (6): 1 – 29.

[777] Tinbergen J. Shaping the World Economy: Suggestions for an International Economic Policy [M]. New York: Twentieth Century Fund, 1962.

[778] Tirole J. Procurement and Renegotiation [J]. Journal of Political Economy, 1986, 94 (2): 235 – 259.

[779] Tisdell C, Hartley K. Microeconomic Policy [M]. Cheltenham: Elgar, 2008.

[780] Tishler G A. Security Needs, Arms Exports, and the Structure of the Defense Industry: Determining the Security Level of Countries [J]. Journal of Conflict Resolution, 2004, 48 (5): 672 – 698.

[781] Tocoian O. The Home Market Effect in International Arms Trade [J]. Economic Inquiry, 2015, 53 (4): 1751 – 1764.

[782] Tostensen A, Bull B. Are Smart Sanctions Feasible? [J]. World Politics, 2002, 54 (3): 373 – 403.

[783] Trybus M. Buying Defence and Security in Europe: The EU Law and Policy Context Beyond the Defence Directive [M]. Cambirdge: Cambirdge University Press, 2014.

［784］ Turbiville G H. Weapons Proliferation and Organized Crime: Russian Military Dimensions. Colorado Springs ［R］. CO: Institute for National Security Studies, U. S. Air Force Academy, 1996.

［785］ Ungaro A. Trends in the Defence Offsets Market ［C］//SIPRI 17th Annual International Conference on Economics and Security (ICES), Stockholm. 2013: 14 – 15.

［786］ Vandevanter E. Coordinated Weapons Production in NATO: A Study of Alliance Processes ［M］. Santa Monica, CA: Rand, 1964.

［787］ Veblen T. An Inquiry into the Nature of Peace and the Terms of its Perpetuation ［M］. Augustus M. Kelley, 1917.

［788］ Veblen T. Imperial Germany and the Industrial Revolution ［M］. Augustus M. Kelley, 1915.

［789］ Vekstein D. Defense Conversion, Technology Policy and R&D Networks in the Innovation System of Israel ［J］. Technovation, 1999, 19 (10): 615 – 629.

［790］ Vickrey W. Counterspeculation, Auctions, and Competitive Sealed Tenders ［J］. The Journal of Finance, 1961, 16 (1): 8 – 37.

［791］ Walker W. National Innovation Systems: Britain ［M］. In: Nelson, R. R. (Ed.), National Innovation Systems. New York, Oxford University Press, 1993.

［792］ Wallensteen P. Characteristics of Economic Sanctions ［J］. Journal of Peace Research, 1968, 5 (3): 248 – 267.

［793］ Waltz, K. Theory of International Politics ［M］. Long Grove, IL, Waveland Press, 1979.

［794］ Wang C. Political Connections of the Boards of Directors and Defense Contractors' Excessive Profits ［R］. Proceedings of 10th Annual Acquisition Research Symposium, 2013.

［795］ Wang C, San Miguel JG . Are Cost – Plus Defense Contracts (Justifiably) Out of Favor? ［J］. Journal of Governmental & NonProfit Accounting, 2013, 2 (1): 1 – 15.

［796］ Wang C. The Excessive Profits of Defense Contractors: Evidence and Determinants ［J］. Journal of Public Procurement, 2012, 12 (3): 386 – 406.

［797］ Wang K H, Su C W, Tao R, et al. Does the Efficient Market Hypothesis Fit Military Enterprises in China? ［J］. Defence & Peace Economics, 2019, 30 (7): 877 – 889.

［798］ Wang Y. Determinants of Southeast Asian Military Spending in the Post-Cold War Era: A Dynamic Panel Analysis ［J］. Defence and Peace Economics, 2013, 24 (1): 73 – 87.

［799］ Ward D, Siverson R M, Cao X. Disputes, Democracies, and Dependencies: Re – examination of the Kantian Peace ［J］. American Journal of Political Science, 2007, 51 (3): 583 – 601.

［800］ Ward M B, Mintz A. Dynamics of Military Spending in Israel ［J］. The Journal of Conflict Resolution, 1987, 31 (1): 86.

［801］ Ward M D, Davis D R. Sizing up the Peace Dividend: Economic Growth and Military Spending in the United States, 1948 – 1996 ［J］. American Political Science Review, 1992, 86 (3): 748 – 755.

［802］ Watts B D. The US Defense Industrial Base: Past, Present, and Future ［R］. Center for Strategicand Budgetary Assessments, Washington DC, 2008.

［803］ Weidenbaum M. Arms and the American Economy: A Domestic Convergence Hypothesis ［J］. American Economic Review, 1968, 58 (2): 428 – 437.

[804] Weiss L. America Inc.?: Innovation and Enterprise in the National Security State [M]. Ithaca: Cornell University Press, 2014.

[805] Whang T, McLean E V, Kuberski D W. Information, Coercion, and the Success of Sanction Threats [J]. American journal of political science, 2013, 57 (1): 65 – 81.

[806] Whang T. Structural Estimation of Economic Sanctions: From Initiation to Outcomes [J]. Journal of Peace Research, 2010, 47 (5): 561 – 573.

[807] Willardson S. Under the Influence of Arms: The Foreign Policy Causes and Consequences of Arms Transfers [D]. University of Iowa, 2013.

[808] Williamson, Oliver E. Transaction – Cost Economics: The Governance of Contractual Relations [J]. Journal of Law & Economics, 1979, 22 (2): 233 – 261.

[809] Wolfson M, Puri A, Martelli M. T, The Nonlinear Dynamics of International Conflict [J]. Journal of Conflict Resolution, 1992, 36 (1): 119 – 149.

[810] Wood R M. "A Hand upon the Throat of the Nation": Economic Sanctions and State Repression [J]. International Studies Quarterly, 2008, 52 (3): 489 – 513.

[811] Wooldridge JM. Simple Solutions to the Initial Conditions Problem in Dynamic, Nonlinear Panel Data Models with Unobserved Heterogeneity [J]. Journal of Applied Econometrics 2005, 20 (1): 39 – 54.

[812] Yakovlev P. Arms Trade, Military Spending and Economic Growth [J]. Defence and Peace Economics, 2007, 18 (4): 317 – 338.

[813] Yildirim J, Sezgin S, Öcal N. Military Expenditure and Economic Growth in Middle Eastern Countries: A Dynamic Panel Data Analysis [J]. Defence and Peace Economics, 2005, 16 (4): 283 – 295.

[814] Yuan Chaoqing et al. On the Contribution of Defense Innovation to China's Economic Growth [J]. Defence and Peace Economics, 2016, 27 (6): 820 – 837.

[815] Zervos V, Swann P. The Impact of Defense Integrations and Standards on Vertical and Horizontal Innovation in the Defense Industry [J]. Defense and Peace Economics, 2009, 20 (1): 27 – 42.

[816] Zhang Y, Liu X, Xu J, et al. Does Military Spending Promote Social Welfare? A Comparative Analysis of the BRICS and G7 Countries [J]. Defence and Peace Economics, 2017, 28 (6): 686 – 702.

[817] Zhang Y, Xu J, Zhai L. Are there Bubbles in the Defence Sector of China's Stock Market (2005 – 2016)? New Evidence from Sequential ADF Tests [J]. Defence and Peace Economics, 2020, 31 (1): 105 – 119.

国防经济学系列丛书

序号	书名	作者	出版日期	定价（元）	子项目
1	《国防经济学》	陈波/主编，郝朝艳、余冬平/副主编	2010.12	88.00	核心教材
2	《国防经济学前沿专题》	陈波/主编，郝朝艳、侯娜/副主编	2010.12	35.00	核心教材
3	《冲突经济学原理》	［美］查尔斯·H.安德顿、约翰·K.卡特/著，郝朝艳、陈波/主译	2010.12	39.00	精品译库
4	《战争与和平经济理论》	［法］范妮·库仑/著，陈波、阎梁/主译	2010.12	39.00	精品译库
5	《国防采办的过程与政治》	［美］大卫·S.索伦森/著，陈波、王沙骋/主译	2013.12	38.00	精品译库
6	《现代国防工业》	［美］理查德·A.毕辛格/主编，陈波、郝朝艳/主译	2014.3	76.00	精品译库
7	《国防经济思想史》	陈波、刘群等/著	2014.4	78.00	学术文库
8	Arms Race, Military Expenditure and Economic Growth in India.	Na Hou（侯娜）/著	2015.4	36.00	博士文库
9	《国防预算与财政管理》	［美］麦卡菲、琼斯/著，陈波、邱一鸣/主译	2015.5	72.00	精品译库
10	《城堡、战斗与炸弹：经济学如何解释军事史》	［美］于尔根·布劳尔、休帕特·万·蒂尔/著，陈波等/译	2016.4	59.00	精品译库

序号	书名	作者	出版日期	定价（元）	子项目
11	《军事资本：模型、方法与测度》	闫仲勇、陈波/著	2016.10	32.00	博士文库
12	《和平经济学》	［美］于尔根·布劳尔、［英］保罗·邓恩/著，陈波、侯娜/主译	2016.11	32.00	精品译库
13	《国防财政：治理、结构、规模》	陈波、余爱水/主编	2019.10	38.00	学术文库
14	《国防金融：理论与实践》	陈波、余冬平/主编	2019.12	66.00	博士文库
15	《军事工业垄断与竞争研究——基于"民参军"的视角》	李明峰/著	2020.9	42.00	博士文库
16	《国防经济学研究进展》	郝朝艳、陈波/主编	2020.11	68.00	核心教材

此系列丛书联系方式：

联系地址：北京市海淀区学院南路 39 号　中央财经大学国防经济与管理研究院

邮　　编：100081